(元)敖繼公 撰

元本儀禮集說

第七册

國家圖書館出版社

第七册目録

卷十六

筮者執以示主人還音旋下並同

還亦右還也爲書卦者也

主人受視反之筮者還東面長占卒告于主人

占曰吉長知丈反下除長脩餘並同

長占長者以次占之此與旅占互見也

若不吉則筮遠日如初儀

張子曰祭之筮日若再不吉則止據儀禮唯有筮遠日之文不云三筮筮日之禮止是二筮先筮近日後筮遠日不從則直用下旬遠日蓋亦足以致聽於鬼神之意而祀則不可廢

繼公謂即於其日改筮之亦見其異於大夫

也遠日見首篇

宗人告事畢

亦徹筮席乃告

右筮日

前期三日之朝筮尸如求日之儀命筮曰孝孫某諏此某事適其皇祖某子筮某之某爲尸尚饗

注曰某之某者字尸父而名尸也字尸父尊鬼神也大夫士以孫之倫爲尸䟽曰曲禮云爲人子者祭祀不爲尸然則尸卜無父者祭祖則用孫列皆取於同姓之適孫也

繼公謂如求日之儀兼若不吉而改[illegible]

也命筮之辭異故特見之明其餘皆同也示
又某謂某之子某也春秋傳曰潘在之黨卽
鮮虞之摯皆謂其子也前鄭三家說見士冠
禮　按注云大夫士以孫之倫爲尸不及天
子諸侯者天子諸侯所祭者遠爲尸者不必
於其孫之倫或但以昭穆耳

右筮尸

乃宿尸

亦目下事也

主人立于門外子姓兄弟立于主人之後

北面東上

注曰不東面者來不爲賓客子姓立于主人

之後上當其後

繼公謂上言筮尸如求日之儀則是筮時兄弟咸在所筮者亦存焉筮之而吉不即告之乃於其既歸也然後親宿之於其門肯尊之而不敢苟也北面者亦尊尸若不敢以其西面見已然

尸如主人服出門左西面

出門左西面見賓客之正位也主人北面尸不南面見之者辟尊者之禮也○

主人辟皆東面北上辟音避

注曰順尸

繼公謂辟者逡巡敬也蓋在尸出門時[illegible]

[illegible]是特子姓兄弟亦立于主人之後

[illegible]後也

[illegible]皆拜

[illegible]再[illegible]尸不先拜者以將爲尸故變於

[illegible]上禮

辭如初[illegible]筮子爲某尸占曰吉敢宿

[illegible]曰宗人擯者[illegible]主人之辭如初者如宰贊

命筮尸之辭卒[illegible]而著其辭所易也

[illegible]許諾致命

注曰受人辭許[illegible]傳命始宗人祝北面至於

傳命皆西面受命東面釋之　繼公謂祝

事尸者也故於此即使之致命以見其意云

尸許諾主人再拜稽首

注曰其許亦宗人受於祝而告主人

繼公謂拜稽首亦尊尸也尸旣許諾則成爲尸故於此不答拜

尸入主人退

尸旣許諾則有祖道故不俟主人之退而先入見其尊亦變於大夫尸也先入而不揖辟君禮也聘禮公揖羣臣夂幣乃揖而先入少牢云主人退尸送揖不拜

右宿尸

宿賓賓如主人服出門左西面再拜主人東面答再拜宗人擯曰某薦歲事吾子將涖之敢宿

注曰歲事歲時之祭事

繼公謂此云吾子將涖之是鄉者賓旣許之矣然則筮日之後亦當有戒賓之儀如士冠禮所記者經不見之文略耳筮尸宿尸宿賓皆同日爲之故下文別云厥明以别之

賓曰某敢不敬從主人再拜賓答拜主人退賓拜送

主人宿辭擯者釋之是賓之對辭亦擯者傳之矣然則凡主人親戒宿其儀皆然經不盡見之也

右宿賓

厥明夕陳鼎于門外北面北上有鼏

門外不言東方可知也北面北上亦放祭時
陳鼎之位也鼎而冪鼎亦為不宜塵
棜在其南南順實獸于其上東首
獸腊也獸言東首而不及足者以其足左右
出故也士腊用兎
牲在其西北首東足
注曰其西棜西也東足尚右也牲不用棜以
其生
疏曰豕縛其足陳之東足寢其左
繼公謂此士之吉祭牲宜東上于腊在棜西
豕反居西又異其所鄉是無所上也以其未
即殺故生死不可以相統與

設洗在阼階東南壺禁在東序豆籩鉶在東房
南上几席兩敦在西堂敦音對下並同
豆籩鉶蓋在東房之東墉下南上者豆二以
並在南二籩次之此未實之故南上之文惟
主於器士家亦有右房於此見之矣
夫人及子姓兄弟即位于門東如初
注曰初筮位也
賓及衆賓即位于門西東面北上
此時方修祭事助祭之賓宜來視之以其不
在䢇者有司羣執事之中故此雖東面北上
而不蒙如初之文賓既位於此則公臣私臣
不敢與之齒而位於他所矣下文云宗人視

立于賓西北東面南上又記曰公有司門西
北面東上私臣門東北面西上是以明祭時
有司之屬不在賓位也審矣
宗人祝立于賓西北東面南上
祭事將至宗祝之位宜異於有司故外位在
此南上宜變於賓
主人再拜賓荅再拜三拜衆賓衆賓荅再拜
衆賓荅一拜言再首字誤也
主人揖入兄弟從賓及衆賓從即位于堂下如
外位
如外位則子姓宗人祝皆在其中矣不言者
省文也子姓之入亦先於兄弟宗祝之入宜

後於衆賓

宗人升自西階視壺濯及豆籩反降東北面告濯具

宗人亦既立於賓西北之位乃升於壺言濯以見其餘不言敦鉶几席省文也東北面鄉主人濯具謂所濯者巳具也此亦有不必濯者乃云濯具者總言之耳

賓出主人出皆復外位

惟言賓主人出文又省矣

宗人視牲告充雍正作豕

注曰充猶肥也北面以策動作豕視聲氣

繼公謂雍正亦公有司給事者也云雍正者

以事名之
宗人舉獸尾告備舉鼎鼏告潔
備具也此所告之儀亦皆東北面
請期曰羹飪
注曰期祭早晏之期也
繼公謂言以羹飪爲節則質明可知請期而
主人自告之亦異於大夫請期蓋東面既得
期西北面告賓東北面告兄弟
告事畢賓出主人拜送
送于外門外
右視濯視牲爲期
夙興主人服如初立于門外東方南面視側殺

注曰側殺殺一牲
繼公謂服如初冠端玄也東方蓋當東塾少
南鼎之西也
主婦視饎爨于西堂下
注曰饎宗婦爲之爨近西壁南齊于坫古文
饎作糦周禮作饎
繼公謂視之當東面爨亦東面
亨于門外東方西面北上亨音烹
此亦以亨者見爨之面位也東方於陳鼎之
處則又東矣北上豕爨在北魚腊亞之
羹飪實鼎陳于門外如初
初視濯時也士昏禮既實鼎陳于門外東方

北面北上謂此時也是言如初則上文所謂
門外亦其東方明矣
尊于戶東玄酒在西
注曰戶室戶
豆籩鉶陳于房中如初
注曰如初者取而實之既則反之
繼公謂如初亦如其南上之位也記曰賓與
長兄弟之薦自東房其餘在東堂然則祝主
人主婦賓長長兄弟之豆籩亦皆二以並相
繼公而陳之於鉶之北矣
事之俎陳于階間二列北上
注曰二列者因其位在東西不升鼎者異於

神
繼公謂執事謂凡執祭事者也主人及祝以下之通稱其俎二列北上東列列作俎爲上西列則祝俎爲上其内兄弟之俎則當次於兄弟也此執事之文所包者廣與前後所云者不同

盛兩敦陳于西堂藉用萑几席陳于西堂如初

注曰盛盛黍稷者宗婦也盛音成下同藉在夜反萑音桓

繼公謂盛乃藉之重黍稷也此云如初則上經在西堂之下其有脱文與

尸盥匜水實于槃中簞巾在門内之右

亦匜在槃中南流簞巾在其右盥以槃匜説

見公食大夫禮

記筵几于室中東面

几亦右之

右享饎陳設

主婦纚笄宵衣立于房中南面

大夫妻祭服褖衣侈袂則此宵衣乃次於褖衣者耳纚笄士妻首飾之常言之者見其無異飾也凡婦人助祭者與主婦同服

主人及賓兄弟羣執事即位于門外如初

此於賓兄弟之下言羣執事則是指公有司私臣而言也宗人祝亦在賓西北其他則在門西若門東與其在内位同上經不見門東

門西之位而旅云如初者其文主於兄弟以
上而略於羣執事也

宗人告有司具

告主人也告之亦宜東北面既告則反于
賓西北

主人拜賓如初揖入即位如初

初視濯時也

佐食北面立于中庭

佐食主人兄弟之佐尸食者記曰佐食於旅
齒於兄弟是也鄉於門外猶在兄弟之位至
此乃立于中庭以事將至宜異其位也此中
庭謂東西之中其南北則參分庭一在北與

右即位

主人及祝升祝先入主人從西面于戶內

注曰祝先入接神宜在前也少牢饋食禮曰祝盥于洗升自西階主人盥升自阼階祝先入南面

繼公謂云及祝則是主人先升也先升後入蓋俟於堂 按注引少牢云祝先入南面蓋疑此經有闕文也恐或然

主婦盥于房中薦兩豆葵菹蝸醢在北蝸音螺

注曰盥盥于內洗

宗人遣佐食及執事盥出

此執事謂左人及取俎匕者賤於右人故先

出不遺賓長者賓長與主人皆在右宜同出
也
主人降及賓盥出主人在右及佐食舉牲鼎賓
長在右及執事舉魚腊鼎除鼏
主人降亦宗人詔之也賓長在右謂長賓在
魚鼎之右衆賓長在腊鼎之右也然則魚腊
之左者亦衆賓與凡吉事除鼏于外凶事除
鼏于内除鼏亦右人
宗人執畢先入當阼階南面
注曰畢狀如叉雜記曰枇用桑長三尺畢用
桑三尺刊其本與末枇畢同材明矣今此祀
用棘心則畢亦用棘心少牢饋食及虞無叉

有乃主人不親舉耳少牢大夫祭不親舉虞喪祭也主人未執事祔練祥執事用桑叉繼公謂宗人執畢所以指教其錯鼎之處也故宜先入當阼階南面者示其當錯於此爲之節也其南北之節亦南於洗西與鼎入設當阼階士禮也大夫則當東序國君則在碑南此用畢者以主人親舉重其事也鼎旣錯則反之於外而復位與大射儀曰小臣師設楅司馬正東面以弓爲畢則畢但主於指教設器者明矣

鼎西南錯右人抽扃委于鼎北錯七故反下同

注曰右人謂主人及二賓

繼公謂鼎錯於東方西面順主人之面位也上者亦南于洗西右人既委扃皆西面俟于鼎東

贊者錯俎加匕

注曰贊者執俎及匕從鼎入者其錯俎西縮加匕東柄既則退而左人北面也

繼公謂贊者取匕俎于東塾東執以上而錯俎於鼎西加匕於鼎上而肵俎亦在豕俎之北也此贊者蓋三人其二人各合執二俎一人兼執三匕與知取匕俎于東塾東者士虞禮匕俎在西塾之西此士吉祭當反之也

乃朼

注曰右人也左人以載之

繼公謂朼亦當作匕

佐食升肵俎鼏之設于阼階西肵音祈

注曰肵俎謂心舌之俎也郊特牲曰肵之爲

言敬也言主人之所以敬尸

繼公謂以少牢饋食禮例之則此亦右人先

升心舌而佐食載惟言佐食升之其文省與

設之蓋亦西縮鼏當作冪

卒載加匕于鼎主人升入復位

賓匕者於是亦復位

俎入設于豆東魚次腊特于俎北

注曰入設俎載者

繼公謂少牢禮曰序升自西階相從入
主父設兩敦黍稷于俎南西上及兩鉶芼設于
豆南南陳
鉶不言北上者其實同也亦先設北者宗婦
不贊敦鉶者辟內子禮也凡敦鉶皆特執於
少牢禮備見之
祝洗酌奠奠于鉶南遂命佐食啓會佐食啓會
郤于敦南出立于户西南面
注曰後酌者酒尊要成也少牢饋食禮啓會乃
奠之
繼公謂酌奠酌其所奠之酒也不云酒而云
奠因事名之

主人再拜稽首祝在左
注曰祝在左當爲主人釋辭於神也祝祝曰
孝孫某敢用剛鬣嘉薦普淖用薦某事于皇
祖某子尚饗
繼公謂主人拜爲食具也於此乃云祝在左
則鄉者南面信矣祝在左說見聘禮
卒祝主人再拜稽首祝之又反
此拜爲巳祝也
右設饌祝神
祝迎尸于門
注曰尸自外來代主人接之就其次而請周
禮掌次凡祭祀張尸次

繼公謂迎尸不拜者禮不主於己代主人迎之耳其或有拜妥尸之類乃從於主人爲之也門廟門

主人降立于阼階東

注曰主人不迎尸成尸尊尸所祭者之孫也祖之尸則主人乃宗子禰之尸則主人乃父道事神之禮廟中而已出迎則爲厭

繼公謂阼階東亦直序西面主人位於此則子姓兄弟在主人之南者其亦南於洗西與

按注之厭字蓋用喪服傳文也似失其義欲改作屈

尸入門左北面盥宗人授巾

注曰待盥者執其器就之執簞者不授巾賤也少牢饋食禮曰祝先入門右尸入門左

尸至于階祝延尸尸升入祝先主人從

注曰少牢饋食禮曰尸升自西階入祝從主人升自阼階祝先入主人從

右尸入

尸即席坐主人拜妥尸尸答拜執奠祝饗主人拜如初

注曰饗辭取於士虞記則宜云孝孫某圭爲孝薦之饗舊說云明薦之

[illegible]公謂饗饗神也凡饗祝之辭雖或言於尸則賓主爲神也如初再拜稽首也

按疏引舊說蓋據戴禮而言也

祝命挼祭尸左執觶右取菹㨎于醢祭于豆間挼當讀作授㨎如悅反

挼祭即授祭也挼字蓋誤祝命佐食授尸祭尸於是祭薦欲及其授祭之節也

佐食取黍稷肺祭授尸尸祭之祭酒啐酒告旨主人拜尸奠觶荅拜祭鉶嘗之告旨主人拜尸荅拜

注曰酒與鉶齊敬共之惟恐不美告之美達其心明神享之

繼公謂尸告旨而主人先拜者尸尊也

祝命爾敦佐食爾黍稷于席上

他篇言爾敦者爾黍而已此併及稷未詳

設大羹湆于海北大音泰

注曰士虞禮曰大羹湆自門入

繼公謂此湆爲尸設乃在左者以其居神位故變於常禮也虞禮湆在右者褻祭也凡祭而設湆尸皆不以之

舉肺脊以授尸尸受振祭嚌之左執之乃食食舉

乃食乃以右手食食也既食食則食舉所以安之

主人羞所俎于腊北

所俎一而已故主人可以親設之神俎多宜

使賓也不言降與升文省少牢禮曰主人羞
肵俎升自阼階
尸三飯告飽祝侑主人拜飯音反下同
注曰三飯告飽禮一成也侑勸也或曰又勸
之使又食少牢饋食禮侑辭曰皇尸未實侑
繼公謂此祭以饋食爲名故當食而尸尤尊
雖主人拜亦不荅也
佐食舉幹尸受振祭嚌之佐食受加于肵俎舉
獸幹魚一亦如之
注曰幹長脅也獸腊
繼公謂此一舉也凡於尸每食必舉牲體若骨
者明主人以此供尸食也是雖連舉三俎之

實然同時相接爲之故但主於脡而揔爲一
舉耳下文放此　按注云幹長脅也今攷長脅
即正脅耳尸俎有長脅短脅凡舉脊脅必以
正者故知此幹爲長脅也

尸實舉于菹豆

於既三飯而奠舉士吉祭之禮然爾士虞則
不食舉卒食乃授之是其異也

佐食羞庶羞四豆設于左南上有醢

少牢饋食禮羞兩𣪠兩醢此亦當放之也上
亦醢之北湆之南也南上者𣪠醢相間兩[illegible]
各在醢之南也四豆乃不綪者統於正豆也
正豆兩而爲一列故此豆雖有四亦不宜綪

以異之

尸又三飯告飽祝侑之如初舉骼及獸魚如初

注曰禮再成也獸魚如初者獸骼魚一也

繼公謂此再舉也

尸又三飯告飽祝侑之如初舉肴及獸魚如初

注曰禮三成

繼公謂此三舉也獸謂獸肴

佐食盛所俎俎釋三个

注曰佐食取牲魚腊之餘盛於所俎

繼公謂俎釋三个不可遷空神俎也少牢饋食禮於每牲之俎惟釋脊脅皆俎實之下者也然則此牲俎之所釋者亦宜放之其正脊

長脅短脅與腊俎三个蓋如牲俎也
舉肺脊加于肵俎反黍稷于其所
此蒙佐食之文皆謂佐食舉之反之也其所
俎南也肺脊在菹豆
右尸食
主人洗角升酌酳尸
注曰不用爵者下大夫也
繼公謂不言降以升見之也
尸拜受主人拜送尸祭酒啐酒賓長以肝從尸
左執角右取肝擩于鹽振祭嚌之加于菹豆
置肝于菹豆尊者之吉禮然也
卒角祝受尸角曰送爵皇尸卒爵主人拜尸答

拜

注曰曰送爵者節主人拜

繼公謂云皇尸卒爵明主人當送之也後言之者見送爵之辭爲指主人尸卒爵而不拜旣乃俟主人先拜送者所以深見其尊尸也

祝釋辭其東面於尸席前之東與

祝酌授尸尸以醋主人（醋音昨）

祝不洗而酌注見前篇

主人拜受角尸拜送主人退佐食授挼祭

注曰退者進受爵反位古文醋作酢

繼公謂此授字亦因與挼字相類而衍也以神俎敦之黍稷肺祭授之者象尊者賜之食

然

主人坐左執角受祭祭之祭酒啐酒進聽嘏

進聽嘏進於尸前而聽其嘏已之辭下文云親嘏主人是也又以少牢饋食禮之所言者參之則此嘏云者蓋致福於人之稱

佐食摶黍授祝祝授尸尸受以菹豆執以親嘏主人

疏注曰獨用黍者食之主

繼公謂饋食之禮主於黍稷而黍又其尊者故特取之以通其意焉然則遂辟大夫禮也少牢饋食禮所載嘏辭乃祝傳尸嘏者也此尸親嘏其辭之首與彼異

主人左執角再拜稽首受復位詩懷之實于左
袂挂于季指卒角拜尸答拜挂音卦
注曰實于左袂便右手也
繼公謂左執角爲右手將有事也詩字未詳
或曰敬慎之意内則曰詩負之亦此意也拜
不奠爵受黍不祭皆異於大夫也季指左手
之小指也挂袪於指以黍在袂中故也古者
袪挾於袂然猶挂之者慮拜時或遺落也主
人拜受黍而尸不答拜者以其受神惠故也
主人出寫嗇于房祝以籩受
出亦執角以出也籩虛籩也此單言嗇少牢
言嗇黍皆未詳

右主人酳尸尸酢主人

筵祝南面

筵祝蓋於其立處之西亦有司爲之下放此

主人酌獻祝祝拜受角主人拜送設菹醢俎

注曰菹醢皆主婦設之佐食設俎

繼公謂士虞與少牢禮皆云祝與佐食坐受爵此不言坐如之可知菹醢葵菹蝸醢也

祝左執角祭豆興取肺坐祭嚌之興加于俎坐祭酒啐酒

此離肺也當奠角乃興取肺坐絶祭嚌之旣執角乃祭酒不言奠角執角與絶者亦文畧耳記曰祝俎離肺一

以肝從祝左執角右取肝擩于鹽振祭嚌之加于俎卒角拜主人答拜受角刑

肝加于俎辟尊者禮也下文主人主婦之儀亦放此少牢饋食禮曰不與加于俎

酌獻佐食佐食北面拜受角主人拜送佐食坐祭卒角拜主人答拜受角降反于篚升入復位

上不言坐故於祭見之

右主人獻祝佐食

主婦免爵于房酌亞獻尸

亞獻更用爵以見主人之用角者有爲爲之耳獻以爵正禮也獻尸不夾拜辟內子之禮也

尸拜受主婦北面拜送

注曰北面拜者辟内子之禮也大夫之妻拜於主人北西面

宗婦執兩籩户外坐主婦受設于敦南

注曰兩籩棗栗棗在西

繼公謂宗婦贊豆籩户外坐士祭禮然也少牢饋食禮主婦與贊者授受於室中亦異者也士虞禮籩設于會南此宜如之乃不云會者可知也

祝贊籩祭尸受祭之祭酒啐酒

注曰籩祭棗栗之祭也其祭之亦於豆祭

繼公謂惟云尸受則是祝皆取二籩之祭以

授之也亦左執爵乃受之
兄弟長以燔從尸受振祭嚌之反之
尸取燔於俎乃云受者羞燔者執俎以進之
亦相授之義也故於尸以受立文此亦左執
爵乃受燔
羞燔者受加于肵出
尸反其燔於俎羞燔者則以俎受之也旣則
執之以加于肵
尸卒爵祝受爵命送如初
注曰送者送卒爵
繼公謂初亦主人儀也
酢如主人儀

注曰尸酢主婦如主人儀者自祝酌至尸拜送如酢主人也不易爵辟内子之禮婦適房南面佐食挼祭主婦左執爵右撫祭酒啐酒入座爵如主人儀房中南面主婦之正位也經因事見之挼亦當作挼祭亦謂黍稷肺祭也佐食挼祭主婦撫之而不取亦異於内子也既撫則佐食以祭置于地主婦入於室中北面而立飲如主人儀謂卒爵拜尸答拜也入室卒爵亦以鄉者於此拜受故也

右主婦獻尸尸酢主婦

獻祝籩燔從如初儀

主婦當更酌洗于房中乃酌獻祝略如內子
之禮蓋男子不承婦人爵也初儀即主人獻
祝之禮此惟無祭俎一節餘則如之也籩與
豆燔與肝雖異其祭之之儀則同故亦蒙如
初祝亦兩籩其設之棗在菹西栗在棗南

及佐食如初卒以爵入于房

注曰及佐食如初如其獻佐食則拜主人之
北西面也

繼公謂及謂獻及之也初者亦主人獻佐食
之儀少牢禮主婦獻祝及佐食皆西面於主
人之北答拜之

右主婦獻祝佐食

賓三獻如初燔從如初爵止

注曰初亞獻也

繼公謂不言洗爵升酌可知也如初謂尸拜受主婦拜送也尸於舉酌之末亦欲主人而下皆受舉爵之禮故止爵以見其意於是主人主婦交相致爵既而遂獻賓以至於私人而終尸意焉其爵止之節在羞燔者出之時也賓長亦出而復位

右賓長獻尸酌止

席于户内

注曰席自房來

繼公謂設席蓋於主人所立處之南席亦南

上未受爵而設席變於大夫
主婦洗爵酌致爵于主人主人拜受爵主婦拜
送爵
注曰主婦拜拜於北面也
繼公謂是亦獻也乃不云獻者酒乃已物不
可以獻為名故謂之致爵亦拜受于席
宗婦贊豆如初主婦受設兩豆兩籩
注曰初贊亞獻也
繼公謂贊豆贊豆與籩也此豆兼籩言之省
文耳如初户外坐也主婦受於户外而設於
席前其豆則菹在北其籩則棗在菹北栗在
棗西也設豆東面設籩南面與此宗婦贊者

亦一人耳既授兩豆復取兩籩于房

俎入設

注曰佐食設之

䟽曰有司不儐尸者主婦致爵於主人時佐食設俎

繼公謂設于豆西

主人左執爵祭薦宗人贊祭奠爵興取肺坐絶祭嚌之興加于俎坐捝手祭酒啐酒

此贊祭薦蓋以籩祭授之祭離肺之儀鄉飲酒禮備矣

肝從左執爵取肝𢄼于鹽坐振祭嚌之宗人受加于俎燔亦如之

坐字衍宗人既受肝則主人復右執爵矣一進酒而兩進從俎者欲其與尸祝之兩獻者同見其尊也主婦禮亦如之

興席末坐卒爵拜

席末席上之北於此卒爵近於受爵之處也曏者受爵在所設席之北不降席者亦因尸禮也

主婦答拜受爵酌醋左執爵拜主人答拜坐祭立飲卒爵拜主人答拜主婦出反于房

酢不易爵者禮婦人承男子後多不易爵則其自酢又可知矣主婦自酢者主人辟尸不敢酢主婦主婦達其意也下自酢之義皆類

此反奠爵于篚也左字非誤則衍内則曰凡女拜尚右手

右主婦致爵于主人自酢

主人降洗酌致爵于主婦席于房中南面主婦拜受爵主人西面答拜宗婦薦豆俎從獻皆如主人

不言升酌文省耳主人於主婦亦謂之致爵者夫妻一體也主婦席南面變於大夫不賓尸之禮也亦拜受于席豆亦兩豆兩籩俎牲俎也從獻肝燔也皆如主人謂其受爵以前之禮也所異者其不用贊與此席蓋於房中之北堂

主人更爵酌醋卒爵降實爵于篚入復位

更爵更踐在內篚者也男子不承婦人爵雖自醋猶更之內篚在洗東乃不因而洗之者以其自醋也自醋而不洗亦因尸之醋禮也此醋亦在房中西面其他儀皆與主婦自醋者略同以有成禮故略而不見之卒爵則坐惟此與主婦異耳位室中位凡男子易爵于內篚惟醋于房中者得由便爲之不然則否

右主人致爵于主婦自酢

三獻作止爵

注曰賓也謂三獻者以事命之作起也舊說云賓入戶北面曰皇尸請舉爵

繼公謂致爵之禮成亦足以少塞尸之止爵

意矣於此而作止爵亦宜也若俟畢獻乃爲
之則久留尊者之爵非所以爲敬
尸卒爵酢酌獻祝及佐食洗爵酌致于主人主
婦燔從皆如初更爵酢于主人卒復位
注曰洗乃致爵爲異事且以承佐食賤新之
繼公謂賓獻祝亦北面拜於户西獻佐食亦
西面拜於主人之南也賓既獻佐食則室中
之事畢矣乃復致爵者因上禮也皆皆尸卒
爵以下也自尸卒爵以至及佐食如主人酢
獻之禮也致于主人者如主婦致爵之禮也
致于主婦者如主人致爵之禮也燔從者如
亞獻祝及致于主人主婦之禮也言此則是

其從獻之物備有此耳亦見其殺於初者也
致于主人主婦乃惟酢于主人者爲禮主於
尊者也賓更爵自酢其義與主人之自酢者
同更爵不言降與升酌又不言如初亦文省

右賓作止爵尸酢賓賓獻祝佐食致
于主人主婦自酢

人降阼階西面拜賓如初洗賓辭洗

注曰拜賓爲將獻之如初如視濯時
繼公謂階下當有前字初謂三拜衆賓衆賓
皆答一拜也將獻而旅拜賓賓一人辭洗則
是助祭之賓其尊卑但與鄉飲酒之衆賓同
耳少牢下篇曰主人洗爵長賓辭主人奠爵

于篚興對

卒洗揖讓升酌西階上獻賓

獻賓蓋西南面也

賓北面拜受爵主人在右答拜薦脯醢設折俎

自賓以下其設薦俎者皆以私人爲之與

賓左執爵祭豆奠爵興取肺坐絕祭嚌之興加

于俎坐挩手祭酒卒爵拜主人答拜受爵酌酢

與爵拜賓答拜

豆亦無籩言也賓云卒爵拜主人云奠爵拜

文互見耳

主人坐祭卒爵拜賓答拜　揖執祭以降西面奠

于其位位如初薦俎從設

注曰位如初復其位東面
繼公謂執祭脯也云位如初嫌既獻則[illegible]
異也
右主人獻賓長自酢
衆賓升拜受爵坐祭立飲薦俎設于其位辯主
人備答拜焉降實爵于篚辯音徧下並同
注曰鄉飲酒記曰立卒爵者不拜既爵備猶
盡也
繼公謂立飲亦為不拜既爵也其說見鄉飲
酒與其記辯謂皆有薦俎也其薦俎亦於每
獻一人則設之備答拜謂悉答之也其拜亦
在每人受爵之後

右主人獻衆賓

尊兩壺于阼階東加勺南枋西方亦如之

爲賓及兄弟設之也西方之尊其在[illegible]

[illegible]與設尊於堂下者欲其便且別於大[illegible]

[illegible]兩壺皆酒者別於上尊也

主人洗觶酌于西方之尊西階前北面酬[illegible]

右[illegible]

於此酬賓終正禮也酬賓於西方故酌西方

之尊必酬之者重其爲賓也酬於下者宜近

賓位便其奠之

主人奠觶拜賓答拜主人坐祭卒觶拜賓答拜

此賓主之拜亦皆北面

主人洗觶賓辭主人對

少牢下篇云主人奠爵于篚對

卒洗酌西面賓北面拜

注曰西面者鄉賓位立於西階之前賓所荅拜之東北

主人奠觶于薦北

不授而奠酬之正禮薦北薦左也既奠則復位北面拜文不具耳此奠觶于庭皆將舉者也而或在薦左或在薦右蓋各從其便而不取奠者於左將舉於右之義也

賓坐取觶還東面拜主人荅拜賓奠觶于薦南揖復位

注曰還東面就其位薦西

繼公謂賓坐取觶而興象受之也賓取觶亦西面還而東面拜謝主人之奠觶也執奠觶而拜所以見其意東面而奠于薦南亦便也復位主人復阼階下西面位也奠而不辭既則以拜謝之皆變於飲酒之儀也

右主人酬賓長

主人洗爵獻長兄弟于阼階上如賓儀

注曰酬賓乃獻長兄弟者獻之禮成於酬先成賓禮也

繼公謂此獻于阼階上異內外也獻亦西南面賓賓長也如賓儀無酢言也

左主人獻長兄弟自酢

洗獻衆兄弟如衆賓儀

獻衆兄弟與獻長兄弟之禮相屬乃爲之洗者以其承己自酢之後故須洗之也然則獻衆賓於自酢之後則亦宜爲之洗矣上經不言者文略耳

右主人獻衆兄弟

洗獻内兄弟于房中如獻衆兄弟之儀

注曰内兄弟内賓宗婦也如衆兄弟如其拜受坐祭立飲設薦俎於其位而辯内賓其位在房中之尊北有司徹曰主人洗獻内賓於房中南面拜受爵

繼公謂獻之盖西北面

主人西面答拜更爵酢卒爵降實爵于篚入復位

注曰內賓之長亦南面答拜

繼公謂更爵亦在房中者也獻畢乃酢其長亦猶賓致爵于主人主婦而受爵酢于主人之義也不言酢儀者其禮可得而推故爾

右主人獻內兄弟自酢

長兄弟洗觚為加爵如初儀不及佐食洗致如初無從

注曰大夫士三獻而禮成多之為加也不及尸佐食無從殺也致致於主人主婦

繼公謂無從謂所獻所致者皆無燔從也無從則不啐酒而卒爵亦其異者

右長兄弟爲加爵

衆賓長爲加爵如初爵止

婦者三獻用爵其爵止而主人主婦之致亦用爵蓋放尸器而用之也此爵止之後室中及庭中行禮者皆用觶以是推之則此加爵當用觶經不見之文略耳如初亦如亞獻也此亦無從尸祭酒啐酒而爵止矣尸於舉觶之節又欲觶之徧行也故止之以見其意蓋與三獻而止爵者相類也

右衆賓長爲加爵

嗣舉奠

注曰嗣主人將爲後者大夫之嗣子不舉奠辟諸侯

繼公謂舉奠謂舉奠觶而飲之重適故特爲此禮是惟主於有適者言之無適則已

盥入北面再拜稽首

盥盥于洗也再拜稽首重尊者之賜也北面亦於户西

尸執奠進受復位祭酒啐酒尸舉肝舉奠左執觶再拜稽首進受肝復位坐食肝卒觶拜尸備答拜焉

注曰備答拜每拜答之

繼公謂奠觶南之觶也肝即鄉之加于菹豆者也位室中之位也坐卒觶亦異其室中之禮凡子姓受主人之獻亦立卒爵不拜既爵舉奠洗酌入尸拜受舉奠答拜尸祭酒啐酒奠之舉奠出復位

疏曰奠之者復神之奠觶

繼公謂舉奠酌以進尸反尸之奠觶耳尸祭啐奠之如初禮新之

右嗣舉奠

兄弟弟子洗酌于東方之尊作階前北面舉觶于長兄弟如主人酬賓儀

注曰弟子後生也

繼公謂如主人酬賓儀者是亦在長兄弟之右也此有代主人酬長兄弟之意故位與主人同主人酬賓奠觶于薦北此則當奠于薦南而長兄弟則取觶還西面奠于薦北也

右兄弟之弟子舉觶于其長

宗人告祭脀

注曰脀俎也所告者衆賓衆兄弟内賓也獻時設薦俎于其位至此告之祭使成禮也其祭皆離肺不言祭豆可知

繼公謂所告者衆賓衆兄弟内兄弟也公有司私臣亦存焉將羞乃告祭脀蓋與燕禮大夫祭薦之意同也記言衆賓以至私臣皆肴脀

膚一離肺一又曰公有司獻次衆賓私臣獻

次兄弟

乃羞

羞庶羞也此但以羞無文則是自尸而下

至於私臣皆然也大夫祭禮羞于尸祝主人

主婦與羞于賓兄弟內賓及私臣不同時又

加以內羞此則一之亦士禮異也

右祭胥乃羞

賓坐取觶阼階前北面酬長兄弟長兄弟在右

注曰薦南奠觶

繼公謂長兄弟在右賓在左各象其位也

賓奠觶拜長兄弟答拜賓立卒觶酌于其尊東

面立長兄弟拜受觶賓北面答拜揖復位
注曰其尊長兄弟尊也此受酬者拜亦北面
繼公謂阼階東之尊爲兄弟長而下設之故
曰其尊若彼自有之然西方之尊亦如之案
面立變於鄉飲酒酬者之儀也鄉飲酒[illegible]
東南面酬主人西南面酬介此東面[illegible]
長兄弟亦惟北面受之下放此
長兄弟西階前北面衆賓長自左受旅如初
注曰初賓酬長兄弟
繼公謂初謂賓觶拜受旅者答拜也
長兄弟卒觶酌于其尊西面立受旅者拜受[illegible]
兄弟北面答拜揖復位衆賓及衆兄弟交錯[illegible]

辯皆如初儀錯如字

交錯謂二黨互相酬也初儀即上文所言如酬之禮

右賓與兄弟旅酬

爲加爵者作止爵如長兄弟之儀

眞觶既舉其禮一終於此可以作止爵矣不俟再旅者其意與三獻作止爵於獻賓之前者同

右衆賓長作止爵

長兄弟酬賓如賓酬兄弟之儀以辯卒受者實觶于篚

如謂儀略同耳其異者則以意定之

右兄弟弟子與賓旅酬

賓弟子及兄弟弟子洗各酌于其尊中庭北面西上舉觶於其長奠觶拜長皆答拜舉觶者祭卒觶拜長皆答拜

此中庭東西之中也其南北之節則皆少南於其長之前與西上者尊賓之弟子也是時長皆在東西面之位而拜之卒觶坐卒觶也此觶乃代主人舉之故其儀與鄉飲舉觶者略同

舉觶者洗各酌于其尊復初位長皆拜舉觶者皆奠觶于薦右

薦右賓之薦南兄弟之薦北也奠於此者因

其所改奠之處也繇長者意不欲勞其復舉
之此觶爲無筭爵始
長皆執以興舉觶者皆復位答拜長皆奠觶于
其所皆揖其弟子弟子皆復其位
注曰復其位者東西面位弟子舉觶於其長
所以序長幼教孝弟拜亦皆北面
繼公謂執以興亦象受之其所薦右也揖揖
之使復其位
爵皆無筭
此亦賓先舉奠觶酬兄弟長交錯以辯卒飲
者洗酌反奠於故處長兄弟又舉奠觶酬賓
長亦交錯以辯卒飲者洗酌亦反奠於故處

賔及兄弟又迭舉奠觶皆如初禮終而復始故云爵皆無筭若其儀之與旅酬異者惟不拜耳

右賔弟子兄弟弟子各舉觶于其長遂無筭爵

利洗散獻于尸酢及祝如初儀降實散于篚散息復受及祝並同

注曰利佐食也更言獻者以利待尸禮將終宜一進酒嫌於加酒亦當三也不致爵禮又殺也

繼公謂佐食云利未詳或曰以其善佐尸食而宜於尸故曰利利之言宜也未知是否

右佐食獻尸祝

主人出立于戶外西面

尸外戶東少南也不立于阼亦變於大夫

祝東面告利成

東面于戶外之西

尸謖祝前主人降

注曰少牢饋食禮曰祝入尸謖主人降立于阼階東西面祝先尸從遂出于廟門其儀亡賓禮備矣

祝反及主人入復位命佐食徹尸俎俎出于廟門

注曰少牢饋食禮有司受歸之

繼公謂言及見其先入也尸

俎胏俎也

徹庶羞設于西序下

徹者亦佐食也徹庶羞亦欲設者尊尸食故

未即去之西序下其東也此先徹庶羞亦與

大夫禮相變

右尸出

筵對席佐食分簋鉶

筵對席設對席于饌東也此於神席亦爲少

北其名義與昏禮之對席同下篇放此簋即

敦之異名分簋鉶者以簋分簋實以鉶分鉶

羹也爲將餕分之或曰以尸之兩敦兩鉶分

與二簋也其敦則上簋黍而下簋稷亦異於

大夫之餕者惟用黍也未知孰是
祭人遣舉奠及長兄弟盥立于西階下東面北
上
舉奠子姓也云及長兄弟則主人之子位在
長兄弟之上明矣立于西階下俟命也其位
蓋在賓之東北
祝命嘗食餕者舉奠許諾升入東面長兄弟對
之皆坐佐食授舉各一膚餕音俊
命告也嘗食二字或當在餕者之下舉奠東
面升尸席也長兄弟對之升對席也使嗣子
餕故不敢以賓長對之而使長兄弟也以膚
爲舉亦欲其每食則啗之士以二人餕降於

大夫者兩也其養惟以嗣子及長兄弟又與
大夫禮相變云古文養皆作餕
主人西面再拜祝曰養有以也兩養奠舉于俎
許諾皆答拜
西面蓋于其位養有以也其意未詳或曰言
主人所以使女養者蓋有相親敬之意不欲
明説故惟言有以也下文有與之言亦類此
俎者上養豕而下養腊與
若是者三
所以見主人殷勤之意也三者揔言之蓋禮
成於三也然則主人拜祝釋辭養答拜者又

皆取舉祭食祭舉乃食祭鉶食舉

祭舉亦振祭嚌之食食乃祭鉶羹於尸

卒食主人降洗爵宰贊一爵主人升酌酳上養

上養拜受爵主人答拜酳下養亦如之

注曰少牢饋食禮曰贊者洗三爵酌主人受

于户内以授次養

繼公謂酳下養亦東面于其席前之北授之

主人拜祝曰酳有與也如初儀

有與猶有以也初儀主人再拜乃兩養許諾

也

兩養執爵拜

注曰答主人也

繼公謂此著其拜之異於上者也凡男子執
爵拜皆左執之內則曰凡男拜尚左手
祭酒卒爵拜主人答拜兩餕皆降實爵于篚
注曰下餕復兄弟位
繼公謂上餕將酢乃亦實爵于篚者宜與下
餕共終其[illegible]不可由便也
上餕洗爵升酌酢主人
酢主人東面鄉之於其位上餕得親酢者乃
已出故也[illegible]亦變於大夫之禮大夫餕者不
親酢
主人拜受爵
主人亦西面拜也主人父也上餕子也於

唯尸祝佐食玄端玄裳黃裳雜裳可也皆爵韠
注曰與主人同服
繼公謂士尸服玄端亦以其爲卒者之正服
也然則尸服卒者之上服唯喪祭耳祝佐食
與主人亦玄端者以其事尸於室尤爲近之
故服宜與尸同言玄端玄裳又言黃裳雜裳
可也者蓋以賤者或不能備服故制此禮以
通之其朝服之裳惟許用素積者豈以素者
易辨故與
設洗南北以堂深東西當東榮水在洗東篚在
洗西南順實二爵二觚四觶一角一散深式鴆反
注曰舊說云爵一升觚二升觶三升角四升

散五升

李寶之曰賓獻尸之時爵止主人當致爵于主婦故爵二

繼公謂二觚者長兄弟以觚爲加爵因以致于主人主婦既則更之以酢于主人也四觶者其一奠于神席前其一乃主人以奠酬於賓其一乃衆賓長爲加爵於尸其一乃爵止而未舉之時兄弟弟子舉觶於其長者也

壺棜禁饌于東序南順覆兩壺焉蓋在南明日卒奠冪用綌即位而徹之加勺覆芳服反

汪曰覆壺者蠡瀝水且爲其不宜塵

楊志仁曰奠酬奠奠于鉶南時即位尸酢

坐時
繼公謂壺楸禁廢壺之楸禁也禁名曰楸杜
側則未聞羃蔣亦當作羃既奠乃羃之則未動
以前用蓋與
篋巾以給也纁裏棗烝栗擇
注曰舊說云纁裳者皆玄被
繼公謂篋用巾謂既實而陳之之時也一
說則去之獨篋用巾者以其未即設故
塵此巾云纁裏則是凡巾皆複爲之矣
鉶芼用苦若薇皆有滑夏葵冬荁
此無芼鉶故豕鉶亦得用苦然則鉶〻
者非爲各有所宜也士虞禮記云

棘心匕刻

注曰刻若今龍頭

繼公謂喪祭匕用桑吉祭匕用棘著喪同吉棘聲近故也

牲爨在廟門外東南魚腊爨在其南皆西

士喪禮曰爲垼於西墻下又吉凶之饎近於辟以是例之則廟門外之爨亦當下明矣

饎爨在西壁

士之饎爨在內者以宗婦主其事也大夫以廩人爲之故其爨亦在門外

肵俎心舌皆去本末午割之實于牲鼎

舌縮俎 去起吕反

注曰午割從横割之亦勿没

繼公謂既實牲體於鼎乃制此而實之於其上載謂載於肵俎心舌皆當牲體之中爲内體之貴者故不佗用而專以進於尸又見少牢饋食禮

賓與長兄弟之薦自東房其餘在東堂

經惟云豆籩鉶在東房蓋主於尸者也此又見賓與長兄弟之薦則祝主人主婦之薦亦在東房矣賓實長也其餘次賓次兄弟而下與内兄弟及公有司私臣也公有司私臣有俎則有薦可知經記不見之耳少牢饋食禮

私人有薦脀
沃尸盥者一人奉槃者東面執匜者西面淳沃
執巾者在匜北奉芳勇反淳之純反
注曰匜北執匜者之北亦西面
繼公謂者一人三字疑衍又淳沃並言之
未詳
宗人東面取巾振之三南面授尸卒執巾者受
振之三爲去塵敬也宗人授巾尊尸也卒爵
巳捝手受巾亦以簞少牢饋食禮曰卒盥坐
奠簞取巾興振之三以授尸坐取簞興以受
尸巾
尸入主人及賓皆辟位出亦如之辟音避

入入門也出出户也言主人及賓則兄弟之
屬在其中矣
嗣舉奠佐食設豆鹽
置鹽於豆而設於舉奠之前爲其食肝也
佐食當事則户外南面無事則中庭北面
注曰當事將有事而未至
凡祝呼佐食許諾
注曰呼猶命也
宗人獻與旅齒於衆賓
注曰齒從其長㓜之次
繼公謂記末云公有司獻次衆賓宗人亦公
有司也乃齒於衆賓者所謂有上事者貴之

也

佐食於旅齒於兄弟

佐食已獻於室中故獻兄弟時不與而但與

其旅酬也云齒於兄弟則士之佐食亦其兄

弟明矣

[illegible]兩壺于房中西墉下南上

注曰爲婦人旅也其尊之節亞西方

[illegible]謂兩壺皆酒云南上者亦以其先酌在

[illegible]右與

[illegible]立于其北東面南上宗婦北堂東面北上

[illegible]曰二者所謂内兄弟内賓姑姊妹也宗婦

族人之婦其夫屬于所祭爲子孫或南上或

此上宗婦宜統於主婦主婦南面

繼公謂云內賓立于尊北記者蓋取尊爲節西見其位之所在耳其實內賓之位已定於未設尊之特也

主婦及內賓宗婦亦旅西面

注曰西面者異於獻也男子獻於堂上旅於堂下婦人獻於南面旅於西面內賓象衆賓宗婦象兄弟其節與其儀依男子也其拜及飲者皆西面于主婦之東南

繼公謂此旅酬之儀雖與在庭者略同然亦不能無少異蓋主人既酢內兄弟主婦則酬內賓之長酬奠于薦左內賓之長坐取之奠

于左及兄弟舉旅之時內賓之長亦取奠觶以酬主婦主婦以酬次內賓次內賓以酬宗婦之長亦交錯以辯內賓之少者宗婦之少者又各舉觶于其長以為無筭爵始內賓長之觶惟以旅主婦而已宗婦長之觶則以旅次內賓亦交錯以辯皆不拜略如鄉射無筭爵之儀也然則房中之篚其實一爵二觶與宗婦贊薦者執以坐于戶外授主婦

此儀已見於經而記復著之蓋備載其所聞耳

尸卒食而祭饎爨雍爨

注曰雍爨內以尸享祭竈有功也舊說云云

婦祭饎爨亨者祭雍爨用黍肉而已無籩豆俎禮器曰夫爨者老婦之祭盛於盆尊於瓶繼公謂此以尸享祭而祭竈亦見其尊尸之意牲魚腊之爨皆謂之雍爨少牢禮曰雍爨在門東南北上

賓從尸俎出廟門乃反位

注曰賓從尸送尸也士之助祭終其事也俎尸俎也賓既從尸復入反位者宜與主人為禮乃去

尸俎右肩臂臑肫胳正脊二骨橫脊長脅二骨短脅

注曰尸俎神俎也

繼公謂長脅即正脅也士之祭其俎豆之屬既與於大夫者二而其俎實之脊脅之骨又各與其半皆降殺以兩之意也

膚三

特牲無膚俎故以膚附于牲俎焉三者亦與於大夫之尸也凡膚與牲體同在尸俎者大夫五士三少牢下篇言尸之豕脀膚五是也大夫以上膚若别俎則若七若九以差而加之

離肺一

注曰舉肺也

刌肺三（刌七本反）

注曰爲尸主人主婦祭今文刌爲切
繼公謂祭肺言刌或言切皆見其制也
魚有十五
注曰少牢饋食禮亦云十有五而俎尊卑同
此所謂經而等也
繼公謂此盛祭禮也
腊如牲骨
惟云骨而不言體者蓋骨可以該體而體不
可以該骨也言骨則體在其中矣
祝俎髀脡脊二骨脅二骨膚一離肺一
髀謂右髀亦用尸俎之不升者也脅代脅也
不見之者上言脡脊則此爲代脅可知矣祝

脊脅用二骨見其尊於執事者也此離肺嚌
肺也祝祭以離肺其義與虞禮同餘放此
胙俎臂正脊二骨橫脊長脅二骨短脅膚一離
肺一
臂左臂胙俎尊乃不用左肩而用左臂者屈於尸也
脊脅非體也故得與尸同以伸其尊亦以此
牲之俎實少故爾少牢俎實多故主人主婦
脊脅皆臧於尸
主婦俎觳折其餘如胙俎觳戶角反又苦角反
注曰觳後足餘謂脊脅膚肺
繼公謂觳非正體折骼之下而取之故云觳
折凡牲固皆折也然經文之例其先言體乃

言折或單言折者必非正體若全體者也蓋與折俎之說不同主婦俎之脊脅其名數必不盡與阼俎同乃云如阼俎者亦大略之言也少牢饋食禮阼俎脊脅皆牢主婦俎之脊脅但用牢也則此可知矣

佐食俎觳折脊脅膚一離肺一

主婦俎與佐食俎同用觳而主婦尊於佐食則主婦右佐食左與或曰佐食宜用右觳猶祝俎用右髀之意未知孰是

賓骼長兄弟及宗人折其餘如佐食俎

骼左骼也凡骼與觳連乃爲全體已記兩見觳折則此骼亦非全體矣不言骼折者以其

可知不必言也長兄弟及宗人折亦謂折分
其全體也不言其體者或以其所用者不定
故與其餘謂脊脅臑肺
衆賓及衆兄弟內賓宗婦若有公有司私臣皆
殽脀臑一離肺一
公有司公家所使給私家之事者也私臣私
家之臣或已所自有或假於他家皆是也云
若有者不定之辭祝宗人亦公有司也已見
其俎於上若有之文主於殽脀者耳此俎無
脊脅者以其或用脊若脅爲殽脀故也
公有司門西北面東上獻次衆賓私臣門東北
面西上獻次兄弟升受降飲

注曰亦皆與旅
繼公謂門西者尚右門東者尚左亦各變於
東面西面之位者也獻公有司於西階上私
臣於阼階上其受爵則惟二者之長拜於下
乃升受主人答拜乃降飲餘皆不拜

儀禮卷第十六

敖繼公集説

少牢饋食禮第十六

注曰於五禮屬吉禮

繼公謂此篇言大夫祭其祖之禮

少牢饋食之禮少詩照反食音嗣

注曰禮將祭祀必先擇牲繫于牢而芻之羊豕曰少牢

日用丁巳巳音紀

注曰内事用柔日必丁巳者取其令名自丁寧自改變皆爲謹敬

繼公謂此指筮日之日也所謂諏日者也先

諏是日至其日乃筮

筮旬有一日

以丁若巳之日而筮旬亦一日則所筮之一亦丁若巳可知矣以丁巳之日而筮丁巳云旬有一日則是并筮日之日而數之也者數日之法於此可見

筮於廟門之外主人朝服西面于門東史朝左執筮右抽上韇兼與筮執之東面受命于主人朝並直遥反下朝服並同

朝服大夫士以筮之正服也史亦公有司周官筮人職中士二人史二人士冠特牲筮者言筮人此言史蓋互文也大夫筮亦

服者降於卜也雜記言大夫卜宅與葬日
占者皮弁又云如筮則占者朝服是其[illegible]
也
主人曰孝孫某來日丁亥用薦歲事于皇祖
某以某妃配某氏尚饗
注曰丁未必亥也直舉一日以言之且[illegible]
太甯禮曰日用丁亥伯某且字也其他[illegible]
亦曰仲某叔某季某某妃某妻也合[illegible]
某氏若言姜氏子氏也
繼公謂此惟云丁亥特見其一耳必言丁亥
者以其爲六丁之末者故設言之也末者
用則其上者可知矣已日亦宜如之稱其[illegible]

字則是指士之爲祖者而言亦假設之辭耳、
大夫祭士之爲祖者如此亦所以明其從生
者之爵也其祖禰若爲大夫則稱曰某子聘
禮記曰皇考某子是也大夫三廟其常祀自
曾祖而下此辭惟言皇祖者亦見其一耳三
廟說見聘禮

史曰諾西面于門西抽下韇左執筮右兼執韇
以擊筮

擊筮者爲將述命故也不述命則無此儀

遂述命曰假爾大筮有常孝孫某來日丁亥用
薦歲事于皇祖伯某以某妃配某氏尚饗大音泰

注曰重以主人辭告筮也假借也

繇公謂大者尊之之辭假爾大筮謂假借爾
六筮之靈以問於神也有常謂其常常如此
也言每有疑事則必問之而不敢專決所以
見其敬信之意孝孫某以下之辭則所謂述
命也
乃釋韇立筮
立筮而又在門西皆大夫之禮異者也
卦者在左坐卦以木卒筮乃書卦于木示主人
乃退占
注曰卦者史之屬也卦以木者每一爻畫地
以識之六爻備書於板史受以示主人退占
面旅占之

筮公謂此卦者坐亦與筮者相變也上木畫
地者也下木板也退退于其位也不言其位
外西方東面可知此占者亦當三人也大夫
闑門外之位其有司之西方東面者惟此耳
筮筮者有事於神故不為大夫而變位也
史韇筮史兼執筮與卦以告于主人占丁
疏筮又釋筮于所筮之處至是乃就而韇之
也韇筮而兼與卦執之以告此亦與士禮異
者也
戒宗人命滌宰命為酒乃退
曰滌溉濯祭器掃除宗廟

公謂官戒謂其官戒某人以某事也宰宗人乃官之尊者故見其命者以明之[illegible]有司群執事之位當在門東東上大夫之宗人亦私人為之自此以下諸官司馬之屬皆放此

不言則及遠日又筮日如初

注曰遠日後丁若後己

繼公謂此遠日對筮之日而言即所筮不吉之日也至此日又筮旬有一日也此文當承占曰從之下欲終言上事故至是乃見之

右筮日

宿

宿謂宿賓以下也是亦官宿之大夫於助祭

之賓爲踰等故不親宿此宿當在宿尸之後
言於此者爲下文節也
前宿一日宿戒尸
宿戒尸者凡可爲尸者皆宿戒之爲將筮也
此宿戒蓋亦使人爲之尸未筮則未成其尊
宿前一日又宿戒尸亦尊者之禮異也
明日朝筮尸如筮日之禮命曰孝孫某來日丁
亥用薦歲事于皇祖伯某以某妃配某氏以某
之某爲尸尚饗筮卦占如初朝如字
不前期三日而筮尸未詳此筮曰筮尸之辭
皆不言筮之亦與士異
宿則乃遂宿尸祝擯

祝爲擯與上篇祝致命之意同

主人再拜稽首

不待其許諾而即再拜稽首亦異於上篇

之儀當略與特牲同以其有成禮故略之[illegible]

不言

祝告曰孝孫某來日丁亥用薦歲事于皇祖伯

某以某妃配某氏敢宿

注曰告尸以主人爲此事來宿

尸辭許諾主人又再拜稽首主人退尸送揖不

拜

主人拜而后致辭故尸荅拜而后許諾尸所

以荅拜者亦以其未許諾故也主人又拜者

所以見其不必荅巳尊之又此主人退尸[illegible]
不拜送猶揖之凡尸與主人爲禮於其家者
皆變於賓主之儀
若不吉則遂改筮尸
所改筮者嗣尸也此所筮者若又一不吉則宜
以其次者爲尸不復筮與筮日之意同
右筮尸宿尸
既宿尸反爲期于廟門之外
注曰期祭期也言既宿尸反爲期明大夫尊
宿尸而巳其爲賓及執事者使人宿之
繼公謂既宿尸反而爲期是其事相繼而一不
必至夕也然則[illegible]者皆不在可知大夫

宿與爲期同日此時云不有賓皆大夫禮異者也

主人門東南面

主人門東南面有司群執事之位北面大夫宜鄉之亦大夫禮異也

宗人朝服北面曰請祭期主人曰比於子比毗志反

注曰比次早晏在於子也

宗人曰旦明行事主人曰諾

注曰旦明旦日質明

乃退

惟云乃退是主人不送也下篇云衆賓出主人拜送于廟門外此退而不送則衆賓不在

可知既退有司乃宿賓

右爲期

明日主人朝服即位于廟門之外東方南面宰宗人西面北上牲北首東上司馬刲羊司士擊豕宗人告備乃退刲苦圭反

注曰刲擊皆謂殺之此實既告備乃殺之又互者省也

繼公謂東方視殺之位亦宜當塾少南此異宰宗人之位亦與士禮異宗祝之位者同意牲亦當在東方少南有司牽羊豕則東之而東足也乃退謂主人

右視殺

經六概鼎匕俎于雍爨雍爨在門東南北上

注曰雍爨羊豕魚腊竈也

繼公謂概猶拭也既筵日而宗人命滌則有司於祭器皆已濯之矣故至此但概之爲去塵也鼎匕俎皆牲器故雍人概之於雍爨之上以其類也下文概甑甗匕敦于廩爨其義亦然雍人見公食禮

廩人概甑甗匕與敦于廩爨廩爨在雍爨之北

甑于孕反甗魚展反敦音對下並同

注曰匕所以匕黍稷者也

疏曰冬官匋人職云甗實二鬴厚半寸脣寸

甑實二鬴厚半寸脣寸七穿

繼公謂廩人與雍人對言則是掌爲饎之事
者也甗如甑蓋有底而無孔所以盛米也甗與
甑則炊之匕則出之此四器與鼎匕俎皆陳
于外故雍人廩人分摡之廩爨亦北上
司宮摡豆籩勺爵觚觶几洗篚于東堂下勺爵
觚觶實于篚卒摡饌豆籩與篚于房中放于西
方設洗于阼階東南當東榮放方往反
司宮主陳設此器故俱摡之勺爵觚觶摡之
則隨實于篚不待其卒摡也勺亦實于篚者
為將洗之饌之盖於北堂放于西方以次而
西也下篚亦饌于房以俟事至而設之不言
陳几之處未詳其所特牲禮几席陳于西堂

右槪器

羹定雍人陳鼎五三鼎在羊鑊之西二鼎在豕鑊之西

三鼎羊魚腊二鼎豕與膚膚鼎亦在豕鑊西者以膚在豕鑊故也魚腊自有鑊未升之時其鼎乃從羊者以膚鼎從豕之故而為之也蓋此鑊四而鼎五若鼎各從其鑊則豕鑊西之鼎二羊鑊西之鼎一嫌其輕重失次故以魚腊之鼎從羊見其尊也不云爨而云鑊據鼎實之所從出者而言是篇獨著鑊西之鼎位以其異也士禮三鼎無嫌故不見之

司馬升羊右胖髀不升肩臂臑膊骼正脊一脡

脊一橫脊一短脅一正脅一代脅一皆二骨以並腸三胃三𦝫肺一祭肺三實于一鼎膞音純與脁同脡他頂反

注曰肩臂臑肱骨也膞骼股骨也脊從前爲正脅旁中爲正祭肺三爲尸主人主婦

繼公謂升謂升於鼎也牲體盡在鑊惟神之俎實升於鼎其餘則皆自鑊升於俎也正脊之屬用二骨乃皆云一者則是但以其名相別耳不繫其骨之多寡也脊先前脅先後亦禮貴相變也腸三胃三者少牢之俎五而已腸胃不得别俎故但附於其牲也附於其則其數殺焉而止於三亦如特牲豕俎膚之

之意也大夫或用大牢而俎若九若七則
胃別俎得充其數此制於公食大夫禮見之
司士升豕右胖髀不升肩臂臑膊骼正脊一脡
脊一橫脊一短骨一正脅一代脅一皆二骨以
並舉肺一祭肺三實于一鼎
此與上經升羊者皆出自鑊而入於鼎其文
之序則始於肩終於肺與下經之出於鼎而
載於俎者同以其出入先後之節致之似正
相反然則此所云者但據其已在鼎者上下
之次而言非謂入鼎之序亦然也葢與下經
之文雖同而意則異矣
雍人倫膚九實于一鼎

注曰倫擇也膚脅革肉擇之取美者

繼公謂膚九者與其牲異鼎不視腸胃故擇

充其數焉司士不倫膚以其卑也先魚腊實

之者與牲體同鑊宜因便也旣實則遷之於

腊爨之西南

司士又升魚腊魚十有五而鼎腊一純而鼎[illegible]

用麋

云又升則司士即鄉之升豕者也然則此時

亦先升魚後升腊與鼎謂實于一鼎也牲一

胖而腊一純亦大夫禮異也不言髀不升可

知也每於將升之時則舉鼎以就其鑊西北

篇言腊者皆不言其物而此云用麋者經特

於此見之乎

卒脀皆設扃鼏乃舉陳鼎于廟門之外東方北面北上

陳於東方亦當塾少南鄉不陳於此亦異於士

司宮尊兩甒于房户之間同棜皆有冪甒有玄酒

棜即所謂棜禁也惟言棜文省耳設尊即上冪者甒其無蓋與

司宮設罍水于洗東有枓設篚于洗西南肆枓音主

注曰枓㪺水器也

繼公謂枓者沃盥與洗用之加于罍上經言罍水者惟此與大射燕禮耳然則士之水器其異於此乎凡沃洗及盥于洗者皆用枓經特於此見之

改饌豆籩于房中南面如饋之設實豆籩之實

注曰改更也如饋之設如其陳之左右也饋設東面

繼公謂改饌乃就而實之大夫禮異也此亦司宮主爲之　按注云饋設東面以見其異者此耳

小祝設槃匜與簞巾于西階東

其設如士虞禮惟異處耳

主人朝服即位于阼階東西面

更言朝服者嫌祭服或異於前也阼階東亦直東序後放此主人旣視殺而退至是乃出立于其位也

司宮筵于奧祝設几于筵上右之

司宮不設几以祝接神冝使其爲尊者公食大夫禮司宮設几

右賓鼎陳設器饌即位

主人出迎鼎除鼏士盥舉鼎主人先入

注曰道之也主人不盥不舉

繼公謂主人未入室而先迎鼎且不舉亦大夫禮異也除鼎亦有事也士盥於外

司宮取二勺于篚洗之兼執以升乃啓二尊之
蓋冪奠于椀上加二勺于二尊覆之南枋覆方服反
二尊兩甒也蓋冪蓋尊之冪也此時即徹冪
而加勺亦變於士
鼎序入雍正執一匕以從雍府執四匕以從司
士合執二俎以從司士贊者二人皆合執二俎
以相從入相如字
雍正雍人之長府其佐也匕先俎後變於君
禮也贊者二人故云相從嫌並行也
陳鼎于東方當序南于洗西皆西面北上膚爲
下匕皆加于鼎東枋
注曰南于洗西陳于洗[illegible][illegible]

繼公謂膚爲下陳鼎于外之時則然矣見於
此者蓋要終言之必言膚爲下者以其出於
豕且與之同鑊嫌宜在魚腊上也加匕東[illegible]
便匕者之執也旣錯鼎加匕則右人及執匕
者退惟左人待載
俎皆設于鼎西西肆肵俎在羊俎之北亦西肆
注曰肵俎在北將先載也異其設文不當鼎
繼公謂後言肵俎亦以設在後也執俎者旣
設俎乃退
宗人遣賓就主人皆盥于洗長匕長知丈反
注曰主人不匕言就主人者明親臨之
繼公謂此所遣者二佐食三司士也云賓者

省文耳此佐食賔也司士私人也就主人謂
立于主人之南西面也旣乃序盥復位乃序
進匕也云長匕則匕者亦有先後矣此禮舉
者匕者異人亦大夫禮異

佐食上利升牢心舌載于肵俎心皆安下切上
午割勿沒其載于肵俎末在上舌皆切本末亦
午割勿沒其載于肵横之皆如初爲之于爨也
注曰牢羊豕也安平也平割其下於載便也
午割使可絶也勿沒爲其分散也今文切皆
爲刌
疏曰皆者皆羊豕羊豕皆有心舌也案特牲
記云肵俎心舌皆去本末午割之實于牲鼎

□□□□□□則與其本□□□則其心
然也臣夫入則先制之是為之于豐也
繼公謂此若家之言皆據左手而言故也
利升之勿沒者不絕其中央也必切上下
末若欲其整也管樂記云牛縮俎此云謂之
蓋於俎為縮於載者為橫然則所殊亦有謂
之以識其明矣皆如初為之於豐者言此切
割之制與為之於豐之時無以異也必去載
於俎皆二以並羊左而豕右與此載者蓋南
面其以辯也以並俎作
佐食遷所俎于阼階西西縮乃反
所俎跡載則亂俎者以錯于故處而佐食遷

之也西縮詘西肆
佐食上利升羊載右胖髀不升肩臂臑膊
骼正脊一脡脊一橫脊一短脅一正脅一代脅
一皆二骨以並腸三胃三長皆及俎拒舉肺一
長終肺祭肺三皆切肩臂臑膊骼在兩端脊
肺肩在上

疏曰云肩臂臑膊骼在兩端脊脅肺肩在上
者此是存俎之次俎有上下猶牲體之有前
後故肩臂臑在上端膊骼在下端脊脅在
中其載之次序肩臂臑正脊脡脊橫脊
是舉肺肩臂臑腸胃膊骼也

繼公謂此先言其出於鼎之序後言其載

俎之次也出於鼎著其序如此則其注謂

下之次亦可見矣但未詳孰為踐所不言

之也或曰踐上當有腸胃二字文脫一

魚之次雖其俎實體骨之名與其出

載之次見於此

下升豕其載如羊無腸胃體其載于俎

下

注曰進下變於食生也鄉飲酒禮進腠羊次

其體亦言進下互相見

鄉所謂進下謂以舜體之下鄉神位也藏

則以為鄉俎之台耳

司士三人升魚腊膚

升之每俎異人亦變於初也

[illegible]用鮒十有五而俎縮載右首進腴

注曰右首進腴亦變於食生也

經云謂縮載謂載而縮俎也右首據載者說

之不言也魚之進腴猶牲之進下也魚以腴

爲下鬐爲上右首而進腴則亦寢右矣士喪

異而食生之禮其魚則左首進鬐與此異又

設其魚九而爲三列此其列亦三而每列用

五魚

腊一純而俎亦進下肩在上

[illegible]羊豕

[illegible]而俎則有臂臑膊骼各一

脊脅之數亦倍於牲其載之次左右股肱[illegible]

二體以並而右爲上凡牲之體骨及載之[illegible]

於此

膚九而俎亦横載革順

注曰列載於俎令其皮相順亦者亦其骨[illegible]

繼公謂上俎云進下即横載也故此亦之[illegible]

載者載而横於俎也

右陳鼎匕載俎

卒脀祝盥于洗升自西階主人盥升自阼階祝

先入南面主人從户内西面

祝先升亦大夫禮異也祝南面負牖

主婦被錫衣侈袂薦自東房韭菹醓醢坐奠于

筵前主婦贊者一人亦被錫衣侈袂執葵菹蠃

醢以授主婦主婦不興遂受陪設于東韭菹在

南葵菹在北主婦興入于房緆並音錫蠃音螺

被如被袗衣之被謂衣之也錫皆當作緆

之誤也緣緣通內司服曰緣衣素沙是也

子祭服緣衣而又侈其袂焉所以甚別

妻之祭服也卿大夫之妻展衣爲上緣

之此自祭於家故服其次者辟助祭

言首飾其亦纚笄與贊者亦被緣衣

人助祭者其服宜與主婦同亦如

朝服也然則雖非內子其衣亦得

者男女吉凶之衣其袂二尺二寸

此制之正也後衭之度則夫[illegible]

一人見其數止於此耳以授[illegible]

故士婦不興上不言士婦之[illegible]

特牲可知大夫尊亦得用朝[illegible]

豕此禮惟用其二豆者遠下君禮[illegible]

之豆籩惟所用之而皆自其上者始

佐食上利執羊俎下利執豕俎司士三人也

胉膚俎序升自西階相從入

此執俎皆乜者也不使載者設之亦大夫

禮異也

設俎羊在豆東豕亞其北魚在羊東腊在豕東

特膚當俎北端

當豕俎比鼎乃云特者明不與之爲列也
主婦自東房執一金敦黍有蓋坐設于羊俎之
南婦贊者執敦稷以授主婦主婦興受坐設于
魚俎南又興受贊者敦黍坐設于稷南又興受
贊者敦稷坐設于黍南敦皆南首主婦興入于
房
金敦以金飾之也四敦皆然特見其一耳婦
贊者即主婦贊者一人也不言主省文也亦
放此以授主婦立授之也故主婦興受敦
受豆籩不同禮貴相變也其後二敦則婦
贊者執以立于户外婦贊者一一反之以
于主婦蓋婦贊者惟一人而已敦南首是

足也士喪禮曰敦啓會面足踦[illegible]
異鄉蓋有所象也但其制則[illegible]
執敦者面足而此設之南首則[illegible]
鄉席爲之如設豆之面位矣
祝酌奠遂命佐食啓會佐食啓會蓋二以重
于敦南重直容反
注曰特牲饋食禮曰祝洗酌奠奠重累之
繼公謂已酌奠即奠之於韭菹之南而東當
所設會之西此文省也設于敦南卻而設于
其南兩敦之南也云會復云蓋以明會之爲
蓋也
主人西面祝在左主人再拜稽首祝祝曰孝孫

某敢用柔毛剛鬣嘉薦普淖用薦歲事于皇祖
伯某以某妃配某氏尚饗主人又再拜稽首祝祝
下之又反淖女孝反
主人固西面矣復見之者嫌此時或異面也
羊曰柔毛
右設饌祝神
祝出迎尸于廟門之外主人降立于阼階東一
面祝先入門右尸入門左
注曰特牲饋食禮曰尸入主人及賓皆辟位
出亦如之祝入門右者辟尸盥也既則後
宗人奉槃東面于庭南一宗人奉匜水西面于
槃東一宗人奉簞巾南面于槃北乃沃尸盥

盤上卒盥坐奠簞取巾興振之三以授尸坐取

簞興以受尸巾奉並芳勇反

注曰庭南没霤

繼公謂庭南於入門左之位爲少北於此後

之亦異於士

祝延尸尸升自西階入祝從

特牲饋食禮曰尸至于階祝延尸祝從從其

升而入也祝入亦南面

主人升自阼階祝先入主人從

上云尸入祝從則祝固已入矣此復云祝先

入者明其先於主人

右尸入

尸升筵祝主人西面立于户内祝在左

注曰祝從尸尸即席乃卻居主人左

繼公謂在左者當爲主人釋妥尸之辭也在

左之義見聘禮

祝主人皆拜妥尸尸不言尸荅拜遂坐

注曰尸自此荅拜而卒食其閒有不啐奠

嘗鉶不告旨大夫之禮尸彌尊也

繼公謂云尸不言則妥有辭矣尸於是[illegible]

坐亦變於士所以升筵而未即坐者以[illegible]

尊故也

祝反南面

注曰未有事也[illegible]

繼公謂孫尸事畢也南面云反以見從尸入時位在此不饗亦大夫禮異　按注云墮之亦誤墮宜作挼

尸取韭菹辯挼于三豆祭于豆間上佐食取黍稷于四敦下佐食取牢一切肺于俎以挼上佐食上佐食兼與黍以挼尸尸受同祭于豆祭辯音徧下並同挼如悅反

牢一切肺羊豕各一也言兼與黍而不言稷見其尊者耳或曰黍下脫一稷字同猶兼也

豆祭豆實所祭之處

上佐食舉尸牢肺正脊以挼尸上佐食爾上敦黍于筵上右之

注曰右之便尸食也重言上佐食明更起不相因

繼公謂此於所舉者皆繫以尸明其爲尸物也肺脊先食舉之亦明不與他舉同重言上佐食者授舉之後尸有事也不言振祭嚌之文省耳右之蓋當尸前之南　按注云右之便尸食謂黍在右則尸以右手取之便也

主人羞肵俎升自阼階置于膚北

羞進也云升自阼階者嫌進俎者必升自西階故以明之置亦橫設之也

上佐食羞兩鉶取一羊鉶于房中坐設于韭菹之南下佐食又取一豕鉶于房中以從上佐

受坐設于羊鉶之南皆芼皆有柶尸扱以柶祭
羊鉶遂以祭豕鉶嘗羊鉶
注曰芼羊用苦豕用薇皆有滑
繼公謂上佐食受興受之也故下云坐奠之
以菜和物之名祭鉶亦於豆祭也下篇曰
羊鉶之柶扱羊鉶遂以扱豕鉶祭于豆祭之
公食大夫禮用太牢則祭鉶于上鉶之間
此異

食舉

特牲饋食禮曰乃食食舉謂一飯則食舉以
安之也士昏禮亦然則此亦當先飯而後食
舉也不言乃食者文有脫漏也

三飯上佐食舉尸牢幹尸受振祭嚌之佐食受加于肵上佐食羞胾兩瓦豆有醢亦用瓦豆設于薦豆之北（飯扶晚反下並同）

注曰設于薦豆之北以其加也四豆亦縪羊胾在南豕胾在北

繼公謂薦豆兼二列而言也無臐膮其遠列於太牢之禮與禮用太牢庶羞乃有膷臐膮

按注云羊胾在南豕胾在北者謂羊在西列之南豕在東列之北也

尸又食食胾上佐食舉尸一魚尸受振祭嚌之佐食受加于肵橫之

注曰魚橫之者異於肉

所謂[illegible]尸之意蓋存肝右則羊肝在豕肝之左與祭禮進末則昏禮之肝從當進末也

尸左執爵右兼取肝揳于俎鹽振祭嚌之加于菹豆卒爵主人拜祝受尸爵尸荅拜

兼兼羊豕也於尸未受爵而主人拜故祝亦不相爵皆大夫禮異也下凡與特牲異者皆放此不悉見之

右主人酳尸

祝酌授尸尸醋主人主人拜受爵尸荅拜主人西面奠爵又拜醋才各反與酢同下不見之

初拜固西面矣此言之者著受爵而反位也主人受酢而俠拜亦大夫禮異也

上佐食取四敦黍稷下佐食取牢一切肺以授
上佐食上佐食以綏祭綏當亦作授
綏亦當作授授祭者授主人以祭也以此使
之祭者若尊者賜之食然
主人左執爵右受佐食坐祭之又祭酒不興遂
啐酒
注曰右受佐食右手受祭於佐食也
繼公謂言坐祭之者凡奠爵拜者執爵興故
至此云坐也
祝與二佐食皆出盥于洗入
三人皆為將執所擩之物而盥敬其事也
二佐食各取黍于一敦上佐食兼受摶之以授

尸尸執以命祝
注曰命祝以嘏辭
繼公謂各取黍上者取于上敦下者取于下
敦黍之上敦在西下敦在東
卒命祝祝受以東北面于户西以嘏于主人曰
皇尸命工祝承致多福無疆于女孝孫來女孝
孫使女受祿于天宜稼于田眉壽萬年勿替引
之女並音汝來如字
注曰工官也承猶傳也耕種曰稼勿猶無也
替廢也引長也言無廢止時長如是也
繼公謂受受黍也東北面鄉主人于户西者
爲尸致嘏宜近尸也來如來禹之來來之音

欲其進而受黍也
主人坐奠爵興再拜稽首興受黍坐振祭嚌之
詩懷之實于左袂挂于季指執爵以興坐卒爵
執爵以興坐奠爵拜尸荅拜執爵以興出宰夫
以籩受嗇黍主人嘗之納諸內挂音卦
注出出戶也納猶入也
繼公謂云坐奠爵是立聽嘏也興少進受黍
復位乃坐祭嚌之也宰夫受黍主人左執爵
乃取而嘗之而納之內謂籩中既嚌之復嘗
之亦大夫禮異也此嘏禮詳於特牲者大夫
尊尚多儀也
尸酢主人

拜送也

豆菹醢

薦者亦宰夫也下篇云主婦獻祝宰夫薦棗糗此宜如之菹醢謂韭菹醓醢也蓋祝籩以尸之上籩則其豆亦當以尸之上豆也不賓尸禮主人主婦之薦皆以韭菹醓醢則此可知矣其設之亦菹在西醢在東

佐食設俎牢髀橫脊一短脅一腸一胃一膚三魚一橫之腊兩髀屬于尻屬音燭尻苦刀反

髀右髀也横脊短脅不二骨者俎實已多故
此略之魚横之亦據人而言也其義與加于
肵者同牢皆用右髀脂兩髀不殊皆取尸俎
之不用者耳腊亦髀者與牲並用故體亦於
之祝俎一而已乃雜用五俎之物者見其尊
也不賓尸之禮主人主婦俎亦然

祝取菹擩于醢祭于豆間祝祭俎

注曰大夫祝俎無肺祭用膚遠下尸

繼公謂祭俎取膚以祭也亦振祭嚌之既
反之於俎士虞餞尸以乾肉半尹爲祭其
之也振祭嚌之反之此膚乃俎實異於膚
不可以置于地其儀當與乾肉之祭同不

振祭嚌之亦文省耳
祭酒啐酒肝牢從祝取肝擩于鹽振祭嚌之
興加于俎
肝牢當作牢肝俎牲俎也
卒爵興
注曰亦如佐食授爵乃興
主人酌獻上佐食上佐食户内牖東北面拜坐
受爵主人西面答拜
取節於牖見其少西於其他之北面拜者也
凡室中北面拜者皆在户牖間其言户西者
則近於户言牖東者則近於牖
佐食祭酒卒爵拜坐授爵興

拜蓋衍文祝與佐食皆不拜既爵者遠下尸也
亦大夫禮異也佐食興則出立于户外士虞
記曰佐食無事則出户負依南面
俎設于兩階之間其俎折一膚
下篇獻衆賓以至於私人皆有薦脀佐食在
衆賓之中又有上事不宜與於私人但有私
而無薦此不云薦亦似文畧也又不賓尸之
禮云[illegible]獻祝與二佐食其位其薦脀皆如賓
[illegible]佐食有薦明矣折説見前篇記
[illegible]之其脀亦設于階間

牲饋食禮曰佐食卒角主人受角降反于篚

右主人獻祝及佐食

有司贊者取爵于篚以升授主婦贊者于房户

篚下篚也主婦亞獻用下篚之爵豈此時内篚未有爵與婦人不可以取爵于庭故有司爲取之户字誤若授受於户當言内外西東不宜單言也下篇曰司宮取爵于篚以授婦贊者于房東此户亦當爲東與

婦贊者受以授主婦主婦洗于房中出酌入户西面拜獻尸

注曰入户西面拜由便也

尸拜受主婦主人之北西面拜送爵

注曰此拜於北則上拜於南矣
尸祭爵卒爵主婦拜祝受尸爵尸荅拜易爵洗
[illegible]授尸
尸不啐而卒爵爲無從也易爵易于下篚也
[illegible]易爵亦內子禮異也下篚在洗西故因
易爵而洗之也凡尸酢不洗賓尸乃或有之
主婦拜受爵尸荅拜
主婦受酢不夾爵拜亦變於不賓尸之禮
[illegible]祭之婦[illegible]而于主人之[illegible]受祭[illegible]之
[illegible]人之禮不殺卒爵拜尸荅拜
[illegible]一體

[illegible]于室之

[illegible]祭又祭酒乃卒爵下篇

[illegible]主婦立卒爵執爵拜

[illegible]以爵出贊者受易爵于篚以授主婦于房

注曰贊者有司贊者也

繼公謂贊者與主婦親授受亦變於初此易爵于下篚則內篚初無爵明矣易爵于下篚乃不洗者辟祝爲尸易爵之禮也

右主婦獻尸尸酢

主婦洗酌獻祝祝拜坐受爵主婦荅拜于主人之北卒爵不興坐授主婦

主婦必洗者爲贊者終其事也獻祝可以不
洗
主婦受酌獻上佐食于戶內佐食北面拜坐受
爵主婦西面荅拜祭酒卒爵坐授主婦主婦獻
下佐食亦如之主婦受爵以入于房
注曰不言拜于主人之北可知也爵奠于內
篚
繼公謂上云主人之北此云西面上云不與
此云祭酒皆互見也
右主婦獻祝佐食
賓長洗爵獻于尸尸拜受爵賓戶西北面拜送
爵尸祭酒卒爵賓拜祝受尸爵尸荅拜祝酌授

主人西面三拜餕者餕者奠舉于俎皆荅拜皆反取舉

注曰三拜旅之也

繼公謂西面於其位也言此者明其不爲二人西面而易位拜之也奠舉于俎亦各於其所近者與皆荅拜荅一拜也餕者荅拜無異文則是西面者亦西面拜矣反取舉復取舉于俎也言反者爲其鄉者亦在手也

司士進一鉶于上餕又進一鉶于次餕又進二豆湆於兩下乃皆食食舉

兩下資黍於俎又有湆無鉶皆下上餕者也此二佐食衆賓也兩下賓長也餕則佐食反

尊於賔長者以其勞於室事故報禮特重焉
祝不養者接神職尊不敢使之養也二鉶上
養羊下養豕然則三豆湆亦羊豕各一與
卒食主人洗一爵升酌以授上養贊者洗三爵
酌主人授于户内以授次養若是以辯皆不拜
受爵主人西面三拜養者養者奠爵皆荅拜皆
祭酒卒爵奠爵皆拜主人荅一拜
贊者蓋亦宰夫也每於將酌乃洗爵去洗三
爵總言之耳若是謂酌受授也辯及于兩下
也皆不拜受爵者人多煩勞主人一一荅之
也養者奠爵拜亦與士異荅一拜卒爵禮輕
可以畧特牲二人養其禮亦然凡大夫士之

禮其荅卒爵拜者皆一拜也乃見之考[illegible]

多或旅之也

餕者三人興出

注曰出降反其賓位

繼公謂不執爵以出綖於上餕也

上餕止主人受上餕爵酌以醋于户内西面[illegible]

奠爵拜上餕荅拜

注曰主人自醋者上餕獨止當尸位尊不酌

也

坐祭酒啐酒

主人啐酒者爲聽嘏凡既祭酒而未得卽卒

爵者必啐酒

上餕親嘏曰主人受祭之福胡壽保建家室

上餕親嘏且不用黍惟以辭別於尸也胡如

胡福之胡

主人興坐奠爵拜執爵以興坐卒爵拜

重嘏故其禮盛至是乃云主人興是坐而聽

嘏也亦殺於尸

上餕荅拜上餕興出主人送乃退

云上餕興出則是不受主人爵也主人奠爵

上餕不受于禮有終且爲有司將徹之也出

亦謂出户送謂送之於户外退者上餕退立

于賓位也賓以出爲退主人以入爲退

右餕

二誤

反已

鄭本已作杞今亦從古文作已

緇衣

鄭本錫作鍚注曰今文鍚爲緆繼公謂錫緆

一字皆誤而緆於緣爲差近故但取其近者

儀禮卷第十七

敖繼公集說

有司第十七

注曰少牢之下篇也

繼公謂此別爲一篇及其名篇之意皆與既夕同

有司徹徹直列反下並同

徹室中之饋及餕者之豆爵與祝之薦俎也祝不自執其俎以出是未歸也其二佐食乃衆賓爲之室中事畢亦及于賓位然則祝與佐食皆當與賓尸之禮矣此時有司徹祝俎或設於堂下與主人於餕者之退亦及入於

室及有司旣徹則出立於阼階東也

埽堂

注曰爲賓尸新之

司宫攝酒乃爇尸俎

注曰爇溫也溫尸俎於爨脀亦溫焉古文爇皆作尋記或作燖春秋傳曰若可燖也亦可寒也

繼公謂皆示新之俎俎實謂尸前之羊魚豕及所加於脀俎者也雍爨之所爇者固不止此是特爲其已在俎者言之耳祝佐食亦與賓尸之禮其俎實不爇者以無上位略之但因其故俎而已

卒𩋝乃升羊豕魚三鼎無腊與膚乃設扃鼏陳鼎于門外如初𩋝音尋又徐鹽反
注曰如初者如廟門之外東方北面北上
繼公謂少牢當五鼎此乃無腊與膚鼎者賓尸之禮膚不專俎而附於豕俎故是時亦不可以專鼎而惟附於豕鼎也然鼎數宜奇是以併去腊鼎而爲三焉腊全不用者此禮貶於祭而腊又賤故略之
右新儐禮
乃議侑于賓以異姓
議侑于賓謂與賓長謀議可以爲侑者也此與鄉飲酒就先生而謀賓介之意相類以異

姓謂於衆賓之中擇之也必異姓者以尸旣
同姓故侑須用異姓侑之言佑也所以輔助
尸者也賓尸而立侑亦示敬尸之意且貴多
儀也

宗人戒侑

注曰戒猶告也南面告於其位戒曰請子爲
侑

侑出俟于廟門之外

注曰俟於次當與尸更入

右立侑

司宮筵于户西南面

注曰爲尸席也

人筵于西序東面

注曰爲侑席也

尸與侑北面于廟門之外西上

尸北面者尊大夫若不敢爲賓客然也其位當在門外之西祭事巳尸出門則不敢以尊自居西上賓位尚左也

主人出迎尸宗人擯

迎之而使宗人擯待賓之禮也賓客尸而迎之亦爲祭事巳

主人拜尸荅拜主人又拜侑侑荅拜

主人拜蓋西面也荅拜者其皆東西與此拜皆再拜下文拜至亦然

主人揖先入門右尸入門左侑從亦左揖乃讓

亦三揖至于階乃三讓也惟云揖乃讓經文省亦以其可知故也凡主人與客揖而先入皆入門右也經獨於此見之

主人先升自阼階尸侑升自西階西楹西北面東上

尸侑升自西階尸升三等侑從之中等如上下射升階之儀也其降也亦然東上尸宜與主人相當也

主人東楹東北面拜至尸答拜主人又拜侑侑答拜

拜至說見士昏禮

右迎尸侑

乃舉

注曰舉舉鼎也舉者不盥殺也

司馬舉羊鼎司士舉豕鼎舉魚鼎以入陳鼎如

初

司馬二人司士四人也魚鼎重言舉明其與

豕鼎異人也如初如其東方當序西面北上

雍正執一匕以從雍府執二匕以從司士合執

二俎以從司士贊者亦合執二俎以從匕皆加

于鼎東枋二俎設于羊鼎西西縮二俎皆設于

二鼎西亦西縮

注曰凡三匕鼎一匕四俎爲尸侑主人主婦

其二俎設于豕鼎魚鼎之西陳之宜具也

繼公謂一匕羊匕也二匕豕魚匕也四俎乃尸侑主人主婦之羊俎也設之亦北上如鼎之序然其載之亦先北而後南也此皆羊俎其二乃在豕鼎魚鼎西者但欲使鼎前皆有俎耳不嫌其所載者異也羊鼎西特有二俎尊之也此執匕以少者爲貴設俎以多者爲尊亦宜也

雍人合執二俎陳于羊俎西並皆西縮覆二疏匕于其上皆縮俎西枋覆芳服反下並同

注曰疏匕匕柄有刻飾者

繼公謂羊俎指在羊鼎西者也此二俎陳于

其西亦北上其北俎次賓以羞羊匕湇豕匕
湇其南俎司馬以羞羊肉湇司士以羞豕脀
湇魚跡匕二者羊豕之湇宜異器也覆者爲
塵也二匕覆于二俎之上羊匕在北豕匕在
南南非匕湇之俎亦覆匕于其上者事未至
權加之耳此俎將載則更以豕匕加于其北
俎既則反之縮俎西枋爲縮執俎者在西也

右陳設鼎俎於内

主人降受宰几尸侑降主人辭尸對
爲尸受几故尸從降侑亦降者從尸也凡尸
爲禮之類此者侑則從之此所以謂之侑也
與

宰授几主人受二手横執几揖尸

几自東壁來其授受於阼階尊與獨揖尸尊也聘禮公受几於序端

主人升尸侑升復位

注曰位阼階賓階上位

主人西面左手執几縮之以右袂推拂几二手横執几進授尸于筵前

推拂謂外拂之推者推手也

尸進二手受于手間

按聘禮曰賓進訝受几于筵[illegible]此亦訝受乃云手間者但言其𨁝數之[illegible]耳此授受皆横執几而二手之間有廣[illegible]則尺寬

横執几者二手共執其一廉明矣

主人退尸還几縮之右手執外廉北面奠于上左之南縮不坐還音旋

主人退復位也還几還而易執之也縮執亦用二手此惟云右手執外廉特見其一者廉而謂之外者以其差遠於人故也尸高故設之不坐少儀曰取俎設俎不坐其類此

主人東楹東北面拜

注曰拜送几也

尸復位尸與侑皆北面荅拜

注曰侑拜者從於尸

繼公謂至此尸乃復位則是主人拜時□
筵前東面也聘禮曰賓進訝受几于筵前
面俟公壹拜送此異於彼者先奠几與欲
而授几其禮重故侑亦拜荅拜之文主於尸
也

右授几

主人降洗尸侑降尸辭洗主人對卒洗揖主人
升尸侑升

辭對之儀見鄉飲酒故此略之揖亦主人揖
尸也文省耳下放此

尸西楹西北面拜洗主人東楹東北面奠爵荅
拜降盥尸侑降主人辭尸對卒盥主人揖升尸

侑升主人坐取爵酌獻尸尸北面拜受爵主人
東楹東北面拜送爵
獻受之儀亦當如鄉飲酒禮
右主人獻尸
主婦自東房薦韭菹醢坐奠于筵前菹在西方
婦贊者執昌菹醢以授主婦主婦不興受陪設
于南昌在東方興取籩于房麷蕡坐設于豆西
當外列麷在東方婦贊者執白黑以授主婦主
婦不興受設于初籩之南白在西方興退（麷芳朩反）
注曰昌昌本也韭菹醓醢昌本麋臡麷熬麥
也蕡熬枲實也白熬稻黑熬黍主婦取籩興
者以饌異親之當外列辟鉶也退退入房也

繼公謂四豆四籩放室中之數也賓尸以飲
酒爲主其禮變於饋食不可復因其薦故於
其始亦變而用朝事之豆籩焉不辟君禮者
變而用之無嫌也當外列麷在糜䵄西也

右主婦薦尸豆籩

乃升

注曰升牲體於俎也

司馬朼羊亦司馬載載右體肩臂肫胳臑正脊
一脡脊一橫脊一短脅一正脅一代脅一腸一
胃一祭肺一載于一俎

注曰一俎謂司士所設羊鼎西第一俎

繼公謂二司馬即舉羊鼎者也以下放此羊

者皆司馬爲之特於此見之耳上言錄尸俎
而此肩臂臑肫胳具有明其神俎肵俎竝用
也復序俎實者其數及載與進俎之法皆有
異於上故爾是言載時先後之序也其在俎
則與正祭者略同惟臑後於胳爲異耳臑後
於胳者以其折也折之則不爲全體而在全
體之下矣臑必折者見其貶於神俎且欲以
所折者爲肉湇俎也其脊脅皆一骨及腸胃
各一者義亦如之賓尸主於飲酒此俎乃有
祭肺者盛之一俎謂司士所設羊鼎西之北
俎也司馬亦南面執之以載與他俎異也旣
載則侑主人主婦之羊俎三亦繼此而序載

之每俎既載則遷之於阼階西亦北上西縮
俟時乃設耳所以然者爲當進羊匕湆羊肉
湆於尸也枇當作匕下同
羊肉湆臑折正脊一正脅一腸一胃一嚌肺一
載于南俎
注曰肉湆肉在汁中者也必云臑折明爲上
所折分者嚌肺離肺也南俎雍人所設在南
者
繼公謂云臑折者明其爲臑之下也此臑蓋
與後足之觳同以無異名故但云臑折而已
羊俎之外又分其體以爲此俎貴多儀也尊
尸不敢用左體故分右臑爲之用嚌肺亦別

於其正羊肉湆與羊俎之實同鼎而名不同
以其於鼎有湆上湆中之異也羊俎西之三
俎亦北上肉湆載于南俎則其北俎爲羞匕
湆明矣凡羊肉湆與豕脀湆魚皆俟時而載
因升正俎之節而遂見之欲其文相比也
司士朼豕亦司士載亦右體肩臂肫骼臑正脊
一脡脊一横脊一短脅一正脅一代脅一膚五
嚌肺一載于一俎
此謂豕脀也二司士即舉豕鼎者也此下凡
升豕者皆此司士爲之豕無正俎故此尸俎
之體骨皆放於羊俎此俎與羊肉湆俎同臑
在胳下是亦折矣

侑俎羊左肩左肫正脊一脅一腸一胃一切肺一載于一俎侑俎豕左肩折正脊一脅一膚三切肺一載于一俎

注曰切肺亦祭肺互言之爾繼公謂侑無羊肉湆故羊俎得用二體前體以肩後體以肫尊之也右體皆在尸俎故此皆用左焉有肩有肫則肫在下端矣羊俎亦用祭肺者與尸俎同在堂上因其禮也旽俎亦然飲酒正禮祭以離肺其有以切肺者或盛之或有為加之或相因用之非常禮也豕左肩折不用全體為羊俎已用二故於此殺之豕脅體數殺於羊俎又無羊肉湆皆下尸

也豕脀之肺宜如羊肉湆而用嚌此乃放羊
俎而用切者亦以無羊肉湆故也脩之羊俎
司士所設在羊鼎西之南者脩之豕俎與尸
之豕脀同用南俎
阼俎羊肺一祭肺一載于一俎羊肉湆臂一脊
一脅一腸一胃一嚌肺一載于一俎豕脀臂一
脊一脅一膚三嚌肺一載于一俎
注曰臂左臂也阼俎司士所設豕鼎西俎也
繼公謂尸之牲俎三主人亦如之故其正俎
無體遠下尸也骨之屬但用肺而已臂不言
左者可知也正俎太殺故加俎宜用尊體其
脊脅之屬亦不嫌於與尸同也脩正俎用肩

主人之加俎乃用臂蓋示其不相統之意豕
脅猶言豕俎也不言肉湆者一俎而已無所
別異也豕脅體數乃放羊肉湆者亦以羊俎
太簡故爾此羊肉湆豕脅皆用雍人所設之
南俎與尸同

主婦俎羊左臑脊一脅一腸一胃一膚一嚌羊
肺一載于一俎

注曰言嚌羊肺者文承膚下嫌也其俎司士
所設在魚鼎西者

繼公謂主婦有正俎而無豕脅下侑也必用
膚者明其可用豕脅而不用也亦與阼俎雖
用羊肺之意相近用嚌肺者此俎設於房中

故不因堂上之禮膚在嚌羊肺上未詳
司士枇魚亦司士載尸俎五魚橫載之侑主人
皆一魚亦橫載之皆加膴祭于其上（膴火吳反鄭又音哻）
注曰橫載之者異於牲膴讀如殻哻之哻刳
魚時割其腹以爲大臠可用祭也
繼公謂二司士舉魚鼎者也橫載之亦縮俎
其於載者則爲橫此蓋迭魚肉之俎載時皆
橫執之與羞之之時異於斯見之矣凡經言
載俎之例惟云橫載者據俎而言也加以之
字者據載者而言也此三羞湆魚亦皆迭用
南俎枇亦當作匕

右通言載俎之法

卒升

謂已升四羊俎也

賓長設羊俎于豆南賓降尸升筵自西方坐左執爵右取韭菹擩于三豆祭于豆間尸取麷蕡宰夫贊者取白魚以授尸尸受兼祭于豆祭長之丈反

注曰賓長上賓

繼公謂賓長設俎尊尸之正俎也阼俎亦然云賓降見尸升之節也既祭則右執爵於尸升筵主人亦疑立于阼階東

雍人授次賓疏匕與俎受于鼎西左手執俎左廉縮之郤右手執匕枋縮于俎上以東面受于羊鼎之西司馬在羊鼎之東二手執挑匕枋以

挹湆注于疏匕若是者三挑湯堯反鄭音抌挹一入反

注曰挑謂之歃讀如或舂或抌之抌此二匕者皆有淺升狀如飯橾挑長枋可以抒物於器中者注猶寫也今文挑作抌

繼公謂疏匕與俎在羊俎西之北者也匕湆尊於肉湆故用上俎羞之陳俎時俎西縮疏匕縮俎西枋而此左手執左廉卻右手執匕枋以受湆是身當俎下端也然則凡縮執俎者皆當其下端矣左手執俎左廉乃縮之是授受時皆橫執俎也縮執俎以受于鼎西者惟此與豕匕湆耳二手執挑匕枋敬其事不游手也挹湆且若是則匕牲體者可知

尸興左執爵右取肺坐祭之祭酒興左執爵

注曰肺羊祭肺

繼公謂言興左執爵明其右執爵以興也下文皆然

次賓縮執匕俎以升若是以授尸尸卻手受匕枋坐祭嚌之興覆手以授賓賓亦覆手以受縮匕于俎上以降

若是者謂執匕俎之儀無變也卻手受匕枋則匕内鄉而便於用覆手以授賓明其變於有事之時次賓亦覆手以受統於尊者也縮俎則不復執之而二手執俎矣祭湆如祭酒然亦注於地他時湆不祭此祭者重其在俎

自阼階辭洗尸坐奠爵于篚興對
　尸適洗南北面主人阼階東南面辭洗尸對
　主人復阼階東西面
卒洗主人升尸升自西階主人拜洗尸北面于
西楹西坐奠爵答拜降盥主人降尸辭主人對
卒盥主人升尸升坐取爵酳
　主人亦揖乃升與前後之儀同不言者可知
　也侑不升辟酢禮也與尸同升則嫌若同酢
　主人然
司宮設席于東序西面主人東楹東北面拜受
爵尸西楹西北面答拜
　事至乃設席略倣室中致爵之節亦所以尊

尸侑也既設席尸乃於席前東南面酢主人

主人拜受爵復位

主婦薦韭菹醢坐奠于筵前菹在北方婦贊者執二籩麷蕡主婦不興受設麷于菹西北蕡在麷西主人升筵自北方主婦入于房

注曰設籩于菹西北亦辟鉶

繼公謂主人之席亦南上而菹在北方豆席相變之法愈可見矣升筵之節侑遂於尸主人遠於侑皆所以示其異

長賓設羊俎于豆西主人坐左執爵祭豆籩如侑之祭興左執爵右取肺坐祭之祭酒興次賓羞匕湆如尸禮席末坐啐酒執爵以興司馬羞

羊肉湆縮執俎主人坐奠爵于左興受肺坐絕
祭嚌之興反加于湆俎司馬縮奠湆俎于羊俎
西乃載之卒載縮執虛俎以降
祭酒興亦左執爵乃受匕湆奠爵于左辟肉
湆俎也受肺亦取於俎言受者執俎以進亦
授也故取之云受言虛俎者見其盡載於羊
俎而無所釋也此經言羞湆俎一節其文有
加尸者所以足其義非異也
主人坐取爵以興次賓羞燔主人受如尸禮
燔不言羊可知也
主人降筵自北方北面于阼階上坐卒爵執爵
以興坐奠爵拜執爵以興尸西楹西荅拜主人

坐奠爵于東序南侑升尸侑皆北面于西楹西

主人北面于東楹東再拜崇酒尸侑皆荅再拜

主人及尸侑皆升就筵

此尸酢主人主人拜崇酒而侑亦荅拜者緣主人意亦欲并謝己也云主人及尸侑先後之辭也後文放此升就二字宜衍其一

右尸酢主人

司宮取爵于篚以授婦贊者于房東以授主婦

注曰房東房户外之東

繼公謂以授主婦婦贊者以授主婦于房中也上篇亞獻畢主婦以爵入于房今司宮乃取爵于下篚以授者其有司徹之後此爵又

反於下篚與

主婦洗于房中出實爵尊南西面拜獻尸尸拜于筵上受

注曰尊南西面拜由便也

繼公謂尸拜于筵上受以其殺於主人且因室中之禮也後三獻放此

主婦西面于主人之席北拜送爵入于房取一羊鉶坐奠于韭菹西主婦贊者執豕鉶以從主婦不興受設于羊鉶之西興入于房取糗與腶脩執以出坐設之糗在蕡西脩在白西興立于主人席北西面

主人席北此時主婦堂上之正位也飲酒而

有鉶尸尊亦盛之設二籩而主婦親取之以其與鉶異類不可相因也糗與脩雜用饋食之籩也去棗用脩以示其變糗脩比上明不異初儀序下儀類此

坐左執爵祭于豆祭

於此乃云尸坐是受爵時立也祭糗脩之祭品如下文作取蓋字誤也

羊鉶之柶扱羊鉶遂以扱豕鉶祭于豆祭祭

祭鉶[illegible]祭酒者是禮初獻祭酒之節居[illegible]祭之四三獻右其[illegible]二[illegible]此祭[illegible]

[illegible]示禮[illegible]吉凶[illegible]

[illegible]爲如羊匕湆之[illegible]

[illegible]如其左手執俎左廉[illegible]下[illegible]

[illegible]縮執[illegible]俎以受[illegible]之[illegible]

[illegible]湆亦用羊匕湆之俎其匕則殊乃[illegible]之

[illegible]羊俎西之南俎之上者也將羞此湆則

[illegible]羊匕與之易處焉旣則各反之

[illegible]酒左執爵嘗上鉶執爵以興坐奠爵拜

[illegible]荅拜執爵以興

[illegible]嘗鉶拜也不告旨異於主人也特牲饋食

[illegible]尸祭鉶嘗之告旨主人拜尸荅拜

[illegible]豕脀尸坐奠爵興受如羊肉湆之禮坐

[illegible]爵興

奠爵亦於左

次賔羞豕燔尸左執爵受燔如羊燔之禮坐卒

爵拜主婦荅拜受爵

受爵亦於其席也下文放此

右主婦獻尸

酳獻侑侑拜受爵主婦主人之北西面荅拜

亦拜于筵上受盞不敢異於尸不言者可知

也北亦席北

主婦羞糗脩坐奠糗于籩南脩在蕡南侑坐左

執爵取糗脩兼祭于豆祭

無鉶亦殺也不祭酒者上禮尸祭鉶乃祭酒

此無鉶則不祭酒其義與上不啐酒同

司士縮執豕脀以升侑興取肺坐祭之司士縮
奠豕脀于羊俎之東載于羊俎卒乃縮執俎以
降侑興
取肺亦右取之肺謂切肺豕脀無湆者初獻
無羊湆故此雖有豕脀亦不用湆也
次賓羞豕燔侑受如尸禮坐卒爵拜主婦荅拜
受爵
如尸禮亦如受羊燔之禮也
右主婦獻侑
酳以致于主人主人筵上拜受爵主婦北面于
阼階上荅拜
筵上受因尸禮也北面荅拜放室中之儀也

與主人行禮故亦得獨拜於阼階上

主婦設二鉶與糗脩如尸禮主人其祭糗脩祭鉶祭酒受豕匕湆啐酒皆如尸禮嘗鉶不拜

有鉶者阼俎如尸故鉶亦因之設二鉶羊在菹北豕在羊北設糗脩糗在籩北脩在蕡北此啐酒爲將嘗鉶也嘗鉶不拜鉶巳物也言此以別於尸禮

受豕脀受豕燔亦如尸禮坐卒爵拜主婦北面荅拜受爵

右主婦致爵于主人

尸[illegible]筵受主婦獻以酢

[illegible]即降筵主婦以尸將受巳爵也

[illegible]主人之北以待之與

入降　降主婦入于房

侑主人降從尸也主婦入于房尸降私一宜

辟之也凡婦人於丈夫之爲已而降洗者例

[illegible]無徒降之禮蓋於此篇及士昏禮見之矣

[illegible]主人立于洗東北西面侑東面于西階西南

[illegible]設洗當東榮而主人降位在阼階東直東序

[illegible]宜西於洗北又上文侑降立于西階西此

[illegible]從降也而主人云洗東北侑云西階西南

未詳疑文有誤衍也

易爵于篚盥洗爵

易爵酢主婦因室中之禮也

主人揖尸侑
亦異揖之於此乃并揖侑者以鄉者尸酢主
人之時侑不升故也必揖之使升者尸酢之
意已見於前今無嫌也
主人升尸升自西階侑從主人北面立于東楹
東侑西楹西北面立
以尸方行禮宜俟之
尸酌主婦出于房西面拜受爵尸北面于侑東
荅拜主婦入于房
西面亦於主人席北蓋尸亦就此位而酢之
司宮設席于房中南面主婦南面立于席西
既受爵乃設席降於主人也席南面變於不

繼公謂房中之羞饌于房者也言房中以别於庶羞明庶羞不自房來也饋食之禮庶羞亦設于薦豆之左則庶羞在左乃其常與庶羞左則内羞右亦宜矣庶羞之物恐亦不過胾醢而已　按注以羞籩羞豆之實爲此房中之羞亦恐或然但未必其俱用之也

右羞于尸侑主人主婦

主人降南面拜衆賓于門東三拜衆賓門東北面皆荅壹拜

注曰拜于門東明少南就之也

繼公謂助祭之賓主黨也故主人降拜之而尸侑不從與鄉飲鄉射之禮異也未獻之前

衆賓位在門東亦大夫之禮異於士者主人
三拜旅衆賓衆賓荅一拜大夫士之禮同
主人洗爵長賓辭主人奠爵于篚興對卒洗升
酌獻賓于西階上長賓升拜受爵主人在其右
北面荅拜
長賓辭亦北面蓋於門東少進也主人已酌
長賓乃升遠下尸也獻賓當西南面
宰夫自東房薦脯醢醢在西
醢在西者爲降設於其位則脯當在南也賓
位於庭北上而脯醢南上亦席豆相變之意
也由是言之則從禮之類此者皆可得而推

[illegible]一腸一胃一切肺一膚
注曰羊胳羊左胳薦與設俎者旣則俟于西
序端
繼公謂上賓一體又無脊脅遠别於堂上者
也用切肺者賓俎設於堂故亦因尸禮肺繼
胃言之羊肺可知
賓坐左執爵右取脯擩于醢祭之執爵興取肺
坐祭之祭酒遂飲卒爵執以興坐奠爵拜執爵
以興主人荅拜受爵賓坐取祭以降西面坐委
于西階西南
注曰成祭於上尊賓也取祭以降反下位也

友下位而在西階西南已獻尊之祭脯肺
繼公謂賓取祭以降以己所有事者也宜親
執之西階西南賓之正位也既獻乃立於此
尊者之禮節文彌多以相變爲貴執以與似
脱一爵字
宰夫執薦以從設于祭東司士執俎以從設于
薦東
此設薦于祭東則是凡祭于豆閒乃當其閒
之前耳此獻長賓而宰夫司士薦則自此以
下皆私人爲之明矣宰夫司士大夫之私人
也
衆賓長升拜受爵主人荅拜坐祭立飲卒爵不

拜既爵宰夫贊主人酌若是以辯辯受爵

宰夫贊酌大夫尊也贊酌者主人以虛爵授宰夫宰夫爲酌之於此乃言之者見獻賓一人乃贊酌也若是以辯謂皆如衆賓長升拜受爵以下之儀言辯受爵嫌或有不與者也

其薦脯醢與脀設于其位其位繼上賓而南皆東面其脀體儀也

注曰亦宰夫薦司士脀用儀者尊體盡儀度餘骨可用而用之今文儀皆作騰

繼公謂特牲饋食禮曰衆賓升拜受爵坐祭立飲薦俎設于其位辯此下經言兄弟之儀云升受爵其薦脀設于其位然則此薦脀亦

於每獻設之也體儀謂或體或儀也尊者用
體折卑者但用儀且儀者其脊若脅之屬與
又下云長兄弟之脊折脅一膚一則此非折
而儀者惟有膚而已
右主人獻賓
升長賓主人酌酢于長賓西階上北面賓在
注曰言升長賓則有贊者爲之
繼公謂乃升長賓者其宗人與後長賓二字
似衍蓋此乃主人自酢非酢于長賓也鄉飲
酒曰主人實爵以酢于西階上此文宜類之
徧獻乃酢變於士禮賓辭尸不敢親酢主人

皆[illegible]以達其意
主人[illegible]拜執爵以興賓荅拜坐祭遂飲卒
爵執爵以興坐奠爵拜賓荅拜賓降
注曰降反位
繼公謂賓降反位則主人亦就席矣
右主人自酢
宰夫洗觶以升主人受酬降酬長賓于西階南
北面賓在左主人坐奠爵拜賓荅拜坐祭遂飲
卒爵拜賓荅拜
注曰宰夫授主人觶則受其虛爵奠于篚
繼公謂宰夫授觶于上便其酬也此亦異於
士

主人洗賔辭主人坐奠爵于篚對卒洗升酌降
復位賔拜受爵主人拜送爵賔西面坐奠爵于
薦左

位西階南之位也以特牲禮例之此時當西
面乃云復位未詳主人拜亦北面也賔西面
奠爵于薦左由便説見特牲禮薦左薦北

右主人酬賔

主人洗升酌獻兄弟于阼階上兄弟之長升拜
受爵主人在其右荅拜坐祭立飲不拜既爵皆
若是以辯辯受爵

獻兄弟不殊其長與衆賔同亦大夫禮異也
不言宰夫贊主人酌略其文耳兄弟畢於衆

賓主人於其次者不親酌可知下獻內賓於
此此獻亦西南面
其位在洗東西面北上升受爵其薦脀設于其
位
又著兄弟長以下既獻之位及其設薦脀之
節也至此乃言其位者因文而見之也升受
爵謂每人升受爵之時也於其受獻則爲之
設薦脀于位明不俟其降也鄉飲酒禮衆賓
每一人獻則薦諸其席是禮似之矣此不言
宰夫贊酌獻衆賓不言升受爵而設薦脀其
禮同故互文以相足也
其先生之脀折脅一膚一其衆儀也

注曰先生長兄弟
繼公謂脀猶俎也其折與脀若羊若豕則不可攷先生脀折其衆則儀亦以此別長㓜也無離肺者因上賓俎也俎不設於堂故無切
肺
右主人獻兄弟
主人洗獻内賓于房中南面拜受爵主人南面于其右荅拜坐祭立飲不拜既爵若是以辯亦有薦脀
注曰内賓姑姊妹及宗婦獻于主婦之席東南面於其右右主人之位恒左人亦設薦脀於其位特牲饋食禮記曰内賓立于房中西墉

下東面南上宗婦北堂東面北上

繼公謂洗不言降是洗于房也獻之蓋東北面受送之拜皆南面猶堂上之皆北面也是或一禮與若是以辯亦謂長幼拜受以下之儀同也不言辯受爵已於衆賓兄弟見之此可知也不著其位者嫌未獻既獻之位異也

右主人獻內賓

主人降洗升獻私人于阼階上拜于下升受主人荅其長拜乃降坐祭立飲不拜既爵若是以辯宰夫贊主人酌主人於其羣私人不荅拜其位繼兄弟之南亦北上亦有薦脀

注曰初亦北面在衆賓之後爾凡獻位定

繼公謂私人猶私臣也經記異人故其文亦異獻私人而降洗重獻禮也拜于下而降飲賤也獻亦西南面於東楹東而拜於其右私人賤故但荅其長拜以殊之自獻衆賓至此其獻凡四節惟前後兩言宰夫贊主人酌所以見其間二獻之不言此者爲省文耳此言於若是以辯之後見獻私人之長即贊之也於其長益可見矣此位亦比上者賤於兄弟以是例之則獻内賓以上主人所親酌者惟故其位繼其後而不更端也特牲記言衆賓及衆兄弟内賓宗婦公有司私臣其俎同然則此禮内[illegible]以及私人其俎亦皆儀而有膚

矣大夫無獻公有司之禮豈其私臣多足以任其事不用公有司與或公有司在衆賓之中不必別見之與

右主人獻私人

尸作三獻之爵

注曰上賓所獻爵

繼公謂主人畢獻而就筵三獻於是升立于西階上尸乃舉爵也此與不賓尸之禮皆尸自作止爵不待獻者作之亦異於士

司士羞湆魚縮執俎以升尸取膴祭祭之祭酒卒爵

注曰不羞魚匕湆略小味也羊有正俎羞匕

湆肉湆豕無正俎魚無匕湆隆汚之殺
繼公謂不言左執爵與興坐者如上禮可知
司士縮奠俎于羊俎南橫載于羊俎卒乃縮執
俎以降尸奠爵拜三獻北面荅拜受爵
橫載者於俎爲橫與牲體同也不縮載者正
俎之實只豕又加以益送之俎故載魚於此
不得象其在魚俎也尸旣卒爵乃執虛爵以
待執俎者降而後奠爵拜行禮之序於此可
見

右尸作止爵

酌獻侑侑拜受三獻北面荅拜司馬羞湆魚一

司馬也　記一識也上下皆司士爲之
此不宜飯司馬且司馬惟主羊俎耳羞湇魚
非其事也宰夫與拜其節宜與尸同此略言
之耳下文主人亦然
尸酢主人主人拜受爵三獻東楹東北面荅拜
司士羞一湇魚如尸禮卒爵拜三獻荅拜受爵
致下羞胾于字也賓拜東楹東者以與主人
爲禮則不敢獨拜西階上辟尸也此與侑如
尸禮皆兼祭酒而言不致爵于主婦變於不
賓尸之禮
右上賓獻侑致于主人
尸降筵受三獻爵酌以酢之

注曰既致于主人尸乃酢之遂賔意

繼公謂賔尸則尸與侑主人為序故俟其畢

獻乃酢之酢而不洗亦因室中之禮也賔尸

而不因室中之禮者惟主人耳

三獻西楹西北面拜受爵尸在其右以授之尸

升筵南面荅拜坐祭遂飲卒爵拜尸荅拜執爵

以降實于篚

尸在其右並授也並授而不同面拜遠辟主

人獻賔之禮也云執爵以降則是既卒爵亦

奠之而拜矣

右尸酢上賔

二人洗觶升實爵西楹西北面東上坐奠爵拜

執爵以興尸侑荅拜坐祭遂飲卒爵執爵以興
坐奠爵拜尸侑荅拜皆降
二人舉觶爲旅酬始也中庸曰旅酬下爲上
所以逮賤也其是之謂與
洗升酌反位尸侑皆拜受爵舉觶者皆拜送侑
奠觶于右
反位于西楹西俟拜也受爵亦於其席拜送
亦於其位舉觶者不奠觶于席前不變於主
人之儀也侑奠觶不言坐文省也于右亦由
便耳右糗南
右二人舉觶于尸侑
尸遂執觶以興北面于阼階上酬主人主人在

右

言遂執觶以興是䣊者亦執觶以坐而俟也

尸雖不奠觶猶坐以其當然也

主奠爵拜主人荅拜不祭立飲卒爵不拜既爵

就于阼階上酬主人

亦執觶興主人乃荅拜也此酬主人謂東面

授之如特牲賓兄弟旅酬之儀

主人拜受爵尸拜送尸就筵主人以酬侑于西

楹西侑在左坐奠爵拜執爵興侑荅拜不祭立

飲卒爵不拜既爵酌復位侑拜受主人拜送主

人復筵

復位而西面授之下放此

乃升長賓侑酬之如主人之禮

注曰遂旅也

至于衆賓遂及兄弟亦如之皆飲于上

注曰上西階上

遂及私人拜受者升受下飲

私人拜而升受兄弟之爵俟兄弟荅拜乃下也下飲謂就其位而飲之以酬其次者也惟云拜受云下飲是兄弟及私人飲時皆不拜矣兄弟飲不拜者以所酬者在下難爲禮也私人飲不拜者因酬己者之儀且賤者禮簡也

卒爵升酌以之其位相酬辯

注曰其位兄弟南位亦拜受拜送升酌由西階

繼公謂以之其位飲所酬者也亦於此相酬則私人之長其下飲之時亦在此明矣

卒飲者實爵于篚

注曰未受酬者雖無所旅猶飲

右旅酬

乃羞庶羞于賓兄弟內賓及私人

無房中之羞別於主婦以上也此節亦當參薦脀文不具耳此羞同時羞則兄弟酌以相酬之時房中亦旅

右羞于堂下及房中

兄弟之後生者舉觶于其長

注曰後生年少也

洗升酌降北面立于阼階南長在左坐奠爵拜

執爵以興長答拜

此後生者舉觶與主人酬賓之儀略同似有

爲主人酬長兄弟之意故位如主人而長在

左

坐祭遂飲卒爵執爵以興坐奠爵拜執爵以興

長答拜

長旣拜則後于東面位也

洗升酌降長拜受于其位舉爵者東面答拜爵

止

此拜受于其位者別於主人之親酬是亦變於士也酬而受爵因賓禮也東面荅拜宜鄉之爵止奠之於薦左也以其未即舉故言止亦省文

右兄弟之後生者舉觶于其長

賓長獻于尸如初無湆爵不止

注曰如初如其獻侑酢致于主人受尸酢也無湆爵不止別不如初者

繼公謂賓長衆賓長即次賓也但言賓長者亦獻于尸不嫌與三獻者同也此獻當用觚不言者文省耳特牲饋食禮長兄弟於三獻之後洗觚爲加爵此節與之同器亦宜同也

上篇賓觚于篚其爲此用與不使兄弟不稱
加爵大夫禮異也湆謂湆魚
右次賓獻致如初
賓一人舉爵于尸如初亦遂之于下
注曰遂之于下者遂及賓兄弟下至于私人
繼公謂賓一人次賓之次者也舉爵即舉觶
也如初如二人舉觶于尸侑之儀其異者不
及侑耳亦上文尸酬主人以下之禮
右賓一人舉觶于尸遂旅酬
賓及兄弟交錯其酬皆遂及私人爵無筭
言皆遂及私人則是賓及兄弟之奠爵先後
迭舉而不並行也其禮則賓長取觶酬兄弟

長交錯以辯不拜私人之卒飲者洗酌反之
長兄弟乃取觶酬賓長亦交錯以辯卒飲者
亦洗酌反之賓與兄弟又皆迭舉如初禮爵
行無數至醉而止賓尸至於飲酒而堂上不
行無筭爵者此雖變於祭禮然尸猶有餘
尊不宜無所別異無筭爵之儀太簡不崇
敬

右堂下相酬爵無筭

尸出侑從主人送于廟門之外拜尸不顧
送尸于廟門外以其賓之也此云不顧見士
於大夫之禮也
拜侑與長賓亦如之衆賓從

從從長賓也
司士歸尸侑之俎
尸侑尊司士徹俎而歸之賓長而　則自徹
而授其人以歸
主人退
注曰反於寢也
有司徹
徹徹阼俎與堂上下之薦羞之屬也婦人不
徹則其所徹者不以入于房與
右尸出禮畢
若不賓尸
此下之禮視賓尸者為少儀則是制禮之序

此先彼後如冠禮之醴與醮者然也而上下篇以賓尸者爲主至是乃更端言不賓尸者焉周禮尚文抑又可見是雖與冠禮言醴醮之序者不同意則相類也然既有新儀又存舊禮使夫人自擇而行之是又聖人至公無我之心固不專主於所尚而已

祝侑亦如之

注曰謂尸七飯時

食

注曰八飯

乃盛俎臑臂肫脡脊橫脊短脅代脅皆牢盛音成下同

注曰盛者盛於肵俎也

[illegible]而後脊脅亦以尊卑也前體先臑後髀者肩未舉若自下而上然此所取者三體四骨與所舉正脊幹骼則羊豕各四體六骨矣脊既舉而俎但有六骨以爲所釋者也

魚七

注曰盛半也魚十有五而俎其一已舉

繼公謂魚盛七并前所舉者一僅八而已牢之骨體已多此可以略特牲少牢魚盛十有二

腊辯無髀

注曰亦盛半也言無髀者云一純而俎嫌有

之
繼公謂前升腊於鼎爼時不云髀不升故此明之腊用一純故得取其半云髀者明右體及其脅與脊皆盛也腸胃膚不盛者以其於骨體爲賤既取骨體則賤者略之可也

卒盛乃舉牢肩尸受振祭嚌之佐食受加于肵

先盛衆骨體乃舉肩變於士禮亦爲舉肩之後又實他爼不宜與肵爼之事並行也

佐食取一爼于堂下以入奠于羊爼東

羊當作魚字之誤也

乃摭于魚腊爼爼釋三个其餘皆取之實于一爼以出摭之石反

撫猶取也其餘謂三个之外者也魚撫四个腊撫八个其所釋者腊則短脅正脅代脅各一骨魚三个而已魚腊俎釋三个而牢俎六个者肵俎於三脊三脅惟當各取一骨而已故牢俎之所釋不容不有六骨

祝主人之魚腊取于是

注曰祝主人主婦俎之魚腊取於此者三者各取一魚其腊主人臂主婦臑不言主婦未聞

繼公謂此亦大夫之禮異者也取于是者主人主婦之魚腊及祝之魚也祝俎之腊用髀儐與不儐同耳

尸不飯告飽主人拜侑不言尸又三飯飯並符晚反

惟云主人拜侑省文

佐食受牢舉如儐

注曰舉肺脊

繼公謂此儐者賓之之謂蓋指賓尸之禮也

惟言賓則意有所不備故以儐言之經先見

儐禮巳有成文故此以如蒙之省文耳不言

如初者見是禮元不在儐禮後也

右不賓尸尸食之禮

主人洗酌酳尸賓羞肝皆如儐禮卒爵主人拜

祝受尸爵尸荅拜

自卒爵以下不蒙如儐禮者欲與後禮相屬

也凡與儐禮同而重見之者其意皆然

右主人醋尸

祝酌授尸尸以酌主人亦如儐

此與上文所謂儐者皆前篇室中之事初非儐禮乃以儐旗文者以其已入儐之節內故爾下文放此

其捼祭其嘏亦如儐

捼亦當作授捼去授字又差近也

右尸酢主人

其獻祝與二佐食其位其薦脀皆如儐

祝之薦脀如儐則牢與腊皆脟明矣祝於儐亦有肝從不言者與佐食連文故略之耳惟

言位與薦胥不及其儀者可知也下文類此
者皆然
右主人獻祝及佐食
主婦其洗獻于尸亦如儐
此如儐謂拜送爵以上之禮
主婦反取籩于房中執棗糗坐設之棗在稷南
糗在棗南婦贊者執栗脯主婦不興受設之栗
在糗東脯在棗東主婦興反位
注曰反位反主人之北拜送爵位
繼公謂籩位自左而右績之變於敦位也此
饋食之禮則四籩者共饋食之籩與周官籩
人職饋食之籩五有棗栗而糗脯蓋棗下脫

糗栗下脫脯也天子諸侯饋食之籩亦入當
與其豆數同此從獻之禮儐則闕之者詳於
堂上故略於室中隆殺之宜也
尸在執爵取棗糗祝取栗脯以授尸尸兼祭于
豆祭祭酒啐酒次賓羞牢燔用俎鹽在右尸兼
取燔換于鹽振祭嚌之祝受加于肵
注曰自主婦反取籩至此異于儐
卒爵主婦拜祝受尸爵尸荅拜于儐
右主婦獻尸
祝易爵洗酌授尸尸以醋主婦主婦主人之北
拜受爵尸荅拜主婦反位又拜上佐食綏祭如
儐卒爵拜尸荅拜

此夾爵拜内子正禮也儐則略之綏亦當作

挼

右尸酢主婦

主婦獻祝其酌如儐拜坐受爵主婦主人之北

答拜

如儐其酌以前之禮

宰夫薦棗糗坐設棗于菹西糗在棗南祝左執

爵取棗糗祭于豆祭祭酒啐酒次賓羞燔如尸

禮

注曰自宰夫薦至此亦異于儐

繼公謂内子不薦而使官爲之者遠下尸亦

大夫禮異也士禮主婦薦豆籩於祝

卒爵主婦受爵酌獻二佐食亦如儐主婦受爵
以入于房
祝卒爵而主婦受爵亦不拜既如儐也此以
上如儐者皆在前篇
右主婦獻祝及佐食
賓長洗爵獻于尸尸拜受賓戶西北面荅拜爵
止
此三獻爵止之義與特牲饋食禮同受爵而
即止亦大夫禮異也
右賓長獻尸爵止
主婦洗于房中酌致于主人主人拜受主婦戶
西北面拜送爵司宮設席

設席亦於主人立處之南也
主婦薦韭菹醢坐設于席前菹在北方婦贊者
執棗糗以從主婦不與受設棗于菹北糗在棗
西佐食設俎臂脊脅肺皆牢膚三魚一腊膚
臂左臂也腊臂亦如之肺離肺也脊脅各一
骨脊脅之數皆少者以俎實多故爾亦遠下
尸也魚一亦橫之與牲腊異既設俎主人乃
升筵坐與主婦升筵之節同
主人左執爵右取菹擩于醢祭于豆間遂祭籩
奠爵興取牢肺坐絕祭齊之興加于俎坐挩手
祭酒執爵以興坐卒爵拜
此籩祭不贊且無從與士禮異者其辟尊者

之禮與此牢肺則絶祭嚌之者各一也亦卒爵于席者室中之禮已在席則宜卒爵于席不必於拜受之處成禮也

主婦荅拜受爵酳以醋户内北面拜主人荅拜卒爵拜主人荅拜主婦以爵入于房

李寶之曰主人不致爵于主婦異於士

繼公謂主婦亦坐祭立飲而卒爵此文略也

右主婦致爵于主人

尸作止爵

注曰自爵止至此亦異於儐

祭酒卒爵賓拜祝受爵尸荅拜

尸鄉受爵而即止故於是祭之於三獻而無

從與士禮異者其亦辟尊者之禮與

祝酌授尸賓拜受爵尸拜送坐祭遂飲卒爵拜

尸答拜

此賓受酢不夾爵拜而卒爵之儀又略以其間有爵止之事既變於上故此儀亦不得同於主人是與儐少異者也

右尸作止爵酢賓

獻祝及二佐食

賓獻祝亦北面拜獻佐食亦西面拜與上篇

此節獻祝不卒爵又不言獻佐食之禮此經文略也其或以主婦獻禮通之與特牲禮曰獻祝及佐食皆如初

右賓長獻祝佐食

洗致爵于主人主人席上拜受爵賓北面荅拜坐祭遂飲卒爵拜賓荅拜受爵

主人雖拜于席亦立受爵與祝異

酌致爵于主婦主婦北堂司宮設席東面

注曰賓致爵于主婦異於儐北堂謂立于北堂即所設席之北也特牲記曰宗婦北堂東面北上主婦之席北堂東面則在宗婦之北也亦異於儐此設席亦北上也賓尸之禮席主婦于房中南面主婦立于席西是東上而上左也此禮設席雖變而東面亦宜上左也上左則北上也

主婦席北東面拜受爵賓西面答拜

席北上主婦乃拜于席北者以其先立於此故由便也不拜于席南者其以切近於宗婦長之位故與

婦贊者薦韭菹醢菹在南方

以篇首設豆之例言之菹在南方則席北上明矣

婦人贊者執棗糗授婦贊者婦贊者不興受設棗于菹南糗在棗東佐食設俎于豆東羊臑豕折羊脊脅祭肺一膚一魚一腊臑

豕折不言其所用之體未詳此肺嚌羊肺也曰祭者誤衍爾豕折而腊臑者腊與牲並用

主婦升筵坐左執爵右取菹擩于醢祭之祭籩
奠爵興取肺坐絕祭嚌之興加于俎坐挩手祭
酒執爵興筵北東面立卒爵拜賓答拜賓受爵
易爵于篚洗酌醋于主人戶西北面拜主人荅
拜卒爵拜主人荅拜賓以爵降奠于篚
易爵于篚亦下篚也自及佐食至此亦儐之
所殺者其義與上同自是而後以至于末獻
室中之事無復如儐者以內外之禮異故耳

右賓長致于主人主婦

乃羞宰夫羞房中之羞司士羞庶羞于尸祝主
人主婦內羞在右庶羞在左

注曰不賓尸則祝猶侑耳

右羞于尸祝主人主婦

主人降拜衆賓洗獻衆賓其薦脀其位其體[illegible]

皆如儐禮主人洗獻兄弟與內賓與私人皆[illegible]

儐禮其位其薦脀皆如儐禮

注曰此與儐同者在此篇

繼公謂此禮長賓之俎其異於儐者無[illegible]

耳

右主人獻賓以至于私人

卒乃羞于賓兄弟內賓及私人辯

卒謂皆獻畢也獻畢即羞之亦其節之異[illegible]

儐者羞者羞庶羞

右羞于堂下及房中

賓長獻于尸尸醋獻祝致醋賓以爵降實于篚

注曰致謂致爵于主人主婦

䟽曰此次賓長爲加爵也

繼公謂此亦洗觚以獻與特牲兄弟長加爵之器同經見此禮之殺於上者惟爵不止與不及佐食耳餘則略之以其可知故也此亦衆賓長也惟言賓長說見於前

右次賓獻致

賓兄弟交錯其酬無筭爵

李寶之曰此兄弟舉觶于其長亦當如儐禮在羞于私人之後賓長加獻之前文不具耳

繼公謂此亦儐不儐同不言如儐未詳特牲禮衆賓長以觶爲加爵于尸爵止堂下乃舉觶而旅酬既作止爵復旅酬遂行無筭爵大夫賓尸之禮賓一人舉觶于尸尸乃行酬徧及于下然後在庭者爵無筭以是二者觀之則庭中之行觶皆以尸用觶之時爲節也此於衆賓長以觚加獻之後而賓兄弟乃舉觶以相酬而爲無筭爵似非其節蓋此上之文不具者多矣固不止如李氏所云也

右賓兄弟相酬爵無筭

利洗爵獻于尸尸醋獻祝祝受祭酒啐酒奠之

奠之亦次而奠于其籩前也祭事將畢其禮

漸殺衆賓長獻不及佐食故祝於此亦不終
共獻以見己禮亦宜殺之意是亦異於士

　右上利獻尸祝

主人出立于阼階上西面祝出立于西階上東
面祝告于主人曰利成祝入主人降立于阼階
東西面尸謖祝前尸從遂出于廟門祝反復位
于室中祝命佐食徹尸俎

　祝反復位于室中主人亦入于室復位經有
　　脫文也

佐食乃出尸俎于廟門外有司受歸之徹阼薦
俎

　徹阼薦俎亦佐食爲之既徹阼俎則堂下俎

畢出與特牲禮同也

右尸出祭禮畢

乃餕如儐

注曰謂上篇自司宮設對席至上餕興出也

右餕

有司官徹饋饌于室中西北隅南面如饋之設右几扉用席納一尊于室中（扉扶味反）

注曰官徹饋者司馬司士舉俎宰夫取敦及豆佐食不舉羊豕俎親餕尊也古文扉作茀

繼之謂南面亦大夫禮異

司宮[illegible]

注[illegible]之登[illegible]說云坫之西階東

繼公按記謂埋祭于西階東者據聘禮埋幣之處而言也

右改設

主人出立于阼階上西面祝執其俎以出立于西階上東面司宮闔牖户祝告利成乃執俎以出于廟門外有司受歸之衆賓出主人拜送于廟門外乃反

注曰拜送賓者亦拜送其長

婦人乃徹

言婦人乃為徹事也其事在下

徹室中之饌

室中之饌即改設者也婦人徹此饌者為其

當以入于房與凡徹饌而以入于房者婦人乃得爲之不然則否室中之饋攺饌而闔牖户自闔牖户至此須臾之頃耳然則攺饌之不爲厭神益可見矣

右禮畢

[illegible]之一[illegible]學柳下惠之可者吾有取焉下
夫豈敢有求異之意哉且夫易之爲書也更四
聖而后成伏羲畫卦文王周公作卦爻之辭
孔子作文言彖象之辭其始也四聖之書或前
或後各居一處不相雜也後世學者乃各分而
合之以從簡便及至朱子復釐正之以復古經
之舊夫文言與彖象之辭可以附於每卦每爻
之下者也朱子猶且正之蓋不欲其相雜也而
況此記之文有不可盡入於本篇每條之下者
乎由是言之則予之不敢用通解之法也亦宜
矣又何足怪焉大德辛丑仲秋望日長樂敖繼
公書

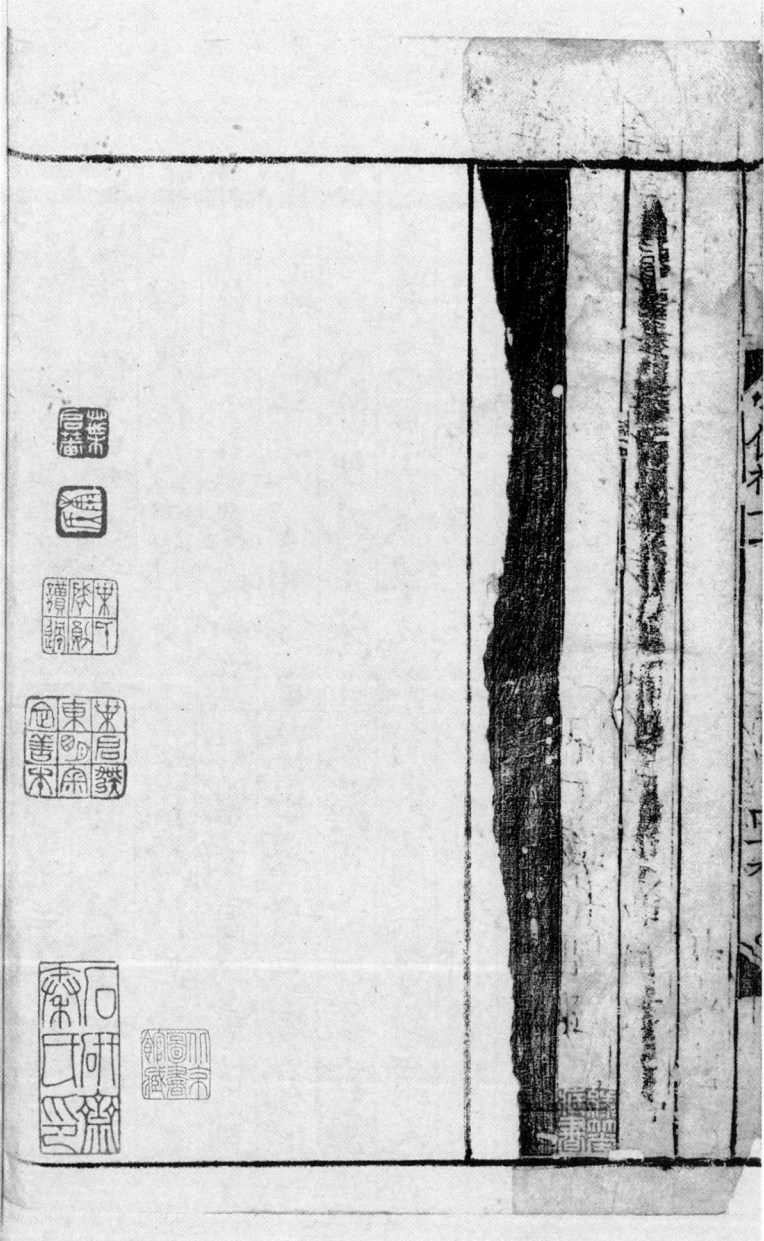

儀禮集說一冊 元刻本
卷十七
存四十八葉

室及有司既徹則出立於阼階東也
埽堂
注曰爲賓尸新之
司宮攝酒乃爇尸俎
注曰爇温也温尸俎於爨所亦温焉古文爇
皆作尋記或作燖春秋傳曰若可燖也亦可
寒也
繼公謂皆示新之俎俎實謂尸前之羊魚豕
及所加於肵俎者也雍爨之所爇者固不止
此是特爲其已在俎者言之耳祝佐食亦與
賓尸之禮其俎實不爇者以無上位略之但
因其故俎而已

卒𩚵乃升羊豕魚三鼎無腊與膚乃設扃鼏陳鼎于門外如初𩚵音尋又徐鹽反

注曰如初者如廟門之外東方北面北上

繼公謂少牢當五鼎此乃無腊與膚鼎者賓尸之禮膚不專俎而附於豕俎故是時亦不可以專鼎而惟附於豕鼎也然鼎數宜奇是以併去腊鼎而爲三焉腊全不用者此禮貶於祭而腊又賤故略之

右新儐禮

乃議侑于賓以異姓

議侑于賓謂與賓長謀議可以爲侑者也此與鄉飲酒就先生而謀賓介之意相類以異

姓謂於衆賔之中擇之也必異姓者以尸既
同姓故侑須用異姓侑之言佑也所以輔助
尸者也賔尸而立侑亦示敬尸之意且貴多
儀也
宗人戒侑
注曰戒猶告也南面告於其位戒曰請子爲
侑
侑出俟于廟門之外
注曰俟於次當與尸更入
右立侑
司宫筵于户西南面
注曰爲尸席也

人筵于西序東面
注曰爲侑席也
尸與侑北面于廟門之外西上
尸北面者尊大夫若不敢爲賔客然也其位
當在門外之西祭事已尸出門則不敢以尊
自居西上賔位尚左也
主人出迎尸宗人擯
迎之而使宗人擯待賔之禮也賔客尸而迎
之亦爲祭事已
主人拜尸答拜主人又拜侑侑答拜
主人拜蓋西面也答拜者其皆東西與此拜
皆再拜下文拜至亦然

主人揖先入門右尸入門左侑從亦左揖乃讓

亦三揖至于階乃三讓也惟云揖乃讓經文

省亦以其可知故也凡主人與客揖而先入

皆入門右也經獨於此見之

主人先升自阼階尸侑升自西階西楹西北面

東上

尸侑升自西階尸升三等侑從之中等如上

下射升階之儀也其降也亦然東上尸宜與

主人相當也

主人東楹東北面拜至尸答拜主人又拜侑侑

答拜

拜至說見士昏禮

右迎尸侑

乃舉

注曰舉舉鼎也舉者不盥殺也

司馬舉羊鼎司士舉豕鼎舉魚鼎以入陳鼎如初

司馬二人司士四人也魚鼎重言舉明其與豕鼎異人也如初如其東方當序西面北上

雍正執一匕以從雍府執二匕以從司士合執二俎以從司士贊者亦合執二俎以從匕皆加于鼎東枋二俎設于羊鼎西西縮二俎皆設于二鼎西亦西縮

注曰凡三匕鼎一匕四俎爲尸侑主人主婦

其二俎設于豕鼎魚鼎之西陳之宜具也

繼公謂一匕羊匕也二匕豕魚匕也四俎乃尸侑主人主婦之羊俎也設之亦北上如鼎之序然其載之亦先北而後南也此皆羊俎其二乃在豕鼎魚鼎西者但欲使鼎前皆有俎耳不嫌其所載者異也羊鼎西特有二俎尊之也此執匕以少者為貴設俎以多者為尊亦宜也

雍人合執二俎陳于羊俎西並皆西縮覆二疏匕于其上皆縮俎西枋覆芳服反下並同

注曰疏匕匕柄有刻飾者

繼公謂羊俎指在羊鼎西者也此二俎陳于

其西亦北上其北俎次賓以羞羊匕湆豕匕
湆其南俎司馬以羞羊肉湆司士以羞豕脀
湆魚蹠匕二者羊豕之湆宜異器也覆者爲
壓也二匕覆于二俎之上羊匕在北豕匕在
南南非匕湆之俎亦覆匕于其上者事未至
權加之耳此俎將載則更以豕匕加于其北
俎既則反之縮俎西枋爲縮執俎者在西也

右陳設鼎俎於内

主人降受宰几尸侑降主人辭尸對

爲尸受几故尸從降侑亦降者從尸也凡尸
爲禮之類此者侑則從之此所以謂之侑也

宰授几主人受二手横執几揖尸

几自東壁來其授受於阼階東與獨揖尸尸

尊也聘禮公受几於序端

主人升尸侑升復位

注曰位阼階賓階上位

主人西面左手執几縮之以右袂推拂几三二

手横執几進授尸于筵前

推拂謂外拂之推者推手也

尸進二手受于手間

撥聘禮曰賓進訝受几于筵前此亦訝受也

乃云手間者但言其疏數之節耳此授受者

皆横執几而二手之間有廣狹則凡賓主之

横執几者二手共執其一廉明矣

主人退尸還几縮之右手執外廉北面奠于筵上左之南縮不坐還音旋

主人退復位也還几還而易執之也縮執几亦用二手此惟云右手執外廉特見其一耳右廉而謂之外者以其差遠於人故也凡几稍高故設之不坐少儀曰取俎設俎不坐其意類此

主人東楹東北面拜

注曰拜送几也

尸復位尸與侑皆北面答拜

注曰侑拜者從於尸

繼公謂至此尸乃復位則是主人拜時尸在
筵前東面也聘禮曰賓進訝受几于筵前東
面俟公壹拜送此異於彼者先奠几與飲酒
而授几其禮重故侑亦拜荅拜之文主於尸
也

右授几

主人降洗尸侑降尸辭洗主人對卒洗揖主人
升尸侑升
辭對之儀見鄉飲酒故此略之揖亦主人揖
尸也文省耳下放此
尸西楹西北面拜洗主人東楹東北面奠爵荅
拜降盥尸侑降主人辭尸對卒盥主人揖升尸

侑升主人坐取爵酌獻尸尸北面拜受爵主人
東楹東北面拜送爵
獻受之儀亦當如鄉飲酒禮
右主人獻尸
主婦自東房薦韭菹醢坐奠于筵前菹在西方
婦贊者執昌菹醢以授主婦主婦不與受陪設
于南昌在東方興取籩于房𪍿蕡坐設于豆西
當外列𪍿在東方婦贊者執白黑以授主婦主
婦不與受設于初籩之南白在西方興退𪍿芳巾反
注曰昌昌本也韭菹醓醢昌本麋臡𪍿熬麥
也蕡熬枲實也白熬稻黑熬黍主婦取籩興
者以饌異親之當外列辟鉶也退退入房也

繼公謂四豆四籩放室中之數也賓尸以飲酒爲主其禮變於饋食不可復因其薦故於其始亦變而用朝事之豆籩焉不辟君禮者變而用之無嫌也當外列醴在糜鸛西也

右主婦薦尸豆籩

乃升

注曰升牲體於俎也

司馬朼羊亦司馬載載右體肩臂肫胳臑正脊一脡脊一橫脊一短脅一正脅一代脅一腸一胃一祭肺一載于一俎

注曰一俎謂司士所設羊鼎西第一俎

繼公謂二司馬卽舉羊鼎者也以下凡升羊

者皆司馬為之特於此見之耳上言燅尸俎而此肩臂臑肫胳具有明其神俎肵俎並用也復序俎實者其數及載與進俎之法皆有異於上故爾是言載時先後之序也其在俎則與正祭者略同惟臑後於胳為異耳臑後於胳者以其折也折之則不為全體而在全體之下矣臑必折者見其貶於神俎且欲以所折者為肉湆俎也其脊脅皆一骨及腸胃各一者義亦如之賓尸主於飲酒此俎乃有祭肺者盛之一俎謂司士所設羊鼎西之北俎也司馬亦南面執之以載與他俎異也既載則侑主人主婦之羊俎三亦繼此而序載

之每俎既載則遷之於阼階西亦北上西縮
俟時乃設耳所以然者爲當進羊匕湆羊肉
湆於尸也枇當作匕下同
羊肉湆臑折正脊一正脅一腸一胃一嚌肺一
載于南俎
注曰肉湆肉在汁中者也必云臑折明爲上
所折分者嚌肺離肺也南俎雍人所設在南
者
繼公謂云臑折者明其爲臑之下也此臑蓋
與後足之觳同以無異名故但云臑折而已
羊俎之外又分其體以爲此俎貴多儀也尊
尸不敢用左體故分右臑爲之用嚌肺亦則

於其正羊肉湆與羊俎之實同鼎而名不同以其於鼎有湆上湆中之異也羊俎西之二俎亦北上肉湆載于南俎則其北俎爲羞匕湆明矣凡羊肉湆與豕脀湆魚皆俟時而載因外正俎之節而遂見之欲其文相比也

司士枇豕亦司士載亦右體肩臂肫骼臑正脊一脡脊一横脊一短脅一正脅一代脅一膚五嚌肺一載于一俎

此謂豕脀也二司士即舉豕鼎者也此下凡外豕者皆此司士爲之豕無正俎故此尸俎之體骨皆放於羊俎此俎與羊肉湆俎同臑在胳下是亦折矣

侑俎羊左肩左肫正脊一脅一腸一胃一切肺一載于一俎侑俎豕左肩折正脊一脅一膚三切肺一載于一俎

注曰切肺亦祭肺互言之爾

繼公謂侑無羊肉湆故羊俎得用二體前體以肩後體以肫尊之也右體皆在尸俎故此皆用左焉有肩有肫則肫在下端矣羊俎亦用祭肺者與尸俎同在堂上因其禮也作俎亦然飲酒正禮祭以離肺其有以切肺者或盛之或有爲加之或相因用之非常禮也豕左肩折不用全體爲羊俎已用二故於此殺之豕脊體數殺於羊俎又無羊肉湆皆下尸

也豕脅之肺宜如羊肉湆而用嚌此乃放羊俎而用切者亦以無羊肉湆故也侑之羊俎司士所設在羊鼎西之南者侑之豕俎與尸之豕脅同用南俎

阼俎羊肺一祭肺一載于一俎羊肉湆臂一脊一脅一腸一胃一嚌肺一載于一俎豕脅臂一脊一脅一膚三嚌肺一載于一俎

注曰臂左臂也阼俎司士所設豕鼎西俎也

繼公謂尸之牲俎三主人亦如之故其正俎無體遠下尸也骨之屬但用肺而已臂不言左者可知也正俎太貶故加俎宜用尊體其脊脅之屬亦不嫌於與尸同也侑正俎用肩

主人之加俎乃用臂蓋示其不相統之意豕胥猶言豕俎也不言肉湆者一俎而已無所別異也豕胥體數乃放羊肉湆者亦以羊俎太簡故爾此羊肉湆豕胥皆用雍人所設之南俎與尸同

主婦俎羊左臑脊一脅一腸一胃一膚一嚌羊肺一載于一俎

注曰言嚌羊肺者文承膚下嫌也其俎司士所設在魚鼎西者

繼公謂主婦有正俎而無豕胥下侑也必用膚者明其可用豕胥而不用也亦與阼俎惟用羊肺之意相近用嚌肺者此俎設於房中

故不因堂上之禮膚在嚌羊肺上未詳

司士朼魚亦司士載尸俎五魚橫載之侑主人皆一魚亦橫載之皆加膴祭于其上膴火吳反鄭又音冔

注曰橫載之者異於牲膴讀如殷冔之冔刳魚時割其腹以爲大臠可用祭也

繼公謂二司士舉魚鼎者也橫載之亦縮俎其於載者則爲橫此蓋迭魚肉之俎載時皆橫執之與羞之之時異於斯見之矣凡經言載俎之例惟云橫載者據俎而言也加以之字者據載者而言也此三羞湆魚亦皆迭用南俎朼亦當作匕

右通言載俎之法

卒升

謂已升四羊俎也

賓長設羊俎于豆南賓降尸升筵自西方坐左執爵右取韭菹擩于三豆祭于豆間尸取麷蕡宰夫贊者取白魚以授尸尸受兼祭于豆祭長之丈反

注曰賓長上賓

繼公謂賓長設俎尊尸之正俎也所俎亦然云賓降見尸升之節也既祭則右執爵於尸升筵主人亦疑立于阼階東

雍人授次賓疏匕與俎受于鼎西左手執俎左廉縮之卻右手執匕枋縮于俎上以東面受于羊鼎之西司馬在羊鼎之東二手執挑匕枋以

挹湆注于疏匕若是者三挑湯堯反鄭音抌挹一入反

注曰挑謂之歃讀如或舂或抌之抌此二匕者皆有淺升狀如飯橾挑長枋可以抒物於器中者注猶寫也今文挑作抌

繼公謂疏匕與俎在羊俎西之北者也匕湆尊於肉湆故用上俎羞之陳俎時俎西縮疏匕縮俎西枋而此左手執左廉卻右手執匕枋以受湆是身當俎下端也然則凡縮執俎者皆當其下端矣左手執俎左廉乃縮之是授受時皆橫執俎也縮執俎以受于鼎西者惟此與豕匕湆耳二手執挑匕枋敬其事不游手也挹湆且若是則匕牲體者可知

尸興左執爵右取肺坐祭之祭酒興左執爵
注曰肺羊祭肺
繼公謂言興左執爵明其右執爵以興也下
文皆然
次賔縮執匕俎以升若是以授尸尸卻手受匕
枋坐祭嚌之興覆手以授賔賔亦覆手以受縮
匕于俎上以降
若是者謂執匕俎之儀無變也卻手受匕枋
則匕内鄉而便於用覆手以授賔明其變於
有事之時次賔亦覆手以受綂於尊者也縮
俎則不復執之而二手執俎矣祭湆如祭酒
然亦注於地他時湆不祭此祭者重其在俎

也湆與肉湆相將之物故以此先肉湆而進之

尸席末坐啐酒興坐奠爵拜告旨執爵以興主人北面于東楹東荅拜

拜告旨不降避以有後事也云主人北面于東楹東明其復位下放此

司馬羞羊肉湆縮執俎尸坐奠爵興取肺坐絕祭嚌之興反加于俎司馬縮奠俎于羊湆俎南乃載于羊俎卒載俎縮執俎以降

縮執俎者既載則錯而改執之也載時橫執之尸奠爵亦于左宜辟羞俎者後湆字衍司馬北面縮奠俎既則西面于俎東載之

尸坐執爵以興次賓羞羊燔縮執俎縮一燔于
俎上鹽在右尸左執爵受燔擩于鹽坐振祭嚌
之興加于羊俎賓縮執俎以降
室中之事無燔俎故此與亞獻皆用之受燔
取于俎也
尸降筵北面于西楹西坐卒爵執爵以興坐奠
爵拜執爵以興主人北面于東楹東荅拜主人
受爵尸升筵立于筵末
右主人獻尸禮卒
主人酌獻侑侑西楹西北面拜受爵主人在其
右北面荅拜
獻侑亦於席前西南面也侑既拜則進受之

以復位主人既拜則立于西階東及侑降筵
北面則復就其右
主婦薦韭菹醢坐奠于筵前醢在南方婦贊者
執二籩𩱴蕡以授主婦主婦不興受之奠𩱴于
醢南蕡在𩱴東主婦入于房
醢在南方是豆北上也豆北上者以席南上
也生人席豆相變之法於斯見之矣下云侑
升筵降筵自北方是席南上也主婦薦豆而
贊者即贊籩者兩豆兩籩同時設故不必親
取籩
侑升筵自北方司馬橫執羊俎以升設于豆東
凡匕俎皆橫執此乃明言之者以司馬進之

嫌亦縮執也

侑坐左執爵右取菹擩于醢祭于豆間又取麷蕡同祭于豆祭興左執爵右取肺坐祭之祭酒興左執爵次賓羞羊燔如尸禮

不啐酒者凡堂上每獻啐酒之節皆當放於尸上禮尸嚌湆乃啐酒此無湆則不宜啐酒以異其節侑無羊匕湆者以無肉湆故也

侑降筵自北方北面于西楹西坐卒爵執爵以興坐奠爵拜主人荅拜

注曰荅拜拜於侑之右

右主人獻侑

尸受侑爵降洗侑降立于西階西東面主人降

自阼階辭洗尸坐奠爵于篚興對
尸適洗南北面主人阼階東南面辭洗尸對
主人復阼階東西面
卒洗主人升尸升自西階主人拜洗尸北面于
西楹西坐奠爵荅拜降盥主人降尸辭主人對
卒盥主人升尸升坐取爵酌
主人亦揖乃升與前後之儀同不言者可知
也侑不升辟酢禮也與尸同升則嫌若同酢
主人然
司宮設席于東序西面主人東楹東北面拜受
爵尸西楹西北面荅拜
事至乃設席略倣室中致爵之節亦所以尊

尸侑也既設席尸乃於席前東南面酢主人

主人拜受爵復位

主婦薦韭菹醢坐奠于筵前菹在北方婦贊者執二籩麷蕡主婦不興受設籩于菹西北蕡在籩西主人升筵自北方主婦入于房

注曰設籩于菹西北亦辟鉶

繼公謂主人之席亦南上而菹在北方豆席相變之法愈可見矣升筵之節侑速於尸主人速於侑皆所以示其異

長賓設羊俎于豆西主人坐左執爵祭豆籩如侑之祭興左執爵右取肺坐祭之祭酒興次賓羞匕湆如尸禮席末坐啐酒執爵以興司馬羞

羊肉湇縮執俎主人坐奠爵于左興受肺坐絶
祭嚌之興反加于湇俎司馬縮奠湇俎于羊俎
西乃載之卒載縮執虛俎以降
祭酒興亦左執爵乃受匕湇奠爵于左辟肉
湇俎也受肺亦取於俎言受者執俎以進亦
授也故取之云受言虛俎者見其盡載於羊
俎而無所釋也此經言羞湇俎一節其文有
加尸者所以足其義非異也
主人坐取爵以興次賓羞燔主人受如尸禮
燔不言羊可知也
主人降避自北方北面于阼階上坐卒爵執爵
以興坐奠爵拜執爵以興尸西楹西荅拜主人

坐奠爵于東序南侑升尸侑皆北面于西楹西

主人北面于東楹東再拜崇酒尸侑皆荅再拜

主人及尸侑皆升就筵

此尸酢主人主人拜崇酒而侑亦荅拜者緣主人意亦欲并謝己也云主人及尸侑先後之辭也後文放此升就二字宜衍其一

右尸酢主人

司宮取爵于篚以授婦贊者于房東以授主婦

注曰房東房戶外之東

繼公謂以授主婦婦贊者以授主婦于房中也上篇亞獻畢主婦以爵入于房今司宮乃取爵于下篚以授者其有司徹之後此爵又

反於下篚與
主婦洗于房中出實爵尊南西面拜獻尸尸拜
于筵上受
注曰尊南西面拜由便也
繼公謂尸拜于筵上受以其殺於主人且因
室中之禮也後三獻放此
主婦西面于主人之席北拜送爵入于房取一
羊鉶坐奠于韭菹西主婦贊者執豕鉶以從主
婦不興受設于羊鉶之西興入于房取糗與服
脩執以出坐設之糗在蕡西脩在白西興立于
主人席北西面
主人席北此時主婦堂上之正位也飲酒而

有鉶尸尊亦盛之設二籩而主婦親取之以
其與鉶異類不可相因也糗與脩雜用饋食
之籩也去棗用脩以示其變糗脩北上明不
與初儀序下儀類此

尸坐左執爵祭于豆祭

於此乃云尸坐是受爵時立也祭糗脩之祭
當如下文作取蓋字誤也

以羊鉶之柶扱羊鉶遂以扱豕鉶祭于豆祭祭
酒

祭鉶乃祭酒者是禮初獻祭酒之節居其祭
之四三獻居其祭之二故於此特居其祭之
三以序之且示禮殺有漸也

次賓羞豕匕湆如羊匕湆之禮

如者如其左手執俎左廉以下之儀其異者次賓自縮執匕俎以受雍人不復授之也羞豕匕湆亦用羊匕湆之俎其匕則殊乃鄉之覆于羊俎西之南俎之上者也將羞此湆則以羊匕與之易處焉既則各反之

尸坐啐酒左執爵嘗上鉶執爵以興坐奠爵拜主婦荅拜執爵以興

此嘗鉶拜也不嘗旨異於主人也特牲饋食禮曰尸祭鉶嘗之告旨主人拜尸荅拜

司士羞豕脀尸坐奠爵興受如羊肉湆之禮坐取爵興

奠爵亦於左
次賓羞豕燔尸左執爵受燔如羊燔之禮坐卒
爵拜主婦荅拜受爵
受爵亦於其席也下文放此
右主婦獻尸
酳獻侑侑拜受爵主婦主人之北西面荅拜
亦拜于筵上受蓋不敢異於尸不言者可知
也北亦席北
主婦羞糗脩坐奠糗于籩南脩在蕡南侑坐左
執爵取糗脩兼祭于豆祭
無鉶亦殺也不祭酒者上禮尸祭鉶乃祭酒
此無鉶則不祭酒其義與上不啐酒同

司士縮執豕脀以升侑興取肺坐祭之司士縮
奠豕脀于羊俎之東載于羊俎卒乃縮執俎以
降侑興
取肺亦右取之肺謂切肺豕脀無湆者初獻
無羊湆故此雖有豕脀亦不用湆也
次賓羞豕燔侑受如尸禮坐卒爵拜主婦荅拜
受爵
如尸禮亦如受羊燔之禮也
右主婦獻侑
酌以致于主人主人筵上拜受爵主婦北面于
阼階上荅拜
筵上受因尸禮也北面荅拜放室中之儀也

與主人行禮故亦得獨拜於阼階上

主婦設二鉶與糗脩如尸禮主人其祭糗脩祭鉶祭酒受豕匕湆啐酒皆如尸禮嘗鉶不拜

有鉶者阼俎如尸故鉶亦因之設二鉶羊在菹北豕在羊北設糗脩糗在籩北脩在蕡北此啐酒爲將嘗鉶也嘗鉶不拜鉶己物也言此以別於尸禮

其受豕脀受豕燔亦如尸禮坐卒爵拜主婦北面荅拜受爵

右主婦致爵于主人

尸降筵受主婦爵以降

主婦受爵尸即降筵主婦以尸將受己爵也

其西面于主人之北以待之與

主人降侑降主婦入于房

侑主人降從尸也主婦入于房尸降爲己宜辟之也凡婦人於丈夫之爲己而降洗者例無徙降之禮蓋於此篇及士昏禮見之矣

主人立于洗東北西面侑東面于西階西南

設洗當東榮而主人降位在阼階東直東序則宜西於洗北又上文侑降立于西階西此亦從降也而主人云洗東北侑云西階西南未詳疑文有誤衍也

尸易爵于篚盥洗爵

易爵酢主婦因室中之禮也

主人揖尸侑
亦異揖之於此乃并揖侑者以鄉者尸酢主
人之時侑不升故也必揖之使升者尸酢之
意巳見於前今無嫌也
主人升尸升自西階侑從主人北面立于東楹
東侑西楹西北面立
以尸方行禮宜俟之
尸酌主婦出于房西面拜受爵尸北面于侑東
荅拜主婦入于房
西面亦於主人席北蓋尸亦就此位而酢之
司宮設席于房中南面主婦南面立于席西
既受爵乃設席降於主人也席南面變於不

賓尸之禮也立于席西者亦西爲下未設豆
而立席西亦異於上
婦贊者薦韭菹醢坐奠于筵前菹在西方婦人
贊者執麷蕡以授婦贊者婦贊者不興受設麷
于俎西蕡在麷南
注曰婦人贊者宗婦之少者
主婦升筵司馬設羊俎于豆南主婦坐左執爵
右取菹㨎于醢祭于豆間又取麷蕡兼祭于豆
祭主婦奠爵興取肺坐絕祭嚌之興加于俎坐
挩手祭酒啐酒
注曰挩手者于帨帨佩巾內則曰婦人亦左
佩紛帨

繼公謂凡祭離肺者必挽手經不盡見之也
次賓羞羊燔主婦興受燔如主人之禮主婦執
爵以出于房西面于主人席北立卒爵執爵拜
尸西楹西北面答拜主婦入立于房尸主人及
侑皆就筵

出房卒爵宜成禮於所酢者之前也立卒爵
婦人常禮也立卒爵而拜既惟人君及主婦
耳其異者奠爵與執爵也燕禮曰公坐卒爵
坐奠爵拜云立于房見其不就席

右尸酢主婦

上賓洗爵以升酌獻尸尸拜受爵賓西楹西北
面拜送爵尸奠爵于薦左賓降

注曰上賓賓長也或謂之長賓奠爵爵止也繼公謂拜受爵亦於筵上也尸於三獻而奠爵亦欲助祭者皆受獻也薦左醢東也不奠於右爲妨往來及行禮也

右上賓獻尸爵止

主人降洗觶尸侑降主人奠爵于篚辭尸對卒洗揖尸升侑不升

侑不升者酬禮不及已升嫌也

主人實觶酬尸東楹東北面坐奠爵拜尸西楹西北面荅拜坐祭遂飲卒爵拜尸荅拜降洗尸降辭主人奠爵于篚對卒洗主人升尸升主人實觶尸拜受爵主人反位荅拜尸北面坐奠爵

于薦左尸侑主人皆升筵
卒洗亦揖乃升主人實觶亦北面於尸之席
前尸階上拜乃進受之而反位主人旣荅拜
尸乃進北面奠爵薦左其昌本之東與酬而
授觶者大夫之禮異於士也主人於尸爵止
之後即舉觶以酬尸者宜終尸禮乃可以獻
助祭者也侑升堂之節其在尸奠爵之時乎

右主人酬尸尸奠酬

乃羞宰夫羞房中之羞于尸侑主人主婦皆右
之司士羞庶羞于尸侑主人主婦皆左之
注曰房中之羞其籩則糗餌粉餈其豆則酏
食糝食

繼公謂房中之羞饌于房者也言房中以別
於庶羞明庶羞不自房來也饋食之禮庶羞
亦設于薦豆之左則庶羞在左乃其常處庶
羞左則內羞右亦宜矣庶羞之物恐亦不過
胾醢而已　按注以羞籩羞豆之實爲此房
中之羞亦恐或然但未必其俱用之也

右羞于尸侑主人主婦

主人降南面拜衆賓于門東三拜衆賓門東北
面皆荅壹拜

注曰拜于門東明少南就之也

繼公謂助祭之賓主黨也故主人降拜之而
尸侑不從與鄉飲鄉射之禮異也未獻之前

衆賓位在門東亦大夫之禮異於士者主人三拜旅衆賓衆賓荅一拜大夫士之禮同主人洗爵長賓辭主人奠爵于篚興對卒洗升酌獻賓于西階上長賓升拜受爵主人在其右北面荅拜

長賓辭亦北面蓋於門東少進也主人已酌長賓乃升遠下尸也獻賓當西南面

宰夫自東房薦脯醢醢在西

醢在西者為降設於其位則脯當在南也賓位於庭北上而脯醢南上亦席豆相變之意也由是言之則他禮之類此者皆可得而推矣

司士設俎于豆北羊骼一腸一胃一切肺一膚

注曰羊骼羊左骼薦與設俎者旣則俟于西

序端

繼公謂上賓一體又無脊脅遠别於堂上者

也用切肺者賓俎設於堂故亦因尸禮肺繼

胃言之羊肺可知

賓坐左執爵右取脯擩于醢祭之執爵興取肺

坐祭之祭酒遂飲卒爵執以興坐奠爵拜執爵

以興主人荅拜受爵賓坐取祭以降西面坐委

于西階西南

注曰成祭於上尊賓也取祭以降反下位也

反下位而在西階西南巳獻尊之祭脯肺
繼公謂賓取祭以降以己所有事者也宜親
執之西階西南賓之正位也既獻乃立於此
尊者之禮節文彌多以相變爲貴執以與似
脫一爵字
宰夫執薦以從設于祭東司士執俎以從設于
薦東
此設薦于祭東則是凡祭于豆間乃當其間
之前耳此獻長賓而宰夫司士薦則自此以
下皆私人爲之明矣宰夫司士大夫之私人
也
衆賓長升拜受爵主人荅拜坐祭立飲卒爵不

拜既爵宰夫贊主人酌若是以辯辯受爵
宰夫贊酌大夫尊也贊酌者主人以虚爵授
宰夫宰夫爲酌之於此乃言之者見獻賓一
人乃贊酌也若是以辯謂皆如衆賓長升拜
受爵以下之儀言辯受爵嫌或有不與者也
其薦脯醢與脀設于其位其位繼上賓而南皆
東面其脀體儀也
注曰亦宰夫薦司士脀用儀者尊體盡儀度
餘骨可用而用之今文儀皆作騰
繼公謂特牲饋食禮曰衆賓升拜受爵坐祭
立飲薦俎設于其位辯此下經言兄弟之儀
云升受爵其薦脀設于其位然則此薦脀亦

於每獻設之也體儀謂或體或儀也尊者用體折卑者但用儀且儀者其脊若脅之屬與又下云長兄弟之脅折脅一膚一則此非折而儀者惟有膚而已

右主人獻賓

乃升長賓主人酌酢于長賓西階上北面賓在左

注曰言升長賓則有贊者爲之

繼公謂乃升長賓著其宗人與後長賓二字似衍蓋此乃主人自酢非酢于長賓也鄉飲酒曰主人實爵以酢于西階上此文宜類之徧獻乃酢變於士禮賓辟尸不敢親酢主人

故主人自酢以達其意

主人坐奠爵拜執爵以興賓荅拜坐祭遂飲卒爵執爵以興坐奠爵拜賓荅拜賓降

注曰降反位

繼公謂賓降反位則主人亦就席矣

右主人自酢

宰夫洗觶以升主人受酧降酬長賓于西階南北面賓在左主人坐奠爵拜賓荅拜坐祭遂飲卒爵拜賓荅拜

注曰宰夫授主人觶則受其虛爵奠于篚

繼公謂宰夫授觶于上便其酧也此亦異於士

主人洗賓辭主人坐奠爵于篚對卒洗升酌降復位賓拜受爵主人拜送爵賓西面坐奠爵于薦左

位西階南之位也以特牲禮例之此時當西面乃云復位未詳主人拜亦北面也賓西面奠爵于薦左由便説見特牲禮薦左薦北

右主人酬賓

主人洗升酌獻兄弟于阼階上兄弟之長升拜受爵主人在其右荅拜坐祭立飲不拜旣爵皆若是以辯辯受爵

獻兄弟不殊其長與衆賓同亦大夫禮異也不言宰夫贊主人酌略其文耳兄弟卑於衆

賓主人於其次者不親酬可知下獻內賓放
此此獻亦西南面
其位在洗東西面北上升受爵其薦脅設于其
位
又著兄弟長以下既獻之位及其設薦脅之
節也至此乃言其位者因文而見之也升受
爵謂每人升受爵之時也於其受獻則爲之
設薦脅于位明不俟其降也鄉飲酒禮衆賓
每一人獻則薦諸其席是禮似之矣此不言
宰夫贊酌獻衆賓不言升受爵而設薦脅其
禮同故互文以相足也
其先生之脅折脅一膚一其衆儀也

注曰先生長兄弟

繼公謂脀猶俎也其折與脀若羊若豕則不可攷先生脀折其衆則儀亦以此别長幼也無離肺者因上賓俎也俎不設於堂故無切肺

右主人獻兄弟

主人洗獻内賓于房中南面拜受爵主人南面于其右荅拜坐祭立飲不拜既爵若是以辯亦有薦脀

注曰内賓姑姊妹及宗婦獻于主婦之席東南面於其右主人之位恒左人亦設薦脀於其位特牲饋食禮記曰内賓立于房中西墉

下東面南上宗婦北堂東面北上

繼公謂洗不言降是洗于房也獻之葢東北
面受送之拜皆南面猶堂上之皆北面也是
或一禮與若是以辯亦謂長幼拜受以下之
儀同也不言辯受爵已於衆賓兄弟見之此
可知也不著其位者嫌未獻旣獻之位異也

右主人獻內賓

主人降洗升獻私人于阼階上拜于下升受主
人荅其長拜乃降坐祭立飲不拜旣爵若是以
辯宰夫贊主人酬主人於其羣私人不荅拜其
位繼兄弟之南亦北上亦有薦脀

注曰初亦北面在衆賓之後爾凡獻位定

繼公謂私人猶私臣也經記異人故其文亦
異獻私人而降洗重獻禮也拜于下而降飲
賤也獻亦西南面於東楹東而拜於其右私
人賤故但荅其長拜以殊之自獻衆賓至此
其獻凡四節惟前後兩言宰夫贊主人酌所
以見其間二獻之不言此者爲省文耳此言
於若是以辯之後見獻私人之長即贊之也
以是例之則獻内賓以上主人所親酌者惟
於其長益可見矣此位亦比上者賤於兄弟
故其位繼其後而不更端也特牲記言衆賓
及衆兄弟内賓宗婦公有司私臣其俎同然
則此禮内賓以及私人其俎亦皆儀而有脀

矣大夫無獻公有司之禮豈其私臣多足以任其事不用公有司與或公有司在衆賓之中不必別見之與

右主人獻私人

尸作三獻之爵

注曰上賓所獻爵

繼公謂主人畢獻而就筵三獻於是升立于西階上尸乃舉爵也此與不賓尸之禮皆尸自作止爵不待獻者作之亦異於士

司士羞湇魚縮執俎以升尸取膴祭祭之祭酒卒爵

注曰不羞魚匕湇略小味也羊有正俎羞匕

湆肉湆豕無正俎魚無七湆隆汚之殺

繼公謂不言左執爵與興坐者如上禮可知

司士縮奠俎于羊俎南横載于羊俎卒乃縮執俎以降尸奠爵拜三獻北面荅拜受爵

横載者於俎為横與牲體同也不縮載者正俎之實巳多又加以益送之俎故載魚於此不得象其在魚俎也尸既卒爵乃執虛爵以待執俎者降而後奠爵拜行禮之序於此可見

右尸作止爵

酌獻侑侑拜受三獻北面荅拜司馬羞湆魚一如尸禮卒爵拜三獻荅拜受爵

司馬當作司士字之誤也上下皆司士爲之此不宜使司馬且司馬惟主羊俎耳羞湆魚非其事也卒爵與拜其節宜與尸同此略言之耳下文主人亦然

酌致主人主人拜受爵三獻東楹東北面荅拜司士羞一湆魚如尸禮卒爵拜三獻荅拜受爵

致下蓋脫于字也賓拜東楹東者以與主人爲禮則不敢獨拜西階上辟尸也此與侑如尸禮皆兼祭酒而言不致爵于主婦變於不賓尸之禮

右上賓獻侑致于主人

尸降筵受三獻爵酌以酢之

注曰既致于主人尸乃酢之遂賔意
繼公謂賔尸則尸與侑主人爲序故俟其畢
獻乃酢之酢而不洗亦因室中之禮也賔尸
而不因室中之禮者惟主人耳
三獻西楹西北面拜受爵尸在其右以授之尸
升筵南面荅拜坐祭遂飲卒爵拜尸荅拜執爵
以降實于篚
尸在其右並授也並授而不同面拜遠辟主
人獻賔之禮也云執爵以降則是既卒爵亦
奠之而拜矣
右尸酢上賔
二人洗觶升實爵西楹西北面東上坐奠爵拜

執爵以興尸侑荅拜坐祭遂飲卒爵執爵以興
坐奠爵拜尸侑荅拜皆降
二人舉觶爲旅酬始也中庸曰旅酬下爲上
所以逮賤也其是之謂與
洗升酌反位尸侑皆拜受爵舉觶者皆拜送侑
奠觶于右
反位于西楹西俟拜也受爵亦於其席拜送
亦於其位舉觶者不奠觶于席前不變於主
人之儀也侑奠觶不言坐文省也于右亦由
便耳右糗南
右二人舉觶于尸侑
尸遂執觶以興北面于阼階上酬主人主人在

右

言遂執觶以興是鄉者亦執觶以坐而俟也

尸雖不奠觶猶坐以其當然也

坐奠爵拜主人荅拜不祭立飲卒爵不拜既爵

酌就于阼階上酬主人

亦執觶興主人乃荅拜也此酬主人謂東面

授之如特牲賓兄弟旅酬之儀

主人拜受爵尸拜送尸就筵主人以酬侑于西

楹西侑在左坐奠爵拜執爵興侑荅拜不祭立

飲卒爵不拜既爵酌復位侑拜受主人拜送主

人復筵

復位而西面授之下放此

乃升長賓侑酬之如主人之禮

注曰遂旅也

至于衆賓遂及兄弟亦如之皆飲于上

注曰上西階上

遂及私人拜受者升受下飲

私人拜而升受兄弟之爵俟兄弟荅拜乃下也下飲謂就其位而飲之以酬其次者也惟云拜受云下飲是兄弟及私人飲時皆不拜矣兄弟飲不拜者以所酬者在下難爲禮也私人飲不拜者因酬己者之儀且賤者禮簡也

卒爵升酌以之其位相酬辯

注曰其位兄弟南位亦拜受拜送升酌由西
階
繼公謂以之其位飲所酬者也亦於此相酬
則私人之長其下飲之時亦在此明矣
卒飲者實爵于篚
注曰未受酬者雖無所旅猶飲
右旅酬
乃羞庶羞于賓兄弟內賓及私人
無房中之羞別於主婦以上也此節亦當祭
薦胥文不具耳此羞同時羞則兄弟酌以相
酬之時房中亦旅
右羞于堂下及房中

兄弟之後生者舉觶于其長

注曰後生年少也

洗升酌降北面立于阼階南長在左坐奠爵拜執爵以興長答拜

此後生者舉觶與主人酬賓之儀略同似有爲主人酬長兄弟之意故位如主人而長在左

坐祭遂飲卒爵執爵以興坐奠爵拜執爵以興長答拜

長旣拜則復于東面位也

洗升酌降長拜受于其位舉爵者東面答拜爵

此拜受于其位者别於主人之親酬是亦變於士也酬而受爵因賓禮也東面荅拜宜鄉之爵止奠之於薦左也以其未即舉故言止亦省文

右兄弟之後生者舉觶于其長

賓長獻于尸如初無湆爵不止

注曰如初如其獻侑酌致于主人受尸酢也無湆爵不止别不如初者

繼公謂賓長衆賓長即次賓也但言賓長者亦獻于尸不嫌與三獻者同也此獻當用觚不言者文省耳特牲饋食禮長兄弟於三獻之後洗觚爲加爵此節與之同器亦宜同也

上篇賓觚于篚其爲此用與不使兄弟不𥚃
加爵大夫禮異也滑謂滑魚
右次賓獻致如初
賓一人舉爵于尸如初亦遂之于下
注曰遂之于下者遂及賓兄弟下至于私人
繼公謂賓一人次賓之次者也舉爵即舉觶
也如初如二人舉觶于尸侑之儀其異者不
及侑耳亦上文尸酬主人以下之禮
右賓一人舉觶于尸遂旅酬
賓及兄弟交錯其酬皆遂及私人爵無等
言皆遂及私人則是賓及兄弟之奠爵先後
迭舉而不並行也其禮則賓長取觶酬兄弟

長交錯以辯不拜私人之卒飲者洗酌反之
長兄弟乃取觶酬賓長亦交錯以辯卒飲者
亦洗酌反之賓與兄弟又皆迭舉如初禮爵
行無數至醉而止賓尸至於飲酒而堂上不
行無筭爵者此雖變於祭禮然尸猶有餘
尊不宜無所別異無筭爵之儀太簡不崇
敬
右堂下相酬爵無筭
尸出侑從主人送于廟門之外拜尸不顧
送尸于廟門外以其賓之也此云不顧見士
於大夫之禮也
拜侑與長賓亦如之衆賓從

從從長賓也

司士歸尸侑之俎

尸侑尊司士徹俎而歸之賓長而下則自徹

而授其人以歸

主人退

注曰反於寢也

有司徹

徹徹胙俎與堂上下之薦羞之屬也婦人不

徹則其所徹者不以入于房與

右尸出禮畢

若不賓尸

此下之禮視賓尸者爲少質則是制禮之序

此先彼後如冠禮之醴與醮者然也而上下篇以賓尸者爲主至是乃更端言不賓尸者焉周禮尚文抑又可見是雖與冠禮言醴醮之序者不同意則相類也然既有新儀又存舊禮使夫人自擇而行之是又聖人至公無我之心固不專主於所尚而已

則祝侑亦如之

注曰謂尸七飯時

尸食

注曰八飯

乃盛俎臑臂肫脡脊横脊短脅代脅皆牢盛音成下同

注曰盛者盛於肵俎也

繼公謂先正體而後脊脅亦以尊卑也前體
先臑後臂者肩未舉若自下而上然此所取
者三體四骨與所舉正脊幹骼則羊豕各四
體六骨矣肩既舉而俎但有六骨以爲所釋
者也

魚七

注曰盛半也魚十有五而俎其一已舉

繼公謂魚盛七并前所舉者一僅八而已牢
之骨體已多此可以略特牲少故魚盛十有
二

腊辯無髀

注曰亦盛半也言無髀者云一純而俎嫌有

之

繼公謂前升腊於鼎俎時不云髀不升故此明之腊用一純故得取其半云辯者明右體及其脅與脊皆盛也腸胃膚不盛者以其於骨體爲賤既取骨體則賤者略之可也

卒盛乃舉牢肩尸受振祭嚌之佐食受加于肵

先盛衆骨體乃舉肩變於士禮亦爲舉肩之後又實他俎不宜與肵俎之事並行也

佐食取一俎于堂下以入奠于羊俎東

羊當作魚字之誤也

乃摭于魚腊俎俎釋三个其餘皆取之實于一俎以出摭之石反

撫猶取也其餘謂三个之外者也魚撫四个腊撫八个其所釋者腊則短脅正脅代脅各一骨魚三个而已魚腊俎釋三个而牢俎六个者所俎於三脊三脅惟當各取一骨而已故牢俎之所釋不容不有六骨

祝主人之魚腊取于是

注曰祝主人主婦俎之魚腊取於此者三者各取一魚其腊主人臂主婦臑不言主婦未聞

繼公謂此亦大夫之禮異者也取于是者主人主婦之魚腊及祝之魚也祝俎之腊用髀儐與不儐同耳

尸不飯告飽主人拜侑不言尸又三飯（飯並符晚反）
惟云主人拜侑省文
佐食受牢舉如儐
注曰舉肺脊
繼公謂此儐者賓之之謂蓋指賓尸之禮也
惟言賓則意有所不備故以儐言之經先見
儐禮已有成文故此以如蒙之省文耳不言
如初者見是禮元不在儐禮後也
右不賓尸尸食之禮
主人洗酌酳尸賓羞肝皆如儐禮卒爵主人拜
祝受尸爵尸荅拜
自卒爵以下不蒙如儐禮者欲與後禮相屬

也凡與儐禮同而重見之者其意皆然

右主人酳尸

祝酌授尸尸以酢主人亦如儐

此與上文所謂儐者皆前篇室中之事初非儐禮乃以儐旗文者以其已入儐之節內故爾下文放此

其挼祭其嘏亦如儐

挼亦當作授授挼去授字又差近也

右尸酢主人

其獻祝與二佐食其位其薦脀皆如儐

祝之薦脀如儐則牢與腊皆髀明矣祝於儐亦有肝從不言者與佐食連文故略之耳惟

言位與薦胥不及其儀者可知也下文類此

者皆然

右主人獻祝及佐食

主婦其洗獻于尸亦如儐

此如儐謂拜送爵以上之禮

主婦反取籩于房中執棗糗坐設之棗在稷南糗在棗南婦贊者執栗脯主婦不興受設之栗在糗東脯在棗東主婦興反位

注曰反位反主人之北拜送爵位

繼公謂籩位自左而右績之變於敦位也此饋食之禮則四籩者其饋食之籩與周官籩人職饋食之籩五有棗栗而糗脯蓋棗下脫

糗栗下脫脯也天子諸侯饋食之籩亦八當
與其豆數同此從獻之禮儐則闕之者詳於
堂上故略於室中隆殺之宜也
尸左執爵取棗糗祝取栗脯以授尸尸兼祭于
豆祭祭酒啐酒次賓羞牢燔用俎鹽在右尸兼
取燔擩于鹽振祭嚌之祝受加于肵
注曰自主婦反取籩至此異于儐
卒爵主婦拜祝受尸爵尸荅拜于儐
右主婦獻尸
祝易爵洗酌授尸尸以醋主婦主婦主人之北
拜受爵尸荅拜主婦反位又拜上佐食綏祭如
儐卒爵拜尸荅拜

此文爵拜內子近禮也儐則略之綏亦當作
挼
右尸酢主婦
主婦獻祝其酌如儐拜坐受爵主婦主人之北
答拜
如儐其酌以前之禮
宰夫薦棗糗坐設棗于菹西糗在棗南祝左執
爵取棗糗祭于豆祭祭酒啐酒次賓羞燔如尸
禮
注曰自宰夫薦至此亦異于儐
繼公謂內子不薦而使官爲之者遠下尸亦
大夫禮異也士禮主婦薦豆籩於祝

卒爵主婦受爵酌獻二佐食亦如儐主婦受爵以入于房

祝卒爵而主婦受是亦不拜既如儐也此以上如儐者皆在前篇

右主婦獻祝及佐食

賓長洗爵獻于尸尸拜受賓户西北面答拜爵止

此三獻爵止之義與特牲饋食禮同受爵而即止亦大夫禮異也

右賓長獻尸爵止

主婦洗于房中酌致于主人主人拜受主婦户西北面拜送爵司宫設席

設席亦於主人立處之南也
主婦薦韭菹醓坐設于席前菹在北方婦贊者
執棗糗以從主婦不興受設棗于菹北糗在棗
西佐食設俎臂脊脅肺皆牢膚三魚一腊膚
臂左臂也腊臂亦如之肺離肺也脊脅各一
骨脊脅之數皆少者以俎實多故爾亦遠下
尸也魚一亦橫之與牲腊異既設俎主人乃
升筵坐與主婦升筵之節同
主人左執爵右取菹擩于醢祭于豆間遂祭籩
奠爵興取牢肺坐絕祭嚌之興加于俎坐挩手
祭酒啐爵以興坐卒爵拜
此籩祭不贊且無從與士禮異者其辟尊者

之禮與此牢肺則絶祭嚌之者各一也亦卒
爵于席者室中之禮已在席則宜卒爵于席
不必於拜受之處成禮也

主婦荅拜受爵酌以醋户内北面拜主人荅拜

卒爵拜主人荅拜主婦以爵入于房

李寶之曰主人不致爵于主婦異於士

繼公謂主婦亦坐祭立飲而卒爵此文略也

右主婦致爵于主人

尸作止爵

注曰自爵止至此亦異於儐

祭酒卒爵賓拜祝受爵尸荅拜

尸酢受爵而御止故於是祭之於三獻而無

從與士禮異者其亦辟尊者之禮與

祝酌授尸賓拜受爵尸拜送坐祭遂飲卒爵拜

尸答拜

此賓受酢不夾爵拜而卒爵之儀又略以其

間有爵止之事旣變於上故此儀亦不得同

於主人是與儐少異者也

右尸作止爵酢賓

獻祝及二佐食

賓獻祝亦北面拜獻佐食亦西面拜與上篇

此節獻祝不卒爵又不言獻佐食之禮此經

文略也其或以主婦獻禮通之與特牲禮曰

獻祝及佐食皆如初

右賓長獻祝佐食

洗致爵于主人主人席上拜受爵賓北面荅拜

坐祭遂飲卒爵拜賓荅拜受爵

主人雖拜于席亦立受爵與祝異

酌致爵于主婦主婦北堂司宫設席東面

注曰賓致爵于主婦異於儐北堂謂立于北堂即所設席之北也特牲記曰宗婦北堂東面北上主婦之席北堂東面則在宗婦之北也亦異於儐此設席亦北上也賓尸之禮席主婦于房中南面主婦立于席西是東上而上左也此禮設席雖變而東面亦宜上左也上左則北上也

主婦席北東面拜受爵賓西面荅拜

席北上主婦乃拜于席北者以其先立於此故由便也不拜于席南者其以切近於宗婦長之位故與

婦贊者薦韭菹醓醢在南方

以籩筥設豆之例言之菹在南方則席北上明矣

婦人贊者執棗糗授婦贊者婦贊者不與受設棗于菹南糗在棗東佐食設俎于豆東羊臑豕折羊脊脅祭肺一膚一魚一腊臑

豕折不言其所用之體未詳此肺亦羊肺也曰祭者誤衍爾豕折而腊臑者腊與牲並用

則宜放其尊者
主婦升筵坐左執爵右取菹抨于醢祭之祭籩
奠爵興取肺坐絶祭嚌之興加于俎坐挩手祭
酒執爵興筵北東面立卒爵拜賓荅拜賓受爵
易爵于篚洗酌醋于主人户西北面拜主人荅
拜卒爵拜主人荅拜賓以爵降奠于篚
易爵于篚亦下篚也自及佐食至此亦儐之
所殺者其義與上同自是而後以至于末獻
室中之事無復如儐者以内外之禮異故耳
右賓長致于主人主婦
乃羞宰夫羞房中之羞司士羞庶羞于尸祝主
人主婦内羞在右庶羞在左

注曰不賓尸則祝猶侑耳
右羞于尸祝主人主婦
主人降拜衆賓洗獻衆賓其薦脀其位其酬醋
皆如儐禮主人洗獻兄弟與內賓與私人皆如
儐禮其位其薦脀皆如儐禮
注曰此與儐同者在此篇
繼公謂此禮長賓之俎其異於儐者無切肺
耳
右主人獻賓以至于私人
卒乃羞于賓兄弟內賓及私人辯
卒謂皆獻畢也獻畢即羞之亦其節之異於
儐者羞者羞庶羞

右羞于堂下及房中

賓長獻于尸尸醋獻祝致醋賓以爵降實于篚

注曰致謂致爵于主人主婦

疏曰此次賓長爲加爵也

繼公謂此亦洗觚以獻與特牲兄弟長加爵之器同經見此禮之殺於上者惟爵不止與不及佐食耳餘則略之以其可知故也此亦衆賓長也惟言賓長說見於前

右次賓獻致

賓兄弟交錯其酬無筭爵

李寶之曰此兄弟舉觶于其長亦當如儐禮在羞于私人之後賓長加獻之前文不具耳

繼公謂此亦儐不儐同不言如儐未詳特牲禮衆賓長以觶爲加爵于尸爵止堂下乃舉觶而旅酬既作止爵復旅酬遂行無筭爵大夫賓尸之禮賓一人舉觶于尸尸乃行酬徧及于下然後在庭者爵無筭以是二者觀之則庭中之行觶皆以尸用觶之時爲節也此於衆賓長以觚加獻之後而賓兄弟乃舉觶以相酬而爲無筭爵似非其節蓋此上之文不具者多矣固不止如李氏所云也

右賓兄弟相酬爵無筭

利洗爵獻于尸尸酢獻祝祝受祭酒啐酒奠之

奠之亦北面奠于其筵前也祭事將畢其禮

漸殺衆賓長獻不及佐食故祝於此亦不終
其獻以見己禮亦宜殺之意是亦異於士
右上利獻尸祝
主人出立于阼階上西面祝出立于西階上東
面祝告于主人曰利成祝入主人降立于阼階
東西面尸謖祝前尸從遂出于廟門祝反復位
于室中祝命佐食徹尸俎
祝反復位于室中主人亦入于室復位經有
脱文也
佐食乃出尸俎于廟門外有司受歸之徹阼薦
俎
徹阼薦俎亦佐食爲之既徹阼俎則堂下俎

畢出與特牲禮同也

右尸出祭禮畢

乃餕如儐

注曰謂上篇自司宮設對席至上餕與出也

右餕

卒餕有司官徹饋饌于室中西北隅南面如饋之設右几厞用席納一尊于室中（厞扶味反）

注曰官徹饋者司馬司士舉俎宰夫取敦及豆佐食不舉羊豕俎親餕尊也古文厞作茀

繼公謂南面亦大夫禮異

司宮埽祭

注曰埽豆間之祭舊說云埋之西階東

繼公按舊說謂埋祭于西階東者據聘禮埋幣之處而言也

右改設

主人出立于阼階上西面祝執其俎以出立于西階上東面司宫闔牖户祝告利成乃執俎以出于廟門外有司受歸之衆賓出主人拜送于廟門外乃反

注曰拜送賓者亦拜送其長

婦人乃徹

言婦人乃爲徹事也其事在下

徹室中之饌

室中之饌即改設者也婦人徹此饌者爲其

當以入于房與凡徹饌而以入于房者婦人
乃得爲之不然則否室中之饋改饌而闔牖
户自闔牖户至此須臾之頃耳然則改饌之
不爲厭神益可見矣
右禮畢

正誤

以羊鉶之柶扱羊鉶遂以扱豕鉶

鄭本扱作挹繼公按上經云以挹湆註曰今文挹皆作扱皆此經文也按士昏禮聘禮賓以柶祭醴二記皆云始扱一祭又公食大夫禮曰扱上鉶以柶辯擩之上鉶之間祭蓋以柶取物而祭則必扱之此亦以柶祭鉶也宜云扱與彼同不宜云挹當從今文

南面立于席西

鄭本無南面字注曰今文曰南面立於席西繼公謂宜從今文入南面字

其挼祭

鄭本揳作綏注曰綏古文爲挼繼公謂此當
云挼祭綏挼二字皆誤也但挼於挼字爲尤
近故宜取其近者
啐酒皆如尸禮
本云拜啐酒疏曰或此經啐酒之上無拜文
繼公謂啐酒之上不當有拜今從疏之所謂
或本者去拜字

禮古經十七篇其十三篇之後皆有
無之四篇者士相見大射少牢上
度之此四篇者未必無一記之可
而亡逸焉爾夫記者乃後人述其
意者也舊各置之於其本篇之後者
而不敢與之雜也（漢藝文志言禮經爲篇篇數是班固之
不相合也今乃各在其本篇後者其鄭氏置之與）朱子作儀
始以記文分屬於經文每條之下謂
予作集說而於此則不能從也予非
子也顧其勢有所不可耳何以言之
之記有特爲一條而發者（如士冠緇布冠
有兼爲兩條而發者（如聘記去大聘之過則餼

亦有兼爲數條而發者（如冠記云適以著代也醮有成也云云之類是也）亦有於經意之外別見（射記言君射之禮士冠記言無大夫有其昏禮士昏記言婚見妻父之類）其但爲一條而發者固可用通解之
則末見其可也何則通解之書規模
繁其記文有不可附於本篇每條之
於其篇末見之否則於他篇附之故雖
如其所謂以從簡便之說而其於記文
括而無所遺也然以記者之意攷之
無少異矣予之所撰者但十七篇
亦用此法則其所遺者不既多乎
貫之爲愈而不敢效朱子通解之

元本儀禮集説

（元）敖繼公　撰

第六册

國家圖書館出版社

第六册目録

卷十三

既夕禮第十三……一一一

卷十四

儀禮卷第十二

敖繼公集說

士喪禮第十二

注曰喪於五禮屬凶

繼公謂此與下篇言士之子爲父喪自始死以至既葬之禮

士喪禮死于適室幠用斂衾（適丁歷反幠火吳反斂力艷反下皆同）

注曰適室正寢之室也疾者齊故于正寢焉疾時處北墉下死而遷之當牖下有牀衽幠覆也斂衾大斂所并用之衾衾被也小斂之衾當陳喪大記曰始死遷尸于牀幠用斂衾去死衣

繼公謂遂卒矣乃遷尸于牀而幠用斂衾故喪

禮以此為始

右始死

復者一人以爵弁服簪裳于衣左何之扱領于帶簪則林反　何胡我反　扱初洽反

注曰復者有司招䰟復魄也天子則夏采祭僕之屬諸侯則小臣為之爵弁服純衣纁裳也禮以冠名服簪連也

疏曰簪裳于衣取其便

繼公謂爵弁士之上服也故復用之左手何之而空右手為登梯備顛蹷也

升自前東榮中屋北面招以衣曰臯某復三降衣于前

注曰北面招求諸幽之義也皐長声也某死者之名也復反也降下之也喪大記曰凡復男子稱名婦人稱字

繼公謂前東榮者東方之南榮也屋有二梠故每旁各有南榮北榮中屋屋脊之中也

受用篋升自阼階以衣尸衣於既反下衣尸同

注曰受者受之於庭也復者其一人招則受衣亦一人也人君則司服受之衣尸者覆之若得魂反之

繼公謂升自阼階象其反也既則降自西階

按注以衣尸爲覆之者盖以下文襚者入衣尸之禮推之也

復者降自後西榮

後西榮西方比榮也降於此者與升時相變也下
文設奠之類升降異階者其義皆然

右復

楔齒用角柶綴足用燕几（楔悉結反 綴知劣反）

注曰自是行死事楔齒爲將含恐其口閉急也綴
猶拘也

繼公謂楔柱也綴足用几欲拘其足使之正也燕
几平生燕居時所馮者

右楔齒綴足

奠脯醢醴酒升自阼階奠于尸東

奠脯醢醴酒者謂奠用此四物也此奠之而已無

他禮儀故曰奠也死而奠之如事生也此時尸南首東乃其右也奠於其右若便其飲食然記曰即牀而奠當腢其升之序亦醴先而酒脯醢從與旣奠則降自西階

右始死之奠

帷堂

此帷堂爲尸未設飾也帷之節其南北蓋近堂廉而東西則近兩階與

右帷堂

乃赴于君主人西階東南面命赴者拜送

注曰赴走告也

繼公謂經惟言赴于君之儀如此則是古者士大夫赴

告之禮惟止於其君而已
有賓則拜之
注曰其位猶朝夕哭位矣
繼公謂賓士來弔者也此因事見之乃拜之也旣拜
則入不卽位
右命赴者
入坐于牀東衆主人在其後西面婦人俠牀東面俠音夾
注曰婦人謂妻妾子姓也亦適妻在前
繼公謂至是方云坐則先時主人亦立也衆主人在其
後尊主人亦爲室中淺隘衆主人齊衰大功之親也
若有斬衰者亦存焉下經云衆主人免記云衆主
人布帶則是衆主人乃主言齊衰大功者

親者在室

注曰謂大功以上者

繼公謂此親者繼婦人而言則是亦專指婦人矣下篇曰主婦及親者由足西面是也言在室則不必皆東面始死之牀當牖下少近於西墉

衆婦人戶外北面衆兄弟堂下北面

注曰衆婦人衆兄弟小功以下

右哭位

君使人弔徹帷主人迎于寢門外見賓不哭先入門右北面

注曰使人士也使者至使人入將命乃出迎之寢門內門也

繼公謂喪不迎賓惟於君及君使則迎之此不出外門者别於君之自來也先入門右道之徹帷爲君命變也事畢復設之

弔者入升自西階東面主人進中庭弔者致命

注曰主人不升賤也致命曰君聞子之喪使某如何不淑

繼公謂此西方中庭也主人雖在下弔者猶東面禮之也小斂以前主人位在西方

主人哭拜稽顙成踊

注曰成踊三者三

繼公謂謝君命也既拜稽顙而成踊惟於君及君命則然其餘則否拜稽顙者一拜而遂稽顙

世不再拜稽首者喪禮宜變於吉也稽顙與稽首一之儀畧同惟右手在上而以顙叩之爲異耳男子吉拜尚左手喪拜尚右手婦人反是容經曰拜以磬折之容吉事尚左凶事尚右

賓出主人拜送于外門外

拜送一拜送之也此與下篇云拜送者皆然迎不拜而一拜送之皆喪禮異也凡拜喪賓不再拜

君使人襚徹帷主人如初襚者左執領右執要入升致命主人拜如初 襚音遂要一遥反下並同

注曰襚之言遺也致命曰君使某襚

繼公謂禮别更端則弔襚不同時也衣服曰襚此執衣如復則是衣裳具且簪裳于衣也

襚者入衣尸出主人拜送如初

衣尸亦覆於復衣之上與

唯君命出升降自西階遂拜賓有大夫則特拜之即

位于西階下東面不踊大夫雖不辭入也

惟君命出小斂以前則然若小斂之後雖不迎賓亦

出送賓矣升降自西階自此至葬其禮然也於大夫

云特拜見於士亦旅之也即位于西階下此非正位

因事而出乃在是耳不踊者明本不為賓出也主

人既即位大夫宜辭之謂不必以已故而留於外也既

辭則主人乃入大夫若或不辭主人猶入矣

右君使人弔襚

親者襚不將命以即陳

注曰大功以上有同財之義也

繼公謂不將命不將命于主人也云不將命則是亦使人爲之矣即陳者就于所陳之處謂房中也既夕禮曰若就器則坐奠于陳

庶兄弟襚使人以將命于室主人拜于位委衣于尸東牀上

注曰庶兄弟即衆兄弟也變衆言庶容同姓耳將命曰某使某襚位室中位也

繼公謂云庶者蓋兼衆兄弟外兄弟言也既小斂拜襚者則稽顙此惟拜而已者以其與君襚同節宜遠辟之尸東床上奠之北也委於此者辟君襚且不必其用之也既將命而又不以即陳亦遠辟親者

之禮

朋友襚親以進主人拜委衣如初

親以進亦自釋其辭主人拜亦不荅之與弔賓同也親者襚不將命庶兄弟將命不親致朋友則親致之蓋親則禮畧疏則禮隆聖人之意然爾

退哭不踊

注曰主人徒哭不踊別於君襚也

繼公謂主人於庶兄弟之使者與朋友之退也則哭而不踊朋友退反賓位使者退則出矣

徹衣者執衣如襚以適房

注曰凡於襚者出有司徹衣

右庶襚

爲銘各以其物亡則以緇長半幅䞓末長終幅廣三寸書銘于末曰某氏某之柩亡音無長並直亮反下不出者並同䞓丑貞反廣古曠反下並同

注曰銘明旌也雜帛爲物大夫士之所建也以死者爲不可別故以其旗識之亡無也半幅一尺終幅二尺䞓赤也在棺爲柩

繼公謂銘書其多者以卒哭乃諱故也物說見鄉射記

竹杠長三尺置于西階上

注曰杠銘橦也

繼公謂置卧而縮置之

甸人掘坎于階間少西爲垼于西牆下東鄉掘其月反垼音役鄉許亮反下並同

注曰𡋯塊竈西墻庭中之西

繼公謂少西者其四公階間一在西與

右爲銘揔以名爲𡋯

新盆槃瓶廢敦重鬲皆濯造于西階下敦音對重直龍反鬲音歷下並同造七報反

注曰新此瓦器五種者槃承盥濯瓶以汲水也廢敦敦無足者重鬲鬲將縣重者也濯滌漑也造至也猶饌也

繼公謂此五種者蓋當階少西而北上也云造者明濯於他處乃至者不言其數畧之盆敦鬲所用見後

八[illegible]笲手旁中西鎮[illegible]南上不綪綪側庚反

注曰襲事謂衣服也綪讀爲絳屈也江沔之間謂縈收繩索爲絳

繼公謂事猶物也言襲事而不言衣者衣必於他物也惟言西領主於衣也其他物亦上端鄉西必西領者以尸在室也士冠禮曰陳服于房中西墉下東領此西領若其於東墉下乎不綪者一一自南而北若一列不足以盡之則復以其餘者始於明衣之東而陳之亦自南而北其次列之首與前列之末不相屬而更端别起不如物之綪屈者然也不綪者襲事少且變於歛也

明衣裳用布

注曰所以親身爲圭潔也

鬠笄用桑長四寸纋中鬠音膾纋音憂

注曰桑之爲言喪也用爲笄取其名也纋笄之中央以安髮

疏曰以髻爲鬠義取以髮會聚之意四寸者僅取安髻而已

繼公謂會髮爲紒曰鬠今南語猶然云鬠笄者明其不纚也生時櫛而纚乃加笄此於生時爲冠内之笄但不用桑耳其或用長笄則去之不并用也長笄者冕弁之笄也婦人有長笄無短笄下云鬠用組此不言文畧耳

布巾環幅不鑿

注曰環幅廣袤等也

繼公謂布巾不鑿士之制然也此云不鑿則與有當鑿者矣鑿者其君禮與

掩練帛廣終幅長五尺析其末析悉歷反

注曰掩裹首也析其末爲將結於頤下又還結於項中

繼公謂析其末者兩端皆析而爲二也

瑱用白纊瑱他殿反　纊音曠

注曰瑱充耳纊新綿

疏曰生時人君用玉臣用象今死者直用纊塞耳而已異於生也

幎目用緇方尺二寸赬裏著組繫幎於營反著張呂反下並同

注曰幎目覆面者也幎讀若葛藟縈之之縈著充之以絮也組繫爲可結也

䟽曰四角有繫於後結之

繼公謂此雖覆面之物然以幎目爲名其義似主於目也

握手用玄纁長尺二寸廣五寸牢中旁寸著組繫 牢依注音樓

注曰牢讀爲樓樓謂削約握之中央以安手也

䟽曰此衣在手故言握手廣五寸牢中旁寸則中央廣三寸也中央容四指指一寸則四寸四寸之外更有八寸皆五寸也

繼公謂字未詳姑從舊註此繫與決繫並
一而已
決用正王棘若檡棘組繫纊極二 檡音澤
注曰正善也王棘與檡棘善理堅刃者皆可
以爲決極以沓指放弦令不挈也
繼公謂決與極皆用於右手象生時所有事
者也決著右擘極韜食指將指生以象骨爲
決韋爲極死以是二者爲之明不用也士生
時所用韋極之數無聞以此經推之則亦用
二也是其降於君者與然則君之喪其用纊
極亦三矣
冒緇質長與手齊赬殺掩足 冒冒報反 殺所界反

注曰冒韜尸者制如直囊上曰質下曰殺質正也其用之先以殺韜足而上後以質韜首而下齊手喪大記曰君錦冒黼殺綴旁七大夫玄冒黼殺綴旁五士緇冒䞓殺綴旁二凡冒質長與手齊殺三尺

繼公謂殺者殺長於質也

爵弁服純衣皮弁服 純如字

注曰純衣者纁裳右者以冠名服死者不冠

褖衣 褖他亂反

此如玄端之衣裳而深衣制也

緇帶韎韐竹笏 笏音忽

笏之制與其制玉藻詳矣

夏葛屨冬白屨皆繶緇絇純組綦繫

注曰冬皮屨變言白者明夏時用葛亦白也此皮弁之屨士冠禮曰素積白屨以魁柎之緇絇繶純純博寸綦屨係也所以拘止屨也綦讀如馬絆綦之綦纀公謂踵屨後也以其當足踵之處故因以名之以綦綦相繫于此欲其斂也及著之乃繫于跗韠用爵弁之韠屨用皮弁之屨以二服尊也

庶襚繼陳不用

注曰庶衆也不用不用襲也

疏曰庶襚即上經親者襚庶兄弟襚朋友襚

皆是繼陳謂繼襲衣陳之
繼公謂庶襚親朋所遺故不可以不陳襲事
所用有限故此不必用小歛大歛之衣放此
貝三實于笲
注曰貝水物古者以爲貨江水出焉
稻米一豆實于筐
注曰豆四升
沐巾一浴巾二皆用綌於笲
注曰浴巾二者上體下體異也
繼公謂沐巾以晞髮浴巾以去垢於笲不言
實文省下放此三巾共一笲
櫛於簞浴衣於篋

注曰浴衣已浴所衣之衣以布爲之其制如今通裁

疏曰以其无殺故漢時名爲通裁

皆饌于西序下南上

注曰皆者皆具以下

繼公謂必南上者便其取之先後也

右陳沐浴襲飯含之具

管人汲不說繘屈之（說吐活反　繘均必反）

注曰屈縈也

疏曰聘禮記曰管人爲客三日具沐五日具浴此爲死者故亦使之汲水也

繼公謂繘綆之綆也此下當有盡階不升堂

授祝之事不著之者蓋文脫耳

祝淅米于堂南面用盆 淅西歷反

注曰祝夏祝也淅汏也

管人盡階不升堂受潘煑于垼用重鬲 盡子忍反潘音番

注曰盡階三等之上喪大記曰管人受沐乃

煑之甸人取所徹廟西北厞薪用爨之

繼公謂受之於祝也其以重鬲受之與

祝盛米于敦奠於貝北 盛音成

注曰復於筐處

士有冰用夷槃可也

注曰謂夏月而君加賜冰也夷槃承尸之槃

喪大記曰君設大槃造冰焉大夫設夷槃造

冰爲士併瓦槃無冰設牀襢第有枕

繼公謂言此於將沐浴之前蓋謂或得以此夷槃爲沐浴之用也士若賜冰則有夷槃故因而用之於此既則以盛冰而寒尸也是句之上似當更有設槃之文此特其後語耳

外御受沐入

注曰外御侍從者沐管人所煮潘也

疏曰外御對內御爲名

繼公謂受沐亦於堂上管人亦盡階不升堂授之此當更有管人汲而授浴水之事亦文不具也喪大記曰管人汲不說繘屈之盡階不升堂授御者御者入浴受潘與水皆以盆

主人皆出戶外北面

注曰象平生沐浴裸裎子孫不在旁主人出

而襢第

疏曰袒第去席盝水便也

繼公謂是時婦人亦皆出經不言畧之出則

立于房矣

乃沐櫛挋用巾 挋音振

注曰挋拭也

浴用巾挋用浴衣

注曰喪大記曰御者二人浴浴水用盆沃水

用枓

渜濯棄于坎 渜乃亂反 濯直孝反

注注曰沐浴餘潘水巾櫛浴衣亦并棄之

蚤揃如他日蚤音爪揃音翦

注曰蚤讀爲爪斷爪揃鬚也人君則小臣爲

之他日平生時

鬠用組乃笄設明衣裳

注曰用組束髮也

主人入即位

注曰已設明衣可以入也

繼公謂主人入則衆主人及婦人亦皆入即

位也

右沐浴

商祝襲祭服褖衣次

注曰商祝祝習商禮者襲布衣牀上牀次含
牀之東衽如初也喪大記曰含一牀襲一牀
遷尸於堂又一牀

繼公謂襲謂布衣而將襲之也爵弁助祭於
君之服也皮弁爲君祭蜡之服也士祭於巳
服玄端此褖衣雖以當玄端然非其本制故
不在祭服之中先布祭服美者在外也襲斂
之屬使商祝其義未聞

主人出南面左袒扱諸面之右盥于盆上洗貝
執以入宰洗柶建于米執以從

注曰俱入戶西鄉也

疏曰扱諸面之右謂扱左袖於右掖之下帶

之上也面前也

繼公謂左袒爲當用左手也盥于盆上以盆承盥水也洗貝洗柶亦如之執執笄執敦也建亦謂以葉鄉上按注云俱入戶西鄉者謂俟商祝旣有事乃受貝米也

商祝執巾從入當牖北面徹枕設巾徹楔受貝奠于尸西

注曰當牖北面值尸南也如商祝之事位則尸南首明矣

繼公謂商祝北面當面尸首者有事於尸故也凡非有事於尸者則不敢當其首此所徹設皆爲飯事至也設巾者慮孝子見其親之形

變而哀或不能飯含也楔楔齒之角柶也因其用而別名之以別別於扱米之柶也既設巾乃徹楔是巾之所覆復不逮於口矣奠貝于尸西蓋在主人所坐之處之南

主人由足西牀上坐東面

由足西自牀北而西也凡過尸柩而西東者必由其足敬也不坐於尸東辟奠位

祝又受米奠于貝北宰從立于牀西在右

注曰祝受貝米奠之口實不由足也米在貝北便扱者也

繼公謂奠米于貝北亦南上也宰從立者俟事畢而有所徹也記曰夏祝徹餘飯則宰其

徹貝笄與

主人左扱米實于右三實一貝左中亦如之又實米唯盈

注曰右尸口之右惟盈取滿而已

繼公謂左手不便於用乃用之者由下飯含之順也主人東面坐若用右手則必反用其捥且加手於其親之面皆非孝敬之道故不爲也先實米爲貝藉也又實米唯盈象食之飽也先右次左次中禮之序然也實米所謂飯也實貝所謂含也

主人襲反位

注曰襲復衣也位在尸東

右飯含

商祝掩瑱設幎目乃屨綦結于跗連約跗音孚

注曰跗足上也以餘組連約止足坼也

繼公謂既去巾乃爲之也掩瑱皆謂設其物也設掩者既結頤下即還結項中急欲覆其形也掩其前後而兩旁猶開故可以瑱幎目當面設之加於掩之上交結於後既設此則掩旁亦固矣

乃襲三稱稱尺證反下並同

注曰遷尸於襲上而衣之凡衣死者左衽不紐

繼公謂襲亦取復衣之義浴時去衣故於此右

衣焉曰襲三稱者爵弁服一也皮弁服二也褖衣三也衣裳具謂之稱襲不言設牀不言布衣又不言遷尸經文畧也襲牀當在户牖之間

明衣不在筭

筭數也不言裳者文省耳此乃死者親身之衣褻故不在數中言之者嫌其衣裳具亦當成稱也

設韐帶搢笏

注曰韐帶韎韐緇帶不言韎緇者省文搢笏於帶之右旁

設決麗于掔自飯持之設握乃連掔 掔烏亂反

注曰飯大擘指本也決以韋爲之藉有彄彄内端爲紐外端有横帶設之以紐擐大擘本也因沓其彄以横帶貫紐結之

繼公謂擘字未詳以此文意求之或是巨擘之别名麗附也飯字亦未詳且從舊註持謂繞而固之也盖設決于大擘指而以其繫自指本貫紐繞而固之及設握乃以握之繫與擘之決繫相結則擘與握相連而不開矣既設決乃設極而後設握不言設極亦文省也此惟右手設握而左手則否其特重平日之便於用者乎或曰飯當作後謂指後也未知是否設握說見記

設冒櫜之幠用衾

注曰櫜韜盛物者取事名焉衾者始死時斂衾

巾柶鬠蚤埋于坎鬠音膾

注曰坎至此築之也

繼公謂巾飯時覆面之巾也柶楔齒及扱米者也鬠櫛餘之髮及所揃鬚鬢也蚤所斷手足爪也埋者亦爲人褻之將浴辟奠既襲則反之

右襲

重木刊鑿之甸人置重于中庭參分庭一在南

注曰刊斲治鑿之爲縣簪孔也士重木長三

尺

繼公謂木刋鑿之者謂以木爲之而加刋鑿也鑿謂鑿其前爲二孔而以簪貫之爲縣鬲之用也　按注云縣簪者謂縣鬲之簪也

夏祝鬻餘飯用二鬲于西墻下鬻音燭

注曰夏祝祝習夏禮者也鬻餘飯以飯尸餘米爲鬻鬲也重主道也士二鬲則大夫四諸侯六天子八

繼公謂鬻鬲者爲粥之名此用夏祝其義亦未聞冪用䟽布久之繫用靲縣於重冪用葦席北面左衽帶用靲賀之結于後久如字舊音灸非靲音今縣音玄

冪用䟽布以布覆鬲也既夕礼曰木桁久之

然則夊者乃以物承他器之稱此夊不言其物則是因以所冪者爲之與既以布冪其上又承其下乃以軨繫之而縣於重前之簮也軨字從革似當爲革之屬冪用葦席以席蔽重之前後也北面謂席之兩端皆在北也左袵者右端在上而西鄉象死者之左袵也帶用軨者以軨中束其席如人之帶然因以名之後謂重之南也重主道也故言面言袵與帶以見其義云注云賀加也

祝取銘置于重

注曰祝習周禮者也

繼公謂未用之權置于此置之蓋杠在其後

銘在其前

右重

厥明陳衣于房南領西上綪絞橫三縮一廣終幅析其末絞户交反下皆同

注曰絞所以收束衣服爲堅急者也以布爲之橫者三幅從者一幅析其末者令可結也

疏曰喪大記云凡陳衣者實之篋取衣者亦以篋升降自西階

繼公謂此雖有他物而衣居多故惟以陳衣言之南領變於襲亦以旣小斂則尸在堂也衣南領則絞與衾亦皆北陳矣綪者前列自西而東次列自東而西其下皆然如物之綪

屈也絞橫三縮一順其用之時而陳之也析

其末者析其兩端爲二如掩之制然紟言廣

不言長取節於人其度不定也

緇衾赬裏無紞（赬丑貞反與䞓通紞都敢反）

注曰紞被識也斂衣或倒被無別於前後可

一也凡衾制同皆五幅也

繼公謂衾無紞紞似亦以此別於生此云無紞

則有有紞者矣

祭服次

祭服蓋指玄端以上而言也士玄端而祭於

己助祭則朝服焉襲用爵弁服皮弁服褖衣

各一稱故准以二弁服爲祭服此斂衣多矣

宜用朝服玄端也

散衣次散息但反下皆同

注曰褖衣以下袍繭之屬

凡十有九稱

注曰祭服與散衣

陳衣繼之

謂主人之衣及庶襚也

不必盡用

注曰取稱而已不務多

繼公謂此惟指繼陳者也嫌陳之則必用之故云然

右陳小歛衣

言之

婦人之帶牡麻結本在房

注曰婦人亦有首絰但言帶者記其異

繼公謂此謂婦人凡帶之有本者皆然斬衰之帶亦在其中矣是時帶亦未絞但結其本以别於男子耳若首絰亦皆與男子同婦人斬衰之帶所以不與其首絰皆用苴[illegible]以首[illegible]其卒哭無變至祥乃除故聖人謹其前後[illegible]重之宜即於始死之時用牡麻爲之而依[illegible]首絰見斬衰之義也此所饌者其在西房與

牀第夷衾饌于西坫南第壯里反

注曰第簀也夷衾覆尸之衾喪大記曰自小

歛以往用夷衾夷衾質殺之裁猶冒也
繼公謂尸夷于堂乃設此衾故以夷衾名之
不以歛故別饌之
西方盥如東方
注曰爲舉者設盥也如東方者亦用盆布巾
饌於西堂下
陳一鼎于寢門外當東塾少南西面
當東塾亦在其南也少南者明其稍遠之不
[illegible]文質禮異也
[illegible]豚[illegible]去蹄兩胉脊肺設扃鼏鼏西末
素[illegible]覆匕東柄[illegible]
注曰[illegible]辟

襲奠今文鬄作剔

繼公謂此鼎實所謂合升者也四鬄兩肩兩髀也四者惟去其蹄甲明其餘不去也胉似是諸脅之總名惟言脅是不分之矣體骨合爲七段乃豚解者之正法也又以下禮攷之此設鼏乃設扃而云設扃鼏者文順耳鼏西末俎西順巳東枋皆統於鼎而順之俎在鼎西如其載時之位

右陳經帶器饌

士盥二人以並東面立于西堦下

注曰立俟舉尸也

布席于户内下莞上簟莞音官

注曰有司布斂席也

繼公謂此席布于地也喪大記曰含一牀襲一牀遷尸于堂又一牀用牀者止於是耳

商祝布絞衾散衣祭服祭服不倒美者在中

注曰斂者趨方或顛倒衣裳祭服尊不倒之也

繼公謂美者猶尊者也祭服以尊者爲美云在中者據斂時而言也若於此時則但爲上下之次耳爵弁服最尊在上餘亦以尊卑爲次

士舉遷尸反位

注曰遷尸於服上

繼公謂反位衍後字位猶在西階一

設牀第于兩楹之閒衽如初有枕

注曰衽卧席也亦下莞上簟

繼公謂楹閒東西節也宜於楹爲少北

卒斂徹帷

注曰尸已飾

繼公謂斂之言藏也既襲而又加衣衾之類焉所以深藏其體也故曰斂下放此

主人西面馮尸踊無筭主婦東面馮亦如之馮音憑下皆同

馮謂以身親而扶持之哀甚而踊則無筭

主人髺髮袒衆主人免于房髺音括免音問

注曰喪服小記曰斬衰髺髮以麻免而以布

以用麻布爲之

繼公謂檀弓曰始死羔裘玄冠者易之而已易者謂易之以素冠深衣也然則始死之服主人以下皆同而未暇有所別異今旣小斂主人乃去冠與纚而以麻爲髻髮衆主人以下乃去冠與纚而以布爲免二者皆所以代冠也其制雖不可攷然以意求之疑其度但足以繞紒而已以其無纚故謂之髻髮言括結其髮也以其無冠故謂之免言因免冠而爲之也小斂之日喪事方始乃以二者別親踈而復以經帶之荎繼之曲禮曰生與來日其此之謂乎于房兼髻髮者言也必于房者

下以髽者異處也免不言袒可知

婦人髽于室

曾子問言婦爲舅姑始死之服布深衣縞總則吉笄而纚自若矣是乃將齊衰者也以始死男子之服準之則此時婦人將斬衰而下者之服皆當如此齊衰者之爲也髽者去笄總與纚而露紒也至是而當髽者乃髽其不當髽者但去笄總耳當髽者妻也妾也女子子與婦也非是雖三年者猶不髽此時當髽者皆在室故於焉爲之由便也婦人之髽與否喪服經記見之矣

士舉男女奉尸侇于堂幠用夷衾男女如室位

踊無筭
注曰侇之言尸也夷衾覆尸柩之衾也堂謂
楹間牀笫上也
繼公謂士舉舉尸首足也男奉其右女奉其
左也喪大記夷作侇是侇夷同也憮用夷衾
者禮貴相變且斂衾當以陳也夷衾不陳此
衾云夷者以其用之於尸而不以斂也室位
馮尸之位
主人出于足降自西階衆主人東即位婦人阼
階上西面主人拜賓大夫特拜士旅之即位踊
襲絰于序東復位
注曰拜賓鄉賓位拜之也即位踊衆[illegible]

東東夾前

疏曰衆主人雖無降階之文當從主人降自西階主人就拜賓之時衆主人遂東即位於阼階下主人位南西面也云復位者復阼階下西面位

繼公謂阼階上非婦人之正位於主人之降乃居之者辟賓客之行禮者也後遂以之爲節主人拜賓鄉其位特拜者每人各一拜之也旅之者其人雖衆特三拜之而已絰著絰帶也

右小斂

乃奠

乃修奠事也其事在下

舉者盥右執匕卻之左執俎橫攝之入阼階前西面錯錯俎北面錯七故反下並同

注曰舉者出門舉鼎者右人以右手執匕左人以左手執俎因其便也攝持也錯俎北面俎宜西順之

疏曰各以內手舉鼎外手執匕故云便

繼公謂舉者盥即執匕俎是亦盥於門外矣經不見託此盥者畧之俎錯於鼎西

右人左執匕抽扃予左手兼執之取鼏委于鼎北加扃不坐

注曰抽扃取鼏加扃於鼏上皆右手

乃匕載載兩髀于西端兩肩亞兩胉亞脊肺在
於中皆覆進柢執而俟
注曰匕右人也載左人也亞次也皆覆爲塵
柢本也進本者未異於生也骨有本末
繼公謂此時匕者西面于鼎東載者北面于
鼎西南兩端俎之前後也兩肩亞各次於髀
也兩胉亞各次於肩也脊肺在於兩胉之中
脊東而肺西也俟者俟同升上言四鬄去蹄
則前體乃肩臂臑後體乃髀肫胳也此惟以
肩髀爲稱者其體不分故以上包下也皆覆
亦以別於生也
夏祝及執事盥執醴先酒脯醢俎從升自阼階

丈夫踊甸人徹鼎中待于阼階下
注曰執事者諸執奠事也巾功布也執者不
升己不設祝既錯醴將受之
疏曰公食大夫禮云甸人舉鼎順出奠于其
所
繼公謂執醴者祝也俎亦升自阼階喪奠禮
異也升而丈夫踊節也凡奠時丈夫婦人之
踊皆以奠者之往來為節
奠于尸東
先言其所奠之處下乃奠之
執醴酒北面西上
注曰執醴酒者先升尊也立而俟後錯要成

也

豆錯俎錯於豆東立于俎北

豆兼籩言也爾雅曰竹豆謂之籩其錯之籩脯先設而在南也俎北之位執脯者在西

醴酒錯于豆南

醴在北也記曰兩甒醴酒酒在南此位亦當如之既夕礼曰醴酒在籩西北上

祝受巾巾之由足降自西階婦人踊奠者由重南東丈夫踊

注曰巾之爲塵也東反其位

繼公謂祝既受巾巾之卽由足而降明不立于俎北之位祝降而執事者從之由重南而

東也

賓出主人拜送于門外

注曰廟門外也

繼公謂凡喪賓皆於既奠乃出

乃代哭不以官

注曰代更也孝子始有親喪悲哀憔悴禮防其以死傷生故至此使之更哭不絶聲而已

繼公謂不以官者下大夫也不以官之尊卑為序則但以親疏為之喪大記曰大夫官代哭不縣壺士代哭不以官

右小斂奠

有襚者則將命擯者出請入告主人待于位

縢布巾邊巾也籩豆具而有巾盛之也特牲

饋食禮有籩巾

繼公謂記言設棜於東堂下南順齊于坫饌于其上者正指東方之饌也始死之奠用吉器小歛用素俎至是乃用毼豆而籩無縢皆以漸變之芋未詳記曰凡籩豆實具設皆巾之亦指此時也乃獨於籩見之者嫌乾物或可不必巾也疏云芋栗不擇脯四脡亦皆變於吉也

奠席在饌北歛席在其東

奠席葦席也周官司几筵曰凡喪事設葦席歛席亦莞與簟也其謂奠席也此二席皆不

在棜大斂之奠在室遠於尸柩故始用席以
存神也

右陳大斂衣席及殯奠

掘肂見衽 肂以二反 見賢遍反

注曰肂埋棺之坎也掘之於西階上衽小要也喪大記曰君殯用輴攢至于上畢塗屋大夫殯以幬攢置于西序塗不暨于棺士殯見衽塗上帷之又曰君蓋用漆三衽三束大夫蓋用漆二衽二束士蓋不用漆二衽二束

繼公謂言其肂之深淺以見衽爲度也此肂亦在西序下其南蓋近於序端

棺入主人不哭升棺用軸蓋在下 軸直六反

注曰軸輁軸也軜狀如轉轔刻兩頭爲軹輁狀如長牀穿桯前後著金而關軹焉輗而行繼公謂蓋在下者郤於棺之下也棺既升則入于肂中而蓋則置於序端與　按注云軸狀如轉轔者轔猶輪也以木關其轔之中央而引之則轔由此而轉故以轉轔名之蓋漢時語也謂軸狀如之以令物曉時人也軹謂軸之兩末關輪之處也竊詳注說蓋謂此軹之旁共有四輪前後各二又各有一軸以橫貫其桯與輪也鄭氏此說未必有據亦但以意言之

熬黍稷各二筐有魚腊饌于西坫南 熬音敖

有魚腊謂每奠皆有之也此四物者擬用於肂中故饌於此孝子以尸柩既殯不得復奠于其側雖有奠在室而不知神之所在故置此於楯旁以盡愛敬之心也然不以食而用熬穀不以牲而用魚腊亦所以異於奠也與

右爲殯具

陳三鼎於門外北上豚合升魚鱄鮒九腊左胖髀不升其他皆如初鱄市轉市專二反胖音判

腊用左胖别於吉也此腊惟豚解其髀不升亦前肩後肫胉脊而已凡腊必去髀不以豚解體解合升胖升而異其他皆如初謂豚體骨及鼎之面位與匕俎之陳如小斂時

燭俟于饌東

汪曰饌東方之饌有燭者堂雖明室猶闇

右陳鼎

祝徹盥于門外入升自阼階丈夫踊

祝徹者題下事也此徹者多矣惟言祝見其尊者耳是時無東堂下之盆盥故盥于門外

祝徹巾授執事者以待

設小斂奠之時執巾者待于阼階下祝就而受之然則祝於此時亦惟以巾授之於阼階下蓋授受之節宜同也祝既授巾乃還徹醴以待者謂執事以巾置于饌所以待奠事之至也

徹饌先取醴酒北面（饌當作奠）

注曰北面立相待俱降

繼公謂醴酒尊先取之後設先取禮相變也饌字誤當作奠　按注云相待俱降謂待取俎豆者也

其餘取先設者出于足降自西階婦人還設于序西南當西榮如設于堂

注曰堂謂尸東也

繼公謂其餘謂取籩豆俎者也先設皆後取之後設者後取之經惟言取先設者[illegible]者耳既取則南面西上俟執醴酒者行[illegible]之降矣設于序西南故設之也凡徹尊者[illegible]之

盛饌必改設之而後去之序西南南北節卽[illegible]
當西榮東西節也不設於東異於生也特牲
饋食禮曰祝命徹阼俎豆籩設于東序下此
生者之禮也此新奠設於旣殯之後而猶奠
乃徹於未斂之前者爲辟斂故爾凡改設者

賓出則徹之

醴酒位如初執事豆北南面東上

注曰如初者如其北面西上也

繼公謂醴酒亦後設故其位如初執豆俎者
旣設而東上俟設醴酒者畢而從之降亦由
便也此奠于西堂其俟降之位東上是由饌
東而南乃降自側階也　側階南於序端

矣九升降自側階者此經皆不見之

乃適饌

注曰東方之新饌

繼公謂適東方之饌所以待事至也後放此

適饌亦由主人之北

右徹小斂奠

帷堂

又將設飾也

婦人尸西東面主人及親者升自西階出于足

西面袒

注曰袒爲大斂變也不言髽免髺髮小斂以

來自若矣

繼公謂婦人尸西東面以男子將升故也取節於尸明近於牀此親者謂衆主人也男子但言西面袒是遠於尸矣然則此時主人堂上之位其在阼階上所布席之東與

士盥位如初

注曰亦既盥並立西階下

繼公謂此時不設東堂下之盥而徹者乃盥于門外似亦未必有西方之盥若然則此士亦盥于門外與喪大記言君大歛之禮云士盥于盤上北面

布席如初

注曰亦下莞上簟

繼公謂布席之處其於階上爲少西於楹爲少北蓋小歛之牀大歛之席與殯[illegible]有此之節宜同也

商祝布絞紟衾衣美者在外君襚不倒

注曰至此乃用君襚主人先自盡

繼公謂美者在外謂衣也君襚先祭服祭服先散衣而祭服之中又各有所先後皆所謂美者在外也在外亦指斂時言之若於此時則但爲在下耳君襚不倒尊也以祭服視散衣則祭服爲尊以君襚視祭服則君襚爲尊惟君襚不倒則祭服亦有倒者矣至是乃用君襚者大歛之礼重故以服之尤尊者爲之

襲而美者在外小斂而美者在中大斂又反之禮貴相變也

有大夫則告

注曰後來者也

繼公謂告謂告以主人方有事未及拜賓也非斂時則位在下來即拜之

士舉還尸復位主人踊無筭卒斂徹帷主人馮如初主婦亦如之

復位反階下位以俟也於主人主婦既馮尸乃復升而舉尸以斂于棺也

右大斂

主人奉尸斂于棺踊如初乃蓋

注曰棺在肂中斂尸焉所謂殯也檀弓曰殯於客位

繼公謂納尸于棺則尸藏不見矣故亦以斂言之小斂云男女奉尸此惟云主人者其殯禮之異者與

主人降拜大夫之後至者北面視肂

注曰北面於西階東

繼公謂後至者於主人既升堂而后來者也惟云降拜大夫之後至者則於士之後至者既襲乃拜之雜記曰當袒大夫至雖當踊絕踊而拜之反改成踊乃襲於士既事成踊襲而後拜之不改成踊正此意也

衆主人復位婦人東復位

注曰阼階上下之位

繼公謂阼階上雖非婦人之正位以其歸者在此今又反之故亦云復位也此復位皆當在主人拜大夫之時無大夫後至者則在主人視殯之時

設熬旁一筐乃塗踊无筭

注曰以木覆棺上而塗之

繼公謂喪大記注引此云旁各一筐則是此經脫一各字也各各黍稷也每旁二筐黍當在南塗者以木覆棺上而塗之象葬時加土之意也

卒塗祝取銘置于肂
注曰爲銘設柎樹之肂東
繼公謂置銘蓋於肂南也柩在肂中而復塗之孝子慮神疑於其柩故置銘於此若使之知其處然愛敬之心也檀弓曰以死者爲不可別已故以其旗識之愛之斯録之矣敬之斯盡其道焉耳
主人復位踊襲
位阼階下位也襲於序東
右殯
乃奠燭升自阼階祝執巾席從設于奥東面
注曰執燭南面巾委於席右

繼公謂周人斂用日出故旣斂而室猶闇須
用燭也祝執巾與席從執燭者升而設之於
奥旣委巾乃設席士虞禮曰祝布席于室中
東面凡喪奠下啓牖
祝反降及執事執饌
注曰東方之饌
繼公謂執饌以待俎而俱升也
士盥舉鼎入西面北上如初載魚左首進鬐三
列腊進柢
注曰如初如小斂舉鼎執匕俎扃鼏朼載之
儀魚左首設而在南鬐脊也左首進鬐亦未
異於生也

繼公謂左首其首於載者為左也左首進鬐則寢右矣魚以鬐為上腴為下進鬐猶牲之進柢也魚九而三列則三三為列也凡俎實進上乃食生之礼喪之初奠而若此但取其未異於生耳其後遂因而不變又以別於吉祭云

祝執醴如初酒豆籩俎從升自阼階丈夫踊甸人徹鼎

注曰如初祝先升

奠由楹內入于室醴酒北面

注曰亦如初

繼公謂楹內東楹北也惟云醴酒北面則其

餘之未設者亦西面矣此奠于室者尸柩既殯不可復奠於其側故宜在室也室事神之處也

設豆右菹菹南栗栗東脯豚當豆魚次腊特于俎北醴酒在籩南巾如初

注曰右菹菹在醢南也此左右異於魚者統於席也醴當栗南酒當脯南

繼公謂設豆右菹豆南上也豆南上則席亦南上矣凡設豆而與其席之所上相變者於生人耳鬼神則否

既錯者出立于戶西西上祝後闔戶先由楹西降自西階婦人踊奠者由重南東丈夫踊

立于户西南面待祝出而借行也祝後闔户者祝錯醴最在後故後出而因闔户也惟云闔户是初時牖未嘗啓也明矣旣闔户祝西行而南執事者從之皆由楹西而降奠者由重南而東復其門東之位也祝位在門西

賓出婦人踊主人拜送于門外入及兄弟北面哭殯兄弟出主人拜送于門外

注曰小功以下至此可以歸異門大功亦存焉

繼公謂賓出而主人乃與兄弟哭殯順其親親之心也有親者宜異於朋友下去殯前北面哭

衆主人出門哭止皆西面于東方闔門主人揖
就次
注曰次謂斬衰倚廬齊衰堊室也大功有帷
帳小功緦麻有牀笫可也
繼公謂東方之位亦北上
右殯奠
君若有賜焉則視斂既布衣君至
注曰賜恩惠也斂大斂
疏曰喪大記云君於士既殯而往爲之賜大
斂焉
繼公謂君欲視斂則使人告喪家故主人不
敢升堂而先布絞紟衾衣以待其來喪大記

曰弔者襲裘加帶絰則此時君之弔服亦朝服襲裘而加絰與帶矣若主人成服之後而往則弁絰疑衰

主人出迎于外門外見馬首不哭還入門右北面及衆主人袒（還音旋下不見者同）

喪禮主人不迎賓若有所迎見之則不哭蓋禮然爾上經云見賓不哭是也此於君弔既迎之於外門外又見其馬首即不哭敬之至也言見馬首明未入巷門入門右廟門也

巫止于廟門外祝代之小臣二人執戈先二人後

注曰周禮男巫王弔則與祝前小臣君行則

在前後君升則俠阼階北面凡宮有鬼神曰
廟
繼公謂周官言喪祝男巫皆於王弔則前國
君不得並用巫祝其在廟門外則巫前至廟
門則祝前互用其一所以下天子也必用巫
祝者其以與神交之故與巫至廟門外乃止
則君下之㱡差遠於廟門矣小臣執戈前後
以備非常
君釋采入門主人辟（采音菜 辟音避 下人辟哭辟不辟同）
注曰釋采者祝爲君禮門神也必禮門神者
明君無故不來也禮運曰諸侯非問疾弔喪
而入諸臣之家是謂君臣爲謔

繼公謂采讀爲菜蓋其物之可以爲豆實者如葵韭之類是也釋菜蓋於關西國外釋謂奠之於地盛之之器則用笲云主人辟於是衆主人衆賓亦皆辟位

君升自阼階西鄉祝負墉南面主人中庭

注曰祝南面房戶東鄉君主人中庭進益北

疏曰祝必南面負墉鄉君者按喪大記曰君視祝而踊祝相君之禮故須鄉君

繼公謂此東方中庭也

哭主人哭拜稽顙成踊出

注曰出不敢必君之卒斂事

繼公謂君已哭而主人出爲君旣有事矣自

此以下六節每節之䟽主人輒出皆爲不敢久留君也喪大記曰出俟于門外

君命反行事主人復位

注曰大斂事

繼公謂位入門右之位也此時惟將拜君乃進中庭不然則否

君升主人主人西楹東北面

注曰命主人使之升

繼公謂升之使視斂也西楹東明其在堂中西也主人與君同在堂宜遠之

升公卿大夫繼主人東上乃斂

升之使視斂以其尊也云繼主人東上則主

人之位在楹東少南矣

卒公卿大夫逆復位主人降出

注曰逆降者後升者先降位如朝夕哭弔之

位

君反主人主人中庭君坐撫當心主人拜稽顙

成踊出

注曰撫手案之凡馮尸興必踊

繼公謂反謂命之反也

君反之復初位衆主人辟于東壁南面

注曰以君將降也南面則當坫之東

繼公謂初位亦入門右位也嫌在中庭故以

初明之衆主人南面西上

君降西鄉命主人馮尸主人升自西階由足西面馮尸不當君所踊主婦東面馮亦如之

注曰君必降者欲孝子盡其情不當君所不敢與尊者所馮同處

奉尸斂于棺乃蓋主人降出君反之入門左視塗

君反主人而主人即入視塗者蓋君反之之時必以是命之也下云君命反奠亦見其一耳但言入門左則是未必在西階下也所以然者欲其出之便也

君升即位衆主人復位卒塗主人出君命之反奠入門右

入門右即初位也先言位次言初位此復著其所者以明其非有事於中庭則東方之位皆在是也

乃奠升自西階

注曰以君在阼

君要節而踊主人從踊

要猶候也節當踊之節也此節謂執奠者始升階時

卒奠主人出哭者止

卒奠謂奠者出户時也主人於此即出矣哭者止爲君將出節也

君出門廟中哭主人不哭辟君式之

注曰古者立乘式謂小俛以禮主人也曲禮曰立視五巂式視馬尾

繼公謂式謂以手撫式也式者車前横木也在車者若有所敬則撫之以爲禮

貳車畢乘主人哭拜送

注曰貳車副車也其數各視其命之等君弔蓋乘象路曲禮曰乘君之乘車不敢曠左左必式

繼公謂凡有貳車者爲毀折之備也此車惟有御右而已主人拜送不著其處則是但於廟門外耳蓋是時君已升車故也喪大記云拜稽顙

襲入即位衆主人襲拜大夫之後至者成踊

既送君即襲於外明其袒之乆者爲君在故

也既即位乃拜大夫之後至者此巳禮宜更

始而爲之不可於送君之餘由便拜之也此

後至謂君既至而後來者

賔出主人拜送

注曰自賔出以下如君不在之儀

繼公謂惟言主人拜送是婦人於此亦不踊

矣亦異於君不在之儀也

右君視大歛

三日成服杖

云成服者鄉巳經帶矣今復以冠衰之屬足

而成之也三日者以加絰帶之日數之也曲
禮曰生與來日是也喪大記曰士之喪二日
而殯三日之朝主人杖婦人皆杖然則此蓋
於未朝哭爲之也

右成服

拜君命及衆賓不拜棺中之賜
言於此者明已成服然後可爲之也君命及
衆賓謂弔者也拜之者謝其弔己也棺中之
賜謂襚也不拜襚者襚禮不爲己也此謂不
弔而襚者若弔襚並行則其拜亦惟主於弔
凡往拜之節其於朝奠之後乎拜之皆於其
外門外所拜者不見

右謝弔者

朝夕哭不辟子卯

朝夕哭謂既殯之後丈夫婦人於每日之朝夕皆哭于殯宮其禮於下見之子卯之説未詳

婦人即位于堂南上哭丈夫即位于門外西面北上外兄弟在其南南上賓繼之北上門東北面西上門西北面東上西方東面北上主人即位辟門辟音闢

注曰外兄弟異姓有服者也辟開也

繼公謂即位于堂阼階上也丈夫衆主人衆兄弟也同姓異姓之親及賓客雖以親疏爲

序列於東方而所上相變明其不相続也門東北面西上與西面北上者相變也門西北面東上與東面北上者相變也以下文攷之則此東方之賓卿大夫也門東諸公也門西他國之異爵者也然則西方者其士與門東門西外門内之左右也列定而主人乃即位於東方之北

婦人拊心不哭

拊心不哭見其悲哀而未敢哭也所以然者以男子未哭故也

主人拜賓旁三右還入門哭婦人踊

旁三謂鄉賓所立之方而三拜之也於内位

之拜別其尊卑故於此畧之總旅拜面巳以
序言之先南面拜乃東面拜西面拜旣則右
還而入門也嫌其由便故言右還以明之婦
人但言踊以踊見哭也哭有不踊踊無不哭
者
主人堂下直東序西面兄弟皆即位如外位卿
大夫在主人之南諸公門東少進他國之異爵
者門西少進敵則先拜他國之賓凡異爵者拜
諸其位
注曰賔皆即此位乃哭盡哀止主人乃拜之
如外位矣兄弟齊衰大功者主人哭則哭小
功緦麻亦即位乃哭上言賔此言卿大夫明

其亦賓耳少進前於列他國卿大夫亦前於列尊之拜諸其位就其位而拜

繼公謂此位與外位同故上言其位是其[illegible]人以互見之上言賓繼外兄弟此言卿大夫在主人之南明外兄弟以上皆少退於士[illegible]亦互見之也門東又有私臣之位門西[illegible]公有司之位故諸公與他國異爵者[illegible]以別之特牲記曰公有司門西北面東上[illegible]臣門東北面西上此位亦當如之也[illegible]拜他國之賓惟謂異爵者若士則否以其[illegible]國異國者皆同在西方之位又旅拜之[illegible]宜異也他國之異爵者謂來聘若從君[illegible]

者也凡凡諸公卿大夫也

右朝哭

徹者盥于門外燭先入升者阼階丈夫踊

徹者徹既殯之宿奠者言燭先入則徹者之可知然則此時燭亦俟於外矣檀弓曰奠日出故用燭

祝取醴北面取酒立于其東取豆籩俎南西面上祝先出酒豆籩俎序從降自西階婦人踊

祝巳取醴北面立巳取酒者亦北面立于其東西上也餘人巳取豆籩俎南面西上蓋立于神席之前不敢以由便而變位也

設于序西南直西榮醴酒北面西上豆西面錯

立于豆北南面籩俎既錯立于執豆之西

酒錯復位醴錯于西遂先由主人之北適饌

注曰遂先者明祝不復位也

繼公謂惟豆云西面錯蓋其他不盡然也祝

與執事者自西階下而徑東故出於主人之

北是時東方之饌醴酒在甒既適饌乃酌之

右徹殯奠

乃奠醴酒脯醢升丈夫踊入如初設不巾

如初設者醴酒錯于脯南也不巾別於殷奠

也室中惟殷奠則巾其餘否

錯者出立于户西西上滅燭出祝闔户先降自

西階婦人踊奠者由重南東丈夫踊賓出婦人

踊主人拜送

滅燭出謂執燭者滅燭而出也亦先降自阼
階由主人之北東

衆主人出婦人踊出門哭止皆復位闔門主人
卒拜送賓揖衆主人乃就次

衆主人出而婦人踊乃朝夕哭之踊節多於
殯日者也此拜送賓謂衆兄弟之屬言賓者
省文耳自婦人即位至此惟主言朝哭之禮
其夕哭之與此異者惟徹醴酒脯醢不設於
序西南耳餘並同

右朝奠

朔月奠用特豚魚腊陳三鼎如初東方之

奠之

注曰朔月月朔日也初謂大斂時

繼公謂朔月則殷奠象生時之朔食也

无籩有黍稷用瓦敦有蓋當籩位

注曰黍稷併於甒北也於是始有黍稷

繼公謂朔奠及薦新不用籩所以別於殯奠之類此云用瓦敦則吉時或不用瓦者矣

主人拜賓如朝夕哭

如其廟門内外之儀也

卒徹

注曰徹宿奠也

繼公謂朝夕奠無俎非盛饌徹則去之不復

改設于序西南惟言卒徹爲下事節也

舉鼎入升皆如初奠之儀

升謂匕而升於俎也初奠小歛旣殯之奠

卒朼釋匕于鼎俎行朼者逆出甸人徹鼎其序醴酒菹醢黍稷俎

注曰俎行者俎後執執俎者行鼎可以出其序升入之次

繼公謂俎行而匕者出升階而丈夫踊甸人乃徹鼎經下言主人要節而踊故於此畧之而以徹鼎繼匕者出而言非謂其節如是也此見六者之序則是凡奠皆每人執一器明矣俎不言豚魚腊特執无嫌朼皆當作匕

其設于室豆錯俎錯腊特黍稷當籩位敦啓會

郤諸其南醴酒位如初

注曰當籩位菹南黍黍東稷

繼公謂黍稷後設變於籩實也醴酒位如初亦醴在黍南酒在稷南其異者此各有會耳

祝與執豆者巾乃出

注曰共爲之也

繼公謂中分其奠祝巾在南者執豆者巾在北者各以近其位而爲之然則巾殯奠亦當如之經於此乃見之耳

主人要節而踊

丈夫婦人皆要節而踊惟言主人文省耳

皆如朝夕哭之儀

爲凡不見者言也

月半不殷奠

注曰殷盛也士月半不復如朔盛奠下尊者

太夫以上月半有奠

繼公按注以此言士礼謂太夫即有月半奠它无所據也然亦未有以决其是否如存之

有薦新如朔奠

新謂穀之新熟者也薦新則敦實皆以新物爲之與春秋傳曰不食新矣少儀曰未嘗不食新皆指五穀而言也

徹朔奠先取醴酒其餘取先設者敦啓會面足

序出如入
注曰啓會徹時不復蓋也
繼公謂其餘取先設者則取敦亦後於俎矣
執敦面足是以首自鄉也其執而設之之時
亦然少牢饋食禮曰敦皆南首盖共面設之
故也敦有首足如物之縮者然皆在上耳
其設于外如於室
注曰外序西南
右朔奠
筮宅冢人營之
注曰宅葬居也冢人有司掌墓地兆域者營
猶度也詩云經之營之

繼公謂士筮宅而不卜辟尊者之禮也

掘四隅外其壤掘中南其壤

注曰爲葬將北首故也

繼公謂壤土也謂所掘而起者也於將爲壙之處掘其四隅與中央畧以識之面巳以神之從違未可必也外其壤謂置其壤於四隅之外南其壤謂置其壤於中央之南隅之外若東隅之東西隅之西是也

既朝哭主人皆往兆南北面免絰（免如字下免絰同）

注兆域也所營之處

繼公謂云皆往明衆主人亦行也免絰亦左擁之絰服之最重者於此免之以對越神明

宜與人異服問曰凡兄人無免經雖朝於君

無免經

從者在主人之右筮者東面抽上韇兼執之

南面受命

受命於命筮者

曰哀子某爲其父某甫筮宅度茲幽宅兆基

無有後艱爲于僞反　度待洛反

注曰某甫且字也若言山甫孔甫矣宅居也

度謀也基始也言爲其父筮葬居今謀此以

爲幽冥居兆域之始得無後將有艱難乎艱

難謂有非常若崩壞也孝經曰卜其宅兆而

安厝之古文無兆基作期

繼公謂命曰命筮者命之也亦如吉時宰贊命之爲幽宅幽冥之宅也兆基未詳無有後艱言其地若吉則後日無有艱難之事或曰當從古文無兆字而期亦宜作其屬下句

筮人許諾不述命右還北面指中封而筮卦者在左

注曰不述命者士禮畧中封中央壤也

繼公謂指中封若示神以其處然不言坐是立筮也不席而立筮變於家述命之儀見少牢饋食禮

卒筮執卦以示命筮者命筮者受視反之東面旅占卒進告于命筮者與主人占之曰從

卦者書卦于木既卒筮而筮者乃執以示命
筮者必示命筮者以其出命故爾既占而先
告命筮者乃告主人亦此意也若吉時則受
命示卦皆於主人占之曰從所告之辭云尓
從謂從其所筮之地也書曰龜從筮從

主人經哭不踊

經者筮事畢也

若不從筮擇如初儀

注曰更擇地而筮之

繼公謂再筮若又不吉則更擇地而不復筮
也

歸殯前北面哭不踊

注曰易位而哭明非常

繼公謂殯前西階下也

右筮宅

旣井槨主人西面拜工左還槨反位哭不踊婦人哭于堂還音患

注曰匠人爲槨刋治其材以井構於殯門外也反位拜位也旣哭之則往施之竁中矣主人還槨亦以旣朝哭矣

繼公謂拜工謝其勞也主人西面而拜工則工東面矣左還槨以示之[illegible]

[illegible]

[illegible]

前皆得爲之無定時也
獻材於殯門外西面北上綪　主人徧視之如哭
椁獻素獻成亦如之
注曰材明器之材視之亦拜工形法定爲素
飾治畢爲成
繼公謂北上西北上也南北陳之而前列在
西徧視之亦自其所上者始此又與還椁異
矣亦先拜工乃視之云如哭椁者如其反位
哭不踊也此著殯門外則升椁之處其在外
門外乎
右哭椁哭器
卜日既朝哭皆復外位卜人先奠龜于西塾上

南首有席楚焞置于燋在龜東（焞存悶反 燋子約反）

注曰楚荆也荆焞所以鑽灼龜者燋炬也所以然火者也周礼華氏掌共燋契以待卜事凡卜以明火爇燋遂灼其焌契以授卜師遂以役之

繼公謂席亦在龜後也龜南首燋在其左皆變於卜時也葬日卜而不筮亦變於吉

族長涖卜及宗人吉服立于門西東面南上占者三人在其南北上（長之兩反）

注曰吉服服玄端也

繼公謂族長族人之尊者也族長與主人有親乃立于門西以將涖卜變其位此占者亦

吉服不言者文省也吉服者亦以對越神明故也占者有司掌占事者也必三人者欲放其言異同之多寡而定是非也書曰三人占則從二人之言

卜人及執燋席者在塾西閾東扉主婦立于其內

注曰在塾西者南面東上

繼公謂卜人有司掌共卜事者也在塾西者便其升也東西塾之階蓋與東西堂側階之所鄉同闑東扉說見士昏記

席于闑西閾外

席亦西面

宗人告事具主人北面免絰左擁之涖卜即位于門東西面

注曰涖卜族長也更西面當代主人命卜

繼公謂告告主人也既免絰復西面

卜人抱龜燋先奠龜西首燋在北

注曰既奠燋又執龜以待之

繼公謂燋先謂執燋者先於龜而行也奠龜西首象神位在西鄉之奠龜與燋皆東面不言焞與燋同處可知

宗人受卜人龜示高

注曰以龜腹甲高起所當灼處示涖卜也近足者其部高

繼公謂宗人就而北面許受之下文授受亦
許也
涖卜受視反之宗人還少退受命
注曰受涖卜命
繼公謂必少退者受命宜遠於授受之處也
命曰哀子某來日某卜葬其父某甫考降無有
近悔
注曰考登也降下也言卜此日葬魂神上下
得無近於咎悔者乎
繼公謂來日將來之日也某者柔日之名若
乙丑丁酉之類是也考降未詳或曰考成也
降下也謂成其下棺之事未知是否無有近

悔謂其日若吉則不近於悔如葬而遇雨及
他有不虞則非吉日矣
許諾不述命還即席西面坐命龜興授卜人龜
負東扉
注曰宗人不述命亦士禮畧凡卜述命命龜
異龜重威儀多也負東扉俟龜之兆也
繼公謂言不述命則命龜之辭與涖卜所云
者異矣
卜人坐作龜興
注曰作龜以火灼之以作其兆也周禮卜師
凡卜事揚火以作龜致其墨
繼公謂作猶起也

宗人受龜示涖卜涖卜受視反之宗人退東面
乃旅占卒不釋龜告于涖卜與主人占曰某日
從
注曰不釋龜復執之也
繼公謂如此文則是宗人亦占之也占謂占
其兆之吉凶也兆有體色墨坼旅占卒復受
龜遂執之以告涖卜不哭者吉服也主人不
哭者未經也
授卜人龜告于主婦主婦哭
注曰不執龜者下主人也
告于異爵者使人告于衆賓
衆賓謂士之在外位者也宗人不親告之下

異爵者

卜人徹龜宗人告事畢主人經入哭如筮宅賓出拜送

云徹龜則是鄉者復奠于西塾上以待事畢也拜送賓蓋於外門外

若不從卜擇如初儀

若不從則亦以告于主婦而下其儀則同也至次日乃更擇日而卜之曲禮曰喪事先遠日若擇則其相去不必旬有一日矣蓋與吉禮筮日遠近之差異也古者士三月而葬日之先後當以此為節

儀禮卷第十二

正誤

直經大摛

摛本作蔮釋文云蔮又作摛按喪服傳亦云

大摛今定作摛

乃匕載

匕鄭本從今文作杝注曰古文杝作匕繼公

謂用匕謂之匕猶設尊謂之尊設席謂之席

之類是也或作杝者似後人誤改之以别於

其為器名者而改之不盡故匕杝雜也當從

古文作匕

置于西階上

鄭本于下有宇字繼公謂宇㡯擔也不宜與

西階上連文字字蓋因于字而衍也周官小祝職鄭司農注引此無字字今以爲據刪之

儀禮卷第十三　　敖繼公集說

既夕禮第十三

注曰士喪禮之下篇也

繼公謂此禮承上篇爲之乃别爲篇者以其禮更端故也篇首云既夕哭故以既夕名篇

既夕哭

注曰謂先葬二日既夕哭出門哭止復外位時

請啓期告于賓

注曰將葬當遷柩于祖有司於是乃請啓肂之期於主人以告賓賓宜知其時也

繼公謂鄉者旣卜日即告于異爵者及衆賓則是賓固知其葬日矣知其葬日則啓之日不言可知而有司必請其期以告于賓者重慎之至也於夕哭而賓在焉則其朝夕哭之儀同矣此不載主人荅辭者下文已明故略之

右請啓期

夙興設盥于祖廟門外

注曰祖王父也

繼公謂設盥爲舉鼎及設奠者也一廟而祖禰皆在焉惟云祖者是禮主於祖也

陳鼎皆如殯東方之饌亦如之

皆如殯謂三鼎之面位與其實皆如鄉者門外所陳殯奠之鼎也東方之饌云如殯亦但據其盛者言之也其遷祖奠之脯醢當在甒北不別見之者畧之也

東牀饌于階間

此即鄉者承尸于堂之牀也階間祖廟堂下

二燭俟于殯門外

右陳設器饌

丈夫髽散帶垂即位如初（髽側瓜反　散息但反）

注曰為將啓變也如初朝夕哭門外位

繼公謂皆為之於次乃即位髽者去冠與纚而為露紒也將髺髮者必先髽故言此以明

之亦與前經髻髮互見也此斬衰者耳其齊
衰以下則皆免散帶垂解其三日所絞者也
凡大功以上皆然髽與散帶垂未殯之服也
是時棺柩復見故復此服焉此但言丈夫是
婦人不與也婦人之帶所以不散垂者初已
結本又質而少變故於此不可與丈夫同其
所以不言髽者婦人不當髽者雖未殯亦不
髽則此時可知矣其當髽者自小斂以來至
此自若無所改變故不必言之

婦人不哭主人拜賓入即位袒

汪曰此不蒙如初者以男子入門不哭也不
哭者將有事止讙囂

繼公謂婦人不哭說見於前

商祝免袒執功布入升自西階盡階不升堂聲三啓三命哭免音問盡子忍反

注曰執功布爲有所拂扐也聲三三有聲存神也啓三三言啓告神也舊說以爲聲噫興也

繼公謂商祝公有司也其爲士但當弔服加麻此時有事於柩故復爲之袒免

燭入

注曰炤徹與啓肂者

䟽曰一燭於室中炤徹奠一燭於堂炤開殯肂也

祝降與夏祝交于階下取銘置于重重直龍反後放此

祝降者周祝取銘而降也不言其升故以降見之與夏祝交事相接也惟云交者亦相右也凡交而非相右者經必言相左以别之夏祝與執事者升取宿奠也祝取銘置于重爲啓殯遷之取銘在前置于重在後乃合而言之文順耳

踊無筭

注曰主人也

商祝拂柩用功布幠用夷衾幠火吳反

注曰拂去塵也幠爲其形露

疏曰夷衾於後無徹文當隨柩入壙矣

繼公謂衷衾即小斂後覆尸者也以其事相
類故復用之　按注云形露猶露見也

右啓

遷于祖用軸

注曰遷于祖朝祖廟也檀弓曰殷朝而殯于
祖周朝而遂葬

繼公謂必遷于祖者以其昭穆同後又當祔
之於此故也檀弓曰喪之朝也順死者之孝
心也其哀離其室也故至於祖考之廟而后
行

重先奠從燭從柩從燭從主人從

主人從衆主人以下從婦人從女賓從男賓

在後女賓以上其行皆以服之親踈爲序服同乃以長幼也經但言主人從者以其餘皆從可知也葬而從柩之序亦然

升自西階

注曰柩也

繼公謂升自西階神之也凡柩歸自外而入廟者既小斂則升自阼階未忍異於生也既大斂則升自西階此亦入廟耳故其禮與大斂而入者同

奠俟于下東面北上

注曰俟正柩也

繼公謂北上則巾席在後也記曰小斂從而

降。

主人從升婦人升東面衆人東即位

注曰東方之位

繼公謂婦人東面當直序以辟奠者之往來東即位者乃衆主人也脫一主字耳以記攷之可見此時堂下之位亦如朝夕哭不皆在東方

正柩于兩楹閒用夷牀

注曰是時柩北首

繼公謂此正柩于堂正與小斂之後尸夷于堂者相類故仍用其牀兩楹閒東西節也其於楹閒爲少北

主人柩東西面置重如初

注曰如殯宮時也

繼公謂云柩東明近於柩

席升設于柩西奠設如初巾之升降自西階

注曰從奠設如初東面也巾之爲禦當風塵

疏曰此奠巾之者異於朝夕在室者也

繼公謂席設于柩西亦差近於柩奠設于席前亦當柩少北柩北首西乃右也於此奠焉與奠于尸右之意同不統於柩奠宜統於席也不去席者先已用席則不可變之且尸柩之奠亦宜異也

主人踊無筭降拜賓即位踊襲主婦及親者由

足西面
主人即柩東之位則踊旣奠乃降也即位亦在阼階下襲亦在序東婦人由足出於柩南也西面于阼階上亦南上若有南面者則東上

薦車直東榮北輈直音值輈竹虬反

注曰進車者象生時將行陳駕今時謂之魂車車當東榮西上於中庭

繼公謂此即遣車也此北輈者以轅北首故爾乘車之前一木當中而曲縛衡以駕馬者謂之輈大車之前二木在旁而直縛軛以駕牛者謂之轅 按注云西上於中庭鄭知其在

東方之中庭者以雜記所言蹢章之位定之
也
質明滅燭
燭堂之上下者
徹者升自阼階降自西階徹直列反下並同
注曰徹者辟新奠
繼公謂徹者無由足之嫌故得升自阼階從
其正禮亦可以見此奠者自西階升之意矣
徹奠不改設於序西南亦以無俎而非盛饌
故也
乃奠如初升降自西階
注曰為遷祖奠也奠升不由阼階柩北首辟

其足
繼公謂此奠亦惟以脯醢醴酒
主人要節而踊要於遙反下並同
節謂徹者奠者之升降與奠者由重南東時也要節而踊丈夫婦人皆然如其在殯宮之儀也惟言主人亦文省
薦馬纓三就入門北面交轡圉人夾牽之御者執策立于馬後
注曰駕車之馬每車二疋纓今馬鞅也就成也諸侯之臣飾纓以三色而三成此三色者蓋條絲也其著之如罽然天子之臣如其命數王之革路條纓圉人養馬者在左右曰夾

旣奠乃薦馬者爲其踐汚廟中也
繼公謂三就采三匝也惟言入門則是但沒霤耳每馬兩轡交轡而夾牽之謂左人牽右轡右人牽左轡也馬有纓而無樊蓋臣禮也春秋傳仲叔于奚請繁纓以朝孔子非之按注云天子之臣如其命數亦未有以見其必然

哭成踊右還出（還音旋下並同）

哭成踊圍人與御者也雜記曰薦馬者哭踊右還者西上也

賓出主人送于門外有司請祖期

注曰亦因在外位請之當以告賓

出

繼公謂送亦拜之門廟門也　按注每上更當有一賓字

曰日側

注曰側昳也謂過中之時

繼公謂不用日中者辟殷人所尚也檀弓曰殷人尚白大事斂用日中有司既得祖期不言告賓者於請啓期已見之故略於此下經請葬期亦然

右朝祖

主人入祖乃載踊無筭卒束襲

注曰祖爲載變也乃舉柩卻下而載之束束

棺於柩車賓出遂匠納車于階間謂此車

繼公謂主人入袒當在阼階下既載則在柩

東柩東之位亦當柩少北

降奠當前束

注曰下遷祖之奠也當前束猶當尸腢也亦

在柩車西束有前後

繼公謂亦見其當柩少北耳

商祝飾柩一池紐前頳後緇齊三采無貝頳丑蒸亥

注曰飾柩為設牆柳也巾奠乃牆謂此也牆

有布帷柳有布荒池者象宮室之承霤以竹

為之狀如小車笭衣以青布一池縣於柳前

紐所以聯帷荒前赤後黑因以為飾左右面

各有前後齊居柳之中央若今小車蓋上蕤
矣以三采繒為之上朱中白下蒼著以絮
設披披彼誼反
注曰披絡柳棺上貫結於戴人居旁牽之以
備傾虧喪大記曰士戴前纁後緇二披用纁
屬引屬音燭下同
注曰屬猶著也引所以引柩車古者人引柩
繼公謂引柩車之索也屬之於車輅云引者
以用名之凡引天子用六諸侯四大夫士二
右載柩
陳明器於乘車之西乘繩證反
注曰明器藏器也檀弓曰其曰明器神明之

也言神明者異於生器竹不成用瓦不成沬木不成斵琴瑟張而不平竽笙備而不和有鐘磬而無筍虡

繼公謂陳於阼西其在東堂之南與

折横覆之折之設反同覆芳服反同

注曰折猶庪也窆事畢加之壙上以承抗席覆之見善面也

繼公謂陳折云横則是折之狀當與抗木之横者相似但未必有縮者耳於此横陳蓋象其在壙也後言横者縮者皆放此至茵亦後用者先陳此折之用在抗乃首陳之者以其差重大於抗木故特

木橫三縮二

注抗禦也所以禦止土者其橫與縮各足掩壙

加抗席三

注席所以禦塵

繼公謂此席在茵與抗木縮者之間是亦縮也不言者亦文省耳每席之長亦與壙齊用三則廣足以掩之矣用時云覆是此陳時卻也

加茵用疏布緇翦有幅亦縮二橫三

注曰茵所以藉棺者翦淺也幅緣之亦者亦

抗木也今文翦作淺

繼公謂翦與有幅皆未詳或曰有幅謂繚縫之而不削幅也未知是否茵與抗木其陳之用之橫縮之次各不類蓋貴相變也

器西南上綪（綪側耕反）

注曰器目言之也陳明器以西行南端爲上綪屈也不容則屈而反之

繼公謂器自苞而下者也均其多寡（分）爲數列以要方也其前列始於茵北之西以次而南焉其後列不過於茵北之東可知矣器主入壙故南上

注曰茵在抗木上陳器次而北也

繼公謂茵之下有抗席抗木惟言茵者指其可見者言也

苞二

所以裹遣奠羊豕之體

筲三黍稷麥筲所交反

注曰筲畚種類也其容蓋與簋同一㲉也

甕三醯醢屑冪用疏布冪眉狄反

注曰甕其容亦蓋一㲉屑薑桂之屑也內則曰屑桂與薑

繼公謂疏布六升以上至四升者也

甒二醴酒冪用功布皆木桁久之桁戶耕反

注曰桁所以庋苞苴罋甒也每器異桁

繼公謂皆以桁久之也久說見上篇

用器弓矢耒耜兩敦兩杅槃匜匜實于槃中南流（敦音對 杅音于）

注曰此皆常用之器也杅盛湯漿流匜口也

繼公謂耒耜田器也耜以起土耒其柄也此有爵者乃以耒耜爲用器爲其有圭田故也孟子曰卿以下必有圭田圭田者主人所親耕以共祭祀之齍盛者也

無祭器

注曰士器略也大夫以上兼用鬼器人器也

繼公謂祭器尊惟尊者乃得用之　按注云

大夫以上兼用鬼器人器鄭氏以此士喪禮
無祭器故意大夫則有之然亦未有以見其
必然若天子諸侯則固宜有之矣
有燕樂器可也
注曰與賓客燕飲用樂之器也
繼公謂如琴瑟之類是也檀弓曰琴瑟張而
不平竽笙備而不和有鐘磬而無簨虡其此
之謂與云可亦不必其用之也
役器甲冑干笮（笮側白反）
注曰此皆師役之器甲鎧冑兜鍪干楯笮矢
箙
繼公謂笮不屬用器乃屬役器豈以有師役

方用之乎

燕器杖笠翣翣所甲反

注曰燕居安體之器也笠竹𥴦蓋也翣扇

右陳器

徹奠巾席俟于西方主人要節而踊

注曰巾席俟于西方祖奠將用焉

繼公謂徹者由東方當棧之南折而西至棧之西南折而北東面而徹奠既徹至西方折而南乃由重南東也要節者東方西鄉時丈夫踊西方南鄉時婦人踊由重南東時丈夫踊也此時徹奠辟還柩也不改設亦以無祖也

祖

注曰爲將祖變

商祝御柩

注曰亦執功布居前爲還柩車爲節

乃祖

注曰還柩鄉外爲行始

踊襲少南當前束

注曰主人也

繼公謂不言主人者可知也此踊襲皆於故位既則少南也主人柩東之位皆當前束載時前束在北及還柩則在南故少南以當之然則柩車雖還亦不離其所也

婦人降即位于階間

注曰位東上

繼公謂柩已還而首南鄉婦人乃得即位于其北位亦當西上婦人不位于車西恐妨賓客之行禮者也

祖還車不還器

注曰祖有行漸車亦宜鄉外也器之陳自若南上

繼公謂不還器者以陳之之時西南上已甚行意也必云不還器者嫌車與重皆還此二宜如之也祖一似行又經無此例

□銘置于茵

[illegible]

[illegible]踊設于西北婦人踊

[illegible]亦既盥乃入

[illegible]謂徹者入門右由東方進當前輅折而[illegible]輅東徹奠如初位既則由柩東北而設于其西北不設于序西南柩在下故也丈夫踊蓋亦在徹者折而西之時

斂者東

注曰由柩東北東適葬奠之饌

繼公謂東適東堂下之饌以待事至

鼎入

注曰舉入陳之也西面北上如初

繼公謂亦陳于阼階前
乃奠豆南上綪籩贏醢南北上綪
注曰籩贏醢南辟醴酒也
繼公謂南上綪贏醢在脾析東也北上綪膴
在棗東也
俎二以成南上不綪特鮮獸
注曰成猶併也不綪者魚在羊東腊在豕東
繼公謂二列各南上是不綪也獸特于其北
此設豆籩俎乃云綪不綪者省文法也
醴酒在籩西北上
北上醴在棗西酒在糗西凡饌異位則所上
相變明不相統也此設之次亦如其處

繼公謂此亦不見主人荅辭與請啓期皆同

類

入復位

注曰主人也自死至於殯自啓至於葬主人

及兄弟恒在內位

繼公謂復柩東之位

右祖

公賵玄纁束馬兩賵芳奉反

注曰公國君也賵所以助主人送葬也兩馬

士制也春秋傳曰宋景曹卒魯季康子使冉

求賵之以馬曰其可以稱旌繁乎

繼公謂國君以馬幣禮於其臣者惟此耳君

賵之乃用兩馬者如其駕遣車之數也然則
賵以車馬之意亦可見矣
擯者出請入告主人釋杖迎于廟門外不哭先
入門右北面及衆主人袒
注曰尊君命也衆主人自若西面
繼公謂釋杖出迎及袒者尊君命也
馬入設
設於西方也雜記言諸侯相賵之禮云上介
賵陳乘黄大路於中庭則此賵馬其亦中庭
與設於此者變於吉也吉時參分庭一在南
賓奉幣由馬西當前輅北面致命 輅音路
注曰賓使者幣玄纁也輅轅縛所以屬引柩

車在階間少前參分庭之北輅有前後
疏曰賓使者亦上也注云轅縛謂以木縛於
柩車轅上也
繼公謂賓奉幣入門左當階而北行當輅乃
折而東行至其右北面致命君使乃不升堂
致命者柩在下也賓進自西方而云由馬西
則馬亦在西方明矣
主人哭拜稽顙成踊賓奠幣于棧左服出棧上板反
注曰棧謂柩車也棧車不革鞔而漆之服車
籍今文棧作輚
疏曰車南鄉以東為左尸在車上以東為右
繼公謂下經云至于邦門公使宰夫贈玄纁

東主人由左聽命賓由右致命然則此時主人雖不在位亦當進於庭之北稍近於賓而聽命矣賓既致命亦於是而拜之奠于左服與委物於尸東殯東者同意　按注云象授人授其右者如授生人以物必於其右而授之欲其便於受也

宰由主人之北舉幣以東

主人之北謂主人當時所立處之北也蓋是時主人不拜于位又以下文主人受賻之儀例之則主人拜此君命亦西面矣

士受馬以出

此受馬者亦以舉幣爲贊

主人送于外門外拜

此外門亦廟之外門也將葬則開之以出柩古時惟館賓於此則開之

襲入復位杖

此亦為君命袒故既送使者則襲於外

右公賵

賓賵者將命擯者出請入告出告須

賓卿大夫士之使者也

馬入設賓奉幣擯者先入賓從致命如初

注曰初公使者

繼公謂擯者先入入門而右若道之也賓從入門而左也

主人拜于位不踊

注曰柩車東位也

繼公謂拜不稽顙亦以與君禮同節宜遠辟之下禮放此

賓奠幣如初舉幣受馬如初

舉幣亦蒙如初者是時主人之位與拜君命之節雖不同而宰之舉幣以主人之丑爲節則一也

擯者出請

言出請見賓已出在外也此時賓客爲禮或不一而足故於其出也主人未送而必請之與遂時異

奠

奠謂致可以爲葬奠之物也

入告出以賓入將命如初

此將命猶致命也主人亦拜于位

士受羊如受馬

如其受之以出也羊者士葬奠之上牲故此

奠者用之奠不用幣

又請若賻賻音附

注曰賻之言補也助也貨財曰賻

入告主人出門左西面賓東面將命

注曰主人出者賻主施於主人

繼公謂此將命執物以將之也

主人拜賓坐委之宰由主人之北東面舉之反位

注曰反位反主人之後位

繼公謂主人有喪則於賓客之餽遺者不宜親受故賓坐委之以見不敢授之意有器而不委之嫌若必以授主人

若無器則捂受之捂五故反

注曰謂對相授受不委地

繼公謂亦宰捂受之舉之則同面受之則相對亦禮貴相變器所以盛賻物者也不委地者爲其坋汙無器則無必授主人之嫌故可以不委之汙

又請賓告事畢拜送入
宰既反位主人未即入俟擯者既請事乃遂
送之也如但賵若奠而已主人亦出送之
贈者將命
以柩將去而贈之與贈生人之意同
擯者出請納賓如初
注曰如其入告出告須
賓奠幣如初
注曰亦於棧左服
繼公謂亦北面致命既則主人拜之乃奠幣
也幣亦玄纁束
若就器則坐奠于陳

注曰就猶善也贈無常唯玩好所有陳明器之陳

繼公謂就成也謂已成之器也奠于陳從其類也以陳明器之處爲陳者因事名之如以脊胏爲舉之類是也

凡將禮必請而后拜送

注曰雖知事畢猶請君子不必人意

繼公謂此爲不見者言之也將行也行禮謂賵若賻之屬上文惟於賻之後言拜送此則不賻若不奠者亦當如之也

可且賵且奠許其厚也

繼公謂可者[illegible]賵且奠然亦未必[illegible]
用之辭以上經放之其得賵奠者亦可[illegible]
賻也而此經兄弟惟正言賵奠文已略矣乃
後不必其並用者記曰有其禮無其財君子
不行也聖人之意其或在是與

所知則賵而不奠

注曰所知通問相知也降於兄弟

繼公謂賵以幣馬尊敬之意也故親疏皆得
用之奠以羊若相飲食然親親之恩也故疏
者不得用之以自別於兄弟所知謂知死知
生者也朋友亦存焉

知死者贈知生者賻

注曰各主於所知

繼公謂是又於所知之中以此二者别之也知死者且賵且贈知生者且賵且賻以是推之則生死兩知者三者皆得用也然此亦但許其禮之所得爲者耳初不必其備禮也經於兄弟巳見其意故於此略之

書賵於方若九若七若五

注曰書莫賻贈之人名與其物於板每板若九行若七行若五行

疏曰以賓客所致有賵有賻有贈有莫直云書賵舉首而言所送有多少故行數不同

繼公謂書者爲將讀之行數多不過於九少

不下於五言其疏數之節也

書遣於策遣棄戰反下同

注曰遣猶送也謂所當藏物

疏曰上書賵於方此言書遣於策不同者聘禮記云百名以上書於策不及百名書於方以賓客贈物名字少故書於方遣送死者之物名字多故書之於策

繼公謂遣謂苞以下書賵於方書遣於策所以別内外又遣皆爲主人之物不必別書之亦宜於策也策廣於方

乃代哭如初

注曰初謂既小斂時

繼公謂此陳柩與小斂後夷尸相類故亦代
哭明日而葬亦類於殯
賓爲燎於門內之右
注曰爲哭者爲明
繼公謂此於門右者宜遠尸柩也必遠之者
亦謂鬼神或者尚幽闇
右賓賵奠賻贈
陳鼎五于門外如初
鼎五羊豕魚腊鮮獸各一鼎也士禮特
鼎盛葬奠加一等用少牢也
一謂少牢五鼎大夫之禮士奠乃用之者
事也而葬爲之盛故於此奠特許而攝

禮如初如殯奠并同

髀髀音

也總為五鼎言之羊廿八一耳亦豚解

二胉脊共四段也羊豕用左胖亦變於

不生與吉祭皆尚右體

升髀步禮反

奠則大牲不合升故雖豚解亦云髀

胃五

注曰亦盛之也

疏曰少牢用腸三胃三

繼公謂此雖盛之亦變於吉也

離肺

明無切肺也

豕亦如之豚解無腸胃

注曰如之如羊左胖髀不升離肺也豚解解之如解豚亦前肩後肫脊脅而已豕無腸胃者君子不食溷腴

繼公謂豚解謂以解豚之法解之凡俎實用羊豕者其體數同此豕云豚解則羊如之明矣於羊不見之者不嫌其異也用少牢矣乃熟而豚解之亦奠禮之異於祭者與

魚腊鮮獸皆如初鮮音仙

注曰鮮新殺者

繼公謂如初者如殯奠魚九腊左胖髀不升

也鮮獸亦如腊凡魚腊皆貴乾而賤新此牲
用少牢乃無膚而加鮮獸者凡牲用豚者例
無膚此豕用豚解之法故亦放豚之不用膚
而以鮮獸代之也
東方之饌
亦設楸于東堂下南順齊于坫饌于其上也
其饌在下
四豆脾析蜱醢葵菹蠃醢蜱皮佳反 蠃音螺
注曰脾析百葉也蜱蜯也
鄭公謂脾析亦未詳其為何物蜱周官作蠯
四籩棗糗栗脯糗去九反
注曰糗以豆糗粉餌

繼公謂上四豆於周官爲饋食之豆則此四
籩亦當爲饋食之籩然籩人職於此但有棗
栗而無糗脯豈其所脫者乎

醴酒

醴酒亦北上而籩在醴北豆在籩北也其豆
亦南上籩亦北上而皆綪之

陳器

注曰明器也夜斂藏之

滅燎執燭俠輅北面俠音夾

燭在輅東者炤徹祖奠與設遺奠在輅西者
炤改設祖奠也

賓入者拜之

銘之在重其面外鄉正與重之鄉背異故將

還重則徹之亦以是時可以不用銘也置于

茵者當與之同入壙

二人還重左還

注曰重與車馬還相反由便也

繼公謂車馬西上宜右還重一而已宜左還

皆由便也二人還之則凡舉之亦二人矣重

之鄉背不必與柩同但因還柩之節而併還

之也

布席乃奠如初主人要節而踊

記曰祝饌祖奠于主人之南當前輅北上巾

之謂此時與如記所云則是布席于柩東少

南東面而奠于其東也柩已南首故奠於此亦奠于尸東之意也布席于柩西則北上柩東則南上與初大歛時舉鼎以下之儀也是雖所奠異處而面位則同故以如初蒙之奠者之來由東方當前輅而西旣奠則由柩北而西亦由重南而東反于其位矣要節而踊謂奠者於東方西鄉時丈夫踊西方南鄉時婦人踊由重南東丈夫踊也

薦馬如初

注曰柩動車還宜新之也

賓出主人送有司請葬期

注曰亦因在外位時

奠者出主人要節而踊

注曰亦以往來爲節

繼公謂奠者亦從柩北而西乃出也節亦謂阼階前鄉西西階下鄉南及過重南時也上言徹者入此言奠者出則私臣於是日不復位于内矣

右遣奠

甸人抗重出自道道左倚之

注曰抗舉也出自道出從門中央也今時有死者鑿木置食其中樹於道側由此

繼公謂上篇言甸人置重于中庭於此又言甸人蓋始終之辭也所以見其間凡有事於

重者皆此人爲之道左廟大門外之道南

薦馬馬出自道車各從其馬駕于門外西面而

俟南上

注曰南上便其行也行者乗車在前道稾序

從

繼公謂重與車馬皆出自道者象其平生之

出必中道也門廟門也西面于門外之東方

俟器出而從之也南上將行以近外者爲先

也

右出重與車馬

徹者入踊如初徹中苞牲取下體

注曰苞者象旣饗而歸賓俎者也士苞三个

前脛折取臂臑後脛折取骼雜記曰父母而賓客之所以爲哀
繼公謂苞謂以苞盛之也徹巾即苞牲是即於席前爲之也取下體爲其皮骨多差可以久也惟折取下體則是每牲之俎猶有四段也此不取俎釋三个之義與祭禮之歸尸俎者異也

不以魚腊

注曰非正牲也

右苞牲

行器

器謂折抗席抗木行謂舉之以出

茵苞器序從
注曰如其陳之先後
繼公謂此又以茵苞連言者見其相繼也此器指筲甕之屬序從者茵苞以下爲序而從抗席也行器抗席在後
車從
注曰次器
繼公謂從器而序於廟之外門外以俟柩也
徹者出踊如初
注曰於是廟中當行者唯柩車
繼公謂徹者亦自柩北而設於西北乃出也
右行器

主人之史請讀賵執筭從柩東當前東西面不命毋哭哭者相止也惟主人主婦哭燭在右南面

注曰史北面請既而與執筭西面於主人之前讀書釋筭燭在右南面炤書便也

繼公謂賵即書于方者也賵禮賓爲之也故主人之史讀之不命毋哭嫌若併止主人主婦然也哭者相止將讀書不可讙譁右史右也執燭者在右則執筭者在左也

讀書釋筭則坐

釋筭則坐謂每釋筭則坐既則興也必釋筭者物有多寡宜知其數

卒命哭滅燭書與筭執之以逆出

卒謂讀之畢也言逆出亦見執筭者在史南

公史自西方東面命毋哭主人主婦皆不哭讀

遣卒命哭滅燭出

注曰公史君之典禮書者

繼公謂遣即書于策者也此主人之物故公史爲讀之柩將行而讀賵與遣者若欲神一一知之然賵者賵時雖致命於柩今亦宜與遣物皆讀之故不嫌於再告此讀遣執筭執燭之位與上同惟東西左右則異耳此二燭即鄉之俠輅者少進而轉南面耳出亦逆出

右讀賵讀遣

祝執功布以御柩

注曰居柩車之前若道有低仰傾虧則以布爲抑揚左右之節使引者執披者知之今文無以

執披

注曰士執披八人

繼公謂此見執披之節也不言引者披後於引言執披則引可知矣

主人袒乃行踊無筭

注曰袒爲行變也乃行謂柩車行也

出宮踊襲

出宮而踊哀親之遂離其室也行路不宜袒

故於此而襲

右柩行

至于邦門公使宰夫贈玄纁束

邦門城北門也檀弓曰葬於北方北首天下之達禮也柩至此公乃贈亦異於臣也

主人去杖不哭由左聽命賓由右致命主人哭拜稽顙去起呂反

注曰柩車前輅之左右也當時止柩車

疏曰在廟柩車南鄉左則在東此柩車北鄉左則在前輅之西也賓由右致命則在柩車之東矣

繼公謂是時柩北首賓當南面致命主人東

面聽命而拜之略與婦于室者相類不成踊變於家也

賓升實幣于蓋降主人拜送復位杖乃行

注曰升柩車之前實其幣於棺蓋之柳中若親授之然復位反柩車後

繼公謂不奠于左服別於在家之禮也是時宰不舉之乃行亦謂柩車行

右公贈

至于壙陳器于道東西北上 壙苦廣反

注曰統於壙

繼公謂西北上以西行北端為上謂苞筲而下者也亦綪之茵以上當其北亦如在廟中

之陳然

茵先入

注曰當藉柩也

屬引

注曰於是說載除飾更屬引於緘耳

繼公謂此屬之爲將窆也其用異矣猶以引

名之者見其索不易也引柩下棺異索天子

之禮也　按注云緘耳見喪大記大夫士以

咸注又此及記注皆云說載除飾用周官全

文耳其實此禮當除飾乃說載

主人袒衆主人西面北上婦人東面皆不哭

注曰俠羨道爲位

繼公謂袒爲窆變也婦人亦北上皆不哭亦
爲有事不可讙譁也喪大記曰士哭者相止
也
乃窆主人哭踊無筭襲窆彼驗反
注曰窆下棺也今文窆爲封
贈用制幣玄纁束拜稽顙踊如初
此贈謂主人以幣贈死者於壙中也尸柩已
在壙則有長不復反之意故此禮亦以贈名
之朋友贈於家主人贈於壙親䟽之宜
同
卒袒拜賓主婦亦拜賓即位拾踊三襲拾其業反下並
注曰主婦拜賓拜女賓也即經反位拾更也

繼公謂於此拜賓特為之袒重其禮也主婦所拜賓謂内賓與宗婦之屬古者婦人非有親者不送其葬即位主人主婦也拜賓必鄉之拾踊者主先賓後婦人居間三謂三者三也襲者主人也禮婦人不袒

賓出則拜送

注曰相問之賓也凡弔賓有五去皆拜之此舉中焉

疏曰凡弔賓有五見雜記

繼公謂拜送云則明賓有未出者也

藏器於旁加見（見賢遍反）

注曰見棺飾也先言藏器乃云加見者器在

見內也檀弓曰有虞氏瓦棺夏后氏堲周殷
[illegible]棺槨周人牆置翣
[illegible]公謂器用器至燕器也此旁先言之謂棺
[illegible]一旁也加見者以見加於棺及藏器之上
[illegible]棺柳之屬謂之見者以其見於棺器之外
[illegible]以名之此藏器者其冢人之屬與冢人
職云大喪入藏凶器
[illegible]筲於旁
注曰於旁者在見外也不言甕甒餕相次可
知喪大記曰棺槨之間君容柷大夫容壺士
容甒
經公謂苞筲先陳乃藏於用器以下之後亦

先陳而後用也旁右旁也藏苞筲甕甒於右亦猶奠下尸柩之右之意也喪大記云棺槨之間士容甒則此四者蓋一一而居也若藏容多則相重累可　按注云見外謂見外槨內也

加折卻之加抗席覆之加抗木

折云加者謂在見與苞筲之上也抗木不言卻與覆是兩面同矣

實土三主人拜鄉人

注曰謝其勤勞

疏曰按雜記云鄉人五十者從反哭四十者待盈坎於時鄉人並在故主人拜謝之謂在

道助執紼在壙助下棺及實土也
繼公謂下云襲是亦袒拜鄉人也不言袒蓋
文脱耳
即位踊襲如初
如初亦拾踊三也
右窆
乃反哭入升自西階東面衆主人堂下東面北
上
注曰西階東面反諸其所作也反哭者於其
祖廟
繼公謂反哭於祖廟者爲其棺柩從此而出
也升自西階未變其鄉者升堂之路也升堂

而不見故但止於西階之上焉此亦變於尸
柩在堂之位也衆主人西方東面繞於主人
也
人入丈夫踊升自阼階
注曰辟主人也
繼公謂以上經及此文攷之則送葬之行婦
人次於衆主人以下明矣
婦入于室踊出即位及丈夫拾踊三
注曰入于室反諸其所養也出即位堂上西
面也
繼公謂惟主婦入于室則餘人先即位于阼
矣必入于室者以其生時於此共祭祀也入

室又不見矣故出而與主人相鄉而哭踊同
其哀也
賓弔者升自西階曰如之何主人拜稽顙
注曰賓弔者衆賓之長也反而亡焉失之矣
於是爲甚故弔之弔者北面主人拜於位
繼公謂此弔異於常故爲之稽顙
賓降出主人送于門外拜稽顙
門外廟門外也送賓而稽顙者以其送葬且
從反哭尤勤勞也故重謝之雜記曰相見也
反哭而以朋友虞祔而退然朋友於此時亦
出至虞祔則復來助祭也
遂適殯宮皆如啓位拾踊三

如啓位婦人即位于阼階上西面南上丈夫即位于堂下直東序西面也拾踊者丈夫先婦人後而已蓋此時無賓

兄弟出主人拜送

注曰兄弟小功以下也異門大功亦可以歸

繼公謂賓出自廟兄弟出自殯宮親疏之殺

衆主人出門哭止闔門主人揖衆主人乃就次

注曰次倚廬也

右反哭

猶朝夕哭不奠

既葬矣猶朝夕哭於殯宮以其神靈在此也不奠者爲無尸柩也下云三虞則此朝夕哭

乃指未虞以前之禮檀弓曰既葬反日中而虞葬日虞不忍一日離也而此經於葬虞之間其言乃若是則檀弓所記者其非舊典與

三虞卒哭

注曰虞喪祭名

繼公謂卒哭謂卒殯宮之哭也禮於三虞既餞之後而遂卒哭以其明日祔于祖故不復朝夕哭於殯宮惟朝一哭夕一哭于其次而已虞說見士虞記

明日以其班祔

注曰班次也祔卒哭之明日祭名祔猶屬也祭昭穆之次而屬之喪服小記曰祔必以其

昭穆亡則中一以上

繼公謂明日三虞之次日也班昭穆之次也祔謂祔于祖父孫與祖其昭穆同既葬則祔之者尸柩已去神宜在廟也祔而祭之因名其祭爲祔云

右言葬後祔前之禮

記

此上下二篇之記也

士處適寢寢東首于北墉下適音嫡

注曰將有疾乃寢于適室

繼公謂適寢正寢也此云適寢明經所謂適室者爲適寢之室耳

有疾疾者齊（齊側皆反）
注曰適寢者不齊不居其室
鄭公謂齊之言齊也齊其不齊使其心意湛然純一也疾者齊一其心意所以養氣體
養者皆齊（養羊尚反）
注養者齊欲專心於所養者也
徹琴瑟（徹直列反下並同）
注曰士無故不去琴瑟
疾病外内皆埽（埽悉報反）
疾甚曰病埽者爲將有事也
徹褻衣加新衣
此謂死衣也必易之者爲不可使之服故衣

以死也衣云褺見其非上衣然則新者亦非
上衣矣上衣者朝服玄端之類不加上衣者
爲其後有襲斂等事皆用上衣故於此略之
御者四人皆坐持體
注曰御者今時侍從之人
繼公謂持體正其手足也
屬纊以俟絶氣屬音燭下同
注曰爲其氣微難節也纊易動揺置口鼻之
上以爲候
繼公謂絶氣猶氣絶也
男子不絶於婦人之手婦人不絶於男子之手
注曰備褻

疏曰疾時使御者持體并死於其手婦人則內御者持體還死於其手

乃行禱于五祀

注曰盡孝子之情

繼公謂此禱于平常所祭者也士之得祭五祀於此可見

乃卒

注曰卒終也

主人啼兄弟哭

注曰哀有甚有否

設牀第當牖衽下莞上簟設枕第側里反

注曰病卒之間廢牀至是設之事相變

疏曰喪大記曰疾病寢東首于北墉下廢牀是其始死亦因在地無牀復而不蘇乃設牀于墉下

繼公謂設枕于南

遷尸

注曰徙於牖下也於是幠用夷衾

復者朝服左執領右執要招而左（朝音朝下同　要於遥反）

簪裳于衣故左執領右執要此謂既登屋而易執之之時也招而左謂招時兩手自右而左也左左尊故其執與招之儀如此朝服爲求神敬其事也

楔貌如軛上兩末（軛於革反）

注曰事便也
繼公謂栖而云楔因其楔齒而名之以[illegible]若他栖軛在人車轅端厭牛領者楔狀類之故以曉未知者焉楔齒時以兩末上鄉則末出於口旁矣

綴足用燕几校在南御者坐持之（綴之劣反　挍胡孝反）

校亦几左廉之名校在南則横設也几之爲制前後狹而左右差廣綴足宜寛故横設之必校在南者生時設几左廉近人故放之也坐持之則御者亦在牀矣其於几之比與

即牀而奠當腢用吉器若醴若酒無巾柶（腢音偶）

注曰腢肩頭也用吉器器未變也

繼公謂此吉器之異於凶者豆籩耳凶時甈
豆籩無縢其觶則無吉凶之異皆用角也若
醴若酒謂無酒則二觶皆醴無醴則皆酒無
巾者非盛饌無柶者異於大歛以後之奠也
赴曰君之臣某死赴母妻長子則曰君之臣某
之某死長之丈反
母妻長子死亦赴于君凡者哀樂之事君臣同
室中惟主人主婦坐兄弟不有命夫命婦在焉亦
坐
注曰別尊卑也
繼公謂經云衆婦人户外北面衆兄弟堂下
北面記乃見兄弟之入即夫命婦者亦坐于室

中然則經所言者惟指其爲士者及士妻耳

尸在室有君命衆主人不出

注曰不二主

繼公謂凡居喪而爲君命出者惟主人耳衆主人則否記乃特著尸在室之禮者異時衆主人與主人皆在庭嫌此時亦然故以明之

襚者委衣于牀不坐

牀高可以不坐

其襚于室户西北面致命

注曰始死時也

夏祝淅米差盛之（差三初佳七何藏　河舊反盛音成）

差字未詳

御者四人抗衾而浴
第禮音袒舊之善反非
注曰抗衾爲其裸
蔽之也禮袒也袒簀去
帝盝水便
繼公謂古字禮袒通詩曰禮裼暴虎史記云
左禮右禮是也四人抗衾而二人浴
其母之喪則内御者浴鬠無笄
注曰内御女御也無笄猶丈夫之不冠也
繼公謂鬠笄雖短亦笄也故辟之其亦以生
時不用此笄而然與
設明衣婦人則設中帶
注曰中帶若今之褌襂
繼公謂明衣之制有衣有裳婦人生時衣不

而裳故此不用明衣也中帶未詳其制然與明衣對言則其連衣裳為之與

洗貝反于笄實貝柱右齻左齻（齻音顛）齻牙也含而因柱其左右齻蓋恐其口復閉也

反祝徹餘飯（飯扶晚反）

注曰徹去鬻之

瑱塞耳

注曰塞充窒

掘坎南順廣尺輪二尺深三尺南其壤（廣古曠反深式鴆反）

注曰南順統於堂

繼公謂南順復南其壤明其掘之自北而南也

垼用塊垼音役

注曰塊堛也

明衣裳用幕布袂屬幅長下膝長直亮反下同

注曰幕布帷幕之布升數未聞也長下膝又有裳於蔽下體深也

繼公謂必云袂屬幅者嫌明衣或異於生也然則吉服之袂屬幅也明矣屬幅說見喪服記

有前後裳不辟長及觳辟音壁觳苦角反

注曰觳足跗也凡他服短無見膚長無被土

繼公謂裳前三幅後四幅不辟之則正
而前後相掩者深旁不開體不見褻裏一
爲蔽足也明衣之長下膝其裳之制復如
皆爲重形且異於塵也
縓綼緆綼緆讀音毗替
綼緆未詳
緇純純之允反
純蓋兼指在衣裳者而言
設握裏親膚繫鉤中指結于掔
握手唯一而已與決同設於右手其繫則相
關經文詳於設決略於設握故記見之設握
之法以纏裏親膚其中央正當於掌右端掩

卌六

四指之後左端在其上乃以其組繫環將指之本而與決之繫相結于掔而連之所謂設握乃連掔者也

甸人築坅坎坅丘錦反

注曰築實土其中堅之穿坎之名一曰坅

隷人涅廁涅奴結反廁側吏反

注曰隷人罪人也今之徒役作者也涅塞也

既襲宵爲燎于中庭厥明滅燎陳衣

爲人復徃褻之

注曰記節

凡絞紟用布倫如朝服絞户交反

注曰凡凡小斂大斂也倫比也今文無紟

繼公謂紟不必言凡與絞連文爾大斂有紟

小斂無之

設棜于東堂下南順齊于坫饌于其上兩甒醴

酒酒在南篚在東南順實角觶四木柶二素勺

二豆在甒北二以並籩亦如之棜於庶反

注曰棜之制如今之大木轝也上有四周下

無足豆籩二以併則是大斂饌也

繼公謂此大斂饌也其次當在衆主人布帶

之後角觶四木柶二爲明日朝奠兼饌之也

自是以後常更用之以位而言豆當在籩北

乃云甒北者設豆之時未有籩也故但取節

於甒

凡籩豆實具設皆巾之

注曰籩豆偶而爲具具則巾之加飾也明小斂一豆一籩不巾

繼公謂籩豆實謂菹栗之屬皆皆上下也籩豆有實而具則饌于東方及奠于席前皆巾之若一豆一籩則於奠時或有巾之者饌時亦不巾也經言小斂之饌云饌于東堂下脯醢醴酒冪用功布實于簞此則不皆巾者也

觶俟時而酌柶覆加之面枋及錯建之錯七故反

俟時而酌謂將設乃酌之面枋者便於建也肂時亦覆手取之而枋在

小斂辟奠不出室辟音闢

奠即始死之奠也[illegible]奠來即設而先辟此奠者辟斂也不出室門未徹去也是時尸在室未忍遽徹其奠而脯醢醴酒又無改設于西堂之禮故辟之於室中而已既設小斂奠乃去之舊說謂辟之設于室西南隅

無踊節

此承上文而言亦異於小斂以後之禮也踊節即所謂要節而踊者也凡丈夫婦人之踊或以徹奠者之往來爲節嫌此辟奠之時亦然故以明之此與上文皆當在設牀于東堂下之上

既馮尸主人袒髺髮絞帶衆主人布帶髺音括絞戶交

反下同

注曰象主人齊衰以下

繼公謂絞帶者繩帶也先言袒髻髮者其節

也然則布帶者亦於既免乃加之

大斂于阼

大斂于阼乃殯于西階象其由主位而往也

大夫升自西階階東北面東上

視斂也云階東者明大夫雖多亦不可以當

階恐妨斂者之往來也

既馮尸大夫逆降復位

[illegible]大夫[illegible]西面

阼階由主人之北東

注曰巾奠而室事已

繼公謂此見出時之節且不與執事者偕行也言由主人之北則主人之位近於階明矣

既殯主人說髦說吐活反

注曰既殯置銘于肂復位時也兒生二月鬋髮爲鬌男角女羈否則男左女右長大猶爲飾存之謂之髦所以順父母幼小之心至此尸柩不見喪無飾可以去之髦之形象未聞

繼公謂子事父母必著拂髦親已死至殯乃說之者未殯之前孝子猶冀其復生既殯則絶望矣乃說之也詩云髧彼兩髦兩者爲父母俱存之故若然則是時但當脫其一耳孔

氏曰父死說左髦母死說右髦二親並没並
說之親没不髦是也
三日絞垂
注曰成服日絞要經之散垂者
繼公謂記惟指主人也而男女大功以上亦
存焉小斂之時婦人之帶雖結本亦未絞至
此與丈夫同絞之將成服先絞其帶之垂者
以其已在身故也其下冠衰屨亦皆以所加
之次言之
冠六升外縪纓條屬厭厭一涉反
[illegible]次也[illegible]變於吉也冠所以厭者其不
[illegible]傳作畢疑此誤

竹桐一也居倚廬寢苫

枕塊不說絰帶哭晝夜無時非喪事不言衰初回反

枕之鴆反說吐活反

意不在他也

歠粥朝一溢米夕一溢米不食菜果粥之育反

注曰不在於飽與滋味實在木曰果在地曰

蓏

主人乘惡車

注曰拜君命拜衆賓及有故行所乘也雜記

端衰喪車皆無等然則此惡車王喪之木車

也

疏曰此惡車王喪之木車者按巾車云王之

喪車玉乘發首云木車蒲蔽是王始喪所乘木車無飾與此惡車同故引之見尊卑同也

白狗幦 幦眉狄反

注曰未成豪狗幦覆苓也以狗皮爲之取其臑也白於喪飾宜古文幦爲冪

疏曰按玉藻云士齊車鹿幦帶此喪車無飾故用白狗幦云未成豪狗爾雅釋畜文

蒲蔽

蔽即第也在車兩邊以蒲席爲之吉時或以簟詩云簟第魚服是也

御以蒲菆 菆側留反

注曰不在於驅馳[illegible]菆牡蒲莖

[illegible]取亦[illegible]吉也吉時蓋以竹爲[illegible]

[illegible]

犬服

注曰笭間兵服以犬皮爲之取堅也亦白

繼公謂不言色似以其華爲之

木錧 錧音管

注曰取少聲今文錧作鎋

繼公謂錧轂端沓也

約綏約轡

約繩也吉時二者皆以絲爲之與

木鑣 鑣彼苗反

注曰亦取少聲

疏曰平常車錧馬鑣以金爲之今用木是取少聲

繼公謂鑣馬銜也

馬不齊髦

注曰齊翦也主人之惡車如王之木車則齊衰以下其乘素車繅車駹車漆車與

疏曰齊衰以下其乘素車繅車駹馬漆車與按巾車王之喪車五乘木車始死所乘素車卒哭所乘繅車既練所乘駹車大祥所乘漆車既禫所乘此士之喪車亦當五乘主人乘惡車齊衰乘素車與卒哭同大功乘繅車與既練同小功乘駹車與大祥同緦麻乘漆車

與旣禫同主人至卒哭以後衰殺故齊衰以
下節級約與主人同故鄭爲此義也若然士
尋常乘棧車漆之今旣禫亦與王以下同乘
漆車者禮窮則同也

繼公謂馬不齊髦所謂髽馬也

主婦之車亦如之疏布裧（裧尺占反）

婦人之車必有裧而喪車則以疏布爲之明
吉時不然也主婦乘車而出者拜夫人之命
及女賓之弔者也

貳車白狗攝服

注曰攝猶緣也狗皮緣服差飾

繼公謂主人主婦皆有貳車各得用二乘與

其所乘者而三士昏禮謂從車二乘是其數也凡貳車之數天子十二上公九侯伯七子男五孤卿大夫三士二乘也此貳車亦惡車也攝服未詳姑從注說

其他皆如乘車〔乘繩證反〕

注曰如所乘惡車

繼公謂乘車主人主婦所乘之車也其他謂凡器物在服之外者也

朔月童子執帚卻之左手奉之〔奉芳勇反〕

注曰童子隸子弟也執用右手卻之示未用

從徹者而入

注曰童子不專禮事

比奠舉席埽室聚諸窔布席如初卒奠埽者執

帚垂末內鬣從執燭者而東比必二反窔一弔反鬣獵葉二音

注曰比猶先也室東南隅謂之窔

繼公謂此埽室之節蓋於既徹則為之如初

亦東面也執帚垂末明已用也是時垂末內

鬣則鄉者卻之其皆反是與

燕養饋羞湯沐之饌如他日養羊尚反

注曰燕養平常所用供養也饋朝夕食也羞

四時之珍異湯沐所以洗去汙垢內則曰三

日具沐五日具浴孝子不忍一日廢其事親

之禮於下室日設之如生存也進徹之時如

其頃

疏曰云燕養者謂在燕寢之中生平時所有共養之事則饋羞湯沐之饌是也

繼公謂此饌蓋使人爲之孝子不親視之也

記曰在堊室之中非時見乎母也不入門說者謂居廬時絕不入門

朔月若薦新則不饋於下室

注曰下室如今之內堂

繼公謂不饋于下室者以其殷奠且有敦實也

筮宅冢人物土

注曰物猶相也相其地可葬者乃營之

[illegible]于主婦主婦哭婦人皆哭主婦升

堂哭者皆止日人實反

若不吉其禮亦然

啓之昕外內不哭

注曰將有事爲其讙囂既啓命哭

夷牀輁軸饌于西階東輁九勇反

注曰明階間者位近西也夷牀饌于祖廟輁軸饌於殯宮

其二廟則饌于禰廟如小斂奠乃啓

此主於朝祖故於朝禰之奠降焉蓋不可與祖奠同也是曰二廟皆饌記惟見其異者耳均之爲士而廟數不同者蓋士之先世或爲大夫而有三廟至後世爲士則廢其一而但

有二廟若先世無爲大夫者則惟一廟而已

朝于禰廟重止于門外之西東面柩入升自西階正柩于兩楹間奠止于西階之下東面北上主人升柩東西面衆主人東即位婦人從升東面奠升設于柩西升降自西階主人要節而踊朝音潮下同重直容反要於遥反

注曰重不入者主於朝祖而行若過之矣門西東面待之便也

䟽曰主人要節而踊者奠升主人踊降時婦人踊也

繼公謂重不入者亦以旣奠則柩行不久留於此故也夷牀一而已惟當陳於祖廟此正

柩其在軸與是時即要節而踊亦其異於祖
席者
觽先入者升堂東楹之南西面後入者西階東
北面在下
注曰炤正柩者先先柩者後後柩者
繼公謂記於此者見下適祖時不用燭也
主人降即位徹乃奠升降自西階主人踊如初
主人降即位則婦人亦東即阼階上位矣不
拜賓踊襲以成禮不在此且欲急於適祖也
其他禮之不同者意亦如是奠即如小斂奠
者也如初謂設奠及踊節也是時丈夫婦人
皆踊惟言主人亦文省

祝及執事舉奠巾席從而降柩從序從如初適

祖柩從從巾席而降也序從柩從奠主人以下從柩而出也如初謂出殯宮時也此與主人踊之文相屬則是其事相接也柩過禰廟因而朝之初無他事既奠則禮畢矣故即適祖不見適祖之儀者蓋與本篇所言者不異故耳記載二廟者其禰廟在西祖廟在東以是言之則古者之廟尊者東而卑者西皆有常位固無昭居昭廟穆居穆廟之制也

乘車鹿淺幦干笮革靾載旜載皮弁服纓轡貝勒縣於衡乘繩證反笮側白反靾音泄縣音玄

注曰士乘棧車鹿淺鹿夏毛也玉藻曰士齊
車鹿幦豹犆鞹韇也旜孤卿之所建亦[illegible][illegible]
貝勒貝飾勒有干無兵有箙無弓矢所以[illegible][illegible]
繼公謂勒馬頭絡銜也衡輈端横木以[illegible][illegible]
者既夕禮曰薦馬纓三就入門北面交轡圉
人夾牽之則是薦馬之時纓轡皆在馬之身
矣此乃謂纓轡貝勒縣于衡其指薦馬前後
之時而言與蓋事至則加之既則脫之而置
於此也

道車載朝服

注曰道車朝夕及燕出入之車

繼公謂按注云朝夕謂乘此以朝夕於君也

槀車載蓑笠槀古老反蓑素何反

注曰槀猶散也散車以田以鄙之車蓑笠備雨服今文槀爲潦凡道車槀車之纓轡及勒亦縣于衡也

繼公謂巾車職曰士乘棧車然則此三車者皆漆車也以制言之其乘車道車輪與輈之髙下又等但因事名之耳所異者槀車也考工記曰田車之輪六尺有三寸乘車之輪六尺有六寸又曰國馬之輈深四尺有七寸田馬之輈深四尺足以知其制矣薦車三乘一禮也此薦車即遣車禮天子遣車九諸侯七大夫五士三

衎哉祝，執事舉奠戶西南面東上卒東前而
降奠席于柩西
注曰將於柩西當前束設之
繼公謂先舉奠者辟舉柩也束〻繞於柩也
卒束前卒束之前也束未畢而先降奠席爲
卒束即奠故也此舉奠於堂上者退立于戶
西則奠近於柩而不當西階明矣
巾奠乃牆
注曰牆飾柩也
抗木刊
兩面皆刊也刊剝削之
茵著用荼實綏澤焉著張呂反

注曰茶茅秀也綏廉薑也澤澤蘭也皆取其
香且御濕
繼公謂茵以草爲著故文從艹實綏澤謂加
綏澤以實之也綏澤未聞
葦苞長三尺一編
注曰用便易也
繼公謂編則於苞物宜
菅筲三其實皆瀹筲所交反
注曰米麥皆湛之湯未知神之所享不用食
道所以爲敬
繼公謂此筲設于棺旁其實一旦皆用穀亦如
殯時之熬然

祖還車不易位還音旋

注曰爲鄉外耳未行

繼公謂還車謂還薦車也不易位西者亦當

東榮

執披者旁四人披彼義反

注曰前後各二人

凡贈幣無常

注曰賓之贈也玩好曰贈在所有

繼公謂此幣亦廣言之經言贈者奠幣如初

又云若就器則坐奠于陳亦可見其無常矣

凡糗不煎

云凡則非特葬奠之糗如是也不煎之以膏

則但𤍠之而已所以𤍠而不煎者凡食各有
所宜必云不煎者糗之類有煎煎者矣嫌或當
如之也

唯君命止柩于堩其餘則否堩古鄧反

注曰不敢留神也堩道也曾子問曰葬既引
至于堩

繼公謂言此者明餘人不當行禮於堩也

車至道左北面立東上

遣車北鄉而往則道左乃道西也其位於壙
爲西故東上而統於壙

至于壙歛服載之

注曰車至壙祝説載除飾乃歛乘車道車

槀車之服載之不空之以歸送形而往迎精

而反亦禮之宜

繼公按注云說載除飾亦當作除飾說載說

見本篇

卒窆而歸不驅

此亦指遣車也視斂服而載於棧則遣車空

而無所用之矣故於旣窆卽反云不驅者嫌

其與去時異

君視斂若不待奠加蓋而出不視斂則加蓋而

至卒事

注曰爲有他故也

繼公謂喪大記曰君於士旣殯而往蓋常禮

也此二者則加於常禮則以有故而不能終

始其事耳

既正柩賓出遂匠納車于階間

注曰車載柩車其車之轝狀如牀有轅前後

出設前後輅轝上有四周下則前後有軸以

輇爲輪許叔重云有輻曰輪無輻曰輇

繼公謂既正柩與賓出不相屬蓋爛文也遂

匠未詳或曰遂之匠也未知是否車謂棧也

𡚒大記謂之國車又以其爲公家之車故也

賓出而納此車於階間爲主人送賓而入則

當載矣

襍祖奠于主人之南當前輅北上巾之

饌餕設此祖奠即如殯奠者也祝及執事者
餕此惟言祝者祝尊也于主人之南明其在
車東也主人之位當前東故奠少南當前輅
也北上謂先設豆於北也是亦略言之以見
其如初耳經於既祖但云布席乃奠如初不
言其所故記明之

弓矢之新沽功沽音古

注曰設之宜新沽示不用

繼公謂之新恐當作新之

有弭飾焉亦張可也有柲設依撻焉有韣弭

注曰弭以骨角爲飾柲弓檠弛則縳之於弓
裏備損傷以竹爲之詩云竹柲緄縢依纏弦

也揵弣側矢道皆以韋爲之韣緇布爲之今
文揵作鍵
繼公謂此言弓也弭弓弰也亦張可也許其
得張之依撓未詳
猴矢一乘骨鏃短衛猴音侯乘繩證反下同鏃子木反
注曰猴猶候也候物而射之矢也四矢曰乘
骨鏃短衛亦示不用也生時猴矢金鏃凡爲
矢五分笴長而羽其一
繼公按注云五分笴長而羽其一者以見短
衛者不及其笴五分之一耳
志矢一乘軒輖中亦短衛輖音周
注曰志猶擬也習射之矢書云若射之有志

輖摯也無鏃短衛亦示不用生時志矢骨鏃

凡爲矢前重後輕也

繼公按注知此矢無鏃者以記不見鏃且言軒輖中也凡矢之所以於前重後輕者皆在鏃此無鏃故前後之軒輖中詩云如輊如軒

儀禮卷第十三

儀禮卷第十四

敖繼公集說

士虞禮第十四

注曰虞於五禮屬凶

繼公謂此篇言士喪始虞之禮

士虞禮　特豕饋食（食音嗣）

注曰祭祀自孰始曰饋食饋食者食道也

繼公謂祭而用黍稷焉曰饋食猶言饋之以食也

側亨于廟門外之右東面（亨音烹）

注曰側亨亨一胖也

繼公謂云東面謂亨者也爨亦存焉此亨于門

外之西塾於吉祭且別於奠也廟亦謂殯宮

魚腊爨亞之北上爨七亂反

於特豕云亨云東面魚爨云爨云北上文互

見也

饎爨在東壁西面饎尺志反

爲食曰饎饎爨在東壁變於吉也其爨亦北

上亨饎皆有爨於其所蓋祭禮也爨在堂下

乃云在東壁者見其近於壁也壁爨之間當

人此南北之節亦當南齊坫特牲曰主婦

視饎爨于西堂下

設洗于西階西南水在洗西篚在東

注曰亦當西榮南北以堂深

繼公謂此設洗在西亦以主人位于西階上故也凡設洗水在外篚在内不別於東西也

篚亦南順而實爵焉

室中北墉下當户兩甒醴酒酒在東無禁

幂用絺布加勺南枋

注曰酒在東上醴也

繼公謂祭而尊于室中且用一醴一酒皆異於吉也醴酒並用者醴以饗神酒以飲尸亦見其未甚變於奠也兩甒西上亦以神席在西也尊之所上吉凶同士吉祭冪用綌此喪祭乃用絺其義未聞

素几葦席在西序下

虞乃用几碎奠者之禮也周官司几筵曰凡喪事設葦席右素几謂奠時也是天子之禮未虞以前已用几矣

苴刌茅長五寸束之實于篚饌于西坫上苴子餘反刌七本反長直亮反

注曰苴猶藉也所以藉祭也

繼公謂云苴者亦以其用名之

饌兩豆菹醢于西楹之東醢在西一鉶亞之

醢在西東上也東上者變於堂下之敦位也鉶亞於醢又在其西鉶不言豕可知

從獻豆兩亞之四籩亞之北上

注曰豆從主人獻祝籩從主婦獻尸祝北上

菹與棗

繼公謂此豆籩云從獻者以其先獻而後薦也兩豆亞之菹在醢西醢在菹南也四籩亞之於醢之南一一爲列也北上者南陳不東上西陳者別於正

饌黍稷二敦于階間西上藉用萑席敦音對下並同藉才夜反

藉猶薦也藉敦未必有席席字萑因上文而衍也特牲禮曰藉用萑

匜水錯于槃中南流在西階之南簞巾在其東錯七故反下並同

匜水匜中有水也所以沃盥自設洗至此其

陳設之位與特牲饋食異者皆爲變於吉

陳三鼎于門外之右北面北上設扃鼏扃古螢反鼏冒狄反

門外之右西方當塾少南也記曰皆設扃鼏陳之此亦先設鼏乃設扃云扃鼏文順爾陳鼎於西與亨于西之意同下設鼎放此

匕俎在西塾之西

匕亦在俎上

羞燔俎在內西塾上南順

燔炙肉也言羞見其非正俎南順以羞之者當北面縮執之也少牢下篇言縮執匕湆爻之法乃當其下端然則縮執俎者其法同耳

貝俎在塾上執時則以刀取之如取牲于堂猶
不言肝俎肝先進此時亦設之可知設肝俎
當在燔西便其先取之也西塾之階在塾西
主人及兄弟如葬服賓執事者如弔服皆即位
于門外如朝夕臨位婦人及內兄弟服即位于
堂亦如之臨力蔭反
注曰賓執事者賓客來執事也
繼公謂葬服主人髺髮衆主人及兄弟免而
大功以上者皆散帶垂也弔服疑衰素冠麻
絰帶也如朝夕臨位主人及兄弟在東方賓
執事者在西方也婦人及內兄弟其服亦如
葬服其位亦如臨位婦人葬服絰無所見蓋

與旣殯之服同
祝免澡葛絰帶布席于室中東面右几降出及
宗人即位于門西東面南上免音問澡音早
注曰祝亦執事免者祭祀之禮祝所親也澡
治也治葛以爲首絰及帶接神宜變也右几
於席近南也
繼公謂祝公有司之助喪祭者也其服但當
弔服加麻以其接神也則宜少異故免而葛
絰帶焉其免也若過於重其葛也若過於輕
然輕重相準則與其本服亦不甚相遠也此
服亦當事則然旣事則已宗人亦公有司也
南上明其與賓不相統葛絰帶云澡則有不

梁者矣右几神席南上也
宗人告有司具遂請拜賓如臨入門哭婦人哭
注曰臨朝夕哭
繼公謂告主人以有司已具遂請行祭事也
拜賓如臨謂旁三拜也
主人即位于堂衆主人及兄弟賓即位于西方
如反哭位
注曰既夕曰乃反哭入門升自西階東面衆
主人堂下東面北上此則異於朝夕
繼公謂反哭之位乃順孝子一時之心而爲
之本非正位自始虞至卒哭其位皆如之者
蓋因此以別於既祔以後吉祭之位也此正

與婦人於既小斂有阼階上之位者其意相類賓位于西方朝夕反哭同也是時賓皆爲執事而來無異爵者焉惟士而已

入門左北面

門内之西祝之位也特牲饋食記曰公有司門西北面東上是也

宗人西階前北面

注曰當詔主人及賓之事

繼公謂宗人即立于此者以主人已在階上故也

右陳設即位

祝盥升取苴降洗之升入設于几東席上東縮

降洗觶升止哭

東縮上西也上哭爲祭事至祝洗洗觶升則執之以入俟時而酌亦異於吉也

主人倚杖入祝從在左西面

注曰主人倚杖西序乃入喪服小記曰虞杖不入于室祔杖不升於堂然後練杖不入於門明矣

繼公謂几喪祭之始及無尸者之祭主人皆先祝而入室祝從故入即西面亦皆異於吉祝在左之義見聘禮

贊薦菹醢醢在北

醢在北豆南上也席南上而豆如之神饌之

異者也主婦不設豆及敦未敢同於吉也

佐食及執事盥出舉長在左長知丈反

注曰舉舉鼎也長在左西方位也凡事宗人詔之

繼公謂此云長在左下云佐食及右人載是佐食非長也乃先言之者以其有常職故爾鼎在門外北面則舉時長者在西　按注云長在左西方位謂鼎設于西方者之位如此明其與設于東方者相反也

鼎入設于西階前東面北上匕俎從設左人抽扃鼏匕佐食及右人載

注曰佐食載則亦在右矣

繼公謂設鼎南北節當南於洗東東西亦一爪
主人之面位也此執匕俎者亦三人各兼執
匕俎也從設從鼎入而各設于其鼎之東其
設之法俎東順而匕西枋也左人亦抽扃予
左手取鼏委于鼎北加扃乃執匕而匕惟言
抽扃鼏匕文省耳
卒朼者逆退復位
注曰復賓位也
繼公謂朼當作匕字之誤也
俎入設于豆東魚亞之腊特贊設二敦于俎南
黍其東稷
俎南豕魚二俎之南也

設一鉶于豆南

設一鉶貶於吉

佐食出立于户西

既設俎則出而立於此矣後言之者亦終上

事乃及之也

賛者徹鼎徹直列反

注曰反于門外

繼公謂以公食禮士喪禮參攷之則此徹鼎

亦當與設俎相屬爲之言於此者與上文之

意同賛者實執事者也

祝酌醴命佐食啓會佐食許諾啓會卻于敦南

復位會如字

注曰復位出立于户西
繼公謂祝既酌醴南面命佐食遂於此俟之
祝奠觶于鉶南復位主人再拜稽首
注曰復位復主人之左
繼公謂此酌醴用觶别於酳獻也先啓會乃
奠亦異於吉主人此拜爲食具也
右設饌
祝饗
注曰饗吉神饗也
繼公謂饗辭即記所云哀子某圭爲而哀薦
之饗者也
命佐食祭佐食許諾鉤袒取黍稷祭于苴三取

膚祭祭如初祝取奠觶祭亦如之不盡益反奠
之主人再拜稽首
注曰鉤袒如今擐衣也
繼公謂祭爲神祭食也鉤袒蓋外卷其袂以
出臂也爲神祭當與尸祭異處故祭于席爲
其汚席故以首藉之三者三祭之也每一祭
畢則反取之祭膚祭如初亦于苴三也記曰
膚祭三取諸左膉上神祭用膚亦别於尸也
祝取奠觶祭于苴亦三注之不盡者三祭而
不盡其醴也既祭更酌而益之乃反奠于故
處主人拜爲饗也既祭乃拜者以此饗食禮宜
於祭也於此而饗且爲之祭皆異於吉

祝祝卒主人拜如初哭出復位[illegible]

注曰祝祝者釋孝子祭辭

繼公謂祝祝之辭則記所謂哀子某哀顯相夙興夜處不寧下至適爾皇祖某甫者也如初亦再拜稽首也祝饗與祝皆在其位

右饗祝

祝迎尸一人衰絰奉篚哭從尸衰七回反奉芳勇反下同

注曰尸主也孝子之祭不見親之形象心無所繫立尸而主意焉一人主人兄弟

繼公謂云衰絰明其爲主人兄弟且不易服也祝出迎尸而主人不降者亦變於吉

尸入門丈夫踊婦人踊

注曰踊不同文者有先後也
繼公謂此婦人踊惟繼丈夫之後不以尸行
爲節
淳尸盥宗人授巾淳音諄
注曰淳沃也沃尸盥者賓執事者也
繼公謂亦於入門左之位爲之
尸及階祝延尸
注曰告之以升
繼公謂覲禮云擯者延之曰升升
尸升宗人詔踊如初
至是乃云宗人詔踊明尸入門而踊者非宗
人詔之也如初如其丈夫先而婦人後下文放

尸　尸踊如初哭止

哭止將有事也

婦人入于房

祭禮婦人當在房前此在堂者以其有尸入之哭也令哭止故入于房及尸謖又復位而哭也

右尸入

主人及祝拜妥尸尸拜遂坐　妥他果反

此皆變於其吉祭也士之吉祭尸既坐主人乃拜妥尸祝不拜妥謂安之

從者錯篚于尸左席上立于其北　從才用反下從者並同

注曰北席北也
繼公謂立俟其畢也
尸取奠左執之取菹擩于醢祭于豆間擩人悦反
右手取奠予左手執之爲右手將有事也下
祭之類此者皆于豆間特於是見之耳
祝命佐食綏祭綏當讀作挼
綏或是挼字之誤以下文可見
佐食取黍稷肺祭授尸尸祭之祭奠
奠先執後祭皆尊之
祝祝主人拜如初尸嘗醴奠之
注曰如初亦祝祝卒乃再拜稽首
繼公謂此拜爲祝祝也故尸不荅拜凡祝祝

之辭皆告於神嘗醴奠之復於故處嘗與嘷
之異同未聞
佐食舉肺脊授尸尸受振祭嚌之左手執之
注曰右手將有事也
繼公謂於此舉之明其不在舉數中也下篇
意亦類此
祝命佐食邇敦佐食舉黍錯于席上
邇近也士之吉祭則並邇黍稷此亦其異者
尸祭鉶嘗鉶
注曰右手也少牢曰以柶祭羊鉶遂以祭豕
鉶嘗羊鉶
泰羹湆自門入設于鉶南泰當作大字之誤也音泰記同

此大羹豕肉之汁也後篇同設湆於右亦因食生之禮又以別於吉祭也

胾四豆設于左胾側吏反

左醢北也庶羞惟用胾亦變於吉

尸飯播餘于篚飯扶晚反下並同

注曰不反餘也古者飯用手吉時播餘于會繼公謂於尸之初飯即言播餘是每飯皆然也惟飯而已不食舉未忍同於吉雖不食舉猶左執之

三飯佐食舉幹尸受振祭嚌之實于篚

尸旣嚌而佐食受之實于篚舉幹不云授尸省文亦以尸受見之也

又三飯舉胳祭如初
不言佐食又不言尸受文又省初謂振祭嚌
之下放此
佐食舉魚腊實于篚
魚腊一魚及腊胳也於前後二舉不舉魚腊
此節舉之又不以授尸以其不在三舉之數
故畧之亦喪祭異也必於此節舉之者所以
見前後宜舉而不舉之意也
又三飯舉肩祭如初
注曰後舉肩者貴要成也
繼公謂此三舉牲之體骨始於脅終於肩先
賤而後貴也於前後體惟以肩骼者後體則

舉其下前體則舉其上亦宜兩
舉魚腊俎俎釋三箇
注曰釋猶遺也箇猶枚也今俗或名枚曰個
音相近
繼公謂佐食於魚亦舉其五腊又舉其三每
俎各釋三箇腊體之在俎者亦臂臑肫也必
釋之者俎未即徹則不宜空之此腊亦體五
骨二如其牲
尸卒食佐食受肵脊實于篚反黍如初設
注曰九飯而已士禮也篚猶吉祭之有肵俎
繼公謂尸九飯乃卒食雖與吉祭之數同然
其閒無告飽拜侑之事亦喪質威儀少也云

受肺脊則尸鄉者未嘗奠于豆明矣是亦變
於其吉祭者也
右尸食
主人洗廢爵酌酒醑尸尸拜受爵主人北面荅
拜尸祭酒嘗之
注曰爵無足曰廢爵
繼公謂北面蓋於户西北面荅拜變於吉凡
異者皆變於吉
賓長以肝從實于俎縮右鹽長知丈丈
注曰縮實肝炙於俎也褻祭進抵右鹽於俎
近北便尸取之也縮執俎言右鹽則肝鹽併
也

繼公謂實于俎縮右鹽言肝鹽在俎之法爾
非謂此時方實之也鹽於俎與執者皆爲右
尸左執爵右取肝擩鹽振祭嚌之加于俎賓降
反俎于西塾復位
疏曰加于俎異於吉時
繼公謂擩鹽不言于文畧耳餘放此加于俎
牲俎也
尸卒爵祝受不相爵主人拜尸荅拜相悉亮反
注曰相爵者特牲曰送爵皇尸卒爵
繼公謂不相爵變於吉祝相爵者命主人拜
送爵也此雖不相爵而主人猶先拜蓋其節
宜然也

右主人酳尸

祝酌授尸尸以醋主人主人拜受爵尸荅拜主人坐祭卒爵拜尸荅拜醋才各反尸無降席之禮故祝爲酌之酢不洗爵尸禮也孝子於是時乃飲而卒爵者爲尊者之賜也

右尸酢主人

筵祝南面

筵祝蓋贊者也筵於北墉下尊之西也室中之席南面以西方爲上既筵則祝升席與

主人獻祝祝拜坐受爵主人荅拜

祝與佐食皆事尸者也故於酳尸獻尸之後

因而獻焉承已歆之後乃不洗而獻祝者下尸也坐受爵者因尸禮也以明其由尸而得獻祝既受爵主人乃反西面位而荅拜

薦菹醢設俎

亦賛薦而佐食設俎

祝左執爵祭薦奠爵興取肺坐祭嚌之興加于俎祭酒甞之肝從祝取肝擩鹽振祭嚌之加于俎卒爵拜主人荅拜祝坐授主人

祭薦亦右手以菹擩醢祭于豆閒也先奠爵乃取肺以祭祭離肺用二手也祭不言絕文省以肝從亦賔長也祝亦左執爵乃取肝不言之者同於尸可知授主人下宜脫一爵字

主人酌獻佐食佐食北面拜坐受爵主人荅拜佐食祭酒卒爵拜主人荅拜受爵出實于篚升堂復位

復堂上東面位

右主人獻祝及佐食

主婦洗足爵于房中酌亞獻尸如主人儀

注曰爵有足輕者飾也

繼公謂此不謂之酳而云獻者食尸之禮非關於主婦故此禮與彼不相蒙而惟以進酒者爲稱也如主人儀則亦北面拜

自反兩籩棗栗設于會南棗在西

反或是取字之誤此兩籩自堂而設于室非

可言反云自若明其不用替也吉祭則宗婦
賛之特牲禮曰宗婦執兩籩户外坐主婦受
設于敦南是也

尸祭籩

祭棗栗於豆閒也亦祝取而授之特牲禮曰
祝賛籩祭尸受祭之

祭酒如初賓以燔從如初尸祭燔卒爵如初酳
獻祝籩燔從獻佐食皆如初以虛爵入于房

注曰初主人儀

繼公謂賓謂次賓羞燔者蒙如初者如肝從
儀也皆皆獻祝以下四事也籩位則豆俎

右主婦亞獻

賓長洗繶爵三獻燔從如初儀繶於力反

注曰繶爵口足之間有篆文彌飾

右賓長三獻

婦人復位

注曰復堂上西面位

祝出户西面告利成主人哭

注曰西面告告主人也利猶養也成畢也言養禮畢也

繼公謂上云主人升堂復位而此云祝出户西面告利成則主人虞祭與及哭之位皆入堂深矣利成未詳

皆哭

注曰丈夫婦人於主人哭斯哭矣

祝入尸謖謖音叔

謖起也祭旣畢矣尸必俟祝入乃起者禮之節當然也

從者奉篚哭如初

注曰初哭從尸

祝前尸出戶踊如初降堂踊如初出門亦如之

注曰如初者出如入降如升[redacted]者之節悲哀

[illegible]曰

[illegible]公謂祝前者道尸也踊如初者丈夫先婦

[illegible]云降堂者謂其方降於階上而即踊

右尸出

[illegible]入徹設于西北隅如其設也几在南厞用

厞扶未反下並同

改于西北隅者亦以尊者之盛饌未可遽徹

去之故改設於此也蓋徹與徹褻奠而改設

於亭西南之類者同意几在南在饌之南也

厞用席者以席之一端倚于几一端倚于俎

則足以障蔽其饌矣如是者明其非爲求神

祝改設之亦變於吉

右改設

祝薦席徹入于房祝自執其俎出贊闔牖户

徹薦席者贊也云徹入于房則祝薦席初自

房來

主人降賓出主人出門哭止皆復位

注曰門外未入位

繼公按注云門外未入位者謂殯宮門外未入時之位也

宗人告事畢賓出主人送拜稽顙

注曰送于大門外也

繼公謂送此賓亦稽顙者爲徒勞之故重拜其辱也吉祭之賓有俎主人則但拜送之而已蓋儀物相爲隆殺也

右事畢

記虞沐浴不櫛

注曰沐浴者將祭自潔清不櫛未在於飾也惟

三年之喪不櫛期以下櫛可也

陳牲于廟門外北首西上寢右

注曰言牲腊在其中西上變於吉寢右者當

升左胖也

繼公謂陳之亦在西方而當陳鼎之南畧如

特牲禮也西上腊在東也腊與豕序則不在

於矣北首寢右謂牲也吉時腊東首則此時

西首與

日中而行事

日中行事亦變於吉祭也三虞皆然至祔乃

質明行事以其始用吉祭也

殺于廟門西主人不視豚解

注曰豚解解前後脛脊脅而已孰乃體解升於鼎也

繼公謂廟門亦廟門外也主人不視亦變於吉主人不視殺則陳牲之時可知矣

羹飪升左肩臂臑肫骼脊脅離肺膚祭三取諸左膉上肺祭一實于上鼎骼音格與胳同膉音益

注曰脊脅正脊正脅也離肺舉肺也膉脰肉也

繼公謂惟云脊脅則是各一骨耳無橫脊短脅而又但用一骨遠别於吉祭也離肺乃與同舉者也言離見其制與絶祭者同膚祭三以爲神祭肺祭一以爲尸祭

升魚鱄鮒九實于中鼎

然九亦未可與其吉祭同凡士之喪奠用魚則九

升腊左胖髀不升實于下鼎

腊亦體五骨二所謂腊如牲骨也

皆設扃鼏陳之

注曰嫌既陳乃設扃鼏也

載猶進柢魚進鬐

注曰猶猶士喪既夕言未可以吉也

繼公謂奠其於牲則進柢魚則進鬐始者但以未忍異於生之故而爲之其後遂因之以別於吉祭故三虞之時雖祭而不奠猶未變

於初也

祝俎髀脰脊脅離肺陳于階間敦東脰音豆

髀亦左髀也脊脅其亦脡脊代脅與離肺嚌肺也祝祭以離肺者是禮主於飲故不因尸之食禮也此俎實自鑊而徑載於俎不復升於鼎者不敢與神俎同也尸三俎用豕魚腊祝之俎實惟用豕者亦變於吉也階間執事之俎所陳之常處也特牲饋食禮曰執事之俎陳于階間二列北上則於階間而陳是俎吉凶同也階間先有黍稷敦故記又明著其所焉云敦東者言其相直也

淳尸盥執槃西面執匜東面執巾在其北東面

宗人授巾南面淳音諄
注曰槃以盛棄水也執巾不授巾卑也
繼公謂淳尸盥執匜者也此執盥器者之位亦皆變於吉
主人在室則宗人升戶外北面
注曰當詔主人室事
佐食無事則出戶負依南面依於豈反
依如負斧依之依亦謂如屏風然者也然則自天子至於士其戶牖之間皆設依惟天子則飾以斧文耳負依南面明與宗人不相統也佐食室中無正位故是時立於此特牲記曰佐食當事則戶外南面無事則中庭北面

此禮三獻而止佐食無中庭之位故俎以事
之有無爲言雖當事猶云無也
鉶芼用苦若薇有滑夏用葵冬用荁有柶荁音丸
注曰荁堇類也乾則滑夏秋用生葵冬春用
乾荁
繼公謂若苦若薇亦各隨其時之所有而用
之有柶所以祭而嘗之也
豆實葵菹菹以西蠃醢蠃音螺
經惟言菹醢此則見其所用之物也言以西
則指其饌時
籩棗烝栗擇
惟言棗烝栗擇則是籩豆之類皆未變也此

祔尸用葦席素几主人酳以醆爵則其他可知矣

尸入祝從尸

入謂入門也言祝從尸者嫌其如迎尸之時猶先行也祝始出迎尸先行入門及尸入祝乃居後而從之少牢饋食禮曰祝先入門右尸入門左亦辟尸使先行也入門如是則入尸亦從尸可知

尸坐不說屨說吐活反下並同

尸乆坐於室中嫌或說屨也禮有敬事則不說屨而坐少儀曰凡祭於室中堂上無跣燕則有之

尸謖祝前鄉尸還出户又鄉尸還過主人又鄉尸還降階又鄉尸降階還及門如出户鄉並音向還並音旋

注曰祝道尸必先鄉之爲之節

繼公謂前者當尸之前而行也前行者所以道之鄉尸還謂先鄉尸而即還也主人位在堂深祝出户而西行當階而南行乃過主人也過主人則近階矣故不必見及階之節也上降階者祝也下降階者尸也祝先降而鄉尸及尸既降祝乃反面而行及門如出户謂出門又鄉尸凡道尸之儀在此

尸並祝反入門左北面復位然後宗人詔降

祝於尸出即反則不復前矣祝於門外迎尸
而不送亦終始異也詔降詔主人降也主人
於是乃取杖與此言主人降之節似與經異
尸服卒者之上服
卒者士也其上服則爵弁服是亦異於吉祭
者也吉祭之尸服玄端玄裳
男男尸女女尸必使異姓不使賤者
女尸以在孫倫者之妻爲之據夫家而言之
故曰異姓其或雖與卒者同姓亦可以爲之
也賤者孫倫之妾也
無尸則禮及薦饌皆如初
注曰無尸謂無孫列可爲者也

繼公謂禮謂主人哭出復位以前之儀及改設饌與賓出以後之事薦饌神席前俎豆之類皆是也如初謂與有尸者同

既饗祭于苴祝祝卒下祝之又反

雖無尸此儀則同也主人於每節亦皆再拜稽首記將見主人哭出之節故先言此

不綏祭無泰羹湇胾從獻綏當音授

綏亦當作授泰亦當作大授祭謂佐食授祭也無尸則固無所授矣嫌其當象有尸者之禮故言不以明之無大羹湇胾從獻意亦類此從獻謂籩及肝燔俎也此記終始也事尸之禮始於授祭終於從獻

注曰嘉薦菹醢也普淖黍稷也
繼公謂普淖未詳
明齊溲酒齊才計反溲所求反
明齊蓋言醴也郊特牲曰縮酌用茅明酌也又曰明水涚齊貴新也蓋用明水涚醴齊故曰明齊也祝稅之時奠用醴而已不用酒也云溲酒似衍文
哀薦祫事
注曰始虞謂之祫事者主欲其祫先祖也
適爾皇祖某甫
注曰告之以適皇祖也皇君也某甫皇祖字也若言尼甫

繼公謂云適爾皇祖某甫所以勸勉之尸[illegible]
巳去則神宜在廟爲神未欲遽離其室故於
三虞皆告之以此

饗

以祔祭之辭例之當云尚饗蓋庶幾[illegible]
也

再虞皆如初曰哀薦虞事

注曰其祝辭異者一言耳

繼公謂舊說謂再虞後於始虞二日[illegible]
也皆如初謂日與祝辭也曰哀薦虞事見其
與上文異者惟虞祫二字耳虞之言度也再
告之則有使之度其去就之意故曰虞事[illegible]

虞祭之名蓋取諸此不以祫爲稱者以[illegible]
大祫之名同且此時猶未果祫也

三虞卒哭他用剛日亦如初曰哀薦成事

注曰其祝辭異者亦一言耳

繼公謂三虞卒哭謂既三虞遂卒朝夕哭也
他者變易之辭猶今之言別矣不用柔日下
別用剛日故曰他也他用剛日則三虞卒亦
後於再虞三日矣所以用剛日者爲祔祭當
用柔日故爾蓋三虞與祔日當相接經云明
日以其班祔是也亦如初謂祝辭也成事謂
見其一言之異者耳三虞云成事者謂神靈
適祖之意已定也此三祭之辭皆吉之以適

其皇祖乃異其某事之云者所以見義也初言祫者象啓尊者以其事也次言虞者象尊者聞言則度其可否也末言成者象其思慮已審將行之也凡此皆所以順孝子事死如事生之心故其爲辭先後有漸從容不迫蓋若此此先王之道所以爲美與

獻畢未徹乃餞

注曰餞送行者之酒詩云出宿于泲飲餞于禰

繼公謂此承上文謂三虞之祭既三獻也餞尸于外者象神將適其祖而送之也

尊兩甒于廟門外之右少南水尊在酒西勺北

枋

是禮主於尸故惟用酒耳用酒而有水尊尊者之禮也水尊在酒西西上也下文言尸席設于尊之西北是尸席西於尊北也尸席西於尊北而尊西上以是觀之則設尊之法愈可得而見矣無冪變於祭

洗在尊東南水在洗東篚在西

洗取節於尊是猶未離於廟門外之西方也

饌籩豆脯四脡脡大頂反

饌籩豆主於飲也脯曰脡猶變於吉也鄉飲酒禮曰薦脯五脡橫祭于其上此亦有祭記但見其異者耳

有乾肉折俎二尹縮祭半尹在西塾乾音干
尹正也二尹云縮則祭半尹横矣乾肉在俎
而縮亦變於牲三者葢饌於外西塾上之南
籩豆在俎北也
尸出執几從席從
注曰祝亦告利成入尸乃出几席素几葦席
也以几席從執事也
尸出門右南面
他時尸出則歸此乃南面立者或祝告之以
將有事也與
席設于尊西北東面几在南
此亦右几明其象神

賓出復位

注曰將入臨之位

主人出即位于門東少南婦人出即位于主人之北皆西面哭不止

主人位少南者宜稍鄉尸且爲婦人當位于其北也衆主人以下亦在主人之南如臨位而婦人之位則當南上婦人出者宜送神也云哭不止見其哭而出也

尸即席坐啐主人不哭洗廞爵酌獻尸尸拜受主人拜送哭復位

是時惟主人不哭爲將行禮也然則亞獻三獻之時主婦賓長亦不哭特於此見之也主

人拜送蓋亦北面如室中之儀

薦脯醢設俎于薦東胊在南胊其俱反

注曰胊脯及乾肉之屈也屈者在南變於吉

[illegible]在執爵取脯擩醢祭之

[illegible]于籩豆之間

[illegible]嚌尸受振祭嚌反之

[illegible]授嚌授乾肉之祭也反之反於佐食佐

[illegible]人於俎

[illegible]謂乾肉之祭云嚌者亦因事名之

祭酒卒爵奠于南方

卒爵而主人不拜且奠之而不酢皆略也南

方薦右也後奠者又以次而南

主人及兄弟踊婦人亦如之
亦如之者亦及內兄弟之屬皆踊也
主婦洗足爵亞獻如主人儀無從踊如初賓長
洗繶爵三獻如亞獻踊如初佐食取俎賓于篚
長知丈反
如主人儀謂自薦脯醢至反之之外皆如之
也從從獻者也如燔之類踊如初亦丈夫先
婦人後也取俎謂取乾俎之實
尸謖從者奉篚哭從之祝前哭者皆從及大門
內踊如初
注曰從尸不出大門者猶廟門外無事尸之
禮也

疏曰云從尸不出大門者猶廟門外無事尸之禮者在廟以廟爲限在寢門外以大門爲限正祭在廟廟門外無事尸之禮今餞尸在寢門外則大門外無事尸之禮故鄭舉正祭況之

繼公謂哭者皆從尸者主於餞尸則宜送之亦男先女後不拜者凡主人於尸無拜送之禮惟大夫賓尸乃拜送之

尸出門哭者止

注曰以餞於外大門猶廟門

賓出主人送拜稽顙

注曰送於大門外

繼公謂六人既復位宗人[illegible]
婦亦拜賓
注曰女賓也不言出不言送拜之[illegible]闈門之
內闈門如今東西掖門
繼公謂拜賓之位未詳
丈夫說經帶于廟門外
注曰當變麻受之以葛也夕日則服葛者爲
祔期
繼公謂三虞事畢即說經帶者蓋其節當然
也喪服之始經帶先加故於將變之時亦先
說之若受服及柱楣之類皆當爲之於既徹
之後此特見其始者耳　按注云夕日則服

葛者爲祔期是亦以意言之耳

入徹主人不與

主人不與則是丈夫自齊衰以下婦人自主

婦而下皆得爲之矣

婦人說首絰不說帶

既徹乃說絰下丈夫也婦人指五服之親言

也不說帶則不以葛易之間傳曰男子重首

婦人重帶婦人質故於其所重者有除無變

其三年者至小祥而除之齊衰期以至小功

則皆終喪而除之禮弓曰婦人不葛帶是也

其緦麻者此時亦不說既除則除之與

無筭 則不餞猶出几席設如初拾踊三

注曰以餞尸者本爲送神也丈夫婦人亦從

几席而出

繼公謂此節在既陰厭主人復位之後拾踊

者謂丈夫婦人及賓也然則於餞尸之時賓

亦踊矣上記不見之者文畧也

哭止告事畢賓出

其賓出以下之儀與有尸者同

死三日而殯三月而葬遂卒哭

云遂卒哭以其與葬事相屬也記者於既三

虞乃更端言此者明葬與卒哭之月數當視

殯之日數也然則天子七日而殯諸侯五日

大夫三日其葬卒哭之月皆可得而定之矣

將旦而祔則薦

此薦在三虞之夕也將以來日旦明祔神靈於廟則是時復薦于寢而告之薦謂脯醢而奠酒也惟主告神以祔期耳故其禮畧褻者旣餞尸送神於外也今復薦於寢者以神不可測雖已送之猶不敢必其往也

卒辭曰哀子某來日某隮祔爾于爾皇祖某甫尚饗

隮升也尚庶幾也卒謂已薦也已薦則祝告以此辭

女子曰皇祖妣某氏

注曰女孫祔于祖母

婦曰孫婦于皇祖姑某氏
謂隮祔爾孫婦于皇祖姑某氏也云孫婦者
對祖姑之稱
其他辭一也
注曰來日某隮祔尚饗
饗辭曰哀子某圭爲而哀薦之饗
注曰圭絜也詩曰吉圭爲饎凡吉祭饗尸曰
孝子
繼公謂饗謂饗神也祝既釋告祔之辭主人
及祝皆再拜主人出立于牖西祝立于户東
如食閒主人及祝又入祝乃釋此饗辭主人
及祝又再拜主人出祝乃徹之也此雖主爲

告祔之饗言之然凡喪祭之饗辭亦皆然爾
注云圭絜也按大戴禮云孝嗣侯某潔爲
而明薦之享注豈據此而訓圭爲絜與
明日以其班祔
注曰卒哭之明日也喪服小記曰祔必以其
昭穆亡則中一以上
吕與叔曰禮之祔祭各以昭穆之班祔于祖
廟有祭即而祭之既遷喪而后遷于新廟故
此謂之祔
沐浴櫛搔翦搔音爪
注曰彌自飾也搔當爲爪搔翦或爲蚤揃揃
或爲鬋

用專膚爲折俎取諸脰膉

注曰專猶厚也折俎以脰膉變於純吉

繼公謂惟云取諸脰膉是不分左右皆用之矣此折俎謂尸祝之外凡執事者之俎也佐俎亦存焉有此俎則有致爵獻賓之禮矣曾子問曰小祥者主人練祭而不旅奠酬於賓賓弗舉禮也然則祔祭其無奠酬之事與以專膚爲俎且取諸脰膉明不用體骨也所以然者祔未純吉猶以左胖爲神俎其右胖之體骨則不敢以爲執事者之俎實蓋辟吉祭神俎之所用者也

其他如饋食食音嗣

注曰如特牲饋食之事

繼公謂其他謂陳設之位與事神事尸之儀及執事者也

用嗣尸

嗣尸主人子行之次於爲虞尸者也以次相繼而用之故曰嗣虞祔異尸者若曰吉凶不可相因然

曰孝子某孝顯相夙興夜處小心畏忌不惰其身不寧相息亮反

注曰稱孝者吉祭

繼公謂此祭兩告之而辭乃惟以孝子爲辭者蓋主於祔者也自此以下亦皆祔[illegible]

而尹祭

注曰丮祭腈也大夫士祭無云腈者今不[illegible]

牲號而云尹祭亦記者誤矣

嘉薦普淖普薦溲酒

注曰普薦鉶羹不稱牲記其異者

繼公謂普薦亦未詳

適爾皇祖某甫以隮祔爾孫某甫尚饗

注曰欲其祔合兩告之

繼公謂此兩告之是兩祭之也兩祭之所用

一尸且不別設凡席薦饌蓋祭禮或當然也

聘禮記曰賜饔唯羹飪筮一尸若昭若穆祝

曰孝孫某孝子某薦嘉禮于皇祖某甫皇考

其子此禮差近之

朞而小祥

注曰小祥祭名祥吉也

繼公謂三年之喪至朞而凶服或有所除故謂之祥再朞而祭祀辭乃曰祥事則此未得正謂之祥也故以小言之自此以下之祭皆於祖廟特祭所死者不復及其皇祖與祔異

曰薦此常事

注曰祝辭之異者

繼公謂此見其與祔辭之異者耳當云敢用某物薦此常事于皇考某甫也一朞天氣變易重服至是當有變除有變除則嘗又[illegible]

常事

朞而大祥曰薦此祥事

凶事至是盡除故曰大祥而其辭曰祥事言

大者對小之稱

中月而禫禫大感反

注曰禫祭名也禫之言澹澹然平安意也

繼公謂中如中夜之中謂半之也中月者祥

之後半月其相去蓋十五日也如以乙丑日

祥則或以己卯禫矣記曰三年之喪二十五

月而畢其此之謂與

是月也吉祭猶未配

注曰是月是禫月也配以其妃配某氏也少

牢饋食禮祝祝曰孝孫某敢用柔毛剛鬣嘉薦
薦普淖用薦歲事于皇祖伯某以某妃配某
氏尚饗
繼公謂禫之月即安祭所以安神夫是[illegible]
此使遷廟事畢乃禫之而祭焉此[illegible]
是方云吉祭則[illegible]然如[illegible]
[illegible]之[illegible]也蓋此祭[illegible]
[illegible]其母與所謂薦[illegible]
[illegible]此繼禫而言蓋指[illegible]
[illegible]廟[illegible]于[illegible]而[illegible]
則祖在寢[illegible]

儀禮卷第十四

祝命佐食綏祭

鄭本綏作墮注曰今文墮爲綏綏以謂以文意求之當云授祭墮綏皆誤而饑於授字爲差近故但取其近者

浴不擳

本云沐浴而鄭注乃云今文曰沐浴則是鄭氏但從古文元無沐字也今本記與注首皆云沐浴蓋傳寫者誤衍之宜删

食補一口

三十六

永

(元)敖繼公　撰

元本儀禮集説

第五册

國家圖書館出版社

第五册目録

則主人親戒速所以尊賓也此使戒賓而各
以其爵亦其義耳
上介出請入告三辭
注曰爲既先受賜不敢當
疏曰饗食皆當三辭
繼公謂食必三辭者重於燕也燕則再辭而
許
賓出拜辱大夫不荅拜將命賓再拜稽首
注曰受命
繼公謂賓不言朝服可知也旣對乃北面而
拜拜辱說見鄉飲酒
大夫還

注曰復於君

賓不拜送遂從之

云不拜送明有拜送者先拜送乃從之國君

於王使之禮也

右戒賓

賓朝服即位于大門外如聘朝直遥反

拜命之時賓固朝服矣於此乃著之者明其

與聘服異亦因事而見之如聘謂賓入于次

乃即位而主君之擯者亦三人也賓即位亦

于西方東面介立于其東南北面西上

右賓即位

即位具

賓即位而主人之有司乃具者節也具如具
宫饌之具謂具其所當陳設之物也
羹定甸人陳鼎七當門南面西上設扃鼏鼏若
束若編
注曰凡鼎鼏蓋亦茅爲之長則束本短則編
其中
繼公謂甸人掌以薪蒸役外内饔之事故此
時爲陳鼎也天子則外饔爲之大牢而用七
鼎以所食者乃下大夫也篇首雖言使大夫
戒各以其爵而篇中則賓主言下大夫耳陳
鼎於庭少北而東西則當門陳鼎當門南面
君禮也西上明爲賓也設扃鼏在陳鼎之前

於此乃言之者亦因而見之也若束若編亦
謂七者皆科用其一耳此與若冊若璽之文
意同
設洗如饗
注曰必如饗食者先饗後食如其近者也饗禮
亡燕禮則設洗於阼階東南
小臣具槃匜在東堂下匜音移
爲公設盥也匜盛盥水槃盛盥棄水也凡行
禮其以槃匜盥而不就洗者尊者一人而已
有敵者則否不言簞巾文略耳祭禮有槃匜
必有簞巾
宰夫設筵加席几

注曰設筵於户西南面而左几公不賓至授
几者親設湇醬可以略此
無尊
言此者嫌酒漿或用尊也
飲酒漿飲俟于東房
注曰其俟奠于豐上也
繼公謂酒言飲者指其所用名之也漿云飲
者明其爲六飲之一者也漿在六飲而云漿
飲亦猶醴在五齊而云醴齊之類也言俟者
見其已在觶特俟時而設之耳
凡宰夫之具饌于東房
注曰凡非一也飲食之具宰夫所掌也酒漿水

不在凡中者雖無尊猶嫌在堂

繼公謂此所饌者謂豆籩簋鉶也

右陳設

公如賔服迎賔于大門內大夫納賔賔入門左

公揖再拜賔辟再拜稽首公揖入賔從辟音避

此行禮於禰廟亦有每門每曲之揖不言者

亦文省此說已在聘禮後不見者放此

及廟門公揖入賔入

注曰廟禰廟也

三揖至于階三讓公升二等賔升

此下大夫與公升階之儀乃與卿同然則升

階尊卑之差不過一等此三揖與士冠禮者

同與聘禮者異

右迎賓

大夫立于東夾南西面北上

注曰東夾南東西節也

繼公謂大夫亦兼上下者言也下大夫西面辟擯者及士位而在此耳東夾南即東堂南舍南而取節於夾見其去堂遠也羣臣至是方即位於廟則是歸者公亦不在廟明矣此其異於臣禮與士冠士昏禮主人皆先待於廟乃出迎賓

士立于門東北面西上

注曰非其正位辟兵在此

繼公謂立于門東宜東上而統於一人乃西上
者順其本位之列所以見此非正位也西方
北上門東西上皆上左也此時大夫士之位
亦宜如是
小臣東堂下南面西上
小臣者小臣正小臣師與其從者也
宰東夾北西面
宰大宰也東夾北北堂下之東方也宰尊官
於此乃見之者位定在後耳宰與羣臣同入
以其位在內故後於在外者
內官之士在宰東北西面南上
注曰夫人之官內宰之屬也自卿大夫至此

不先即位從君而入者明助君食賓自無事
繼公謂内官之士内小臣之屬也在宰東北
少退於宰也此惟取節於宰則宰獨立於此
明矣
介門西北面西上
注曰西上自統於賓
繼公謂介位序於内官之後見其不從賓而
入變於聘時也上擯則隨公而入立于階下
承擯紹擯亦隨入立于士東少進負東塾北
面東上
右羣臣及介即位
公當楣北鄉至再拜賓降也公再拜鄉許亮反下並同

疏曰公方一拜賓即降賓降後公又一拜
繼公謂至再拜言其拜至之數也賓降之上
不言公壹拜者文脱耳於公壹拜而賓降者
急於荅拜亦所以辟之至再拜說見士昏禮
賓西階東北面荅拜擯者辭
注曰辭拜於下
拜也
不從其命而拜
公降一等辭曰寡君從子雖將拜興也
曰者擯者辭也公降一等辭止其又拜也公
辭而賓猶欲拜故擯者復釋辭以止之而賓
終不從命也君於臣乃拜至其禮太崇故荅

之亦與常禮異

賓栗階升不拜

注曰自以已拜也

繼公謂升不拜者以其終拜於公辭之後也

栗階說見燕記

命之成拜階上北面再拜稽首

注曰賓降拜主君辭之賓雖終拜於主君之

意猶爲不成

繼公謂拜下者臣也拜于上者賓也既升而

命之成拜所以賓之

右拜至

人抽扃坐委于鼎西南順出自鼎西左人待載

冪當作鼏鼏去鼏亦右人也次序也次入鼏在

西者先在東者後也鼏下脫一南字西南之

南衍文皆傳寫者誤也朝位君南面故陳鼎

於内外皆順之鼎西每鼎之西也順出以次

而出也順出正禮也其或逆出由便耳左

人待載蓋各立于其鼎之東南面

雍人以俎入陳于鼎南旅人南面加匕于鼎退

注曰雍人掌割亨之事者雍人言入旅人言

退文互相備也匕俎每器一人諸侯官多也

繼公謂雍人西面于鼎南陳俎俎南順旅人

南面于鼎北加匕匕北枋退蓋兼執匕俎者

而言旅人其士旅食與
大夫長盥長之兩反
以長而序盥也亦目下事之辭
洗東南西面北上
當盥者七人皆違其位而立於此也國君設
洗當東霤於東夾南爲少東洗之東南則又
東矣
序進盥退者與進者交于前
前者其立處之西也於洗南爲少東交于前
不言相右可知也此可見經文之例矣
卒盥序進南面匕
南面立于鼎後也匕出鼎實也

載者西面
注曰載者左人亦序自鼎東西面於其前大
夫匕則載之
䟽曰在鼎南稍東也
繼公謂西面執俎以載也
魚腊飪
注曰食禮宜孰饗有腥者
䟽曰上云羹定恐魚腊不在其中故此特著
魚腊飪也又曰國語云王饗用體薦體薦則
腥矣樂記云大饗俎腥魚是饗禮有腥也
載體進奏奏七豆反
注曰體謂牲與腊也

繼公謂體者三牲則右體腊其一純與言體而不言骨見其尊者耳牲體之數五其脊脅各三而皆二骨以並腊則倍之也少牢饋食禮曰腊一純而俎進奏注見鄉飲酒記

魚七縮俎寢右

注曰寢右進鬐也

繼公謂魚七者腸胃有俎故魚亦放其數也縮俎者首尾鄉俎之前後也所以變於牲寢右進鬐亦進奏之意魚鬐在上腴在下士喪禮曰載魚左首進鬐

腸胃七同俎

注曰以其同類也不異其牛羊腴賤也此俎

案凡二十八
時門牛羊各有腸胃腸胃各七四七二十八
也
繼公謂腸胃七若大牢之下數也與牲異俎
者大牢之禮也
倫膚七
倫膚者雍人所倫之膚也倫猶擇也膚乃七
者亦效腸胃之數也少牢饋食禮曰雍人倫
膚九
腸胃膚皆橫諸俎垂之
注曰腸胃垂及俎拒
繼公謂橫諸俎者以其皆出於牲體故載於

殂也與牲體同言垂之見其長也不言其垂
之所及者腸胃與膚其長或異
大夫旣匕匕奠于鼎逆退復位
匕奠于鼎謂加匕於鼎上也位東夾南
右鼎入匕載
公降盥賔降公辭
注曰辭其從已
繼公謂公辭賔亦對而反位于階西於是小
臣各執槃匜簞巾以就公盥
卒盥公壹揖壹讓公升賔升
壹讓者殺於初
宰夫自東房授醯醬

注曰授公也
繼公謂此亦並授也下放此
公設之
示親饋
賔辭北面坐遷而東遷新
辭時蓋東面於公之西辭者辭公親設也東
遷所東遷於其所也所者謂醬之正位也公
設之處於其正位爲少西必少西者爲賔當
遷之故也遷之者示其不敢當公親設之意
且以爲禮也下皆放此
公立于序内西鄉賔立于階西疑立疑舊魚乙反
事未至故離其拜位也序内西鄉主位也階

西西階上之西也公與賓各俟於此與鄉飲
酒之主人立于階東之意同公不立于阼階
東者公尊也
宰夫自東房薦豆六設于醬東西上韭菹以東
醓醢昌本昌本南麋臡以西菁菹鹿臡臡音尼
注曰昌本昌蒲本菹也醢有骨謂之臡菁蕪
菁即蔓菁也
疏曰周禮醢人朝事之豆入此用其六
繼公謂六豆爲二列內列自西而東外列自
東而西惟云西上者明外列繞於內列也食
禮用朝事之豆者君尊故其用之自上者始
也皆朝事饋食之禮兩有則其籩豆乃各有

所屬云

士設俎于豆南西上牛羊豕魚在牛南腊腸胃亞之膚以為特

當豆南者牛俎也羊俎之半也亞次也設俎之法每者必當兩豆欲其整也特在豕東

旅人取匕甸人舉鼎順出奠于其所

注曰其所謂當門

繼公謂甸人加扃乃舉鼎其出也亦匕先而鼎後

宰夫設黍稷六簋于俎西二以並東北上黍當牛俎其西稷錯以終南陳錯七各反

東北上惟指黍當牛俎者言也錯以終者稷

南黍黍東稷稷南黍黍西稷也上列之黍當牛俎則次列之稷當魚俎而後列南於魚俎之西也一籩當一俎則其位之疏數可知矣

大羹湆不和實于鐙宰右執鐙左執蓋由門入升自阼階盡階不升堂授公以蓋降出入反位

大音泰鐙音登盡子忍反

注曰不和貴其質瓦豆謂之鐙宰謂大宰[illegible]蓋者饌自外入爲風塵

疏曰宰以蓋出於門外乃更入門反於[illegible][illegible]北位也

繼公謂此大羹謂牛汁不和者以無鹽菜尚質也以五味[illegible]物謂之和[illegible][illegible][illegible][illegible]和[illegible][illegible]

菽蔞芻苦之類是也凡湆皆不和經特著止
見之自門入者湆在爨也士昏禮曰大羹湆
在爨記曰亨于門外東方足以明之矣入反
位自東壁而適東夾北也
公設之于醬西賓辭坐遷之
注曰亦東遷所
繼公謂設湆于醬西是醬湆東上也凡醬湆
之位變於正豆
宰夫設鉶四于豆西東上牛以西羊羊南豕豕
以東牛
東上變於豆
飲酒實于觶加于豐

具饌之時則然矣言於此者爲下文發之

宰夫右執觶左執豐進設于豆東

注曰食有酒者優賓也

繼公謂不授觶者以未用也設於豆東者不主於飲且後用之故不欲其妨

宰夫東面坐啓簋會各卻于其西會如字

注曰會簋蓋也亦一一合卻之各當其簋之西

䟽曰少牢云佐食啓會蓋二以重設于敦南

繼公謂此六簋爲三列每列之二會則各相重而卻置於列之西故曰各卻于其西

右設正饌

贊者負東房南面告具于公

贊者所謂上贊也負東房負其墉也士喪禮曰祝負墉南面然則此其上贊之正位與具謂正饌已具

公再拜揖食食如字

再拜者欲賓食禮之也拜亦當楣北面

賓降拜公辭賓升再拜稽首賓升席坐取韭菹以辯擩于醢上豆之間祭辯音遍下並同擩人悅反

擩猶染也此所擩者醢醢而下五豆惟云醢者省文耳少牢饋食用四豆尸取韭菹擩于三豆是其徵也上豆韭菹醓醢也祭於二豆之間少北此節見少牢下篇

賓者東面坐取黍實于左手辯又取稷辯反于

右手興以授賓賓祭之

注曰賓亦興受坐祭之於豆祭

疏曰此所授者皆遠賓者也

繼公謂辯謂辯取於三簋先黍後稷不欲其雜也每取黍稷皆以右手而實于左手既則反于右手也亦壹以授賓不言壹者其文巳明也

二牲之肺不離贊者辯取之壹以授賓賓興受坐祭

注曰不離者刌之也亦祭於豆祭

疏云謂云不離者見其爲切肺且明無[illegible]也

也食而舉肺脊者其肺則離之云壹者見其不再也必著之者嫌每肺當别授之也上言興授此言興受又互見耳

挩手扱上鉶以柶辯擩之上鉶之間祭

䟽曰此云上鉶之間祭者著其異於餘者欲祭於上豆之間

繼公謂扱上鉶以柶謂以内列牛鉶之柶扱其鉶也辯擩之者遂以柶擩三鉶也此四鉶皆有柶其擩之則惟用其上者之柶與少牢饋食禮略同上鉶之間謂内列二鉶之間少北也祭鉶不於豆祭而於鉶間者其大牢之禮異與

祭飲酒於上豆之間魚腊醬湆不祭

注曰不祭者非食物之盛者

繼公謂魚腊屬於牲醬屬於豆湆屬於鉶故此雖設之亦不祭蓋已祭其大則略其細也不言腸胃膚者在魚腊之下不祭可知

右賓祭正饌

大夫授公飯粱公設之于湆西賓北面辭坐遷

曰既告具矣而又設此加也

謂粱言飯者以賓主食之也北面辭蓋

[illegible]上云北面坐遷與此文

公與賓皆復初位
注曰位序内階西
宰夫膳稻于粱西
膳當作設字之誤也膳設聲相近山是誤云
士羞庶羞皆有大蓋執豆如宰
注曰大以肥美者特爲臠所以祭也魚或謂
之膴膴大也唯醢醬無大如宰如其進大羹
湇右執豆左執蓋
繼公謂言執於蓋豆之間見其兩執也　按
注曰唯醢醬無大者以經文云皆故言此以
明之醢醬四醢及芥醬也
先者反之

先者即執膷豆者也既設膷豆則以次受其餘於西階上而設之反者既往而後來之辭

此文似失其次而在是

由門入升自西階

由門入則[illegible]牲與魚亦於門外雍爨爲之與

先者一人[illegible]設于稻南簋西間容人間如字

注曰簋[illegible]稻稷西也必稻南者明燕羞加不與正豆[illegible]之間容人者賓當從間往來也

[illegible]公謂[illegible]一人士之長設膷者也設膷于[illegible]西節也簋西言[illegible]則北節也[illegible]

謂簋[illegible]簋之東也[illegible]

[illegible]

與正饌併而庶羞文設於稻南明庶羞亦在加不與正豆併也併謂同爲一處雖云正豆者以其器同也

旁四列西北上

注曰不統於正饌者雖加自是一禮繼公謂云旁者見不饌之中席而此在旁也下文云賓坐席末取粱即稻而庶羞在稻南足以明之矣西北上謂腳豆在諸豆之西北也必云北上者倣正豆之位亦變於常之行上也

腳以東臐膮牛炙炙之夜反下並同餘見前篇

炙炙肉

炙南醢以西牛胾醢牛鮨胾側吏反 鮨巨之反

注曰先設醢絳之以次也胾切肉也

鮨爲膾然則膾用鮨今文鮨作鰭

繼公謂此二醢爲牛之炙胾膾設也

云先設醢絳之以次也謂炙南之醢爲炙而

設故其次在胾之上

醢南羊炙以東羊胾醢豕炙

此一醢爲羊炙羊胾設也

炙南醢以西豕胾芥醬魚膾

注曰芥醬芥實醬也內則曰膾春用葱秋用

芥

繼公謂此一醢爲豕炙豕胾設芥醬爲魚膾

設也牛三品二醢尊也羊二品一醢降於牛
也豕亦二品一醢而醢次於豕又異於羊也
魚一而已其芥醬復先於膾又異於豕也古
人於食物之微亦以多寡先後示尊卑之義
則其精微周密之意亦可見矣
衆人騰羞者盡階不升堂授以蓋降出蓋子忍反
注曰授授先者一人
繼公謂進羞而言騰亦取其自下而上之意
衆人不升設者降於俎也以羞授先者一人
先者每爲設之所謂先者反之也以蓋降出
惟謂衆人其先者之蓋則次者旣授豆[illegible][illegible]人
之并以出矣

贊者負東房告備于公

注曰復告庶羞具者以其異饌

繼公謂此言備者備周於具

右設加饌

贊升賓

注曰命賓升席

繼公謂公鄉者已再拜揖食故於此惟贊者[illegible]

升賓禮不可褻也升賓之辭蓋曰吾子其升

也

賓坐席末取粱即稻祭于醬湆間

坐席末者就加饌也取粱即稻言不及黍[illegible]

左手也不祭于豆祭而于醬湆間者以其[illegible]

也且別於正饌

贊者北面坐辯取庶羞之大興一以授賓賓受

兼壹祭之

一壹同贊者壹以授賓賓兼壹祭之禮之節

當然也賓於黍稷牲肺皆壹祭之特於此發

之耳祭不言其所亦於醬湇閒可知

右賓祭加饌

賓降拜

拜者爲將食故也

公辭賓升再拜稽首公荅再拜賓北面自閒

左擁簠粱右執湇以降

注曰閒兩饌之閒也擁抱也必取粱[illegible]

設也

繼公謂擁之者示其重也必取湆者

啜湆故特取之以降者爲公立于堂

坐食于席也必以降者臣也云簠粱

也凡粱稻皆以簠

公辭賓西面坐奠于階西東面對

注曰奠而後對成其意也

繼公謂公辭止其食於下也階西賓所欲食

之處也故於此奠之對者釋其所以降之意

且從命也

西面坐取之栗階升北面反奠于其所降辭

公不許其降食乃敢辭公爲禮之節然也

公之意與鄉者欲食于下之意同降而辭者
亦以其臣也
公許賓升公揖退于箱擯者退負東塾而立
注曰箱東夾之前
賓坐遂卷加席公不辭卷九阮反下同
注曰贊者以告公公聽之
繼公謂卷加席者北面坐而卷自末也公不
辭以其降等也若於朝君則辭而賓反之矣
賓三飯以湆醬宰夫執觶漿飲與其豐以進飯扶晚反
注曰緣賓意欲自絜清
繼公謂漿觶亦先加於豐上如飲酒可知

賓挩手興受

注曰受觶

宰夫設其豐于稻西

注曰酒在東漿在西是所謂左酒右漿

繼公按左酒右漿弟子職文

庭實設

注曰乘皮

繼公謂此與下文行禮之節亦略與聘禮醴賓者同

賓坐祭遂飲奠于豐上

其祭亦於醬湆閒

右賓食

公受宰夫束帛以侑西鄉立
注曰侑猶勸也主國君以爲食賓殷勤之意未至復發幣以勸之西鄉立序內位也受束帛于序端
繼公謂是時公受束帛蓋于東箱醴時公在堂則受于序端侑者食賓而從之以貨財之之稱勸人食亦曰侑
賓降筵北面
注曰以君將有命也北面於階上
擯者進相幣賓降辭幣升聽命相息亮反
辭幣者謂既受賜食不宜又辱賜幣也公於是降一等止其降且不許其辭賓即栗階升

聽命也經似有脫文
降拜公辭賓升再拜稽首受幣當東楹北面退
西楹西東面立
西楹西亦少北也
公壹拜賓降也公再拜介逆出賓北面揖執庭
實以出
北面揖之者象親受之也凡庭實並受
公降立
注曰俟賓反
繼公謂亦立于中庭
上介受賓幣從者訝受皮
右侑幣

此一節經文有不釋者已見於前
篇醴賓條故也
賓入門左没霤北面再拜稽首
霤門内霤也没霤庭南也拜者謝侑幣之賜
也没霤而拜以公立于中庭也
公辭
辭其拜於庭也
揖讓如初升
此三揖時公在中庭與賓三揖則是與聘禮
者同矣云如初亦大略之言也既升則介入
復位
賓再拜稽首公荅再拜

辭也賓拜賜于庭南公辭之故成拜於此

右賓拜侑幣

賓降辭公如初

注曰將復食

繼公謂初謂公許也

賓升公揖退于箱賓卒食會飯三飲食飯皆加字

注曰會飯謂黍稷也此食黍稷則初時食稻粱

繼公謂減簋飯於會而食之故云會飯鄉者三飯乃飲此凡三飲蓋九飯也九飯大夫禮也後禮更端故與前三飯不相蒙食加飯而飲漿則此所飲者其酒與

不以醬湆
别變於初禮也先言醬者不用之故惟據所
設之序而言
挩手興北面坐取粱與醬以降西面坐奠于階
西
注曰示親徹也
繼公謂再食不用粱與醬乃取以降者重之
所設也公於正饌先設醬加饌先設粱故奠
親徹此二者階西鄉者所欲食之處也
東面再拜稽首
注曰卒食拜也
繼公謂卒食而拜賜也亦拜於階西不於階

東又不北面皆變於初明其將遂退矣

公降再拜

公拜亦西面于阼階下

右卒食

介逆出賓出公送于大門內再拜賓不顧

於此復云賓不顧嫌其或與聘問之時異也

有司卷三牲之俎歸于賓館

注曰卷猶收也無遺之辭也

繼公謂云卷者明盡以其俎與其實歸之此牲體皆在俎則食時不舉之明矣少牢特牲饋食禮尸所舉者加于肵虞禮則實于篚司儀職言食禮舉數上公九侯伯七子男五以

差言之則大夫當三也此乃不與其

官異者乎

魚腊不與與音預

言卷三牲之俎則魚腊不與可知乃

亦經文過於詳爾

右賓出歸俎

明日賓朝服拜賜于朝拜食與侑幣

首

鄉於既食既受侑幣皆已親拜

拜賜者正禮不可廢也此拜公

於重複

評聽之

注者受其言入告出報也此下大[illegible]

右賓拜賜

上大夫八豆八簋六鉶九俎魚腊皆二俎

注曰記公食上大夫異於下大夫之數

繼公謂豆加茆菹麋臡簋加黍稷各一鉶加羊豕俎加鮮魚鮮獸於膚之下如饔九鼎之次云九俎則四四爲列而特鮮獸

魚腸胃倫膚若九若十有一下大夫則若七若九

注曰此以命數爲差也九謂再命者也十一謂三命者也七謂一命者也九或上或下者皆再命者也謂小國之卿大國次國之大夫

也卿則曰上大夫則曰下大國之孤視子男
䟽曰云此以命數爲差者按周禮典命公侯
伯之卿三命大夫再命士一命子男之卿再
命大夫一命士不命則諸侯之臣分爲三等
三命再命一命不命與一命同此經魚腸胃
倫膚亦分爲三等有十一有九有七則十一
當三命九當再命七當一命若然惟有上下
二文者以公侯伯之大夫與子男之卿同再
命卿爵尊爲上大夫爵卑爲下則上言若九
者子男之卿也下言若九者公侯伯之大夫
也故鄭云卿則曰上大夫則曰下云大國之
孤視子男者此經惟見三命以下故鄭并論

及之按周禮典命大國之孤四命
云大國之孤執皮帛以繼子男
視小國之君若然孤與子男同
五上公十七差次可知
繼公謂其俎數之同者又以此見
言上大夫以及下大夫蓋以足前
意
庶羞西東毋過四列
注曰謂上下大夫也
繼公謂欲閒容人也膷當稻南若過一
近於簋矣西東西列東列也先言西者
庶羞每列自北而南繹之此乃言西東者

四列者所以見庶羞雖多其南北列之豆不得過四也南北列之豆若過於四則西東列亦過於四矣

上大夫庶羞二十加於下大夫以雉兔鶉鴽鶉音淳鴽音如

注曰鴽無母

疏曰按爾雅云鴽鴾母郭氏曰䳺也青州人呼曰鴾母

繼公謂上言東西毋過四列則此四者爲一列於南也

右食上大夫禮

若不親食使大夫各以其爵朝服以侑幣致之

說見前篇
豆實實于甕陳于楹外二以並北陳簋實實于
筐陳于楹內兩楹間二以並南陳
豆實在甕簋實在筐又皆陳于楹間皆變於
食也南北異陳示不相統也甕數如豆北上
韭菹其東醓醢屈筐數如簋南上黍其東稷
錯也
庶羞陳于碑內
庶羞者醢四并魚膾與芥醬也不陳於上以
牲在下宜從之庶羞主於牲肉也上大夫又
加以雉兎鶉鴽此豆實也亦實於甕
庭實陳于碑外

此庭實不於西方參分庭一在南又不執之
皆變於食也
牛羊豕陳于門内西方東上
生歸之亦變於食陳于門西饌位也
賓朝服以受如受饔禮
親食時朝服故此致者受者皆服之云如受
饔禮則侑幣與食亦殊拜之
無擯
李寶之曰擯當作儐下同
明日賓朝服以拜賜于朝訝聽命
注曰賜亦謂食與侑幣
右致食禮

大夫相食親戒速

注曰記異於君者也速召也先就告之歸具既具復自召之

繼公謂親戒而又速之者以其敵也

迎賓于門外拜至皆如饗拜

注曰饗大夫相饗之禮也今亡

繼公謂迎賓與拜至亦皆再拜大夫亦附於公饗大夫禮中而并亡之矣

降盥

賓亦從降主人辭降賓對主人乃盥一[illegible]面卒盥一揖一讓升經不言文省也禮[illegible]敵則不設槃匜惟盥于洗耳

受醬湆侑幣束錦也皆自阼階降堂受授

一等賓止也

注曰皆者謂受醬受湆受幣也降出

上

繼公謂降堂升一等中等相授也

辟君也中等相授異於士也大夫

三等於此見之矣考工記言天子

以是差之則公侯伯七尺子男五

皆三尺也賓止之義與上篇大夫

冠禮賓受冠降階一等

賓執粱與湆之西序端

亦為主人立于堂故不敢食於席也

故但辟之於堂上而巳梁不攤亦降於君

主人辭賓反之

云反之明不對也此下當有辭於主人降一等主人從十字蓋傳寫脫之

卷加席主人辭賓反之

卷加席亦謙也辭則反之敬也

辭幣降一等

辭而降一等爲恭也亦略放於公食之禮而爲之

主人從

從亦降一等也從者辭其降且不許其辭

受侑幣再拜稽首主人送幣亦然

著之者主人非君嫌〻不必稽首

辭於主人降一等主人從

從者亦辭其降且許之此謂再入而辭者也

然則初辭亦有此文明矣又公食禮有賓再

入之拜上經乃不見其異者則是大夫禮無

此拜也

卒食徹于西序端

注曰亦示親徹

繼公謂亦奠于鄉者所欲食之處也

東面再拜降出

注曰拜亦拜卒食

繼公謂拜不當階又不北面亦變於前主人

亦於阼階上西面荅再拜也

其他皆如公食大夫之禮

他謂在公食禮中而不見於上者也[illegible]

所不見者亦未可盡與公食禮相通經[illegible]

如者大約言之耳又此不別見所饌者[illegible]

則是俎豆之屬亦皆如公食者矣蓋上[illegible]

禮爲公而舉故其饌放之而不嫌與之[illegible]

大夫祭其宗廟惟用少牢且於其[illegible]

純用朝事之豆則此食禮之意可[illegible]

右大夫相食

若不親食則公作大夫朝服以侑幣[illegible]

不言其禮者與公致食之禮同可知

賓受于堂無擯

　注曰與受君禮同

繼公謂言此者嫌或與君禮異也賓受大上籩不於堂故明之賓阼階上北面再拜稽首受幣于楹間則異於君禮不見者可知也

　　右大夫致食

記不宿戒

　宿戒者先期日而戒之也此禮當日乃戒故云然

戒不速

　經文已明

不授几無阼席

經文亦已明

亨于門外東方亨音烹

疏門外廟門外也門外東方雍爨在焉

司宮具几與蒲筵常緇布純加萑席尋玄帛純

皆卷自末純並音準下並同萑音官

注曰丈六尺曰常半常曰尋末經所終有以識之必長筵者以有左右饌也

疏曰云丈六尺曰常半常曰尋者據周禮考工記殳長尋有四尺崇於人四尺車戟常崇于殳四尺之文而言也

進公謂蒲筵而加萑席美者在上也筵常而加席尋是加席之度必半於其筵於此見之

矣莞小蒲也

宰夫筵出自東房

筵亦謂布之也

賓之乘車在大門外西方北面立乘繩證反

注曰賓車將至下行而後車還立于西方

䟽曰少儀云僕於君子始乘則式君子下行

然後還立是車還立于西方也

繼公謂唯云賓之乘車在此則上介以下之

車不然矣車北面立者俟賓之出宜鄉之云

立明其不說駕

鉶芼牛藿羊苦豕薇皆有滑芼眉報反

注曰芼菜也藿豆葉也苦苦荼也滑堇荁之

屬

繼公按内則曰堇荁枌榆免薨滫瀡以滑之故注以滑爲堇荁之屬

贊者盥從俎升

注曰俎其所有事

繼公謂贊者之所有事於賓者籩俎爲羞之祭也而俎先二者而設故從之以升

簠有蓋冪

注曰稻粱將食乃設去會於房蓋以冪

繼公謂有蓋冪者變於簋也

凡炙無醬炙之夜反

注曰已有鹹和

繼公謂凡凡三牲也此庶羞於三牲之炙皆
爲設醢唯魚膾乃用芥醬是凡炙無醬矣不
言胾者如炙可知
上大夫蒲筵加萑席其純皆如下大夫純卿擯
由下
無上事故不必升堂
上贊下大夫也
上贊即經所謂贊者也以其佐賓食於堂上
故云上贊蓋對堂下之擯者而言也擯贊者
事相近故以上下通之此以下大夫爲之者
欲其不尊於賓
上大夫庶羞酒飲漿飲庶羞可也

此記難強解

拜食與侑幣皆再拜稽首

記此於上大夫之後恐或是爲彼言之若然亦長語矣此篇中見上大夫禮之異者俎豆簋鉶之加耳其他不見之則皆如下大夫禮可知固無不稽首之嫌也又何必贅言之哉

儀禮卷第九

宰東夾北西面

鄭本此下有南上二字注曰古文無南上繼公按經文惟言宰而已是獨立於此也南上之文無所用之又以下文證之益可見矣蓋傳寫今文者因下文而衍此二字也鄭氏不察而從之非是宜從古文

委于鼎西

鄭本委作奠注曰今文奠爲委繼公按後篇皆作委宜從今文

記加莞席尋玄帛純又曰上大夫蒲筵加莞席

鄭本莞皆作萑注曰今文萑皆作莞繼公按司几筵云諸侯祭祀席蒲筵繢純加莞席紛

純是蒲筵之上宜加莞席也而萑乃葦屬其
爲物麤惡故司几筵惟於喪事則用萑席焉
似不可用之於此禮也宜從今文皆作莞

儀禮卷第十

敖繼公集說

覲禮第十

此篇主言同姓大國之君入覲于王之禮初無四時之別與周官所謂秋見曰覲之意異覲於五禮屬賓禮

覲禮至于郊王使人皮弁用璧勞侯氏亦皮弁迎于帷門之外再拜勞力報反

注曰郊謂近郊去王城五十里皮弁者天子之朝朝服也

繼公謂勞而用璧以爲信天子於諸侯之禮也璧無束帛別於享禮且爲其當還之也凡

以玉行禮而當還者例不用帛云侯氏者指來覲之一者而言耳若泛言之乃云諸帷門者以帷爲門也掌舍職曰爲帷宮設旌門彼天子之制也然則此但爲壇與帷門而已其不爲宮與蓋於壇之南橫設兩帷於兩旁而空其中以當門也不受於館舍而受於此蓋其禮宜然爾小行人職曰凡諸侯入王則逆勞于畿小行人下大夫也以是差之則天子之於諸侯有三勞者遠郊宜使中大夫近郊宜使卿然此經惟言一勞之禮亦似與周官異

使者不荅拜遂執玉三揖至于階使者不讓先

升使並色吏反下使者並同

注曰不讓先升奉王命尊也升者升壇

繼公謂侯氏既拜亦揖而先入門右使者乃執玉也言遂者明即於此執之也使者既入門左侯氏乃與之三揖也云使者不讓則侯氏不先讓可知侯氏不讓者以使者尊當先升而不敢讓之也使者不讓而先升者以其正奉至尊之命故畧之也然則主人與客讓升者自敵以下之禮然若客尊而當先升者則宜先讓主人歟客讓則主人亦辭

侯氏升聽命降再拜稽首遂升受玉

注曰使者東面致命侯氏東階上西階聽之

繼公謂降拜於階間北面升就使者北面訝受之

使者左[illegible]而立侯氏還璧使者受侯氏降再拜稽首使者乃出左還音旋

注曰立者見侯氏將有事於己俟之也

繼公謂左還東面以俟之也侯氏就使者還璧使者於是復南面受之降拜為送玉也亦於階間北面還璧者明其以為信也

侯氏乃止使者使者乃入侯氏與之讓升侯氏先升授几侯氏拜送几使者設几荅拜

有司既布席侯氏乃出止使者止止其去也且迎而欲儐之使者亦禮辭許侯氏揖先入

使者乃入也既入不言三揖者如上禮可知
讓升侯氏與使者三讓而先升使事既畢則
行賓主禮也儐而用几尊王使也授几設几
之儀見於士昏聘禮及少牢下篇此經文畧
也

侯氏用束帛乘馬儐使者使者再拜受侯氏再
拜送幣乘繩證反下同

注曰拜者各於其階

繼公謂使者受儐不稽首者同爲王臣故不
因其受幣之禮也其授受之節蓋於壇中亦
北面授

使者降以左驂出侯氏送于門外再拜侯氏遂

從之驂七南反

使者亦左執幣乃北面右執左驂以出也四馬象在車前故西者曰左驂駕車之馬兩服居中兩驂在旁使者以左驂出侯氏之士以三馬從之既則其從者並授幣而皆訝受馬也從之者隨以入國

右郊勞

天子賜舍

注曰賜舍猶致館也小行人爲承儐

疏曰天子尊極故言賜舍不言致館注云小行人爲承儐者按小行人云及郊勞眡館將幣爲承而儐是也

[illegible]公謂侯氏至于國而即館天子則使上大夫賜舍也此舍謂公館
曰伯父女順命于王所賜伯父舍舍音
注曰此使者致館辭
疏曰此下經皆云伯父謂同姓大國也舉同姓大國則同姓小國及異姓之國禮不殊也
繼公謂順命謂順王命而來朝也賜舍不用幣尊者之禮也
侯氏再拜稽首
注曰受館
繼公謂不著其所是於舍門外也使者東面致命侯氏西面聽命既則北面拜

儐之束帛乘馬

注曰王使人以命致館無禮猶儐之者尊王使也

繼公謂凡儐使者必於受命之處則此儐之亦當在舍門外也侯氏於使者亦有迎送之拜不言者文畧耳下於大夫戒之禮亦然

按注云禮謂禮物也

右賜舍

天子使大夫戒曰某日伯父帥乃初事

注曰戒使順循其事也初猶故也

疏曰初事者以其四時朝覲自是尋常故事也

繼公謂大夫者卿也此戒之

面位與賜舍同

侯氏再拜稽首

注曰受覲日也

右戒覲曰

諸侯前朝皆受舍于朝同姓西面北上異

面北上朝直遥反餘並同

注曰言諸侯者明來朝者衆矣顧其入覲不

得並耳諸侯上介先朝受舍分別同姓異姓

受之將有先後也春秋傳曰寡人若朝於薛

不敢與諸任齒則周禮先同姓

李微之曰受舍于朝所謂外朝也

繼公謂朝猶覲也前朝者先覲日也此舍如廬舍之舍謂覲時待事之處也若諸侯相朝則但授次而已聘禮記所云君之次者是也

右受舍于朝

侯氏裨冕釋幣于禰裨婢支反

注曰將覲質明時也裨冕者衣裨衣而冠冕也釋幣者告將覲也

繼公謂裨冕者冕服之次者也侯氏若上公也則服鷩侯伯也則服毳子男也則服希是時天子受覲亦服其裨冕故覲者不得服其上服也天子以大裘而冕十二章者爲上衮冕九章者次之禰謂考也釋幣者告將覲也

其禮則筵几于其館堂户牖之間南面祝升
自西階君升自阼階祝奠幣于几下君北鄉
祝在左君及祝再拜興祝曰孝嗣侯某將覲
天子敢用嘉幣告于皇考某侯又再拜君就
東箱祝就西箱有間君反位祝乃取幣藏之
君反于阼乃降而遂出也歸則埋幣于禰廟
西階之東此朝以裨冕亦與周官異大行人
職言朝服云上公冕服九章侯伯七章子男
五章皆其上服也

右釋幣

乘墨車載龍旂弧韣乃朝以瑞玉有繅
注曰墨車大夫制也乘之者入天子之國車

服不可盡同也交龍爲旂諸侯之所建弧所以張縿之弓也弓衣曰韣瑞玉謂公桓圭侯信圭伯躬圭子穀璧男蒲璧

疏曰云墨車大夫制者以周禮巾車職云大夫乘墨車故也云乘之者入天子之國車服不可盡同者巾車云同姓金路異姓象路四衛革路據在本國所乘並得與天子同此云墨車以朝是車服不可盡同也云交龍爲旂諸侯之所建者司常職文云弧所以張縿弓者爾雅説旌旗正幅爲縿故以弧縿之兩幅也

繼公謂乘墨車大夫也載龍旂不游

韓宣子聘于周自稱曰上大國之[illegible]子之士則其君自比於大夫亦宜也上云前朝此云乃朝則以覲名篇之意可見矣

天子設斧依於户牖之間左右几依於豈反下同

注曰依如今綈素屏風也有繡斧文所以示威也斧謂之黼几玉几也立而左右几優至尊也其席莞席紛純加繅席畫純加次席黼純

疏曰周禮司几筵云左右玉几故知此几玉几也云其席莞席以下亦司几筵文

繼公謂右亦設几者至尊宜逸不取便其右之義也然則天子升席不由下矣生人左几

自諸侯而下

天子袞冕負斧依

注曰袞衣九章其龍天子有升龍有降龍衣此衣而冠冕南鄉而立以俟諸侯見

疏曰負謂背之九章見司服注

繼公謂袞冕天子之裨冕也負斧依以俟侯氏入所謂不下堂而見諸侯也而周官齊僕職乃言車送逆朝覲者之節大行人職亦先言公侯伯子男其朝位賓主之間相去之步數乃云廟中將幣亦與是禮異者與

嗇夫承命告于天子

注曰嗇夫蓋司空之屬也春秋傳曰嗇夫馳

繼公謂侯氏以天子將庿受之其禮太重故
不敢當而辭焉嗇夫於是承其命以告于天
子擯者不承命者是時在廟門内猶未出也
或曰嗇夫微者也不可以與國君接而直告
于至尊蓋嗇當作大字之誤也未知是否
天子曰非他伯父實來予一人嘉之伯父其入
予一人將受之
言所以廟受之者非有他也以嘉其來朝之
故耳伯父其入納賓之辭也入告者又以天
子此辭出告侯氏
侯氏入門右坐奠圭再拜稽首
注曰入門而右不敢由賓客位也卑者見尊

奠贄而不授

擯者謁

注曰謁猶告也上擯告以天子前辭欲親受之如賓客也其辭所易者曰伯父其升天子見公擯者五人見侯伯擯者四人見子男擯者三人皆宗伯爲上擯

侯氏坐取圭升致命王受之玉侯氏降階東[illegible]面再拜稽首擯者延之曰升升成拜乃出

注曰擯者請之侯氏坐取圭則遂左降[illegible]首送玉也從後詔禮曰延延進也

繼公謂拜于西階東則於内霤也[illegible]

拜窐乃受玉以東是時王於侯氏[illegible]

不荅所以見至尊之義也

右覲

四享皆束帛加璧庭實唯國所有四注作三

注曰四讀作三古書作三四或皆積畫此篇又多四字字相似由此誤也大行人職曰諸侯廟中將幣皆三享其禮差又無取於四也初享或用馬或用虎豹之皮其次享龜也金也丹漆絲纊竹箭也其餘無常貨此地物非一國所能有唯所有分爲三享皆以璧帛致之

奉束帛匹馬卓上九馬隨之中庭西上奠幣再拜稽首

注曰馬必十匹者不敢斥王之乘用成數敬

也

繼公謂匹馬卓上謂以一馬卓然居前而步

行也言此者明其入不與九馬相屬也中庭

西方南北之中也庭實用十馬且設於此皆

至尊禮異也此奠幣蓋於入門左之位

擯曰予一人將受之

[illegible]親受也此擯者曰乃言予一人則是擯

[illegible]於侯氏皆為述王言矣是亦異於國

[illegible]擯者之禮與

[illegible]致命王撫玉

[illegible]注[illegible]下[illegible]之王不執璧帛者與於瑞玉亦

至尊禮異也

侯氏降自西階東面授宰幣西階前再拜稽首

以馬出授人九馬隨之

幣謂璧帛西階前拜送幣者非其正位以欲

執馬由便也擯者不延之以升變於授圭時

[illegible]左馬也侯氏親以左馬出致之至也王

[illegible]於內受馬者無以爲節亦至尊之禮異

也凡他禮之庭實其主人之士受之者皆以

堂上授受爲節

事畢

注曰三享訖

繼公謂覲有三享經之所見初享之儀耳其

次二享庭實唯國所有不可相蒙故空其文

右王享

乃右肉袒于廟門之東

肉袒示恐懼也袒右變於禮事也爲之於廟門之東亦變位鄭氏曰凡以禮事者左袒

乃入門右北面立告聽事

入而復右已事更端也告聽事者告擯者已於此聽事也事謂已所以得罪于天子事大戴記曰肉袒入門而右以聽事也

擯者謁諸天子天子辭於侯氏曰伯父無事歸寧乃邦侯氏再拜稽首

注曰謁告寧安也乃猶女也

經結本是示[illegible]人[illegible]衰要經之異者此不見
之者以經作[illegible]一言首經故畧之
傳曰總六升長[illegible]寸箭笄長尺吉笄尺二寸長並
直亮反
注曰總六升者首飾象冠數長六寸謂出紒
後所垂為飾也
疏曰此斬衰總六寸南宮縚之妻為姑總八
寸以下雖無文大功當與齊衰同八寸小功
緦麻同一尺吉總當尺二寸也此箭笄長尺
吉笄尺有二寸南宮縚之妻為姑榛以為笄
亦云一尺則大功以下不容更差降故五服
畧為一節皆用一尺而已

盛公謂總六升亦但指卒哭以前者也其卒
哭以後當與男子受冠之布同七升旣練則
八升也變服之後其長之異同則未聞當攷
子嫁反在父之室爲父三年
子女子子也承上經而言故但云子省文鳳
非經之正例也又云嫁則爲女子子無嫌亦
可以不必言女經於他處凡言子者皆謂男
子言反在父之室明其見出於父存之時也
著之者嫌與未嫁者異也此喪父與未嫁者
同則其爲母以下亦如之可知經特於此發
之也凡女行於人其爲妻者曰嫁兼爲妾者
言之曰適人此惟言嫁者省文耳自父以下

路先設西上路下四亞之（奠纁經也）

注曰路謂車也凡君所乘車曰路路下四謂乘馬也亞之次東而東也詩云君子來朝何錫予之雖無予之路車乘馬又何予之玄衮及黼重猶善也所加賜善物多少由恩也春秋傳曰重錦三十兩

繼公謂設路亦於西方中庭北輈路車一而已乃云西上者以其與馬同設也四馬設於車東東異於駕也　按注引重錦之文以證重之爲善也

諸公奉篋服加命書于其上升自西階東面大史是右（大音泰下大史同）

注曰右讀如周公右王之右是右者始隨入
於升東面乃居其右
繼公謂奉篋服者一人耳乃云諸公者若話
若傳若保不定也置服於篋故謂之篋服
書若文侯之命之類是也先設庭實乃奉
所以將命者亦至尊之禮異也此不言揖
之禮如勞可知
侯氏升西面立大史述命
注曰讀王命書也
侯氏降兩階之間北面再拜稽首
是時侯氏升降自阼階故拜於兩階之間不
於階東者拜至尊之命宜異於常禮也使者

不辭之者以其同爲王臣爲尊之也云若固
宰孔止齊侯受下拜以王人辭之也
升成拜
亦於阼階上不辭之而升成拜尊天子禮也
必成拜者放授玉之儀也受勞者亦有所放
故惟拜於下而已
大史加書于服上侯氏受
注曰受篋服
繼公謂受亦北面諸公南面授受之此受於
堂乃不著其所是就而受之明矣
使者出侯氏送再拜儐使者諸公賜服者束帛
四馬儐大史亦如之

注言既云拜送乃言儐使者以勞有成禮畢
而遂言

右賜車服

同姓大國則曰伯父其異姓則曰伯舅同姓小
邦則曰叔父其異姓小邦則曰叔舅
注曰此禮云伯父指同姓大邦而言

饗禮乃歸
注曰禮謂食燕也掌客職曰上公三饗三食
三燕侯伯再饗再食再燕子男一饗一食一
燕

右言稱謂與其禮

諸侯覲於天子爲宮方三百步四門壇十有二

[illegible]尺加方明于其上

[illegible]曰爲宮者於國外八[illegible]

[illegible]九十六尺也深謂高也從上曰[illegible]

[illegible]爲壇三成成猶重也三重者自下[illegible]

二等而上有堂焉堂上方二丈四尺上等中

等下等每面十二尺方明者上下四方神明

之象也王巡守至于方嶽之下諸侯會之亦

爲此宮以見之

繼公謂爲宮者築宮牆也王十二歲若不巡

守則四方諸侯皆來朝於是爲壇壝宮於國

國外之南方而受之此所謂大朝覲[illegible]

職曰將合諸侯則令爲壇三成宮旁一[illegible]

王儀南鄉見諸侯正謂此也方明六

方而每面又各以色爲其神明之象因

之加此於壇爲將祀之也掌舍職曰爲

宮設棘門

方明者木也方四尺設六色東方青南方赤

方白北方黑上玄下黃設六玉上圭下方

璋西方琥北方璜東方圭（琥音虎 璜音黄）

注曰六色象其神六玉以禮之設玉者

木而著之

繼公謂設六色以象天地四方之色

王爲祀時以此禮之上不以璧而以圭

以琮而以璧亦與周官異也所以然者

方之玉無所象故於天地之玉亦不必象之
也用圭璧者圭璧尊也大宗伯職曰以玉作
六器以禮天地四方以蒼璧禮天以黃琮禮
地以青圭禮東方以赤璋禮南方以白琥禮
西方以玄璜禮北方謂方明之玉也
上介皆奉其君之旂置于宮上左公侯伯子男
皆就其旂而立
注曰置于宮者建之豫爲其君見王之位也
[illegible]公謂旂上左而公侯伯子男皆就其旂而
[illegible]則是五等之位自西而東皆北面與朝事
[illegible]言諸侯之位異也射人職言正朝之位
在朝則皆北面朝士職言外朝之位

右九棘公侯伯子男位焉然則五等諸侯
同在朝唯爲一列亦可見矣諸侯既入立于
然王乃於壇上三揖之土揖庶姓時揖異姓
天揖同姓
上擯
二既揖於是諸侯皆升奠端玉公於上等侯
伯於中等子男於下等既則皆拜於下擯者
總延之曰升升乃各升成拜於奠玉之處降出
三享奠玉幣亦如之傳擯者傳其擯辭使之
升拜也一朝三享凡四此於享亦升之異於
特覲者以其衆也
天子乘龍載大旂象日月升龍降龍出拜日於

東門之外

注曰馬八尺以上爲龍六旂大常也王建大常縿首畫日月其下及旒交畫升龍降龍繼公謂載大旂者以拜日及祀方明也巾車職曰玉路樊纓十有再就建大常十有二斿以祀此載大常則乘玉路矣東門即此宮之東門也拜日於東郷其所出之處也於宮門外者由便爾祀方明者祀上下四方之神也上下四方之神唯壹祀之者因朝爲之故其禮簡大宗伯職曰皆有牲幣各放其器之色謂祀方明之禮也此言已受諸侯之朝享乃帥而拜日其節亦與朝義不同

禮日於南門外禮月與四瀆於北門外禮山川丘陵於西門外

門亦謂宮門禮謂祀之也不言祀者以異於正祭變其文耳禮日於南禮月與四瀆於北禮山川丘陵於西皆隨其地之陰陽而爲之與拜日於東之義異也禮川不於北者四瀆尊宜辟之也此三禮者皆與上事相屬而舉之天子巡守有懷柔百神望秩山川之禮此諸侯以天子不巡守之故而來覲故天子於此亦畧修祀事以放巡守之禮云

祭天燔柴祭山丘陵升祭川沈祭地瘞瘞於例反

謂以此四事用其祭物也祭物謂牲幣之屬

燔柴者置之於積柴之上而燔之升謂縣之
瘞埋也此皆順其性而爲之蓋因上文遂并
言正祭之法以明所謂禮者異於此也然此
祭亦不盡與周官合未詳

右大朝覲之禮

記几俟于東箱

經云設斧依于户牖之間左右几乃云天子
衮冕負斧依則是天子登席於既設几之後
也而此云几俟于東箱其指未設几之前而
言與

偏駕不入王門

言此者明唯王車乃入王門也凡非王車皆

謂之偏駕
其圭于繅上
明奠時開繅而見玉也經云乃朝以瑞玉有繅
儀禮卷第十

迎于門外

鄭本作外門門外注云古文曰迎于門外繼公按聘禮則舍惟有一門而已此令文雖有外門外之文則是以爲有二門也然以其行禮之節求之絶無可以爲二門者之徵故且以古文爲正

上左

鄭本上作尚注云古文尚作上按上左云者以左爲上也且春秋傳亦有上左之文則上字之義優於尚也宜從古文

儀禮卷第十一

敖繼公集說

喪服第十一

此篇言諸侯以下男女所為之喪服於五禮屬凶禮

喪服　斬衰裳苴絰杖絞帶冠繩纓菅屨者衰七回反下並同苴七余反絰大結反絞户交反菅古顏反

注曰者者明為下出也凡服上曰衰下曰裳麻在首在要皆曰絰要絰象大帶絞帶象革帶齊衰以下用布

疏曰斬衰裳者謂斬三升布以為衰裳斬衰不言三年者可知也注二者者明為下出也

者明為下句父諸侯為天子等而出也
繼公謂苴絰杖者謂絰帶用苴麻杖用竹也
絞帶所以束衣代革帶也齊衰以下用冠布
則此其用牡麻與菅茅類也凡喪服衰裳冠
帶之屬皆因吉服而易之若首絰則不然蓋
古者未有喪服之時但加此絰以表哀戚後
世聖人因而不去且異其大小之制以爲輕
重云斬衰自卒哭以至練祥服有變除絰皆
不著之唯言初服者喪服之行於世其來久
矣節文纖悉人所習見故於絰但舉大畧以記
之耳後放此按疏云斬三升布但據正服而
言也正服布三升義服布三升有半

傳曰斬者何不緝也緝七入反

此釋經斬衰裳之文也不緝謂不齊之也其領袖亦有純作傳之人未詳說見記後

苴絰者麻之有蕡者也苴絰大搹左本在下去五分一以為帶蕡符云反搹音革去起呂反下並同

注曰盈手曰搹搹扼也以五分一為殺者象五服之殺也

疏曰爾雅云蕡枲實即麻子也以色言之謂之苴以實言之謂之蕡下言牡者對蕡為名言枲者對苴生稱也本謂麻根

繼公謂此釋苴絰之文也麻有蕡則老而麤惡矣故以為斬衰之絰絰之大惟以搹為度

而不言寸數未詳重服之經以麻之有本者
為之又有纓此經左本而在下所以見其以
本為纓也去五分一五分其經之大而去其
一也經大帶小見輕重也間傳曰男子重首
婦人重帶經帶大小之義主於男子
齊衰之經斬衰之帶也去五分一以為帶大功
之經齊衰之帶也去五分一以為帶小功之經
大功之帶也去五分一以為帶緦麻之經小功
之帶也五分一以為帶（齊並音咨）
傳主言斬衰之經帶此則連言之耳
苴杖竹也削杖桐也各齊其心皆下本（齊如字■）
此主釋苴杖而并及削杖也竹杖而謂之苴

者以其不修治故也削杖齊衰之杖也用桐木而又削之所以別於斬衰者杜元凱曰員削之象竹是已小記曰杖大如經則是二杖皆如其首經之度矣各齊其心者謂其長短以當每人之心為節也皆者皆二杖也下本所以別於吉凡吉杖下末曲禮曰獻杖者執末謂吉杖也

杖者何爵也無爵而杖者何擔主也非主而杖者何輔病也童子何以不杖不能病也婦人何以不杖亦不能病也擔市艷反

注曰爵謂天子諸侯卿大夫士也擔猶假也無爵者暇之以杖尊其為主也非主謂衆子

也
繼公謂此因廣言用杖不用杖之義無爵者
謂大夫以下其子之無爵者及庶人也傳意
蓋謂此杖初為有爵者居重喪而設所以優
貴者也其後乃生擔主輔病之義焉童子與
婦人皆謂非主者也故但以不能病而不杖
然此章著妻妾女子子之服異者布縱箭笄
髽衰也是其經杖之屬如男子矣妾與女子
子非主也而亦杖則似與不能病而不杖之
義異
絞帶者繩帶也
疏曰經帶至虞後變麻服葛絞帶虞後雖不

言所變按公上衆臣為君服布帶則絞帶於
虞後變麻服布於義可也
繼公謂此釋絞帶之文經言絞帶而傳以繩
帶釋之者蓋絞之則為繩矣絞者糾也先儒
以此絞帶象革帶則也[redacted]當二寸疏衰以下
之布帶其博宜亦如之王藻曰革帶博二寸
冠繩纓條屬右縫冠六升外畢鍛而勿灰衰三
升屬音燭鍛[redacted]
注曰屬猶著也布八十縷為升升字當為登
登成也今之禮家皆以登為升俗誤已行久
矣
跡曰鍛而勿灰者以水濯之勿用灰也

繼公謂此主釋冠繩纓之文條屬右縫皆謂
纓也條屬者以一條繩為纓而又屬於武也
右縫者以纓之上端縫綴於武之左邊也必
右邊者辟經之纓也其屬之内以下端鄉上
而結於武之左邊以固其冠也齊衰大功布
纓亦如之惟小功以下則纓在左而屬於右
雜記曰喪冠條屬以別吉凶三年之練冠亦
條屬右縫小功以下左是也冠六升以下乃
因上文而并言冠之布與其制又因冠布而
見衰布也畢謂縫冠於武而畢之也外畢者
別於吉也吉冠於武上之内縫合之凶冠於
武上之外縫合之是其異也言鍛而勿灰者

婢當異於衣也故以明之凡五服之布皆不加灰雜記曰加灰錫也則凶服可知云衰三升者但以正服言之不及義服也註曰斬衰三升三升有半是斬衰有二等也升升之縷數未詳今吳人謂四十縷為烝烝升聲相近或古之遺言與

菅屨者菅菲也外納菲扶來反

注曰納收餘也

繼公謂此釋菅屨之文也菲者後世喪屨之名故云然傳釋經文止於此其下因言孝子居喪之禮云

居倚廬寢苫枕塊苫失占反枕之鴆反塊苦對反

注曰倚廬倚木爲廬在門外東方北户苫編

藁塊堛也

繼公謂此見其哀戚不暇安處也

哭晝夜無時

注曰哀至則哭不必朝夕

歠粥朝一溢米夕一溢米（歠昌悅反　粥之六反）

疏曰孝子遭父母之喪水漿不入口三日之

後乃始食雖食猶節之朝夕但各一溢米而

巳

繼公謂溢未詳小爾雅曰一手之盛謂之溢

兩手謂之掬一升也

寢不說絰帶（說音脫）

喪莫重於經帶非變除之時及有故則縗衰猶不敢脫明其頃刻不忘哀也

既虞翦屏柱楣寢有席食疏食水飲朝一哭夕一哭而已柱音主　疏食音嗣　下不音者並同

疏曰既虞剪屏柱楣者三虞之後乃改舊廬西鄉開户剪去户旁與兩廂屏之餘草楣下兩頭竪柱施梁也云疏食者用麤糲疏米為餕明不止朝一溢夕一溢而已當以足為度云水飲者恐虞後飲漿酪等故云飲水而已

繼公謂屏蔽也朝一哭夕一哭於次中為之以是時既卒殯宫朝夕哭故也言而已者明次中之哭止於此異於祔之晝夜無時者也

既練舍外寢始食菜果飯素食哭無時始食如字飯當

音反

注曰外寢於中門之外屋下壘墼為之不塗墍所謂堊室也素猶故也謂復平生時食也

疏曰食謂飯也

繼公謂哭無時者既練又變而不朝夕哭惟哀至則哭而已此哭亦在次中凡哭有三無時二有時始死未殯以前哭不絕聲一無時也既殯以後阼階下朝夕哭之外有次中晝夜無時之哭二無時也既練之後無次中朝夕之哭惟哀至則哭即此所云者三無時也既殯之後卒哭之前朝夕哭于阼階下一畫

時也卒哭之後未練之前朝夕哭于次中二有時也　按注云復平生時食則傳之飯字似當作反

父傳曰為父何以斬衰也父至尊也（爲于僞反下並同異者別出之）

經云父傳云為父皆謂為父服也下文云君與為天子之類皆放此此經為父服蓋主於士禮大夫以上亦存焉中庸曰父母之喪無貴賤一也云何以斬衰惟其重也凡傳之為張而發問有惟其重者有惟其輕者讀者宜以意求之

諸侯為天子傳曰天子至尊也君傳曰君至尊

也
諸侯及公卿大夫士有臣者皆曰君此爲之
服者諸侯則其大夫士也公卿大夫士則其
貴臣也此亦主言士禮以關上下下放此
爲長子（長知文反後長子皆同）
爲之三年者異其爲嫡加隆之也此嫡子也
不云嫡而云長者明其嫡而又長故爲之服
此而不降之也䟽衰三年章放此後凡言嫡
者亦皆兼長言之經文互見耳
傳曰何以三年也正體於上又乃將所傳重也
庶子不得爲長子三年不繼祖也
曰此言爲父後者然後爲長子三年重其

當先祖之正體又以其將代己為宗廟主也
庶子者為父後者之弟也
繼公謂祖謂別子也繼祖者大宗子也記曰
別子為祖繼別為宗是也此云不繼祖者惟
指大宗之庶子而言若小記所謂不繼祖與
禰者則兼言大宗小宗之庶子也然經但云
父爲長子耳傳記乃有庶子不繼祖禰不得
為長子三年之說亦似異於經殤小功章云
大夫公之昆弟為庶子之長殤公之昆弟為
其庶子服與大夫同則爲其適子服亦三年
與大夫同明矣公之昆弟不繼祖禰者也庶
其服乃若是則所謂庶子不得爲長子三年

者其誤矣乎

為人後者為如字下可為以為同

不言為所後之父者義可知也禮大宗子乏

而無子族人乃以支子為之後

傳曰何以三年也受重者必以尊服服之

此釋經意也重謂宗廟之屬尊服謂斬衰

何如而可為之後同宗則可為之後

此言當為同宗者後也自是以下又覆言立

人後之義

何如而可以為人後支子可也

疏曰變庶言支支者取枝條之義適妻第二

子以下皆是不限妾子而已

以稱必支子若以其一不繼之稱也
為後者之祖父母妻妻之父母昆弟昆弟之子若子

注曰若子者為所為後之親如親子

疏曰死者祖父母則為後者之曾祖父母妻即為後者之母也妻之父母妻之昆弟妻之昆弟之子於為後者為外祖父母及舅與內兄弟皆如親子為之服也

繼公謂言妻之昆弟以見從母言妻之昆弟之子以見從母昆弟也此於尊者惟言所後者之祖父母於親者惟言所後者之妻蓋各舉其一以見餘服也至於其妻之父母以下

乃備言之者嫌受重之恩主於所後者而或略於其妻黨也其妻黨之服且如是則於所後者之親服益可知矣經見爲人後者如子之服僅止於父故傳爲凡不見者言之又詳此傳言爲人後者爲所後者祖父母服則是所後者死而其祖父若父或猶存於祖父若父猶存而子孫得置後者以其爲宗子故爾蓋尊者已老使子孫代領宗事亦謂之宗子所謂宗子不孤者也非是則無置後之義

妻爲夫傳曰夫至尊也

疏曰妻者齊也言與夫齊也夫至尊者雖是體敵齊等以其在家天父嫁出則天夫是男

尊女卑之義故同之於君父也

疏公謂此亦主言士妻之禮以通上下凡婦

之為服者皆放此

妾為君傳曰君至尊也

妾與臣同故亦以所事者為君春秋傳曰男

為人臣女為人妾

女子子在室為父

女子子猶言婦人也云女子子者見其有父母

也在室在父之室也蓋與不杖期章適人者

對言

布總箭笄髽衰三年笄音雞髽側瓜反

傳曰此妻妾女子子喪服之異於男子者總

亦髺謂之總者既束其本又總其末箭篠也
髽露紒也凡服上曰衰下曰裳此但言衰不
言裳者婦人不殊裳衰如男子衰下如深衣深
衣則衰無帶下
疏曰云深衣則衰無帶下者按下記衣云帶
下尺此掩裳上際也此裳既縫著衣故不須
言之
疏曰釋髽者露紒之名也此主言成服以後
之禮者當髽者自小斂之時則然矣故士喪
禮曰婦人髽于室自此以至終喪不變也
此言笄總髽衰皆所以示其異於男子則與
男子同者絰帶杖屨一云禮曰婦人牡麻

經結本是亦婦人斬衰要經之異者此不見
之者以經惟言首經故畧之
傳曰總六升長六寸箭笄長尺吉笄尺二寸長並直亮反
注曰總六升者首飾象冠數長六寸謂出紒
後所垂為飾也
疏曰此斬衰總六寸南宮縚之妻為姑總八
寸以下雖無文大功當與齊衰同八寸小功
緦麻同一尺吉總當尺二寸也此箭笄長尺
吉笄尺有二寸南宮縚之妻為姑榛以為笄
亦云一尺則大功以下不容更差降故五服
畧為一節皆用一尺而已

繼公謂緦六升亦但指卒哭以前者也其卒哭以後當與男子受冠之布同七升既練則八升也變服之後其長之異同則未聞當考

子嫁反在父之室爲父三年

子女子子也承上經而言故但云子省文風非經之正例也又云嫁則爲女子子無嫌亦可以不必言女經於他處凡言子者皆謂男子言反在父之室明其見出於父存之時也著之者嫌與未嫁者異也此喪父與未嫁者同則其爲母以下亦如之可知經特於此發之也凡女行於人其爲妻者曰嫁兼爲妾者言之曰適人此惟言嫁者省文耳自父以下

[illegible]服者亦皆[illegible]其本
[illegible]大夫之衆臣為其君布帶繩屨
[illegible]之曰以傳考之疑士即卿字傳寫誤
[illegible]公謂此亦以其異故著之且明異者之[illegible]
[illegible]是也公即所謂諸公也公卿大夫亦仕於
諸侯者也其衆臣為之布帶繩屨降於為君
之正服所以辟貴臣而不敢與之同也蓋此
君之尊殺於國君故其臣之為服者得以分
別貴賤也為公卿大夫之服如此則其於士
又異可知矣
傳曰公卿大夫室老士貴臣其餘皆衆臣也君
[illegible]者也衆臣杖不以即位近臣君服斯服

纚麗者繩菲也

注曰室老家相也近臣閽寺之屬君嗣君也斯盡也近臣從君喪服無所降也繩菲今時不借也

疏曰謂之不借者此凶屨不得從人借亦不得借人也

繼公謂室老家臣之長者也士及士之爲家臣者皆是也衆臣杖不以即位亦異於貴臣也然則貴臣得以杖與子同即位者亦以其尊少貶故也經惟言公卿大夫爾而傳以有地者釋之則無地者其服不如是乎似失於固矣近臣君服斯服乃諸侯之近臣從君服

者也傳言於此亦似非其類

右斬衰

疏衰裳齊牡麻絰冠布纓削杖布帶疏屨三年者

注曰疏猶麤也

疏曰後言齊以先作之後齊之也布帶者亦象革帶以七升布為之即下章帶緣各視其冠是也

繼公謂此冠布纓亦條屬右縫又下傳曰帶緣各視其冠以此推之則凡布纓皆當同於冠布也屨云疏者亦謂麤也以其為之者不一故不偏見其物而以疏言之此衰裳與屨

皆言疏則斬衰者可知矣又經列削杖布帶皆在冠布纓之下與前章杖帶之次異者此杖之文無所蒙而帶與冠纓之縷數同宜復其常處而在此也

傳曰齊者何緝也牡麻者枲麻也牡麻絰右本在上冠者沽功也疏屨者藨蒯之菲也枲思似反沽音古後同藨皮表反蒯苦怪反

注曰沽猶麤也麤功大功也

疏曰緝則今人謂之緶也此冠七升初入大功之境故言沽功

繼公謂牡麻者無實之麻也傳以枲麻釋之亦前後名異也牡牡麻比苴為善故齊衰以下

之經用之此經右本而在上所以見其不以
本為纓而纓亦在左也上言左本在下此言
右本在上是其為制蓋屈一條繩為之自額
上而後交於項中一端垂於左之下而為纓
一端止於右之上而前鄉其不纓者則左端
不垂而在上為異耳冠布纓之制與繩纓同
已見於前傳故此惟言冠布也不見升數者
言沽功則為大功之首可知

父卒則為母

注曰尊得伸也

繼公謂父在為母期父卒則三年云則者對
父在而立文也其女子子在室者為此服亦

惟笄總髽衰異爾下及後章放此　按注云
尊得伸者謂至尊不在則無所屈而得伸其
私尊也
繼母如母
疏曰繼母者謂己母早卒或被出之後續己
母也喪之如親母故云如母
傳曰繼母何以如母繼母之配父與因母同故
孝子不敢殊也
注曰因猶親也
繼公謂此禮乃聖人之所爲而傳謂孝子不
敢殊者明聖人因人情以制禮
慈母如母傳曰慈母者何也傳曰妾之無子者

妾子之無母者父命妾曰女以為子命子曰女以為母若是則生養之終其身如母死則喪之三年如母貴父之命也養陽尚反

注曰此主謂大夫士之妾無子妾子之無母父命為母子者其使養之不命為母子則亦服庶母慈已者之服可也大夫之妾子父在為母大功則士之妾子為母期矣父卒則皆得伸也

疏曰傳別舉舊傳以證成已義也貴父之命者一非骨肉之屬二非配父之尊但惟貴父之命故也

繼母謂言喪之三年者以其見於此章故推

據父卒者言也　按注云其使養之不命為
母子則亦服庶母慈己之服者謂妾或自有
子或子之母有他故不能自養其子是以不
可命為母子但使慈之而已若是則其服惟
加於庶母　等可也庶母慈己者服見小功
章

母為長子

疏曰母為長子齊衰者以子為母服齊衰母
為之不得過於子為己也

繼公謂經不著女子子為母及此服之異於
男子者以其已於前章發之則其類皆可得
而推故也

傳曰何以三年也父之所不降母亦不敢降也

夫妻一體故俱爲長子三年此加隆之服也

不宜云不降父母於子其正服但當期初非

降服

右齊衰三年

疏衰裳齊牡麻絰冠布纓削杖布帶疏屨期者期音朞下並同

疏曰此章雖止一期而禫杖具有按下雜記云十一月而練十三月而祥十五月而禫即是此章者也

繼公謂此期服也而杖屨之屬皆與三年章同者是章凡四條其三言爲母其一言爲妻

也以禮致之為母宜三年乃或為之期者則
以父在若母出故屈而在此也妻以夫為至
尊而為之斬衰三年夫以妻為至親宜為之
齊衰三年乃不出於期者不敢同於母故爾
然則二服雖在於期實有三年之義此杖屨
之屬所以皆與之同也
傳曰問者曰何冠也曰齊衰大功冠其受也緦
麻小功冠其衰也帶緣各視其冠緣以絹反
疏曰此假他問已答之言也降服齊衰四升
冠七升以其冠為受受衰七升正服齊衰五
升冠八升受衰八升義服齊衰六升冠九升
受衰九升降服大功衰七升冠十升受衰十

升正服大功衰八升冠十升受衰十升義服大功衰九升冠十一升受衰十一升其冠皆與其受衰升數同故云冠其受也降服小功衰十升正服小功衰十一升義服小功衰十二升緦麻十五升抽其半其冠皆與其衰升數同故曰冠其衰也云帶緣各視其冠者視猶比也二者之布升數多少各比擬其冠也然本問齊衰之冠因荅大功與緦麻小功并荅帶緣者傳陳其義也

繼公謂斬衰有二其冠同齊衰三年惟有子為母之冠耳是章有降服有正服有義服疑其冠之異同故發問也齊衰大功有受布故

冠其受冠衰布異也緦麻小功無受布故但
冠其衰冠衰布同也問者惟疑此章之冠荅
者則揔以諸章之冠爲言以其下每章之服
亦或各自不同故也帶緣各視其冠者謂齊
衰以至緦麻其布帶與其冠衰之緣亦各以
其冠布爲之間傳曰期而小祥練冠縓緣檀
弓曰練衣縓緣則重服未練以前與夫輕服
之冠衰皆有布緣明矣此所云者是也冠緣
者紕也衰緣者其領及袪之純也此復言帶
緣者又因其布之與冠同而幷之及　按䟽
言降服齊衰正服齊衰但可斷自此章而下
蓋此降服爲母也正服爲妻也

父在為母

此主言士之子爲母也其爲繼母慈母亦如之

傳曰何以期也屈也至尊在不敢伸其私尊也父必三年然後娶達子之志也

疏曰家無二尊故於母屈而為期不直言尊而言私尊者母於子為尊夫不尊之故也

鼂公謂喪妻者必三年然後娶禮當然爾非必專爲達子之心喪之志也蓋夫之於妻宜有三年之恩爲其不可以不降於母是以但服期而已然服雖有限情則可伸故必三年然後娶所以終牉合之義焉若謂惟主於達子

之志則妻之於子而死者夫其可以不俟三
年而娶乎春秋傳曰王一歲而有三年之喪
二謂后與太子也夫妻之義於此可見
妻
下章傳曰父在則為妻不杖然則此為妻杖
有無父者也
問曰為妻何以期也妻至親也
疏曰妻移天齊體與己同奉宗廟為萬世之
主故云至親
繼公謂此傳偏得為妻期服不為過重之意
義似未備
出妻之子為母

疏曰此謂毋犯七出去夫氏或適他族或之本家子為之服者也七出者無子一也淫泆二也不事舅姑三也口舌四也盜竊五也妬忌六也惡疾七也天子諸侯之妻無子不出惟有六出

繼公謂出妻者見出之妻也云出妻之子主於父在者也若父沒則或有無服者矣如下傳所云者是也又此禮亦關上下言之若妾子之為其出母則亦或有不然者非達禮也

傳曰出妻之子為母期則為外祖父母無服傳曰絶族無施服親者屬

注曰在旁而及曰施親者屬母子至親無絶

道

繼公謂此於其外親但云外祖父母見其重者耳絶族離絶之族謂父族與母族相絶而不爲親也絶族無施服言所以爲外祖父母無服也親者屬言所以爲出母期也此蓋傳者引舊禮而復引傳以釋之也下放此

出妻之子爲父後者則爲出母無服傳曰與尊者爲一體不敢服其私親也

言爲父後則無父矣乃云出妻之子蒙經文也與尊者爲一體釋爲父後也母不配父則子視之爲私親母子無絶道固當有服然有服則不可以祭故爲父後則不敢服之有服

則不可以祭者吉凶二道不得相干故也
父卒繼母嫁從為之服報
王子雍曰從乎繼母而寄育則為服不從則
不服
繼公謂父卒而繼母不嫁則為之三年從之
嫁則期所以異內外也報者以其服服之之
名謂出妻於其子與此繼母皆報也小記曰
妾從女君而出則不為女君之子服妾不服
之明出妻有服也舊說謂此女君猶為其子
期是已母於子乃亦杖期者既出嫁則無尊
加之義故宜報之所以別於在其父之室者
也此經言出妻之子為母及子為繼母嫁從

之服而獨不及於父卒母嫁者今以此二條
之禮定之則子於嫁母其從與否皆當為之
杖期而絰不著之者豈以其既有子矣乃夫
沒而再嫁尤為非禮故闕之以見義乎傳曰
出妻之子為父後者則為出母無服然則嫁
母之子自居其宗而為父後者亦不為嫁母
服也
傳曰何以期也貴終也
終者終為母子也以終為貴故服此服也繼
母嫁而子從之其終為母子也
右齊衰杖期
不杖麻屨者

注曰此亦齊衰言其異於上

繼公謂大功章曰三月受以小功衰即葛九月此受以大功衰即葛而期爲異耳

祖父母

疏曰服之本制若爲父期祖合大功爲父母加隆至三年祖亦加隆至期也

繼公謂此服惟據父在者言也父沒則服或異矣傳曰父卒然後爲祖後者服斬小記曰祖父卒而后爲祖母後者三年

傳曰何以期也至尊也

謂不可以大功之服服至尊故加而爲期也

世父母叔父母

注曰為姑在室亦如之

疏曰伯言世者欲見繼世也

繼公謂女子子在室為之亦然惟已許嫁者則異也比服皆報不言之而別見者欲序昆弟之子於衆子之後序夫之昆弟之子於舅姑之後以見親疏尊卑之等故不於此言報也若輕服則不然

傳曰世父叔父何以期也與尊者一體也

陳詮曰尊者父也所謂昆弟一體也

繼公謂世叔父本是大功之服以其與父一體故當加一等也以五服差之族之親為四緦族從祖之親為三小功則從父之親亘為

二大功也而禮為從父昆弟大功世叔父期以此
傳致之則世叔父之期乃是加服從父昆弟之大
功則其正服也此釋經文為世父叔父期之意
然則昆弟之子何以亦期也旁尊也不足以加
尊焉故報之也
加尊者謂以其尊加之也昆弟之子本服亦
大功世叔父不以本服服之而報以其為已
加隆之服者以已非正尊不足以尊加之故
也加尊而不報者如父於衆子祖於庶孫之
類是也昆弟之子雖不在此條然以其即為
世叔父之服者而世叔父亦以此服之義有
不同故并釋之也

父子一體也夫妻一體也昆弟一體也故父子首足也夫妻牉合也昆弟四體也牉普半反

言首足牉合四體者皆所以釋其為一體也此又申言與尊者一體之義雖以三者並言而其旨則惟主於昆弟蓋世叔父乃其父之昆弟所謂與尊者一體也

故昆弟之義無分然而有分者則辟子之私也子不私其父則不成為子故有東宮有西宮有南宮有北宮異居而同財有餘則歸之宗不足則資之宗辟音避

注曰資取也

疏曰昆弟之義無分者以手足四體本在一

身不可分別是昆弟之義不合分也然而分者則辟子之私也使昆弟之子各自私其父故須分也若兄弟同在一宮則不成為人子之法按内則云命士以上父子異宮不命之士父子同宮縱同宮亦有隔別為四方之宮也

張子曰子不私其父則不成為子古之人曲盡人情如此若同宮有叔父伯父則為子者何以獨厚於其父為父者又烏得而當之

繼公謂此承上文而言也父子夫妻昆弟俱是一體然父子夫妻不分而昆弟則分似乖於一體之義故言其理之不容不分者以釋

之東宮西宮南宮北宮蓋古者有此稱亦或
有以之為氏者故傳引之以證古之昆弟亦
有分而不同宮者焉異居而同財則其所以
分之意可見矣宗謂大宗小宗共禰者也

世母叔母何以亦期也以名服也

疏曰以配世叔父而生母名則當隨世叔父
而服之

繼公謂此釋經文也言以名服見其恩踈

大夫之適子為妻適丁歷反下文不音者並同

傳曰父在則為妻不杖則是凡父在為妻而
非有所降者其服皆然不別適庶也此乃特
見大夫之適子蓋謂大夫庶子為妻則異於

是惟其適子爲妻如邦人故特舉以明之凡大夫之子之服例在正服後今序於昆弟之上者蓋以此包上下而言故居衆人爲妻之風若重出者乃在正服後也

傳曰何以期也父之所不降子亦不敢降也何以不杖也父在則爲妻不杖

注曰大夫不以尊降適婦者重適也凡不降者謂如其親服服之

繼公謂父之所不降謂大夫爲適婦亦大功如衆人故子亦爲之不杖期如衆人也若大夫於庶婦降之而至於不服其子亦降之而至於大功所謂大夫之子則從乎大夫而降

也父在則爲妻不杖者不敢同於父在爲母之服也故父沒爲母三年乃得為妻杖是其差也降有三品大夫以尊而降公之昆弟大夫之子以其父之所厭而降為人後者女子子適人者以出而降子亦不敢降之說見後

昆弟

注曰昆兄也為姊妹在室亦如之

為衆子

注曰衆子者長子之弟及妾子女子子在室亦如之

繼公謂衆子卽庶子也對長子立文故曰衆子庶則對適之稱也實則一耳父母為衆子

乃期者以尊加之也士妻為妾子亦期凡適
而非長父母爲之亦與衆子同
昆弟之子傳曰何以期也報之也
其女子子在室者亦如之
大夫之庶子為適昆弟
大夫之庶子為昆弟大功嫌於適亦然故以
明之斬衰章云父為長子則大夫之適亦謂
其長子未必指爲弟者也此云適昆弟者古
之文法不可以單言昆故連弟言之經中此
類多矣不言適子者嫌自為其子也
傳曰何以期也父之所不降子亦不敢降也
注曰大夫雖尊不降其適重之也適子為庶

昆弟庶昆弟相爲亦如大夫爲之

繼公謂大夫之子於昆弟之屬或有所降者以從乎其父而不得不降之耳若爲其父之適及尊同者乃其父之所不降者故已亦得遂其服焉非謂以其父不降之之故欲降之而不敢降也凡後傳之言若此者不復見之

適孫傳曰何以期也不敢降其適也有適子者無適孫孫婦亦如之

注曰周之道適子死則立適孫是適孫將上爲祖後者也長子在則皆爲庶孫耳孫婦亦如之適婦在亦爲庶孫之婦凡父於將爲後者非長子皆期也

疏曰云周道者以其□□□□死弟乃當先

立與此不同也

繼公謂祖於孫宜降於子一等而大功此期

者亦異其為適加隆焉爾非不降之謂也有

適子者無適孫孫婦亦如之皆謂適不可二

也　按注云凡父於將為後者非長子皆期

者蓋以斬衰章惟言父為長子故也鄭言此

者為適子死而無適孫者見之且明為適孫

亦與之意也適孫為祖父後服與子同

為人後者為其父母報上為如字傳為人昌為並同

言其以別於所後者也餘皆放此父母為支

子服率降於為巳者一等此支子出為人後

責為其父母期其父母亦報之以期而不復降者以其既為所後者之子統不可二故不敢以正尊加之而報之也

傳曰何以朞也不貳斬也何以不貳斬也持重於大宗者降其小宗也

疏曰此問雖兼母荅專據父故以斬而言

繼公謂此一節釋所以服期之意為父固當斬衰然父不可二斬不並行既為所後之父斬則於所生之父不得不降而為期蓋一重則一輕禮宜然也大宗者繼別子之後者也小宗者凡庶子之長子適孫之屬皆是也此為大宗子矣乃復謂所生之家為小宗者以

其本爲支子故也持猶主也
爲人後者孰後後大宗也曷爲後大宗大宗者
尊之統也禽獸知母而不知父野人曰父母何
算焉都邑之士則知尊禰矣大夫及學士則知
尊祖矣諸侯及其大祖天子及其始祖之所自
出尊者尊統上卑者尊統下大宗者尊之統也
大宗者收族者也不可以絕故族人以支子後
大宗也適子不得後大宗算素管反大祖音泰

曰都邑之士則知尊禰近政化也大祖始
封之君上猶遠也下猶近也收族者謂別親
疏序昭穆大傳曰繫之以姓而弗別綴之以
食而弗殊雖百世昏姻不通者周道然也

疏曰大祖始封者不毀其廟若魯之周公齊之太公之類

繼公謂此一節承上文言所以後大宗之意尊之統為尊者之統也小宗者族人之所尊而大宗又統手小宗故言尊之統見其至尊也大宗為尊者之統而收族人故族人不得不為之立後諸侯言太祖天子言始祖則始祖太祖異矣周祖后稷又祖文王白虎通義云后稷為始祖文王為太祖此其徵也及謂祭及之也及其始祖之所自出謂禘也始祖之所自出若殷周之帝嚳也諸侯之太祖世世祭之天子不惟世世祭其太祖又祭其始

王人祭其始祖之所自出蓋所祭者之尊不
[illegible]也尊者天子卑者諸侯此尊統謂為祖
禰之統者也尊統上天子始祖之所自出者
也尊統下諸侯之太祖也此與大宗為族人
之尊統者義不相關意畧相類故假此以發
明之適子不得後大宗則大宗亦有時而絶
矣
女子子適人者為其父母昆弟之為父後者適如
字爲父同字書爲父同
此昆弟不言報是亦為之大功耳
傳曰為父何以期也婦人不貳斬也婦人不貳
斬者何也婦人有三從之義無專用之道故未

從父旣嫁從夫夫死從子故父者子之天也夫者妻之天也婦人不貳斬者猶曰不貳天也婦人不能貳尊也

此一節釋爲其父母也從者順其所爲而不違之所謂以順為王者也天者取其尊大之義人所尊大者無如天故以之爲比

昆弟之爲父後者何以亦期也婦人雖在外必有歸宗曰小宗故服期也

此一節釋爲其昆弟之爲父後者也歸宗者所歸之宗也婦人雖外成然終不可忘其所由生故以本宗爲歸宗也歸云者若曰婦人或不安於夫家必以此爲歸然也其於爲父

後者特重以其爲宗子也以私親言之故

小宗其昆弟雖繼别猶謂之小所以别於

家之宗也

繼父同居者

繼父因母之後夫也其武從繼母而嫁者

爲其夫服亦宜如之

傳曰何以期也傳曰夫死妻稺子幼子無大功之親與之適人而所適者亦無大功之親所適者以其貨財爲之築宮廟歲時使之祀焉妻不敢與焉若是則繼父之道也同居則服齊衰期異居則服齊衰三月必嘗同居然後爲異居未嘗同居則不爲異居適並如字與音預爲異如字

注曰妻穉謂年未滿五十子幼謂年十五以下大功之親謂同財者也爲之築宮廟於家門之外神不歆非族妻不敢與焉恩雖至親族已絶矣夫不可二此以恩服爾未嘗同居則不服之

繼公謂傳之言若此則是子於繼父本無服特以二者具且同居故爲服此服若先同居後異居則降而三月是又於三者之外以居之同異爲恩之深淺而定服之重輕也然則三者或闕其一雖同居亦無服矣小記言同居異居者與此異更詳之

爲夫之君傳曰何以期也從服也

疏曰夫爲君斬故妻從之服期也

如姊妹之子子適人無主者姑姊妹報（適如字）

爲姑姊妹女子子出適者降爲大功今以士

無主乃加於降服一等而爲之期其姑姊妹

於昆弟姪亦不容不以其所加者服之云報

者服期之義生於已而不在彼故也女子之

適人者爲父母自當期固不必言報矣然父

母爲已加一等而已於父母不復加者其亦

以婦人不能貳斬也與

傳曰無主者謂其無祭主者也何以期也爲其

無祭主故也

祭主者夫若子若孫也死而無祭主尤可哀

憐故加一等大功之服乃得加一等者以其
本服如是也
爲君之父母妻長子祖父母
祖父母尊也乃在下者見其爲變服也孫於
祖父母其正服期
傳曰何以期也從服也父母長子君服斬妻則
小君也父卒然後爲祖後者服斬
注曰此爲君矣而有父若祖之喪者謂始封
之君也若是繼體則其父若祖有廢疾不立
父卒者父爲君之孫宜嗣位而早卒今君受
國於曾祖
疏曰云父母長子君服斬者欲見臣從君服

期君之母當齊衰而言斬者以母亦有三年
之服故并言之
繼公謂此先揔言從服則夫人之服亦在其
中矣以其非從斬而期故復以小君別言之
爲小君亦謂之從服者謂其得配於君乃有
小君之稱故也爲母齊衰亦云斬者以皆三
年而畧從其文耳父卒然後爲祖後者服斬
則是父在而祖之不爲君者卒君雖爲之後
亦惟服期以父在故爾惟祖後於父而卒者
君乃爲之斬也蓋其斬與朞惟以父之存沒
爲制君服斬然後臣從服服期又此言爲君之
母與其祖母皆指其卒於夫死之後者也其

夫若左君爲之期則臣無服也按注云此
爲君矣而有父若祖之喪者謂始封之君也
若是繼體則其父若祖有廢疾不立此總釋
國君有不爲君之祖若父也注又云父卒者
父爲君之孫宜嗣位而早卒今君受國於曾
祖此釋父卒然後爲祖後者服斬之文也夫
君之無父而爲祖後者有二有君已即位而
父先卒祖後卒者如注所云者是也亦或有
父爲君而卒子既代立而祖乃卒者注乃舉
其一而遺其一意似未備

妾爲女君

注曰女君君適妻

繼公謂此服期與臣爲小君之義相類

傳曰何以期也妾之事女君與婦之事舅姑等

禮夫妻體敵妾爲君斬衰三年而爲女君期

嫌其服輕故發問也妾之至尊者君也而女

君次之婦之至尊者夫也而舅姑次之其事

相類故以爲況妾之事女君旣與婦之事舅

姑等則其爲女君服亦不宜過於婦爲舅姑

服但當期而已然妾於女君其有親者或大

功或小功緦麻乃皆不敢以其服服之而必

爲之期又所以見其尊之也女君於妾不著

其服者親疏不同則其服亦異故也惟緦章

見貴妾之服彼蓋主於士也君以士之妻言

之乃爲其無親者耳若有親者則宜以出降一等者服之

婦爲舅姑傳曰何以期也從服也

子爲父母三年加隆之服也妻從其加服故降一等而爲期然則從服者惟順所從者之重輕而爲之固不辨其加與正也餘不見者放此

夫之昆弟之子傳曰何以期也報之也

世母叔母服之也其女子子在室亦如之

公妾大夫之妾爲其子

二妾之子爲母之服異於衆人嫌母爲其子亦然故以明之公國君也

傳曰何以期也妾不得體君爲其子得遂也
公與大夫於其子有以正服服之者有以尊
降之若絶之者其妻與夫爲一體而從之故
不問已子與妾子其爲服若不服亦然二妾
於君之子亦從乎其君而爲之其爲服若不
服皆與女君同惟爲其子得遂獨與女君異
者則以不得體君故也蓋母之於子本有期
服初非因君而有之故不得體君則此服無
從君之義是以得遂也

女子子爲其祖父母

斬衰章曰女子子在室爲父對適人者言之
也此惟云女子子而已所以見其在室適人

同也然章首已見祖父母則是服亦在其中可知矣必復著之者嫌出則亦或降之如其爲父母然也

傳曰何以期也不敢降其祖也

傳以經意爲主於適人者而發故云然女子子適人不降其祖者不敢以兄弟之服服至尊也此不敢降之語與大夫爲祖父母之傳意同皆失之也說見於後

大夫之子爲世父母叔父母子昆弟昆弟之子姑姊妹女子子無主者爲大夫命婦者唯子不報 爲大如字傳爲大夫爲同

注曰此所爲者凡六命夫六命婦

繼公謂大夫之子從其父亦降旁親一等世
叔父母子昆弟昆弟之子爲大夫命婦與其
父尊同故不降而服期若姑姊妹女子子嫁
亦本期也其在室者則以大夫之尊厭降之
大功若適士則又以出降爲小功今以其爲
命婦故不復以尊降惟以出降爲大功若又
無祭主乃加一等而爲期大夫之妻謂之命
婦者君命其夫爲大夫則亦命其妻矣此於
其子不别適庶以父在故爾傳曰有適子者
無適孫是也是章有大夫爲適孫爲士者之
服則此昆弟之子爲其父之適孫者雖不爲
大夫亦不降之也又姑姊妹女子子云無

主則是夫先卒也夫爲大夫而先卒其妻猶
用命婦之禮焉以是推之則嘗爲大夫而已
者亦用大夫之禮可知
傳曰大夫者其男子之爲大夫者也命婦者其
婦人之爲大夫妻者也無主者命婦之無祭主
者也何以言惟子不報也女子子適人者爲其
父母期故言不報也言其餘皆報也何以期也
父之所不降子亦不敢降也大夫曷爲不降命
婦也夫尊於朝妻貴於室矣適如字朝直遥反
注曰無主者命婦之無祭主謂姑姊妹女子
子也其有祭主者如衆人
繼公謂經言惟子不報謂男子爲父三年與

期服異也傳以女子子釋之似比之矣女子
子適人者爲其父自當期乃不[illegible]不報者問
以與其餘報服同故畧言之也又言父若報
父母昆弟昆弟之子爲大夫命婦乃於大夫
之子亦報之者蓋以其父之故不敢以降尊
者服之亦貴貴之意也惟父卒乃如衆人矣
夫曷爲不降命婦承父之所不降者而問之
此不降命婦據大夫於其子之姑姊妹女子
子也大夫爲此四命婦或大功或小功皆不
以尊降之惟以出降耳問者蓋惟其無爵而
不降之夫尊於朝則妻貴於室言其夫妻一
體同尊卑也是以不降之尊於朝謂爲大夫

貴於室謂爲内子

大夫爲祖父母適孫爲士者

此祖父適孫爲士也乃合祖母言之所謂妻從夫爵者也上已見祖父母適孫矣此復著大夫之禮則經凡不見爲服之人者雖曰適上下言之而實則主於士也明矣

傳曰何以期也不敢降其祖與適也

注曰不敢降其祖與適則可降其旁親也

繼公謂大夫於爲士者之服則降之此亦爲上也乃不降者以其爲祖與適也大夫所以降其旁親而不降祖與適者聖人制禮使之[illegible]大夫之意亦欲降此親但以其爲

祖與適故不降之也此傳之言似有害於
義理
以及士妾爲其父母
爲季長曰公謂諸侯其間有卿大夫妾故言
以及士妾
繼公謂此妾云女子子適人者爲其父母則
是服已在其中矣復言此者猶嫌爲人妾者
屈於其君則爲其私親或與爲人妻者異故
以明之云公妾以及士妾又以見是服不以
其君之尊卑而異也
傳曰何以期也妾不得體君得爲父母遂也
傳意蓋謂妾於其父母亦本自有服非因君

而服之故不得體君則爲之得遂然妾以不
得體君之故而遂其服者惟自爲其子耳若
其私親則無與於不體君之義蓋女君雖體
君亦未見有重降其私親者傳義似誤也
右齊衰不杖期
疏衰裳齊牡麻絰無受者
注曰無受者服是服而除不以輕服受之小
記曰齊衰三月與大功同者繩屨
繼公謂受者以輕衰受重衰也成人齊衰之
服而無受則惟三月可知故不復見月數
寄公爲所寓
注曰寓亦寄也爲所寄之國君服

傳曰寄公者何也失地之君也何以爲所寓服齊衰三月也言與民同也

注曰諸侯五月而葬而服齊衰三月者三月而藏其服至葬又反服之既葬而除之繐公謂經傳不見諸侯相爲服之禮是以無文也寄公已失國則與於諸侯又寓於他邦之地則不可不爲其君服然非臣也故但齊衰三月而與民同國君五月而葬此爲之服者則止於三月以齊衰之輕者惟有此耳故不以其葬月爲節也不特制爲國君服者辟天子也諸侯之大夫爲天子繐衰既葬除之特制之服也

丈夫婦人爲宗子宗子之母妻
注曰宗子繼别之後百世不遷所謂大宗也
繼公謂丈夫者男子之與大宗絶屬者也婦
人者謂絶屬之女子子在室者及宗婦也丈
夫婦人於宗子宗子之母妻若在嫂叔之列
者則不服之蓋親者且無服疏者可知
曰何以齊衰三月也尊祖也尊祖故敬宗敬
宗者尊祖之義也宗子之母在則不爲宗子之
妻服
别子爲祖繼别爲宗祖者巳之所自出也尊
之重本也然其尊祖之誠無由自盡故於敬
宗見之蓋敬其爲别子之後者乃所以尊别

子也故曰敬宗者尊祖之義也此爲宗子與
其母妻服皆敬宗之事故傳言之宗子之母
在則不爲宗子之妻服者謂族人於宗子之
妻其服與否惟以其母之在不在爲節則宗
子之母雖老而妻代主家事若先其母而卒
族人亦不爲此服葢其母尚在故也此義與宗
子不孤而死族人不以宗子服之者意實相類
爲舊君君之母妻
君亦謂舊君也在國而云舊君者明其不見
爲臣也此服大夫士同之
傳曰爲舊君者孰謂也仕焉而已者也何以服
齊衰三月也言與民同也君之母妻則小君也

注曰仕焉而已者謂老若有廢疾而致仕者也爲小君服者恩深於民

繼公謂已猶止也鄭氏以爲致仕是也此嘗仕矣今又在國其服宜異於民乃亦齊衰三月者蓋不在其位則不宜服斬以同於見爲臣者而臣於君又無期服故但齊衰三月而不嫌其與民同也然又爲小君服則亦異於民矣

庶人爲國君

注曰不言民而言庶人庶人或有在官者

疏曰云庶人在官者謂府吏胥徒

繼公謂庶人此服夫妻同之非在官與在官

與當家者則不服也畿内之民其服天子亦當如此乃不著之者則此經惟主爲侯國而作益可見矣

大夫在外其妻長子爲舊國君

此承庶人之下故但據其妻與長子言之云舊國君明妻子亦在外也大夫於舊君恩深故雖去國而於巳服之外妻子又爲之服也去國且若是則在國可知大夫在位與其長子俱爲君服斬妻服期去位則皆爲之齊衰二月而巳又爲君之毋妻若去國則不服其毋妻也士之異於此者長子無服若去國則夫妻亦不服之矣

傳曰何以服齊衰三月也妻言與民同也長子言未去也

其爲服之意若但如是而已則士之在外者妻與長子亦宜然也何必大夫乎傳似失之

繼父不同居者

注曰嘗同居今不同

疏曰此則期章所云必嘗同居然後爲異居者也

繼公謂爲繼父同居者期而爲異居者不降一等爲大功乃服此服者恩同於父不敢以異服服之也繼父於子同居異居皆不爲服知不爲服者二章無報文且齊衰三月不可

用於卑者也

曾祖父母

曾猶重也謂祖之上又有祖也

傳曰何以齊衰三月也小功者兄弟之服也不敢以兄弟之服服至尊也

疏曰三年問云至親以期斷然則何以三年也曰加隆焉爾也是本爲父期則爲祖宜大功曾祖宜小功高祖宜緦麻

繼公謂兄弟之服大功以下皆是也小功者據當爲曾祖之本服言也曾祖本小功以其爲兄弟之服不宜施於至尊故服以齊衰三月焉此其日月雖減於小功而衰麻之屬實

過於大功且專爲尊者之服是以日月之多寡有所不計禮有似殺而實隆者此之謂與曾祖之父本服在緦麻若以此傳義推之則亦當齊衰而經不言之者蓋高祖玄孫亦鮮有祖及者也

大夫爲宗子

亦與宗子絕屬者也前條云丈夫婦人爲宗子宗子之母妻大夫此服既如衆人則命婦亦宜然也此但云大夫爲宗子不云命婦一不云宗子之母妻各見其尊者爾

傳曰何以服齊衰三月也大夫不敢降其宗也

言不敢降則是宗子爲士也絕屬者且不降

則有親者亦服之如邦人可知矣

舊君

此即在外之大夫爲之也子思子曰古之君子進人以禮退人以禮故有舊君反服之禮孟子曰諫行言聽膏澤下於民有故而去則君使人導之出疆又先於其所往去三年不反然後收其田里此之謂三有禮焉如此則爲之服矣爲舊君之義二說盡之

傳曰大夫爲舊君何以服齊衰三月也大夫去君埽其宗廟故服齊衰三月也言與民同也何大夫之謂乎言其以道去君而猶未絶也

云君埽其宗廟見猶望其復反之意所謂猶

未絕者此也然則已絕者其不爲此服乎亦
似與經意異矣
曾祖父母爲士者如衆人爲如字
不云如士而云如衆人是庶人之服亦或如
士禮矣
傳曰何以齊衰三月也大夫不敢降其祖也
經言大夫爲宗子舊君曾祖父母爲士者蓋
連文也故傳於此以大夫言之非專取爲士
之文也
女子子嫁者未嫁者爲曾祖父母
此不降之服似不必言未嫁者經蓋顧大功
章立文耳女子子之適人者皆降其父母一等

乃不降其祖與曾祖者蓋尊服止於齊衰三
月其自大功以下則服至尊者不用焉故父
母之三年可降而爲大功祖之齊衰期
不可降而爲大功曾祖之齊衰三月又不可
降而無服此所以二祖之服俱不降也
傳曰嫁者其嫁於大夫者也未嫁者成人而未
嫁者也何以服齊衰三月不敢降其祖也
傳意謂嫁於大夫者雖尊猶不敢降其祖然
則大夫妻亦有降其本族之旁親與士妻異
者乎又所謂成人而未嫁者與不敢降之意
尤不相通傳似失其旨矣
右齊衰三月

大功布衰裳牡麻絰無受者

注曰大功布者其鍛治之功沽麤也

子女子子之長殤中殤長知丈反下並同

注曰殤者男女未冠笄而死可殤者也

疏曰中殤或從上或從下是則殤有三等制服惟有二等者欲使大功下殤有服故也若服亦三等則大功下殤無服矣聖人之意然也

繼公謂言子又言女子子以殊之是經之正例凡言子者皆謂男子益可見矣此子之殤服不分適庶但俱從本服而降者以齊衰服重不宜用之於殤也經言男女爲殤之節如

此則是古者男女必二十乃冠笄明矣

傳曰何以大功也未成人也何以無受也喪成人者其文縟喪未成人者其文不縟故殤之絰不樛垂蓋未成人也年十九至十六爲長殤十五至十二爲中殤十一至八歲爲下殤不滿八歲以下無服之殤無服之殤以日易月以日易月之殤殤而無服故子生三月則父名之死則哭之未名則不哭也縟音辱樛居虯反爲並如字

注曰縟猶數也其文數者謂變除之節也以日易月謂生一月者哭之一日也殤而無服者哭之而已

疏曰未名則不哭者不以日易月而哭也

繼公謂文謂禮文也樛當作繆檀弓曰齊衰
而繆絰正謂此也繆絞也絰謂首絰也垂者
其纓也殤絰之有纓者不絞其纓而散之此
亦異於成人者故以證之無服之殤以日易
月惟用於凡有齊斬之親者自大功之親以
下則否蓋齊斬之長殤中殤大功下殤小功
以次言之則七歲以下猶宜有服但以其不
入當服之限是以畧之然其恩之輕重與殤
之在緦麻者相等故不可不計日而哭之若
滿七歲者哭之八十四日則亦近於緦麻之
日月矣是其差也知大功以下之親則否者
大功之下殤在緦麻則七歲者自無服故大

功以下者不必與無服之殤以日易月之哭可也子生三月則父名之者三月天時一變故名子者法之未名則不哭者子見於父乃名之未名則是未之見也未見則未成父子之恩故不哭也其他親之哭與否亦以此爲節此義與婦之未廟見而死者相類

叔父之長殤中殤姑姊妹之長殤中殤昆弟之長殤中殤夫之昆弟之子女子子之長殤中殤

小功章云昆弟之子女子子夫之昆弟之子女子子之下殤則此服亦夫妻同也是章[illegible]不見昆弟之子女子子今以下章例之復疑其尊卑親疏之次則知亦當有此七字蓋傳

寫者以其文同故脫之耳
適孫之長殤中殤大夫之庶子爲適昆弟之長
殤中殤公爲適子之長殤中殤大夫爲適子之
長殤中殤
注曰重適也天子亦如之
疏曰諸侯於庶子則絕而無服大夫於庶子
降一等故於此惟言適子也
公謂公亦有爲適子長殤之服則國君
子亦必二十而後冠如衆人矣
殤皆九月纓經其中殤七月不纓
注曰經有纓者爲其重也
疏曰公謂纓經謂纓其經也纓即經

大功之纓絰亦右本在上其異於成人者散

而不絞爾纓絰止於大功九月故此七月者

雖亦大功而不纓絰所以見其差輕也此經

雖不纓猶以麻之有本者爲之以其爲大功

之服也

右殤大功九月七月

大功布衰裳牡麻絰纓布帶三月受以小功衰

即葛九月者

注曰受猶承也即就也閒傳曰大功之葛與

小功之麻同

繼公謂齊衰以上其絰皆不言纓故於此

成人大功言之乃因輕以見重且明有纓者

之止於此也受以小功衰者説大功布衰裳
而以小功布衰裳受之也即葛説麻絰帶就
葛絰帶也三月而變衰葛九月而除之婦人
異於男子者不葛帶耳小功亦然檀弓曰婦
人不葛帶此章特著受月者以承上經無受
之後嫌[illegible]下且明受衰之止於此也此
三月受服上下同之章内有君爲姑姊妹女
子子嫁於國君者而服問又言君主適婦之
喪是諸侯雖無大功而於其尊同者若所不
可得而絶者亦服此服也其姑姊妹女子子
之嫁於國君者爲外喪君之受服固不視其
卒哭之節適婦雖内喪而其禮則比婦

但三月而葬故君亦惟三月而受月也
傳曰大功布九升小功布十一升
注曰此受之下也以發傳者明受盡於此也
疏曰云大功布九升小功布十一升者此章
有降有正有義降則衰七升冠十升正則衰
八升冠亦十升義則衰九升冠十一升十升
者降小功十一升者正小功傳以受服不言
降大功與正大功直言義大功之受者鄭云
此受之下據受之下發傳者明受盡於此義
服大功以其小功至葬唯有變麻服葛因故
衰無受服之法故傳據義大功而言也
欒公謂大功布三等受布二等此於大功與

受布各見一等者但以其一一相當者言也

觀此則其上二等之受布亦可見矣

姑姊妹女子子適人者適如字

不杖期章不特著為此親在室者之服蓋以此條見之蓋經之例然也其他不見者放此

傳曰何以大功也出也

以出者降其本親之服故此亦降之也

從父昆弟

注曰世父叔父之子也其姊妹在室亦如之

繼公謂世叔父之子謂之從父昆弟者言此親從父而別也故以明之從祖之義亦然

爲人後者爲其昆弟傳曰何以大功也爲人後

者降其昆弟也爲人後字傳同

其姊妹在室亦如之

庶孫

孫言庶者對適立文也孫於祖父母本服大功以其至尊故加隆而爲之期祖父母於庶孫以尊加之故不報而以本服服之也

適婦

注曰適婦適子之妻言適者從夫名

傳曰何以大功也不降其適也

亦加隆之服爲之大功非不降之謂也婦從其夫而服舅姑期舅姑以正尊而加尊焉故劉爲之小功此異其爲適故加一等也

女子子適人者爲衆昆弟（適如字）
昆弟云衆對爲父後者立文也是亦主言父
沒者之禮矣禮女子子成人而未嫁或逆降
其旁親之期服此言已適人者乃爲其昆弟
大功則是其旁親之期服之不可以逆降者
惟此耳
姪丈夫婦人報傳曰姪者何也謂吾姑者吾謂
之姪（姪大結反）
必言丈夫婦人者明男女皆謂之姪也若但
云姪則嫌若偏指昆弟之女然故兩見之經
凡於爲姪之服皆指姑之已適人者而言蓋
以姪或成人或在下殤以上則姑亦鮮有在

室者矣姪之婦人在室適人同章首已見爲

姑適人者之服此似不必言報疑報字非誤則衍

夫之祖父母世父母叔父母

不言夫之世父母叔父母報文畧也

傳曰何以大功也從服也

此釋經意也

夫之昆弟何以無服也其夫屬乎父道者妻皆母道也其夫屬乎子道者妻皆婦道也謂弟之妻婦者是嫂亦可謂之母乎故名者人治之大者也可無慎乎

朱子曰傳意本謂弟妻不得爲婦兄妻不得

爲母故反言以詰之曰若謂弟妻爲婦則是
兄妻亦可謂之母矣而可乎言其不可爾
繼公謂爲夫之祖父母世叔父母大功皆從
夫之期服者也夫爲其昆弟亦期妻若從而
服之亦當大功今乃無服故因而發傳母道
婦道謂世叔母及昆弟之子婦之類也此據
男子所爲服者而言故繼之曰謂弟之妻婦
者是嫂亦可謂之母乎蓋以當時有謂弟妻
爲婦者故引而正之以言其不可也傳之意
蓋謂男子爲婦人來嫁於巳族者之服惟在
母婦之行者則可若尊不列於母卑不列於
婦則不爲之服以其無母婦之名也故爲昆

弟之妻無服經之此條主於妻爲其夫之黨傳以從服釋之是也又云夫之昆弟何以無服亦據妻不從夫而服其昆弟發問亦是也顧乃以男子不服昆弟之妻爲答此不惟失所問之意又與夫之昆弟所以無服之義相違蓋婦人於夫之昆弟當從服而乃不從服其無服之義生於婦人而非起於男子也檀弓曰嫂叔之無服也蓋推而遠之彼似善於此矣爾雅曰弟之妻爲婦

大夫爲世父母叔父母子昆弟昆弟之子爲士者（爲士嫁字）

注曰子謂庶子

繼公謂大夫於士爲異爵故其喪服例降其旁親之爲士者一等雖世叔父母亦降之所以見貴貴之意勝也不杖期章爲此親之爲大夫命婦者云大夫之子此云大夫互見其人以相備也

傳曰何以大功也尊不同也尊同則得服其親服

注曰尊同謂亦爲大夫者親服期

公之庶昆弟大夫之庶子爲母妻昆弟

注曰公之庶昆弟則父卒也大夫之庶子則父在也其或爲母謂妾子也昆弟庶昆弟也

繼公謂母妻及昆弟之尊同者皆不宜降而

此二人降之者則皆以死者爲其父尊之所厭而不得伸其服故也其所厭雖有遠近之異而意義實同故並言之公之昆弟其親之以厭而降者僅止於此若大夫之子此服之外更有而降在大功者其多寡與公之昆弟不類乃並言此者蓋主於其庶子之爲母妻耳非謂其親之以厭而降者亦僅止於此也且此昆弟之降大夫之子皆然亦不專在於庶

傳曰何以大功也先君餘尊之所厭不得過大功也大夫之庶子則從乎大夫而降也父之所不降子亦不敢降也厭於葉反

注曰言從乎大夫而降則於父卒如國人也父所不降謂適也

繼公謂厭謂厭其所爲服者也不得過大功謂使服之者不得過此而伸其服也大夫之子從乎大夫而降謂尊降之義在大夫而不已也蓋國君於旁期而下皆以尊厭而絶之此三人者皆君所絶者也尊者之子必從其父而爲服故君在則公子於昆弟無服而爲母若妻於五服之外君没矣其死者猶爲餘尊之所厭是以公子爲此三人止於大功也大夫於所服者或以尊加之而降一等亦謂之厭此三人者皆大夫之所降者也其子亦

從其父而降之一等爲大功與公子父沒之
禮同大夫沒子乃得伸其服以其無餘尊也
此傳言公之昆弟大夫之庶子是服之所以
同者備矣而諸侯大夫尊厭輕重遠近之差
亦畧於是乎見焉推而上之則天子之所厭
者又可知矣先儒乃以天子之子同於公子
之禮似誤也

皆爲其從父昆弟之爲大夫者（爲大如字）

此文承上經兩條而言則皆云者皆大夫公
之昆弟大夫之子也大夫公之昆弟於此親
則尊同也大夫之子於此親則亦以其父之
所不降者也故皆服其親服春秋傳曰公子

之重視大夫公之昆弟降其昆弟之爲公子
者不降其從父昆弟之爲大夫者則知先君
餘尊之所厭止於上三人耳
爲夫之昆弟之婦人子適人者
注曰婦人子者女子子也
疏曰此謂世叔母爲之服
繼公謂是服夫妻同也上經不言夫爲之者
其文脫與或言女子子或言婦人子互文以
見其同爾
大夫之妾爲君之庶子
此服亦從乎其君而服之也大夫爲庶子大
功女子子在室亦如之妾爲君之長子亦三

年自爲其子期經於妾爲君之黨服皆畧之惟著大夫之妾以見其異則士之妾不言可知矣

女子子嫁者未嫁者爲世父母叔父母姑姊妹

注曰女子子成人者有出道降旁親及將出者明當及時也

繼公謂此著其降之之節異於他親也在室而逆降正言此七人者蓋世父母叔父存與姑之期爲旁尊之加服姊妹之期雖本服然以其外成也故并世父巳下皆於未嫁而畧從出降明其異於父母昆弟也此服無爲妻爲妾之異經惟以嫁爲言者約文以包之耳

又前經見姊妹適人者及爲夫之昆弟之婦
人子適人者此世父母而下爲凡女子子之
降服也其服惟以適人爲節以此見逆降之
服無報禮也
傳曰嫁者其嫁於大夫者也未嫁者成人而未
嫁者也何以大功也妾爲君之黨服得與女君
同下言爲世父母叔父母姑姊妹者謂妾自服
其私親也
注曰此不辭即實爲妾遂自服其私親當言
其以明之齊衰三月章曰女子子嫁者未嫁
者爲曾祖父母經與此同足以見之矣
疏曰不辭者不是解義言辭也即實爲妾遂

白服其私親當言其以明之者案不杖期章
云女子子適人者爲其父母又云公妾以及
士妾爲其父母皆言其以明其爲私親今此
不言其明非妾爲私親
繼公謂傳者以此經合於上謂皆大夫之妾
爲之故其言如此何以大功惟其卑賤而服
之降否如尊者然也妾爲君之黨服得與女
君同釋辭以大功之意言大夫於此庶子女
子子或以尊降之或以其尊同而不降皆在
大功妻體其夫服宜如之若妾則不體君而
此服亦大功者以是三人者皆君之黨已因
君而服之故其降若否亦視君以爲節而不

得不與女君同因無嫌於卑賤也然此但可
以釋爲君之庶子之文若并女子子未嫁者
言之則不合於經蓋經初無爲女子子未嫁
者之禮且凡云嫁者皆指凡嫁於人者而言
非必謂行於大夫而后爲嫁也又謂爲世父
母以下皆妾爲私親之服亦不合於經蓋此
乃適人者之通禮經必不特爲此妾發之又
此妾爲私親大功者亦不止於是也傳說俱
失之詳傳者之意蓋失於分句之不審又求
其爲嫁者大功之說而不可得故强生嫁於
大夫之義以自傳會既以女子子嫁者未嫁
者屬於上條則爲世父母以下之文無所屬

又以爲亦大夫之妾爲之遂使一條之讀析
而爲二首尾衡決兩無所當實甚誤也攷此
傳文其始蓋引大夫之妾至未嫁者之經文
而釋之故已釋其所謂本條者之旨復以下
言云云併釋下經今在此者乃鄭氏移之爾
按注云齊衰三月章曰女子子嫁者未嫁者
爲曾祖父母經與此同足以明之矣者謂二
經之文同足以明其不當如舊說也
大夫大夫之妻大夫之子公之昆弟爲姑姊妹
女子子嫁於大夫者
大夫公之昆弟爲此服則尊同也大夫之子
則亦從乎大夫而爲之也大夫之妻爲此女

子子其義亦然若爲此姑姊妹又但爲本服
耳蓋婦人之嫁者於其兄弟惟有出降而已
姑姊妹雖不爲命婦猶爲之大功也經言大
夫大夫之子爲服者多矣於是乃著大夫之
妻者以惟此條可與之相通故因而見之也
凡妻爲夫之族類於其姊妹與其在父列以
上者率降於夫於其昆弟之列者又無服也
在子列而下乃與夫同之耳又攷云之昆弟
爲此姊妹惟在出降之科則是先君餘尊之
所厭亦不及於其嫁出之女也若先於君其
姊妹與其孫則不厭之固矣
君爲姑姊妹女子子嫁於國君者

以上條例之則夫人、公子之服亦當然也

傳曰何以大功也尊同也尊同則得服其親服

疏曰問者以諸侯絕旁期大功降一等今此大功故也

繼公謂尊同謂君於爲夫人者大夫公之昆弟於爲命婦者也夫人命婦雖非有爵者然此三人以其與已敵者齊體之故亦例以尊同者視之而如其出嫁之服不敢絕之降之也此一節釋經之文義

諸侯之子稱公子公子不得禰先君公子之子稱公孫公孫不得祖諸侯此自卑别於尊者也若公子之子孫有封爲國君者則世世祖是人

也不祖公子此自尊別於卑者也別並彼列反

注曰不得禰不得祖不得立其廟而祭之也卿大夫以下祭其祖禰則世世祖是人不祖公子者後世為君者祖此受封之君不復祀別子也因國君以尊降其親故終說此義云繼公謂卑謂為臣者也尊謂為君者也言身為人臣則其廟不可上及於為君者身為國君則其廟不可上及於為臣者是謂別之也別於尊者所以塞僭上之原別於卑者所以明貴貴之義聖人制禮之意然也此言封君之後世世祖封君不祖公子雖是封君之時其祖考之廟在故家自若也不復更立廟於

一盧廟於公宮左之最東以爲行禮之所及封君没則於焉祀之謂之大廟而爲百世之祖也相封君而不祖公子奭晋不祖桓叔而祖武公是其事也

是故始封之君不臣諸父昆弟封君之子不臣諸父而臣昆弟封君之孫盡臣諸父昆弟盡子忍反

朱子曰始封君之諸父昆弟始封君之父未嘗臣之故始封之君不敢臣之封君之子所謂諸父者即始封君謂之昆弟而未嘗臣之者也故封君之子亦不敢臣之封君之子所謂昆弟者即始封君之子始封君嘗臣之者也故封君之子亦臣之封君之孫所謂諸父

昆弟者即始封君之子所臣之昆弟及其子也故封君之孫亦臣之故下文繼之以君之所不服子亦不敢服也君之所爲服子亦不敢不服也

繼公謂此因上云公子之子孫有封爲國君者而言之也

故君之所爲服子亦不敢不服也君之所不服子亦不敢服也

言此者以其與上文意義相類也謂公子之服與否皆視其君而爲之此專指公子之公在者言也若公没則鄉之所謂不敢服者今則皆服之矣但其爲先君餘尊所厭者乃降

之如爲母妻昆弟大功是也不敢不服之意
與前傳所謂不敢降者同後放此

右大功九冂

繐衰裳牡麻絰既葬除之者繐音歲

此服特爲諸侯之大夫爲天子而制故必於
其七月既葬乃除之葬時大夫若會若否其
除之節同也七月而除則絰未必纓也其度
亦未聞前齊衰章傳云帶緣各視其冠又記
云繐衰冠八升則此帶亦八升矣又此承大
功之下疑其亦用繩屨與齊衰三月者同蓋
服至尊之屨或當然也

傳曰繐衰者何以小功之繐也

注曰治其縷如小功而成布四升半細其縷者以恩輕也升數少者以服至尊也凡布細而䟽者謂之繐今南陽有鄧繐

繼公謂云何以又云小功之繐則繐之麤細亦不一矣小功之布有三等此繐衰之縷其如小功之上者

諸侯之大夫為天子

䟽曰此經直云大夫則大夫中有孤卿也

繼公謂惟言諸侯之大夫則其士庶不服可知諸侯之大夫於天子為陪臣不可以服斬又不可以無服故爲之變而制此繐衰焉亦

齊衰三月者亦辟於其舊國君之服也

曰何以緦衰也諸侯之大夫以時接見乎天
子接見乎天子者謂爲天子所接見也經惟言
諸侯之大夫而傳意乃爾若然則諸侯之大
夫其亦有不爲天子服者乎

右緦衰

小功布衰裳澡麻帶絰五月者澡音早

注曰澡者治去莩垢也小記曰下殤小功帶
澡麻不絕本屈而反以報之
疏曰上文多以一絰包二此別言帶者欲見
與絰不同故也帶在絰上者小功以下絰帶
斷本此殤小功中有下殤小功帶不絕本故

進帶於經上以見重也又此不言布帶文畧
也不言屨者當與下章同吉屨無絇也
繼公謂小功布之縷麤於緦之縷矣乃曰小
功者對大功立文也不言牡麻與無受者可
知也
叔父之下殤適孫之下殤昆弟之下殤大夫庶
子爲適昆弟之下殤爲姑姊妹女子子之下殤
此章别言女子子之下殤而不見[redacted]之下殤
又公爲適子大夫爲適子之下殤[redacted]不見皆
文脱耳
爲人後者爲其昆弟從父昆弟之長殤爲人如字
爲從父昆弟者與人也經文省耳其姊妹之

殤亦如之

傳曰問者曰中殤何以不見也大功之殤中從上小功之殤中從下（見賢賢反）

注曰問者據從父昆弟之下殤在緦麻也大功小功皆謂服其成人也此主謂丈夫之爲殤者服也凡不見者以此求之

繼公謂大功之殤始見於此而又不言中殤故發問也喪服之等其重者自大功而上輕者自小功而下已於麻本有無之類見之矣此復以二者之中殤各異其從上從下之制亦因以見義云從父昆弟之殤丈夫與女子子在室者爲之同也然則此傳亦兼婦人之

爲其親族之爲殤者言矣凡不見者以此求
之
爲夫之叔父之長殤昆弟之子女子子夫之昆
弟之子女子子之下殤爲姪庶孫丈夫婦人之
長殤
姪之殤服亦姑之適人者爲之也於庶孫之
下言丈夫婦人者明庶孫之文不可以兼男
女亦爲其與姪連文故也
大夫公之昆弟大夫之子爲其昆弟庶子姑姊
妹女子子之長殤
注曰云公之昆弟爲庶子之長殤則知公之
昆弟猶大夫

繼公謂其中殤亦從上若下殤則不服之蓋大夫無緦服也公之昆弟於庶子而下則爲以尊而降於昆弟則亦以其父之所厭而降也大夫大夫之子所以降之意前章詳之矣此巳爲大夫不應有昆與姊之殤而此經乃爾蓋以昆弟姊長宜連文且此條亦不專主於大夫故也

大夫之妾爲庶子之長殤

注曰君之庶子

繼公謂上巳言君之庶子故此畧之爲君之女子子亦然是雖大功之殤亦中從上蓋女君之爲此子與夫同而妾爲君之黨或得與

女君同故皆宜中從上而不可以婦人之從
服者例論也其下殤亦不服之
右殤小功五月
此所不見者子之下下殤公爲適子
大夫爲適子之下殤蓋文脱耳
小功布衰裳牡麻絰即葛五月者
注曰小功輕三月變麻因故衰以就葛絰帶
而五月也間傳曰小功之葛與緦之麻同舊
說小功以下吉屨無絇也
繼公謂經不言澡可知也此變麻服葛乃不
易衰者爲無受布也即葛不云三月者已於
大功章見之故不言也

從祖祖父母從祖父母報

注曰祖父之昆弟之親

繼公謂此與爲之者尊卑雖異亦旁尊也故報之於此即言報者畧輕服齊衰大功重報服或別見之　按注意謂從祖祖父乃祖父之昆弟從祖父祖父之昆弟之子故曰祖父之昆弟之親也

從祖昆弟

注曰父之從父昆弟之子

疏曰三者爲三小功也

從父姊妹孫適人者（適如字下適人同）

三者適人其服同云適人則爲女孫無嫌故

不必言也

爲人後者爲其姊妹適人者爲人如字

經於前章爲人後者惟見其父母昆弟姊妹之服餘皆不見是於本服降一等者止於此親爾所以然者以其與已爲一體也然則自此之外凡小宗之正親旁親皆以所後者之親疎爲服不在此數矣此姊妹之屬不言報省文也記曰爲人後者於兄弟降一等報

爲外祖父母傳曰何以小功也以尊加也

尊云者謂其爲母之父母也子之從其母而服母黨者當於其母二等母爲父母期子爲外祖父母小功宜也非以尊加也

從母丈夫婦人報

注曰從母母　姊妹丈夫婦人姊妹之子男女同

繼公謂從母之義與從父同以其在母列故但以從母爲稱丈夫婦人即爲從母服者也此爲加服而從之乃報之者以其爲母黨之旁尊不足以加尊焉故報之也經凡三以丈夫婦人連文而所指各異讀者詳之

傳曰何以小功也以名加也外親之服皆緦也

母爲姊妹大功子從服當緦以有母名故加一等而在此云外親之服皆緦以見此爲加也然外親之服有在緦者則以其從與報而

爲之不得不然耳非故輕之令例皆緦也又爲外祖父母亦從服之常禮也而在小功乃云皆緦何哉

夫之姑姊妹娣姒婦報

注曰夫之姑姊妹不殊在室及嫁者因恩輕畧從嫁降娣姒婦者兄弟之妻相名也

繼公謂爲夫之姑姊妹從服也乃小功者惟從其夫之降服也記曰夫之所爲兄弟服妻降一等夫爲其姑姊妹在室者期正服也出嫁者大功降服也妻不隨其夫之正服降服而爲升降者服者宜有一定之制而不必隨時變易也所以不從其夫之正服者恐爲

其出嫁者或與夫同服則失從服之義也此
爲從服故姑[illegible]妹言報娣姒婦固相爲矣亦
言報者明其不以夫爵之尊卑而異也先娣
後姒則娣長姒稺明矣
傳曰娣姒婦者娣長也何以小功也以爲相與
居室中則生小功之親焉
婦人於夫之昆弟當從服以遠嫌之故而止
之故無服假令從服亦僅可以及於其昆弟
之身不可以復及其妻也然則娣姒婦無相
爲服之義而禮有之者則以居室相親不可
無服故爾然二人或有並居室者有不並居
室者亦未必有常共居室者而相爲服之義

惟主於此者蓋本其禮之所由生者言也
長也釋娣婦之爲長婦也其下亦似有脫文
大夫大夫之子公之昆弟爲從父昆弟庶孫姑
姊妹女子子適士者適字
注曰從父昆弟及庶孫亦謂爲士者
繼公謂此姑姊妹女子子再降故其服在此
不言適人而言適士者所以見從父昆弟及
庶孫亦謂爲士者也經之例多類此公之昆
弟於其從父昆弟之不爲大夫者乃小功者
以其非公子也周之定制諸侯父死子繼不
立昆弟於此可見矣
大夫之妾爲庶子適人者

注曰君之庶子女子子也庶女子子在室大功其嫁於大夫亦大功

繼公謂女子子不必言庶文有脫誤也經凡言庶子皆主於男子也此非己子故其服如此若爲己之女子子在室期適人亦大功又故喪服記與小功言妾爲君之長子之服大功章及此章凡三見大夫之妾爲君之庶子及其女子子之服若其君之他親則無聞焉然則凡妾之從乎其君而服其君之黨者止於此耳是亦異於女君者也

庶婦

庶婦爲舅姑期舅姑乃再降之爲小功者所

以別於適婦也
君母之父母從母傳曰何以小功也君母在則
不敢不從服君母不在則不服
注 君母父之適妻也從母君母之姊妹不
敢不服者恩實輕也凡庶子爲君母如適子
疏曰不在者或出或死也君母在既爲君母
父母其已母之父母或亦兼服之
繼公謂君母在則不敢不從服者以其配父
尊之也君母不在則不服者別於已之外親
也此庶子雖服其君母之父母姊妹彼於此
子則無服也 庶子以君母之故不得不服
其親而彼之視已實非外孫與姊妹之子故

畧而不服

君子子爲庶母慈己者

注曰君子子者大夫及公子之適妻子

繼公謂此服固適妻之子爲之若妾子則謂

其母或不在或有他故不能自養其子而庶

母代養之不命　母子者也

傳曰君子子者貴人之子也爲庶母何以小功

也以慈已加也

注曰内則曰異爲孺子室於宫中擇於諸母

與可者必求其寬裕慈惠温良恭敬愼而寡

言者使爲子師其次爲慈母其次爲保母皆

居子室他人無事不往不言師保慈母居中

服之可知也國君世子生卜士之妻大夫之妾使食子三年而出見於公宮則劬非慈母也士之妻自養其子

繼公謂禮爲庶母緦謂士及其子也其慈已者恩宜有加固小功矣此云君子子者明雖有貴者其服猶然也大夫之子公子之子於庶母亦當緦麻〻從其父而降遂不服其於慈已者加在小功若又從父而降則宜在緦麻今乃不降而從其加服者嫌其與凡父在而爲不慈已者之服同也正者降之加者伸之其意雖異禮則各有所當也云君子子則父在也父在且伸此服則父沒可知矣其

爲父後者則但服緦蓋不可以過於因母也
若爲大夫則[illegible]服之以大夫於庶母本無服
故也

右小功五月

緦麻三月者

注曰緦麻緦布衣裳而麻絰帶也不言衰絰
略輕服省文

纔公謂輕服既葬即除之故但三月也不別
見殤服者以其服與成人無異也齊衰三月
不言繩屨大功不言冠布纓小功不言布帶
緦麻不言衰絰服彌輕則文彌畧也 按注
以麻爲言麻絰帶者蓋經傳單言麻者多以

經帶言也
傳曰緦者十五升抽其半有事其縷無事其布
曰緦
注曰謂之緦者治其縷細如絲也抽猶去也
雜記曰緦冠繰纓
繼公謂十五升者將為十五升布之縷也抽
其半而為布則成布七升有半也此比於他
服之布為稍疏比於他布之縷為最細細者
所以見其為輕喪疏者所以明其非吉布若
布縷之或治或否其意亦猶是也曰緦者蓋
治其縷則縷如絲故取此義而名之亦以
異於錫衰也此布七升有半乃在小功之十

者以其縷細也凡五服之布皆以縷之麤細
爲序其麤者則重細者則輕故升數雖多而
縷麤猶居於前如大功在繐衰之上是也升
數雖少而縷細猶居於後如緦麻在小功之
下是也
族曾祖父母族祖父母族父母族昆弟
注曰曾祖昆弟之親也
疏曰此即禮記云四世而緦服之窮也名爲
四緦麻者也族屬也骨肉相連屬以其親盡
恐相疏故以族言之耳
繼公謂以從父從祖者差之則此乃從曾祖
之親也變言族者明親盡於此也凡有親者

皆曰族記曰三族之不虞是也

庶孫之婦

庶孫之婦緦則適孫之婦小功也小功章不見之者文脫耳夫之祖父母於庶孫之婦其本服當小功以別於適孫之婦故亦降一等而在此

庶孫之中殤中依注音下

注曰庶孫者成人大功其殤中從上此當爲下殤言中殤者字之誤爾又諸言中者皆連上下也

從祖姑姊妹適人者報

云報者謂亦既適人乃降之也小功章已不

著嫁者未嫁者之服又以此條徵之則女子之逆降固不及大功而下者矣適人者爲此親非報服畧言之耳

從祖父從祖昆弟之長殤

注曰不見中殤中從下

繼公謂上章之首連言三小功此惟見其二者之殤蓋以從祖祖父未必有在殤者也此與經不見曾祖之父及曾孫之子之服者意頗相類

外孫

注曰女子子之子

疏曰以女外適而生故云外孫

繼公謂此服亦男女同外孫爲外祖父母小
功不報之者以其爲外家之正尊與
從父昆弟姪之下殤
單言姪者前既以丈夫婦人言之此無嫌也
又以前章例之則爲人後者爲其昆弟之下
殤亦當在此經文闕耳
夫之叔父之中殤下殤
注曰見中殤者明中從下
疏以下傳言婦人爲夫之族類大功之殤中
從下
繼公謂見中殤者明其與前條異
從母之長殤報

前章從母成人之服已言報此復見之者嫌其報加服者畧於殤也

庶子爲父後者爲其母傳曰何以緦也傳曰與尊者爲一體不敢服其私親也然則何以服緦也有死於宮中者則爲之三月不舉祭是以服緦也（爲父如字傳爲同）

注曰君卒庶子爲母大功大夫卒庶子爲母三年士雖在庶子爲母皆如衆人

疏曰有死於宮中者縱是臣僕亦三月不舉祭故此庶子因是爲母服緦也

繼公謂爲父後者或當爲適母後故不服妾母蓋與適子同也有死於宮中則三月不舉

祭者吉凶之事存亡共之因是以服緦者言
非若是則不敢服也蓋子之於母情雖無窮
然禮所不許則其情亦不可得而遂今因有
三月不舉祭之禮乃得畧伸其服焉觀此則
孝子之心可知矣何以不齊衰三月也尊者
之服不敢用於妾母也

士爲庶母

言士者承上經之下宜别之且起下文也

傳曰何以緦也以名服也大夫以上爲庶母無

服

疏曰有母名也云大夫以上無服者以其降

故也

繼公謂大夫以上爲庶母無服者以庶母之服緦而大夫以上無緦服故也又大夫以上於其有親者且降之絶之則此無服亦宜矣

貴臣貴妾傳曰何以緦也以其貴也

此亦士爲之也貴臣室老也貴妾長妾也此服似夫妻同之妻爲此妾服則非有私親者也其有親者宜以其服服之大夫以上無緦服

乳母

此亦蒙士爲之文也士之妻自養其子若有故或使賤者代食之故謂之乳母其妾子亦然若於大夫之子則慈母之外又有乳母内

則曰大夫之子有食母鄭氏以爲即此乳母是也大夫之子父没乃爲之服

傳曰何以緦也以名服也

疏曰有母名也

從祖昆弟之子

注曰族父母爲之服

繼公謂爲族曾祖父族祖父族父族昆弟皆緦其族昆弟固相爲矣此條則族父報然則族曾祖父於昆弟之曾孫族祖父於從父昆弟之孫以其爲旁親卑者之輕服故畧之而不報與　按經但見族父爲此服注兼言族母者足經意也婦人爲夫黨之卑屬與夫同

曾孫

䟽曰據曾祖爲之緦不言玄孫者此亦如齊衰三月章直見曾祖不言高祖以其曾孫爲曾高同曾高亦爲曾孫玄孫同也

繼公謂此曾祖爲之服也以本服之差言之爲子期爲孫大功則爲曾孫亦宜小功乃在此者以曾孫爲已齊衰三月故已亦爲之緦麻三月蓋不可以過於其爲已之月數也不分適庶者以其卑遠畧之且不可使其庶者無服也

父之姑

注曰歸孫爲祖父之姊妹

疏曰歸孫爾雅文
繼公謂此從祖之親乃緦者以其爲祖父之姊妹於屬爲尊故但據已適人者言之其意與姑爲姪者同不言報者亦以非其一定之禮故也

從母昆弟

從母姊妹亦存焉外親之婦人在室適人同

傳曰何以緦也以名服也

名謂昆弟之名母於姊妹之子小功子無所從也惟以名服之從母以名加比以名服子於母黨其情蓋可見矣然則有可緦而不從者所以遠別於父族與

甥傳曰甥者何也謂吾舅者吾謂之甥何以緦
也報之也
亦丈夫婦人同
壻傳曰何以緦報之也
注曰壻女子子之夫也
妻之父母傳曰何以緦從服也
注曰從於妻而服之
繼公謂從期服而緦是降於其妻三等矣妻
從夫降一等子從母降二等夫從妻降三等
差之宜也
姑之子傳曰何以緦報之也
注曰姑之子外兄弟也

舅傳曰何以緦從服也

從於母之大功而緦也母於昆弟之爲父後者期子乃不從之而服小功者亦可以見從服一定之制矣

舅之子

注曰內兄弟也

傳曰何以緦從服也

此與姑之子相爲皆男女同也子爲母黨服止於外祖父母從母舅舅之子從母之子耳其餘則無服也外祖父母從母舅與母爲一體至親也故從服舅之子與從母昆弟則其爲尊者至親之子而在兄弟之列不[illegible]

無服故或從服而或以名服也
夫之姑姊妹之長殤
夫之姊無在殤者此云姊蓋連妹而立文耳
古者三十而取何夫姊之殤之有
夫之諸祖父母報
夫之所爲服小功者則妻爲之緦若於夫之
祖父母之行而服此者惟其從祖祖父母耳
似不必言諸然則此經所指者其夫之從祖
祖父母及從祖父母與但言諸者疑文誤且
脫也
君母之昆弟
此服亦不報其義與君母之從母同

傳曰何以緦從服也

注曰君母在則不敢不從服君母卒則不服

也

繼公謂庶子從君母之服惟止於此不及其

昆弟之子與從母昆弟異於因母也若爲父

後則服之蓋其禮當與爲人後者同也

從父昆弟之子之長殤昆弟之孫之長殤

此從祖父從祖祖父爲之服也然則從祖祖

母從祖母亦當服之矣

爲夫之從父昆弟之妻

小功章云夫之姑姊妹娣姒婦報是章惟見

此服不及夫之從父姊妹者文不具耳

傳曰何以緦也以爲相與同室則生緦之親焉

注曰同室者不如居室之親也

繼公謂此亦言其所以有服之由也其義與娣姒婦以居室之故而有服者同蘭章詳之矣

長殤中殤降一等下殤降二等

此主言丈夫爲大功以上之殤婦人爲夫族齊衰之殤也不宜在此蓋脫文也婦人爲本族之殤服其降之等亦與丈夫同

齊衰之殤中從上大功之殤中從下

注曰齊衰大功皆服其成人也大功之殤中從下小功之殤亦中從下也此主謂妻爲

夫之親服也凡不見者以此求之

繼公謂此亦脫文失其次而在是也

右緦麻三月

記公子爲其母練冠麻麻衣縓緣爲其妻縓冠葛絰帶麻衣縓緣皆既葬除之縓並七見反縓冠之縓當作練

注曰公子君之庶子也其或爲母謂妾子也麻者緦麻之絰帶也此麻衣者如深衣爲不制衰裳變也詩云麻衣如雪縓淺絳也練冠而麻衣縓緣三年練之受飾也檀弓曰練練衣黃裏縓緣諸侯之妾子爲母不得伸權爲制此服不奪其恩也爲妻葛絰帶妻輕

繼公謂縓冠之縓亦當作練字之誤也練冠

者九升若十升布練熟爲之與衆人爲母爲妻之練冠同麻衣以十五升布爲衣如深衣然其異者緣爾縓緑以縓色布爲領袂純也聞傳曰練冠縓緣是冠紕亦以縓也此緣皆視其衣冠之布爲母但言麻故於爲妻言葛經帶以見之練冠麻葛凶服也先言之麻衣吉布也後言之文當然爾此二喪本當有練有祥故於此得用既練之冠既祥之衣與夫練服之飾以明其服之未重又小其麻葛之經帶以見不敢爲服之意也此爲妻之衣冠一與爲母同惟以經帶爲輕重耳妾與庶婦厭於其君公子爲之不得伸故權爲制此服

然君在公子不得伸其服者多矣乃於其母
妻特制此服者爲其皆在三年之科與他期
服異也諸侯之妾公子之妻視外命婦皆三
月而葬

傳曰何以不在五服之中也君之所不服子亦
不敢服也君之所爲服子亦不敢不服也

注曰君之所不服謂妾與庶婦也君之所爲
服謂夫人與適婦也

繼公謂君之所不服子亦不敢服者謂其母
與妻皆君之所厭而不服者也子亦從乎其
君而不敢服之傳以此釋其所以不在五服
中之意其實子從君而不敢服者則不止於

此也君之所爲服謂適與尊同者也君爲之
服子亦各以其服服之傳又因上文而并言
此以見凡公子之服與不服其義皆不在己
也
大夫公之昆弟大夫之子於兄弟降一等
注曰兄弟猶言族親也凡不見者以此求之
繼公謂此言所爲之兄弟謂爲士者也惟公
之昆弟雖與其兄弟同爲公子亦降之也三
人所以降其兄弟之義固或有異而服則同
其兄弟之服雖皆已見於經然亦有不並列
三人而言之者故於此明之大夫小功而下
之親爲士者皆不爲之服蓋小功降一等則

緦而大夫無緦服故也
爲人後者於兄弟降一等報於所爲後之兄弟之子若子（爲並如字）
注曰言報者嫌其爲宗子不降
繼公謂此爲兄弟於本服降一等止謂同父者也禮爲宗子服自大功之親以至親盡者皆齊衰但有月數之異爾此報云者昆弟與姊妹在室者但視其爲己之月筭也而服亦齊衰惟姊妹適人者則報以小功也之子二字當爲衍文所後者之兄弟凡己所降一等之外者皆是也其有服若無服皆如所後者親子之爲

兄弟皆在他邦加一等不及知父母與兄弟居

加一等

注曰皆在他邦謂行仕出遊若被仇不及知

父母父母早卒

繼公謂兄弟以皆在他邦而加者爲其客死

於外故也以不及知父母而加者爲其有恩

於已故也凡兄弟之加服惟此與姑姊妹女

子子適人而無主者也其餘則否

傳曰何如則可謂之兄弟傳曰小功以下爲兄

弟

注曰於此發兄弟傳者嫌大功以上又加也

大功以上若皆在他國則親自親矣若不及

知父母則固同財矣
繼公謂謂之二字似誤亦當作爲爲兄弟者爲兄弟服也此惟以加一等者爲問爾小功以下爲兄弟謂是乃小功以下之親爲兄弟之服者然也然則此等加服不得過於大功矣蓋大功以上皆在親者之限故不必復加云

朋友皆在他邦袒免歸則已免音問

注曰每至袒時則袒袒則去冠代之以免舊說以爲免象冠廣一寸已猶止也

疏曰袒免與宗族五世者同

繼公謂朋友相爲弔服如麻也此亦爲其客

死於外尤可哀憐故加一等而爲之袒免以示其情歸于其國則復故而如其常服故曰歸則已也死於他邦者朋友袒免兄弟加一等其意正同此云歸則已是兄弟雖歸其加服故自若也亦足以見親疏之殺矣

朋友麻

注曰朋友雖無親有同道之恩相爲服緦之經帶檀弓曰羣居則經出則否其服弔服也弔服則疑衰也

繼公謂天子弔服三錫衰也緦衰也疑衰也諸侯弔服二錫衰也疑衰也皆用於臣禮國君不相弔則亦未必有朋友之服是記蓋主

爲大夫以下言之服問謂大夫相爲錫衰以居當事則弁絰此大夫於朋友之爲大夫者服也以是推之則大夫於士若士於大夫皆疑衰裳雖當事亦素冠也士庶人相爲亦然其服皆加麻旣葬乃已若非朋友則弔之時其服皆與朋友同所異者退則不服耳疑衰者亦十五升而去其半蓋布縷皆有事者也布縷皆有事則疑於吉升數與緦錫同則疑於凶故因以名之

君之所爲兄弟服室老降一等

君者謂凡有家臣者皆是也與室老對曰君亦如妾爲君爲女君之比

夫之所爲兄弟服妻降一等
此惟指妻從夫服者而言如爲夫祖父母之類是也其在夫之昆弟之行者則不從
庶子爲後者爲其外祖父母從母舅無服不爲後如邦人（爲後並如字）
凡從服皆爲所從在三年之科者也庶子爲父後者爲其母緦則於母黨宜無服也不爲後如邦人是君母與已母之黨或兼服之明矣
宗子孤爲殤大功衰小功衰皆三月親則月筭如邦人（爲如字）
注曰言孤有不孤者不孤則族人不爲殤服

服之也不孤謂父有廢疾若年七十而老子代主宗事者也孤爲殤長殤中殤大功衰下殤小功衰皆如殤服而三月謂與宗子絶屬者也親謂在五屬之内筭數也月數如邦人者與宗子有期之親者成人服之齊衰期長殤大功衰九月中殤大功衰七月下殤小功衰五月有大功之親者成人服之齊衰三月卒哭受以大功衰九月其長殤中殤大功衰五月下殤小功衰三月有小功之親者成人服之齊衰三月卒哭受以小功衰五月其殤與絶族者同有緦麻之親者成人及殤皆與絶族者同

疏曰云孤謂無父者也云大功衰小功衰者以其成人齊衰故長殤中殤皆在大功衰下殤在小功衰也云皆三月者以其衰雖降月本三月也

繼公謂此言宗子孤而爲殤其服乃如是若不孤則族人之親盡者不爲服而有親者則或降服或降而無服亦如邦人也

改葬緦

注曰謂墳墓以他故崩壞將亡失尸柩也其奠如大斂從廟之廟從墓之墓禮宜同也必服緦者親見尸柩不可以無服

繼公謂改葬者或以有故而遷葬於他處如

文王於王季之類是也或以向者之葬不能
如禮後乃更之如晉惠公於共世子之類是
也此惟言緦不指其人則是凡有親而在其
所者服皆然也以其非常服而事又畧故五
屬同之不言其除之之節或既改葬則不服
之與　按注云從廟之廟從墓之墓禮宜同
也言此者以徵改葬之奠當如大斂耳蓋袒
奠如大斂奠故鄭氏以此況彼謂改葬之奠
宜與之同也

童子惟當室緦

注曰童子未冠之稱也當室爲父後承家事
者爲家主與人爲禮於有親者雖恩不至不

可以無服也
疏曰當室是代父當家事
繼公謂此言惟當室則緦是雖父在亦得爲
之曲禮曰孤子當室言孤則有不孤者矣
傳曰不當室則無緦服也
童子不當室則無緦服所以降於成人當室
則緦所以異於衆子
凡妾爲私兄弟如邦人
注曰私兄弟自其族親也
繼公謂亦嫌屈於其君而爲私親或與邦人
異也此經正言妾之服其私親者惟有爲父
毋一條其餘則皆與爲人妻者並言於凡適

人者及嫁者未嫁者爲其親屬之條中恐讀
者不察故記言此以明之
大夫弔於命婦錫衰命婦弔於大夫亦錫衰
注曰弔於命婦命婦死也弔於大夫大夫死
也服問曰公爲卿大夫錫衰以居出亦如之
當事則弁絰大夫相爲亦然爲其妻往則服
之出則否凡婦人相弔吉笄無首素總
繼公謂服問以錫衰爲大夫相爲之服則命
婦相弔亦錫衰矣此記惟見大夫於命婦命
婦於大夫者嫌所弔者異則服或異也大夫
命婦之錫衰惟於尊同者用之則弔於其下
者不錫衰明矣

傳曰錫者何也麻之有錫者也錫者十五升抽其半無事其縷有事其布曰錫
注曰謂之錫者治其布使之滑易也
繼公謂有錫疑當作滑易蓋二字各有似以傳寫而誤也鄭司農注司服職云錫麻之滑易者也其據此記未誤之文與以天子弔服差之錫重於緦故緦治縷而錫則否蓋凡服以麤細爲先後錫不治縷則其縷不如緦之細所以差重也然而必有事其布者蓋弔服不可以無所事旣不治縷則當治布也治其布則滑易矣所以謂之錫
女子子適人者爲其父母婦爲舅姑惡笄有首

以髽卒哭子折笄首以笄布總傳曰笄有首惡
笄之有首也惡笄者櫛笄也折笄首者折吉笄
之首也吉笄者象笄也何以言子折笄首而不
言婦終之也櫛莊乙反
注曰笄有首者若今時刻鏤摘頭矣折其首
者爲其大飾也
繼公謂云有首見惡笄之制也是亦其異於
箭笄者與言笄有首而復云以髽見成服以
後猶髽且明齊衰而髽者之止於是也然則
婦人之髽者惟妻爲夫妾爲君女子子在室
爲父母與此耳以笄之笄者笄之稱也卒哭
子折笄首以笄則不復髽矣婦則惡笄以終髽

自若也此亦微有內夫家外父毋家之意緦
之用布五服婦人皆然特以齊衰章亦不言
緦故記因而見之也下文放此檀弓云南宫
縚之妻爲姑榛以爲笄此傳所謂櫛者疑即
彼之榛也蓋聲相近而轉爲櫛耳言子折笄
首而不言婦者謂記於始者並言女子子與
婦之笄鬠後乃獨言子折笄首而不及於婦
也終終喪也言婦惡笄以終喪無折笄首之
事故不言婦也傳引記文云笄有首則記之
惡字似衍
妾爲女君君之長子惡笄有首布緦
笄緦與上同乃别見之者明其不鬠也然則

三年之喪亦有不必髽者矣妾爲女君不杖
期爲君之長子三年
凡衰外削幅裳内削幅幅三袧袧其俱反
注曰削猶殺也袧者謂辟兩側空中央也凡
裳前三幅後四幅也
疏曰外削幅者謂縫之邊幅𦍛外内削幅者
謂縫之邊幅鄉内幅三袧者據裳而言謂辟
積其䙅中也䙅中廣狹任人麤細故袧之辟
積亦不言寸數多少但幅别以三爲限耳注
云袧者謂辟兩側空中央者袧者䙅中之稱
辟攝兩邊相著自然中央空矣
繼公謂凡衰謂凡名衰者也衰外削幅者所

以别於吉服之制亦如袠冠外畢之類裳
不變者衣裳同用衣重而裳輕變其重者
示異足矣故裳不必變也下云袪屬幅削衰之削幅者惟裳耳
若齊裳内衰外
注曰齊緝也緝裳者内展之緝衰者外展之
䟽曰言若者不定辭以其斬者不齊故也
繼公謂裳内衰外與其削幅之意同亦以衰
齊别於吉也凡齊主於裳也故先言之
負廣出於適寸廣古曠反適如字下同
注曰負在背上者也適辟領也負出於辟領
外旁一寸
䟽曰以一方布置在背上上畔縫著領下畔

垂放之以在背上故得負名

繼公謂負之廣無定數惟以出於適旁二寸

為度也其長蓋比於衰與

適博四寸出於衰

注曰博廣也出於衰者旁出衰外也

疏曰此辟領廣四寸據兩相而言

繼公謂適辟領之布旁出者也云博四寸又

云出於衰則出於衰者非謂其博也然則博

者其從之廣與凡為衣必先開當項之處其

上下之度相去四寸左右之度則隨其人之

肥瘠而為之闊狹不定也凡吉衣皆方翦之

所謂方領是也此凶服亦方領其異者則但

翦其上下之相去四寸者而不殊其左右之
布使連於衣而各出於有上之兩旁而爲適
所謂適博四寸也以其横之闊狭不定故不
著其出於衰之寸數惟言出於衰而已
衰長六寸博四寸長直亮反
注曰廣衰當心也前有衰後有負板左右有
辟領孝子哀戚無所不在
繼公謂五服之屬及錫與疑皆以衰爲名則
是凡凶服弔服無不有此衰矣其辟領亦當
同之若負板則惟孝子乃有之故記先言之
也孔子式負板者以其服最重故爾
衣帶下尺

注曰衣帶下尺者要也廣尺足以掩裳上際也

疏曰其橫不著尺寸者人有麤細取足爲限也

繼公謂此接衣之布其廣亦無常度惟以去帶一尺爲準豈亦以人有長短之不齊故與帶謂要絰也絞帶布帶亦存焉

衽二尺有五寸

注曰衽所以掩裳際也上正一尺燕尾一尺五寸凡用布三尺五寸

疏曰裳際者裳兩相下際不合處也云上正一尺者取布三尺五寸廣一幅留上一尺爲

正正者正方不破之言也一尺之下從一畔旁入六寸乃邪鄉下一畔一尺五寸去下畔亦六寸橫斷之留下一尺爲正如是則用布三尺五寸得兩條衽衽各二尺五寸兩條共用布三尺五寸也然則兩旁皆綴於衣垂之鄉下掩裳際—

袂屬幅屬音囑

注曰屬猶連也連幅謂不削

繼公謂袂屬幅而不削是緣合之也古者衣袂皆屬幅乃著之者嫌凶服之制或異於吉也此袂之長短蓋如深衣之袂亦反屈之及肘

衣二尺有二寸

注曰衣自領至要二尺二寸倍之四尺四寸

繼公謂衣謂衰之身也言此於袪袂之間則是除殺袪之外其袂之廣亦如衣也

袪尺二寸

注曰袪袖口也

繼公謂此袂廣二尺二寸而袪尺二寸亦謂圜殺一尺如深衣之袪也此衣與袪衽帶下之度吉服亦然特於此見之耳

衰三升三升有半其冠六升以其冠爲受受冠七升

注曰衰斬衰也或曰三升半者義服也六升

齊衰之下也斬衰變而受之此服也
疏曰注云或曰三升半者義服也者以無正文故引或人所解爲證也
繼公謂以其冠爲受謂受衰之布與冠布同也此言衰布有二其冠以下惟見其一則是斬衰正義之服冠與受布皆同但初死之衰差異耳

齊衰四升其冠七升以其冠爲受受冠八升
注曰言受以大功之上也
繼公謂此齊衰四升其於三年者爲正服於期者爲降服也齊衰三年有正有義義服五升冠八升齊衰期有降有正有義正服五升

冠八升義服六升冠九升亦皆以其冠爲受
其受冠之升數亦多於受服一等記不著之
者蓋特舉重者以見其餘也
繐衰四升有半其冠八升
注曰此謂諸侯之大夫爲天子繐衰也服在
小功之上者欲著其縷之精麤也升數在齊
衰之中者不敢以兄弟之服服至尊也
繼公按注云服在小功之上者謂此經喪服
之序繐衰在小功之上也云升數在齊衰之
中者齊衰四升五升六升而此繐衰四升有
半是在齊衰之中也云不敢以兄弟之服服
至尊者用齊衰三月章傳文

大功八升若九升小功十升若十一升
注曰此以小功受大功之差也不言七升者
主於受服欲其文相直言服降而在大功者
衰七升正服衰八升其冠皆十升義服九升
其冠十一升亦皆以其冠爲受也其降而在
小功者衰十升正服衰十一升義服衰十二
升皆以即葛及緦麻無受也此大功不言受
者其謂小功也
繼公謂此齊衰以主小功服各有三等自大
功而上皆有受服受冠其受服當下於本服
三等故斬衰受以齊衰之下齊衰三等受以
大功三等各如其次焉大功之上亦受小功

於上皆校三等也以例言之大功之中當受
以小功之中大功之下當受以小功之下如
是則可與前之受服者輕重相比而乃不然
中者亦受以小功之上下者則受以小功之
中止校二等此非有他故蓋欲以小功之下
十二升者爲大功義服之受冠而然也大功
受冠亦多於受布一等　按注云不言七升
者主於受服欲其文相直謂記者於小功但
言十升若十一升不言十二升是主於受服
故於大功亦但言八升若九升以當之而不
必言七升是欲其文相直若謂七升者亦受
十升而并言之則大功三而小功二

相直也鄭氏之意蓋或如此

按他篇之有記者多矣未有有傳者也有記而復有傳者惟此篇耳先儒以傳爲子夏所作未必然也今且以記明之漢藝文志言禮經之記顏師古以爲七十子後學者所記是也而此傳則不特釋經文而已亦有釋記文者焉則是作傳者又在於作記者之後明矣今攷傳文其發明禮意者固多而其違悖經義者亦不少然則此傳亦豈必皆知禮者之所爲乎而先儒乃歸之子夏過矣夫傳者之於經記固不盡釋之也苟不盡釋之則必間

引其文而釋之也夫如是則其始也必自爲一編而置於記後蓋不敢與經記相雜也後之儒者見其爲經記作傳而別居一處憚於尋求而欲從簡便故分散傳文而移之於經記每條之下焉（疑亦鄭康成移之也）此於義理雖無甚害然使初學者讀之必將以其序爲先後反謂作經之後即有傳作傳之後方有記作記之後又有傳先後紊亂轉生迷惑則亦未爲得也但其從來已久世人皆無識焉故予亦不敢妄有釐正也姑識于此以俟後之君子云

（元）敖繼公　撰

元本儀禮集說

第四册

國家圖書館出版社

第四冊目録

卷八

儀禮卷第八

敖繼公集說

聘禮第八

注曰大問曰聘諸侯相於久無事則使卿相問小聘使大夫周禮凡諸侯之邦交歲相問也殷相聘也世相朝也於五禮屬賓禮

繼公謂此篇主言次國大聘之禮

聘禮君與卿圖事

注曰圖謀也謀事者必因朝其位君南面卿西面大夫北面士東面

疏曰注云位君南面以下諸侯路門外正朝不見疑當與燕射二朝面位同故以燕禮之

射儀終之也

遂命使者使所吏反下使者並同

注曰聘使卿

使者再拜稽首辭

注曰辭以不敏

繼公謂使者少進而北面乃拜君親命已[illegible]

拜而後辭變於傳命之儀也

君不許乃退

注曰退反位也

繼公謂君不許其辭故不荅拜使者亦[illegible]

而後退

既圖事戒上介亦如之

注曰戒猶命也
繼公謂與圖事乃戒之者以其不在圖事之數也使者言命上介言戒亦異其尊卑也如其禮辭也使者與上介必辭者不敢以言對之大自謙敬也凡聘使有故則上介攝其事

宰命司馬戒衆介衆介皆逆命不辭

注曰衆介者士也士屬司馬周禮司馬之屬司士掌作士適四方使爲介逆猶受也
疏曰不辭者賤不敢辭
繼公謂宰命司馬戒衆介以其卑賤也不言者自別於使者及上介且任輕亦不必言也

介受命亦當再拜稽首宰說見大射儀

宰書幣

注曰書聘所用幣多少也宰又掌制國之用

繼公謂周官冢宰以九式均節財用六曰幣帛之式故此主書幣也

命宰夫官具

注曰命之使衆官具幣及所宜齎

右命使介具聘物

及期夕幣

注曰夕幣先行之日夕陳而視之

繼公謂此云及期則上亦當有請期告期之禮文畧耳夕如夕月之夕以夕時陳幣而[illegible]

[illegible]曰[illegible]題[illegible]下不見者以意

使者朝服帥眾介夕[illegible]

注曰視其事也

繼公謂於此云朝服者嫌朝夕之服異也下言君朝服放此

管人布幕于寢門外

注曰布幕以承幣

繼公謂管人其有司之掌勞辱之事者與寢門外正朝也

官陳幣皮北首西上加其奉於左皮上馬則北面奠幣于其前

注曰奉所奉以致命者謂束帛也馬言則者

此享主用皮或時用馬馬入則在幕南皮馬

皆乘

繼公謂陳皮不言幕上可知也北首變於獸

也西上故設時之位也左皮尊故加幣於其

上馬入則亦右牽之北面猶北首也前謂在

馬之前幕之上也此皮若馬之位其享至再

者在西享夫人者在東

使者北面衆介立于其左東上

注曰旣受行同位也

繼公謂北面蓋在雉門內之右宜鄉君也

卿大夫在幕東西面北上

注曰大夫西面辟使者
疏曰此謂處者大夫當北面今與鄉同西面
[illegible]辟使者
[illegible]公謂幕東南北節也
宰入告具于君
注曰入入路門
繼公謂是時君亦立於阼階東南南鄉宰北
面告之具謂所陳者已具
君朝服出門左南鄉鄉許亮反
出門左出路門而少東辟天子之朝位也天
子日視朝當宁而立
史讀書展幣

書謂書享幣之數於方者也展謂詳視之下
云拭圭遂執展之足以明之矣史蓋幕西束
面讀書有司北面展之
宰執書告備具于君授使者使者受書授上介
注曰展幣畢史以書授宰宰既告備以授使
者其受授皆北面
繼公按注云宰既告備則經文似本無具字
蓋傳寫者誤衍之也
公揖入
注曰揖禮羣臣
官載其幣舍于朝
注曰待旦行也

繼公謂載載謂載之於車幣亦兼皮言也古者載幣之車以人挽之春秋傳曰用幣必百兩百兩必千人

上介視載者所受書以行

注曰監其安處之畢乃出

繼公謂所受書謂上介所受於使者者也列言以行見其不與幣同處

右夕幣

厥明賓朝服釋幣于禰

注曰告為君使也天子諸侯將出告羣廟大夫告禰而已

繼公謂或言賓或言使者互見也卿大夫之

服以朝服爲正故入亦布亦用之釋舍置也若
出而釋幣于禰象生時出必告也大夫三廟
惟告禰者遠辟天子諸侯也
有司筵几于室中祝先入主人從入主人在右
再拜祝告又再拜
注曰更云主人者廟中之稱也
疏公謂筵几蓋亦蒲筵漆几也室中室中之
奥也筵亦東面而右几祝升自右階先入主
人升自阼階從之在右在祝右也祝在左者
以宗釋辭於鬼神宜變於他時詔辭之位也
儀曰詔辭自右主人拜不稽首變於祭祀
不辟君禮

釋幣制玄纁束奠于几下出

注曰祝釋之也丈八尺曰制二制合之束制五合玄纁之率玄居三纁居二朝貢禮云純四只制丈八尺

疏曰純謂幅之廣狹制謂舒之長短

繼公謂既告乃釋幣亦辟君禮奠于几下亦繼之出亦祝先而主人從　按注云玄居三纁居二蓋擬曾人之贈幣言也以此幣用其三者故意其亦然曾人之贈見雜記又按注引朝貢禮云純四只者不可曉姑闕之

主人立于户東祝立于牖西

注曰少頃之間示有俟於神

繼公謂先言主人立以其位近於户也其六
東西相鄉
又入取幣降卷幣實于笲埋于西階東卷九轉反笲音煩
注曰埋幣必盛以器若藏之然
繼公謂又入者祝及主人也祝既取幣乃與主人俱出幣必埋之者神物不欲令人褻之
笲說見昏禮
又釋幣于行
注曰喪禮有毀宗躐行出乎大門而先神之位在廟門外西方為軷壇厚二寸廣五尺輪四尺不言埋幣可知也今時春秋祭祀有行

神古之遺禮乎

繼公謂將有事於道路故釋幣于行以告之亦告爲君使也此釋幣之儀與室中者異故不蒙如之也

遂受命

注曰賓湏介來乃受命也

繼公謂受命謂帥介以受命於朝也言遂者明與釋幣之事相接也

上介釋幣亦如之

注曰如其於禰與行

右釋幣

上介及衆介俟于使者之門外

注曰俟於門外東面北上

使者載旜旜之然反

注曰旜旌旗屬也載之者所以表識其事也周禮曰通帛為旜又曰孤卿建旜

繼公謂此載旜為將受君命以行也使事於是乎始故以其旗表之後或張旜亦皆為事故意與此類

帥以受命于朝

受命于朝亦目下事之言也朝蓋指受命之處而言謂路門外也

君朝服南鄉卿大夫西面北上君使卿進使者鄉許亮反

此在朝聞朝服矣必兼之者嫌命聘使或暮
皮弁服也南鄉亦在路門外之左也使卿進
使者董其事也使者此時蓋俟命於雉門外
凡人臣非朝夕之時而欲至公所者必俟命
而后入

使者入及衆介隨入北面東上君揖使者進之
上介立于其左接聞命

注曰進之者有命宜相近也接猶續也

繼公謂入入雉門而右也接聞命釋所以立
于其左之意其實此時君未發命也上介必
接聞命者爲使者或有故則上介攝使事宜
與聞之

賈人西面坐啓櫝取圭垂繅不起而授宰賈音嫁下並同櫝大木反繅音早

注曰賈人在官知物賈者雜采曰繅所以薦玉重慎也

繼公謂櫝藏玉之器也西面坐啓之則是近於君而或在其東矣繅以帛爲之表玄裏纁所以藉玉而又擀其上者也垂繅謂開之也開而不擀則其繅垂授玉不起賤者宜自別也宰於其右亦坐受之

宰執圭屈繅自公左授使者

注曰屈繅者斂之公左贊幣之義

繼公謂屈繅以繅擀玉之上也擀之則其

[illegible]圭屈繅則公不裸之也

使者受圭同面垂繅以受命

注曰同面者宰就使者北面並授之既授[illegible]

而君出命矣

繼公謂於使者受圭公乃命之明其執此[illegible]

申信也

既述命同面授上介

注曰述申言之也述君之言重失誤

繼公謂此授受皆同面別於聘時賓主之儀

也其不見者以此求之

上介受圭屈繅出授賈人衆介不從

注曰賈人將行者在門外北面

疏曰上介授賈人訖則後入

繼公謂自賈人取圭至此凡三授受或垂繅或屈繅蓋相變以爲儀然亦莫不有義存焉也上介出授賈人賈人以他櫝藏之

受享束帛加璧受夫人之聘璋享玄纁束帛加琮皆如初琮才宗反

凡以玉帛之屬爲禮其於敵以上者皆曰享束帛加璧者束帛之上加以璧也加琮亦然此二束帛卽鄉之所展而官載之者至是復取而合諸璧琮以見用之之法也享束帛不言玄纁文省耳夫人之聘璋享琮謂君復以二器聘享主國君之夫人也聘享主君而并

及其夫人所以見敬愛主君之至也記曰爲以社稷故在寡小君是以明之矣聘君用圭聘夫人用璋享君用璧享夫人用琮尊卑之差也聘用圭璋以爲信也享用璧琮以爲禮也圭璋特達以其尊而幣不足以稱之也璧琮有加以其降於圭璋可以用幣矣以將其厚意也聘享夫人之禮惟聘則有之諸侯相朝無是禮也周官曰瑑圭璋璧琮以覜聘

遂行舍于郊

爲將有事於此也記曰問大夫之幣俟于郊

斂旝

斂藏也斂旝者上事已也至是乃斂者行時

未可以變因舍而後可爲之

右受命遂行

若過邦至于竟使次介假道束帛將命于朝曰

請帥奠幣竟音境下並同

注曰至竟而假道諸侯以國爲家不敢直徑

也帥猶道也請道已道路所當由

繼公謂次介士也假道禮輕故使次介將命

猶致命也此朝謂大門外將命別有辭請帥

乃其後語耳奠幣者賤不敢授也

下大夫取以入告出許遂受幣

君許乃可受之受幣蓋亦有辭文不具耳〇

其奠幣未即受者不必其君意也

餼之以其禮上賓大牢積唯芻禾介[illegible]泰下大牢並同積子賜反

注曰以其禮者尊卑有常差也上賓有禾[illegible]

車芻二十車禾以秣馬

李微之曰賓大牢則介不得用大牢積唯芻禾則無米可見矣

繼公謂以牲之生者與人曰餼其禮者賓則大牢上介則少牢羣介則特牲也米禾薪芻皆謂之積積唯芻禾是無薪與米也上賓有積上介以下未必有之此餼積唯若是所以降於主國之禮賓也然以此而待過客亦不爲不厚矣餼與積皆陳於門外其餼以大牢

者牽牛以致之少牢者牽羊以致之特牲則
豕之也亦執其紲以致之與　按注末恐有
脫文
士師沒其竟
注曰沒盡
誓于其竟賓南面上介西面衆介北面東上史
讀書司馬執策立于其後
注曰賓南面專威信也史讀書以敇告士衆
爲其犯禮暴掠也禮君行師從卿行旅從司
馬主軍法者執策示罰
繼公謂春秋傳昭六年楚公子棄疾聘晉過
鄭禁芻牧採樵不入田不樵樹不釆蓺不抽

屋不強匄誓曰有犯命者君子廢小人降此所誓者其類之乎書謂誓辭史讀書不言東面亦可知也此當在次介假道而後命之時言於此者終上事而後及之耳

右假道

未入竟壹肄肄以二反

注曰肄習也習聘之威儀重失誤

繼公謂竟謂所聘之國竟也

爲壝壇畫階帷其北無宮壝維癸反壇音亶畫音獲

築壇而里曰壝壇爲壝壇象堂也壇土鼓畫地爲階必畫階者習升降之儀也帷其北象房室以爲堂深之節無宮謂不爲外垣亦不

以他物象之也天子之禮有車宮壇壝宮帷宮諸侯未聞

朝服無主無執也

必言朝服者嫌肄聘儀則當如聘服也下屢王朝服意亦類此固無主矣乃言之者嫌習禮則或當以人象之也無執不執玉帛也無主則無授受之儀故不必執之且不敢褻也徒習其威儀而已凡道路常服卿大夫則朝服士以下則玄端與

介皆與北面西上 與音預

注曰入門左之位也

繼公謂言皆與者肄肆介無事皆[illegible]

退之者其展事畢也退則藏之於櫝與
陳皮北首西上又拭璧展之會諸其幣加于左
皮上上介視之退
會合也亦既拭璧乃執展之不言展幣者文
略耳璧會諸幣上介乃視之貶於圭且欲并
視幣也退退復位也
馬則幕南北面奠幣于其前
又以璧會於幣乃奠之
展夫人之聘享亦如之
展璋如圭展琮如璧無以異也
賈人告于上介上介告于賓
告之以展聘享之玉幣已畢也既告乃退璧

琮與皮幣

有司展羣幣以告

注曰羣幣私覿及大夫者有司載幣者自展

自告

繼公謂有司自展既則以告上介上介亦告于賓此皮幣蓋不陳於幕辟君禮也羣幣且展之則享幣可知矣　按注云及者即記所謂幣之所及者也

及郊又展如初

注曰郊遠郊也周制天子畿内千里遠郊百里以此差之遠郊上公五十里侯伯三十里子男十里也近郊各半之

繼公按注云周制天子畿内千里者以司馬職云方千里曰國畿也云遠郊百里者以司馬法云王國百里爲郊也

及館展幣於賈人之館如初

館舍也幣亦兼玉而言展之於賈人之館者展事將終故禮殺而由便也自入竟至此凡三展者以聘事將至而愈慎且一與主國卿大夫爲禮則不暇及之矣此所以屢展而不厭其煩

右展

賔至于近郊張旜

亦爲有下享也此後不見斂旜之節至館爲

之可知
君使下大夫請行反君使卿朝服用束帛勞勞力報反下並同
請行謂請之行蓋速之也勞亦謂勞其道路
勞[illegible]撥勤之意也使卿亦以其爵也主君於
朝君則親郊勞故此禮放之而以同班蓋行
禮欲其稱也下凡使卿者其義皆然士請事
大夫請行亦皆朝服也特於此見之耳
上介出請入告賓禮辭迎于舍門之外再拜勞
者不荅拜
賓禮辭者以其用幣也上介以賓辭告勞者
儐傳言而入賓乃出迎君士請事大夫請行

則上介出請入告而賓即出拜于門外不迎之以入以其不受幣也上不言出請入告而於此言之者禮簡者其文或畧禮繁者其文必備經之例然爾

賓揖先入受于舍門内舍音赦

惟云舍門是舍但有一門耳此公館之異者也先入門右而北面

勞者奉幣入東面致命

入入門左致命致其君命也

賓北面聽命還少退再拜稽首受幣勞者出還音旋

汪曰少退象降拜

疏曰歸饔餼大夫東面致命賓降階西再拜稽首是此象之也又訝受法歸饔餼時堂上北面受幣此在庭亦當北面訝受幣勞者南面可知也

繼公謂賓入門即北面至是乃言之者亦因事而見之耳受幣蓋在庭中西下言歸饔餼之禮賓升堂北面聽命受幣于堂中西此雖受幣於庭亦皆當放之

授老幣出迎勞者

勞者出俟於門外上介出請勞者告事畢上介入告賓乃出迎之而告以欲儐之之辭老說見士昏禮

勞者禮辭賓揖先入勞者從之乘皮設乘繩證反下並同

注曰設於門內也物四曰乘皮麋鹿皮也

疏曰庭實當參分庭一在南設之今以儐勞者在庭故設於門內也

繼公謂賓先入西面勞者從入東面乘皮設亦宜在門內之西其於勞者之南與

賓用束錦儐勞者儐必刃反

聘禮凡大夫士所用之幣皆以錦蓋不敢與尊者之幣同因事而用幣於儐謂之儐所以見殷勤也

勞者再拜稽首受

稽首者因賓歸者受幣之禮以相尊敬也淺多類此受幣蓋當門中南面賓北面授旣受則東面俟此受郊勞儐使者皆於門內與周官巽司儀職言諸公侯伯子男之臣相爲國客比於大夫郊勞之禮云登聽命下拜登受又云儐使者如初之儀是皆於堂也

賓再拜稽首送幣

注曰受送拜皆北面象階上

繼公按注云受送拜者謂受者送者之拜也象階上者謂放儐于堂之禮也

勞者揖皮出乃退賓送再拜

注曰揖皮出揖執皮者而出示親受

繼公謂勞者已執幣不可以復執皮故揖執皮者欲其爲已執之以出也公食大夫禮曰賓北面揖執庭實以出然則此亦北面揖之矣出則幣與皮各有受之者不言者可知也

夫人使下大夫勞

注曰使下大夫下君也

繼公謂夫人使勞之者以其亦奉命而聘享已也

以二竹簋方玄被纁裏有蓋 簋音軌

注曰竹簋以竹爲之狀如簋而方如今寒具筥筥者圜此方耳

繼公謂竹簋而方變於食器也古者盛黍稷

之篚以瓦爲之後或用竹制亦不方是其異
於此者也
其實棗烝栗擇兼執之以進
烝熟之也擇治之謂去其皮也兼執之者左
手執棗右手執栗與士虞禮曰主婦自取兩
邊棗栗設于會南棗在西北面設兩邊而棗
在西亦足以見其所執之左右矣
賓受棗大夫二手授栗
注曰授受不游手慎之也
疏曰游手謂游暇一手
繼公謂賓受棗二手共受之既則以右手受
栗此亦訝受

賓之受如初禮

注曰如卿勞之儀

儐之如初

君使以束帛夫人使以棗栗勞賓賓儐之皆

以束錦乘皮者亦輕財重禮之意也

右請行郊勞

下大夫勞者遂以賓入

注曰以束錦授從者因東面釋辭請道之

以入

繼公謂入入國門也賓不拜送者辟諸侯於

天子使者之禮也

至于朝主人曰不腆先君之祧既拚以俟矣祧吐

蒢反拚方問反

注曰賓至外門下大夫入告出釋此辭主人者公也不言公而言主人主人接賓之辭繼公謂守祧掌守先王先公之廟祧其遺衣服藏焉又云其廟則有司脩除之其祧則守祧黝堊之然則祧者廟堂以北之稱也拚灑掃也受聘於廟故其言若此蓋緣賓意欲速達其君命也

賓曰俟閒 閒音閑

閒暇也言此者謂已雖欲速達君命亦不可不俟主人之暇乃為之是亦緣主人意而言也大禮而倉卒受之非人情

右至朝

大夫帥至于館卿致館

賓言侯間然後致館亦尚辭讓也大夫即歸者以賓入者也帥亦謂道賓賓至于館則入矣致如致爵之致致館謂以君命致此館於賓也

賓迎再拜卿致命賓再拜稽首卿退賓送再拜

致命者致其君致館之命也致命於門外者以無幣也致館不以幣而在門外亦與周官異司儀職言公侯伯子男之臣相爲國客致館如郊勞之儀是亦於堂也

右致館

宰夫朝服設飧飧音孫

宰夫士也以奉君命故亦朝服徒有食而無他饌謂之飧傳曰盤飧寘璧是也徒食食亦曰飧玉藻曰不食肉而飧是也二者所指雖殊義則同耳此禮用大牢其上有簠簋豆鉶之屬乃云飧者主人之謙辭所以甚言其菲薄也故禮亦因以爲名云

飪一牢在西鼎九羞鼎三腥一牢在東鼎七

注曰庭中之饌也飪孰也鼎西九東七凡其鼎實與其陳如陳饔餼羞鼎則陪鼎也以其實言之則曰羞以其陳言之則曰陪

繼公謂牢大牢也大牢者牛羊豕各一也飪鼎

九腥鼎七乃皆云牢者主牛羊豕也飪在
西腥在東以西爲尊也腥二鼎亦明其輕
於飪也此飧牢二不視其饔餼之死牢者別
於朝君之禮也
堂上之饌八西夾六
注曰八六者豆數也凡饌以豆爲本堂上八
豆八簋六鉶兩簠八壺西夾六豆六簋四鉶
兩簠六壺其實與其陳亦如饔餼
門外米禾皆二十車
注曰禾槀實并刈者也米陳門西禾陳門東
繼公謂皆二十車者大夫殯禮其米禾皆視
其牢牢十車朝君之飧禮殺米禾共視其牢

也凡飧皆無生牢

薪芻倍禾

注曰各四十車凡此之陳亦饔餼

上介飪一牢在西鼎七羞鼎三堂上之饌六門

外米禾皆十車薪芻倍禾

注曰鼎七無鮮魚鮮腊

衆介皆少牢少詩照反下少牢同

注曰亦飪在西鼎五

繼公謂少牢五鼎羊豕魚腊腸胃與饋食之鼎

同也此少牢故無堂上之饌

右設飧

厥明訝賓于館訝五嫁反

注曰此訝下大夫也以君命迎賓謂之訝訝
迎也亦皮弁
賔皮弁聘至于朝賔入于次
注曰入于次者俟辦也次在大門外之西以
帷爲之
繼公謂皮弁者放其君相朝之服也朝聘必
用皮弁服者宜加於其朝服一等也侯國君
臣日朝朝服視朔乃皮弁服
乃陳幣
注曰有司入于主國廟門外以布幕陳幣如
展幣焉圭璋賈人執櫝而俟
繼公謂惟幣陳之圭璋璧琮皆在櫝也事至

乃出焉

右賓至朝

卿爲上擯大夫爲承擯士爲紹擯擯者出請事承紹云者皆存爲之先之辭周禮言天子之擯者其於上公則五人於侯伯則四人於子男則三人皆以朝者之爵爲差也此但言上擯承擯紹擯而不言其人數則是諸侯之擯者三人而已不以己爵及朝聘者之尊卑而異所以別於天子也此擯者雖有三人惟上[illegible]專相禮事乃必立承紹者所以別於諸臣之禮也

擯者出請事

擯者上擯也云請事則爲上擯可知故不必質言之而但云擯者也下文放此請事云出則擯者常近於君所矣請事之辭蓋曰寡君使某請事是時賓即位于西方東面介立于其東南北面西上擯者東方西面請事賓對擯者乃入告于公矣諸侯相朝則上擯傳七君之命以請于上介上介以告于朝君又以朝君之命告于上擯所謂交擯也聘賓臣也故親對而不交擯云出請事而不云入告省文也後多類此

公皮弁迎賓于大門内大夫納賓

注曰公不出大門降於待其君也公迎賓卿

大夫以下入廟門即位而俟之
繼公謂於此乃迎賔于大門內則是擯者出請事之時公猶未出中門也大門內者其在門右西面與此大夫亦謂上擯也云納賔則爲上擯可知故變言大夫與卿爲上擯之文互見以明卿亦謂之大夫也此與上經言擯者之意畧同皆錯綜其文以見義爾左氏傳於列國大夫或見其名或見其字與謚蓋得此法也納賔亦西面鄉之　其辭曰寡君須矣吾子其入也既則道之以入於公之迎賔也諸擯皆從之上擯出納賔而承擯紹擯則皆立於門東北面

介入門左

注曰衆介隨入北面西上少退

繼公謂賓入門左而東面鄉公介亦立于其東南北面西上上擯亦入門而右玉藻曰賓入不中門不履閾又曰公事自闑西亦謂此時也

公再拜賓辟不答拜辟音避

賓入門左而公乃拜之是西面拜迎於入門右之處明矣公迎大夫乃再拜者尊國賓也相見禮主人於降等者不出迎一拜其辱

公揖入每門每曲揖

諸侯三門庫雉路則庫門爲大門左宗廟右

社稷入大門東行而至廟此每門指閤門與
廟之中門而言也諸侯有五廟大祖之廟最
東高祖而下之廟以次而西廟各有大門有
中門有廟門中門外西邊皆有南北隔牆牆
中央通閤門故入諸侯之廟必有每門也每
門揖者主人至每門則揖而先入也每曲揖
者於曲處則揖而折行也天子之廟各有五
門與其寢同是諸侯亦有三門也康王受顧
命於廟出廟見諸侯乃云王出在應門之内
則天子諸侯廟門之名數可見矣天子五門
臯庫雉應路路門寢門也其於廟則曰廟門
及廟門公揖入立于中庭

廟未詳其爲何廟以差言之則受天子之聘宜於太廟受諸侯之朝若聘其於高祖而下若與公揖賓而入禮之也凡主人與賓揖而入門者有二義俱入則爲道之自入則爲禮之公先入俟賓於内也擯者隨公鴈行而入負東塾東上中庭東方南北之中入而俟賓於此尊也若敵者則俟於門内公立牆西面

賓立接西塾

接西塾者在其南而東面也立於此俟時而執玉也介立于其西南東面北上

右迎賓

几筵既設擯者出請命

注曰几筵司宮於依前設之席西上周禮諸
侯祭祀席蒲筵繢純右彫几
繼公謂賓至廟門乃設几筵者君禮也請命
者請致其君命也 按注似脫加莞席紛純
五字

賈人東面坐啓櫝取圭垂繅不起而授上介
玉尊不與幣同陳故事至乃取之上介受圭
於其左亦東面

上介不襲執圭屈繅授賓
襲而執圭者惟賓與主人行禮者二人耳故
上介不襲而執之必言之者嫌聘時執玉者
必襲也授賓東面於其右

賓襲執圭

襲謂襲上衣也不見裼衣也聘以圭爲尊

以襲爲異玉藻曰服之襲也充美也又曰禮

不盛服不充襲而執圭以行禮欲其稱也不

言垂繅可知也

擯者入告出辭玉

注曰入告公以賓執圭

繼公謂辭之者以其禮太崇也此辭亦禮辭

耳賓對則擯者復以入告而出納賓也辭對

之言則春秋傳有焉見文公十二年

納賓賓入門左

賓此時猶待納而後入以其臣也

介皆入門左北面西上

玉藻曰君入門介拂闑大夫中棖與闑之閒士介拂棖言朝君之儀也此聘賓入自闑西則上介亦由棖闑之閒士介亦拂棖矣司儀職曰及廟門惟君相入亦與此異

三揖

注曰君與賓也

繼公謂於賓入門左而揖參分庭一在南而揖又皆行而至於參分庭一在北而揖是三揖也賓至西方之中庭公乃與之皆行

至于階三讓

公必讓升者賓之也

公升二等賓升西楹西東面

公升二等賓乃升臣也下云公左還北鄉則此時公升堂西鄉可知西楹西言其東西節也當在楹西少北

擯者退中庭

注曰鄉公所立處

繼公謂至是而退於中庭則是鄉者從公而立於階下矣凡公與賓爲禮擯者皆贊之

賓致命

注曰致其君命

公左還北鄉擯者進公當楣再拜還音旋鄉許亮反下同

注曰進阼階西當釋辭於賓相公拜也

繼公謂必退乃進者禮以變爲敬公必待擯者進之然後拜尊者之禮尚多儀也下放此左還乃當楣則公鄉者亦當東楹少北矣以此見賓立之處必不正在楹西也此拜爲將受玉

賓三退負序

與尊者授受於堂禮重故其儀如此公再拜之間賓凡三退見其頃刻不敢安也三退則負序而立矣此拜雖非爲已然猶不敢自安若是敬之至也

公側襲受玉于中堂與東楹之間

注曰側猶獨也他日公有事必有贊爲之者

南北之中也

疏曰大射云公卒射小臣正贊襲是贊爲之

繼公謂側襲尊賓也襲不著其所是於拜處爲之也此受玉之儀公西面賓東面授也東楹之間四分楹間一在東也凡堂上授受贄幣之禮敵者則在兩楹之間主人尊則於東賓尊則於西又皆以遠近爲差此聘君於主君其尊同聘君之命宜降於主君一等故使者就主君於東楹之間而授玉也中堂者其凡授受贄幣者南北之節與

擯者退負東塾而立

注曰反其位無事

繼公謂負東塾則其位在士之東矣
賓降介逆出賓出
注曰逆出由便
公側授宰玉
注曰授於序端
繼公謂授玉於上公尊也下放此公受玉時
亦垂繅宰旣受之則屈繅矣
裼降立裼先歷反
注曰裼者免上衣見裼衣玉藻曰裘之裼也
見美也又曰麛裘青豻褎絞衣以裼之論語
曰素衣麑裘皮弁時或素衣其裘同可知也
裘者爲溫表之爲其褻也寒暑之服冬則裘

夏則葛降立亦於中庭

疏曰凡服四時不同假令冬有裘襯身單衫

又有襦襦上有裘裘上有裼衣裼衣上又有

上服皮弁祭服之等若夏則有絺綌絺綌上

有中衣中衣上復有上服也

繼公謂裼者偏免上衣而見裼衣也此裼亦

左爲之與朝祭之衣以裼爲常故當盛禮則

襲以爲敬而盛禮畢則裼而復其常也凡裼

衣不必與上衣同色

右聘

擯者出請賓裼奉束帛加璧享擯者入告出許

請即所謂請命也璧降於圭故裼而奉之以

行禮即許之也既受其大則不必辭其細也賓出則裼矣言於此者亦因事見之許許其入也其辭蓋如納賓

庭實皮則攝之毛在內內攝之入設也攝並之涉反下同

注曰皮虎豹之皮內攝之者兩手相鄉也入設亦參分庭一在南言則者或以馬也凡君於臣臣於君麋鹿皮可也

繼公謂入設亦設於西方而西上攝說見士昏禮

賓入門左揖讓如初

此時介亦入門左

賓致命張皮

注曰張者釋外足見文也

公再拜受幣

其儀亦如初惟不襲耳幣亦兼玉而言下放此

士受皮者自後右客

注曰從東方來由客後西居其左受皮也

繼公謂受者自後右客則客旣授亦自後而出皆與受馬之儀相變也

賓出當之坐攝之

注曰象受于賓

繼公謂賓降而當皮之西士乃坐攝之

公側授宰幣皮如入右首而東

右當作左字之誤也士昏禮皮左首此亦宜然入時不言左首故於此因見之東適東壁也亦逆退此庭實之儀當與昏禮參考

右享

聘于夫人用璋享用琮如初禮

注曰如公立于中庭以下

繼公謂聘享皆致聘君之命也夫人不可以親受君代受之其受之之禮則皆與己之所受者同以夫妻一體也不言束帛加琮省文耳

右聘享夫人

若有言則以束帛加享禮

注曰有言有所告請若有所問也記曰有故則束帛加書以將命是也無庭實

繼公謂若有言因聘以達之故卒聘而后行此禮也此如秦伯使西乞術來聘且言將伐晉之類

右因聘有言

擯者出請事賓告事畢

注曰公事畢

繼公謂上云請命此云請事者以其將命之禮已畢故也

賓奉束錦以請覿覿音狄

覿卑見尊之稱也公事已畢欲伸其私敬也奉君命而使則其覿禮宜與他時見于國君者不同故不用其贄而用幣與庭實也

擯者入告出辭

辭欲其後之也賓既將公事主人宜先盡其待賓之禮賓乃可行其私事也不辭其覿者已受其君禮則不必辭其臣禮也

請禮賓賓禮辭聽命擯者入告

注曰告賓許也

繼公謂請禮之禮當作醴字之誤也是禮主於醴故雖用幣猶以醴名之此請醴之辭蓋曰子以君命辱於敝邑寡君有不腆先君之

禮請醴從者賓曰使臣旣得將命矣敢辭曰寡君固曰不腆敢固以請曰某辭不得命敢不敬從

宰夫徹几改筵徹直列反

徹几筵入于房而改設賓席也賓席東上公食大夫記曰蒲筵常緇布純加萑席尋玄帛純皆卷自末宰夫筵出自東房

公出迎賓以入揖讓如初

注曰公出迎者已之禮更端也

繼公謂出出廟門也公於門內之揖不盡與歸者同擬乃云如初者見其亦三揖耳

公升側受几于序端

公升亦如初也公與賓升皆北面當楣而立不拜至醴賓之禮當拜至此不者其辟朝君之儐禮歟周官司儀言諸侯相朝之禮云登再拜下云儐亦如之則其儐禮拜至可見矣

宰夫內拂几三奉兩端以進

注曰漆凡也內拂凡不欲塵坋尊者以進自東箱來授君

繼公謂內拂几以袂內鄉而拂之也先言拂乃言奉是拂時凡猶在地也未至公所而內拂已徹也奉兩端謂橫執之凡執凡皆橫執之惟設時乃縮也宰夫橫執几而奉兩端別於賓主也賓主授受則各執一廉進進于序

端南面以授公

公東南鄉外拂几三卒振袂中攝之進西鄉

攝如字鄉並許亮反

注曰攝持也

繼公謂宰夫既拂几公又親重拂之敬也卒謂既拂也振袂去塵也中攝之謂二手於几之中央攝之也授几而中攝之亦君禮異也進西鄉于筵前賓是時猶在西階上北面

擯者告

注曰告賓以公授几

賓進訝受几于筵前東面俟

俟公拜宜鄉之下放此

公壹拜送賓以几辟辟音避

壹拜者送几之常禮必著之者以賓荅再拜稽首嫌此拜爲再拜也公及賓拜或不言北面者可知也

北面設几不降階上荅再拜稽首

公壹拜而賓荅再拜稽首者公尊也乃先拜而送几故賓當以此荅之不降者辟盛禮也此醴賓之禮以用幣之時爲盛

宰夫實觶以醴加柶于觶面枋

宰夫酌醴面枋而並授贊者授觶之正禮也說又見士冠禮

公側受醴

受醴不言序端者如受几可知公既受醴亦
進筵前西北面
賓不降壹拜進筵前受醴復位公拜送醴
壹拜亦受醴之通禮必著之者嫌賓拜當再
拜稽首也賓於公乃不降而壹拜亦辟受幣
之儀也授几授醴其禮均而賓之拜不同者
彼荅公拜此則先拜不無輕重也位西階上
北面位
宰夫薦籩豆脯醢賓升筵擯者退負東塾
必言籩豆者經蓋見一脯一醢之器也擯者
退負東塾者畢時賓方有祭薦祭醴啐醴之
儀其事稍久故於此俟之擯者至此方退則

是送几授醴之類皆擯者告之矣經不盡見
之也凡擯者之進退近則中庭遠則負塾皆視
後事之久速以爲節
賓祭脯醢以柶祭醴三庭實設
注曰庭實乘馬
繼公謂賓祭醴而庭實設以爲節也不公用
束帛及擯者進之節皆放此庭實亦設于西
方西上
降筵北面以柶兼諸觶尚擸坐啐醴擸音葉
注曰降筵就階上
繼公謂以柶兼諸觶以右手執柶并執觶也
尚擸以[illegible]也必以柶兼諸觶者欲便於

啐醴也必北扱者欲便於建也北面於階上
乃薦之則是先時亦加柶於觶矣
公用束帛
注曰亦受之于序端
繼公謂醴賓而用束帛庭實所以將厚意亦
如儐禮也
建柶北面奠于薦東
上言兼柶尚攕則此建柶亦尚攕明矣故不
言扱奠奠觶也
擯者進相幣相息亮反
注曰爲君釋辭於賓
繼公謂相幣贊其授受之禮

賓降辭幣
辭者謂既受賜矣不可以又辱盛禮
公降一等辭
辭者止其降且不許其辭
栗階升聽命
注曰升聽命釋許辭
降拜
拜爲將受幣
公辭
公先巳降一等故於此不降
升再拜稽首受幣當東楹北面退東面俟
當東楹當其北也其南北亦中堂受幣當東

儀[illegible]作爲君將幣者[illegible]俟[illegible]

公壹拜賓降也公再拜

公壹拜而賓即降不敢安受尊者之拜因辟之而遂降也賓已降而公猶再拜者送幣之禮當然宜終之也此皆所以相尊敬也

賓執左馬以出

注曰牽馬者并左右靮授之餘三馬主人牽者從出也

繼公謂左馬者上也故賓親執之然則主人之庭實亦設於西方而西上也主人庭實之位乃如賓者因賓禮也左執幣乃北面右執馬右還而出凡賓受主人禮其於庭實可以

執則執之與主人之受禮異也賓出而公降
立
上介受賓幣從者訝受馬
從者蓋賓之私臣也受馬云訝則幣並受矣
並受幣訝受馬皆變於賓主授受之禮也四
馬皆訝受者賓旣執左馬則餘馬已悉爲賓
物公之士代之牽出耳故從者與受之於賓
同
右醴賓
賓覿奉束錦總乘馬二人贊入門右北面奠幣
再拜稽首
注曰覿用束錦辟享幣也贊者居馬閒扣馬

也

疏曰二人贊者各居兩馬間各用左右手扣一匹也比面奠幣衆授時亦北面也

繼公謂此亦擯者出請入告而出許不言者可知也總謂以物合乘馬之入轡而東之也二人自牽之乃云贊者言代賓爲之所以見庭實後入之意也入門自闑東入也王藻曰私事自闑東謂此爾下介禮同不以客禮見故庭實在後且奠幣於入門右之位而不敢授也賓再拜稽首而公不荅拜者不受此禮也

擯者辭

辭其用早者之禮

賔出

以覿事畢而不受其辭也

擯者坐取幣出有司二人牽馬以從出門西面

于東塾南

注曰贄者有司受馬乃出凡取幣于庭北面

繼公謂有司牽馬亦二人者不可多於賔

贄也西面于東塾南鄉賔也然則賔之外也

常接西塾矣牽馬者蓋在擯者之南少退

擯者請受

受謂公欲親受其辭蓋曰寡君使其請受

賔禮辭聽命

注曰賔受其幣贄者受焉

牽馬右之入設

注曰庭實先設客禮也右之欲人居馬左任右手便也於是牽馬者四人事得伸也曲禮曰效馬效羊者右牽之

繼公謂云右之明牽者四人也二人受於有司而后四人牽之用四人則左先隨入而設於西方

賔奉幣入門左介皆入門左西上

注曰以客禮入可從介

繼公謂此以客禮入則當自闑西玉藻所云私事自闑東者但據始覿而言也上介禮放

此

公揖讓如初升公北面再拜

公升即當楣北面賓升西楹西東面公乃再拜公升不西面者以賓不稱覿也不稱覿降等者之禮也亦以其繇已奠幣拜於入門右之位故爾

賓三退反還負序還音旋

注曰反還者不敢與授圭同

繼公謂反還者反西面而復東鄉也三[illegible]一還愈不敢安矣聘時執玉故不敢反還

[illegible]幣進授當東楹北面

此[illegible]禮也故[illegible]聘上[illegible]授[illegible]君以示敬

受馬者自前還牽者後適其右受 [illegible]
曰適牽者之右而受之也
疏曰馬生物恐驚之故由前是變於受虎
繼公謂自前而適其右受皆變於受皮且便
其巳授則自前而去也
牽馬者自前西乃出
自前西者稍進而前乃西行又南行而出也
巳授而出必自前者其放受者自前而來之
儀乎
賓降階東拜送君辭
拜於西階東別於巳君也凡臣於異國之君
其拜下者皆不當階拜於階下者巳臣也拜

君命亦然

拜也君降一等辭

注曰君辭之而賓猶拜也

繼公謂辭者止其又拜

擯者曰寡君從子雖將拜起也

君降一等辭而賓又將拜故擯者云然從謂從賓而降也公降一等耳乃曰從者君爲臣降一等與敵者沒階之禮同也此禮擯辭參矣未有著之者是時賓主相接歡敬兩盡故特見之食禮亦然

栗階升公西鄉賓階上再拜稽首鄉許亮反

公西鄉即俟拜之位也賓升即拜又不言成

聽請受之命者上介也而士介亦皆訝受其
幣者此時統於尊者而不敢異之也介既受
幣贄者乃南面取皮
上介奉幣皮先入門左奠皮
注曰皮先者介隨執皮者而入也入門左介
至揖位而立
繼公謂皮先執皮者先上介而入也是時儷
皮隨入而左先也奠皮而不敢授示遠下於
賓介奉幣而皮入介入門左而奠皮節也奠
皮之處亦參分庭一在南
公再拜
注曰拜於中庭也

繼公謂公拜蓋西面也下放此
介振幣自皮西進北面授幣退復位再拜稽首
送幣
進者北行將至中庭與公稍相當乃東行乃
公左而北面公還南面受幣也此發於入門
左之位而云自皮西進則是凡庭實皆設于
西方參分庭一在南明矣介退公復西鄉介
拜亦北面不受於堂者公尊則介禮宜遠別
於賓也
介出宰自公左受幣
公不離位宰就而受之殺於賓禮也云自公
左則受之於公可知文□於□皆放不言側

有司二人坐舉皮以東

有司至是乃舉皮亦異於受皮之節也

又納士介

納之之辭亦與納賓同

士介入門右奠幣再拜稽首

注曰終不敢以客禮見

繼公謂終不敢以客禮見者以鄉者惟上介聽命故也此與初禮同乃復爲之者以旣受幣復入則禮更端也

擯者辭介逆出擯者執上幣以出禮請受賓固辭

注曰禮請受者一請受而聽之也

繼公謂公於士介亦辭之者以其非己臣也奠幣者四人擯者惟執其上幣以出又但禮請受而已皆殺於上介也請者西面請於士介固辭者決不從命之稱也以其決不從命故士介賤則不敢辭而賓爲辭之一辭而得遂亦可謂之固記放此

公荅再拜擯者出立于門中以相拜相息亮反

注曰擯者以賓辭入告還立門中閾外公乃遥荅拜也相者贊告之

繼公謂公歸欲親受幣故不受其奠幣之拜士介終不敢授公乃荅之公是時拜於東方之中庭而介位在門外之西則擯者相拜宜

西北面主司儀云凡行人之儀不朝不夕不
正其主面亦不背客禮也

介皆辟

注曰辟於其東面立　繼公謂必著此者
嫌旅拜之於内則在外者不必辟也辟者所
以為敬且明其拜之主於己也

士三人東上坐取幣立

注曰俟擯者執上幣來也

擯者進

注曰就公所也

繼公謂進至中庭以上幣示公

宰夫受幣于中庭以東

受幣受上幣於擯者
執幣者序從之
士三人從宰夫也
右介私覿
擯者出請賓告事畢
賓既告事畢衆介亦逆出而賓從之也
擯者入告公出送賓
公出三擯亦序從之
及大門内公問君賓對公再拜公問大夫賓對
注曰賓至始入門之位衆介亦在其右少退
西上時承擯紹擯亦於門東北面東上上擯
往來傳君命問君曰君不恙乎對曰使臣之

來寡君命臣于庭拜拜其無恙公拜賓亦辭
問大夫曰二三子不恙乎對曰寡君命使臣
于庭二三子皆在
繼公謂歸者行禮之時各有其節不可乱之
故問勞之事至是乃為之也及大門内則賓
東面公西面而問之周禮云客再拜對與此
微異是時上擯往來傳命承擯紹擯亦負東
塾
公勞賓賓再拜稽首公荅拜公勞介介皆再拜
稽首公荅拜　勞力報反下並同
注曰勞賓曰道路悠遠客甚勞勞介則曰二
三子甚勞

賓出公再拜送賓不顧

不顧公之拜而去亦辟之義凡主人拜送賓賓皆不顧經不盡見之也於此見之者明於尊者之禮如此則其餘可知

賓請有事於大夫公禮辭許

注曰請問卿也上擯送賓出賓東面而請之擯者反命告之

繼公謂有事謂問之也此蓋擯賓所請之辭而言故不曰問也大夫者卿以下大夫嘗使至者亦存焉將問大夫乃先請之[illegible]云君者明以[illegible]故[illegible]之也不[illegible]內[illegible]守者[illegible]不終不[illegible]之專[illegible]公

辭許皆擯者傳之

右賓出公送

賓即館

注曰即就也

卿大夫勞賓賓不見見賢遍反

注曰以己公事未行上介以賓辭辭之

繼公謂其勞以爵之高下爲先後不同時不見猶不出也下放此按注云公事請問卿大夫之禮也公事未行故不敢當其勞己之禮而不見也

大夫奠鴈再拜上介受

大夫兼卿言也又放此篇凡於卿所爲之事

但發端言卿以見其爵而已其後則惟言大
夫不復言卿也是其例然爾故此大夫亦得
兼卿言也大夫即於館之外門外東面奠之
上介受之亦東面卿勞賓用鴈者變於相見
也大夫用鴈亦非以其贄之義因卿禮耳
勞上介亦如之
勞之於其館上介亦不見士介爲受鴈也此
卿亦執鴈以□勞上介亦非尊者降用卑者之
□之義但因□賓禮耳
右卿大夫勞賓介
□□韋弁歸饔餼五牢饔音雍
□弁即爵弁□其服絑衣纁裳韎韐纁屨韋

弁加於皮弁而歸饔餼用之者變於聘服且
敬也
上介請事賔朝服禮辭
注曰朝服示不受也受之當以尊服
有司入陳
賔禮辭而許乃入陳也
饔
注曰謂飪與腥
繼公謂殺牲而割亨焉曰饔周官内外饔皆
掌割亨之事斯可見矣是禮有飪有腥乃曰
饔者主於飪而言也
飪一牢鼎九設于西階前陪鼎當内廉東面北

上上當碑南陳牛羊豕魚腊腸胃同鼎膚鮮魚
鮮腊設扃鼏膷臐膮蓋陪牛羊豕鮮並音仙下同膷音香臐許云反膮許堯反
注曰膷臐膮陪鼎三也牛曰膷羊曰臐豕曰
膮皆香美之名今時臛也陪之庶羞加也膚
豕肉宮必有碑所以識日景引陰陽也
繼公謂先言鮮上之也設扃鼏先於西方統於
客也客謂大夫奉君命者以凡饔餼之牢雖有
多寡而飪惟一牢則同耳是以少者爲貴也
然鼎九且有陪鼎則又以其貴故加而異之
也內廉西階之東廉也陪鼎當內廉而不正
設於階前者明其加也上當碑謂牛鼎[illegible]

南北之節也飪鼎以牛爲上陪鼎以膷爲上古者宮庭有碑蓋居其庭東西南北之中所以識深淺也蓋發語辭云膷牛羊豕明其鼎相當也

腥二牢鼎二七無鮮魚鮮腊設于阼階前西面南陳如飪鼎二列

鼎二七降於子男也周官掌客言子男饔餼云腥十有八無鮮魚鮮腊加者可殺也如飪亦如其北上上當碑也設鼎于階前皆辟堂塗其在西階前者宜少東此則宜少西也

堂上八豆設于戶西西陳皆二以竝東上韭菹其南醓醢屈醓他感反

注曰户室户也東上變于親食賔也竝併也醓肉汁也醓醢醢有醓

繼公謂二以竝者八豆皆兩兩而設也東上者每列以東者爲尊也韭菹其南醓醢見其爲二以竝之位也八豆惟言韭菹醓醢則爲朝事之豆可知文省耳云屈者言設餘豆之法也醓醢而昌本昌北麋臡臡西菁菹菹南鹿臡臡西茆菹菹北麇臡曲折而下所謂屈也設豆不繢而屈亦歸禮之異者

八簋繼之黍其南稷錯七各反

八簋黍稷各四也簋繼豆上簋黍在北稷在南次西次北餘皆如豆之屈乃變言錯者承

其二物相間之意

六鉶繼之牛以西羊豕豕南牛以東羊豕

注曰鉶羹器

疏曰此經也

兩簠繼之粱在北

簠不次簋者粱稻加也凡加饌必別於正饌粱在北上也凡米與食則粱尊於稻醴與酒則稻尊於粱以西夾饌位例之則自簋以下亦皆西陳也

八壺設于西序北上二以並南陳

八壺之酒稻也黍也粱也稻黍各二壺稻在北黍次之粱四壺又次之蓋如設簋米之例

云北上南陳統於豆也堂上之餕皆屬飪牢
西夾六豆設于西墉下北上韭菹其東醓醢屈
六簋繼之黍其東稷錯四鉶繼之牛以南羊羊
東豕豕以北牛兩簠繼之粱在西皆二以並南
陳六壺西上二以並東陳
此饌屬腥牢也西夾西夾室也東西[redacted]皆云
夾者以與正室夾房而立名也六壺者稻酒
黍酒粱酒各二壺也壺不著其所蓋亦近於
簋而設之與在堂上者之位相似下放此
饌于東方亦如之西北上壺東上西陳
注曰東方東夾室西北上亦韭菹其東醓醢
屈

繼公謂東方東夾東墉下也西北上言非洎
亦在饌之西北也此東夾之饌亦屬腥牢也
腥鼎皆西面北上故東西夾室之饌皆西北
上飪鼎東面北上故堂上之饌東北上各順
之也屬飪者於堂上屬腥者於夾室亦異尊
卑也夾室六饌先西後東是腥牢亦以西者
爲尊矣凡鼎俎恒奇豆籩之屬恒偶而鼎自
三以下則豆籩之數率降於鼎者一鉶之數
率降於豆籩者兩故此飪鼎九則堂上之饌
八而鉶六腥鼎七則東西夾之饌六而鉶四
也一牢則兩簠故堂上兩夾之數同
醯醢百甕夾碑十以爲列醯在東甕烏弄反

百甕醯醢各半也云夾碑是居於鼎之中央而上者少北於鼎矣此居於鼎之中央是緫爲腥飪設之也醯在東醢爲尊也設甕之位飪在西腥在東足以見所尚矣

餼二牢陳于門西北面東上牛以西羊豕豕西牛羊豕

注曰牛羊右手牽之豕東之寢右亦居其左繼公謂餼陳于內者以堂上庭中皆有所陳宜與之相近且門外有米禾薪芻之車在焉亦不足以容此餼禮故也　二牢爲一列變於腥亦以牲有牢故也東上門西之位然也亦變於饔　按注云寢右言其東上而西足也

米百筥筥半斛設于中庭十以爲列北上黍粱稻皆二行稷四行筥居吕反行並戶郎反

注曰東西爲列列當醯醢南亦相變也

繼公謂此米從飧者也飧陳於內故米宜從之饔有醯醢飧有筥米盛大禮也中庭乃東西之中繼飧而言故指其所以明之其南北之節宜於庭少南黍稻粱皆二行而稷獨四行者以其下也故後之以是百筥之數掌客職言待侯伯之禮醯醢百甕米百筥此侯伯之鄉其米與醯醢之數乃與其君同然則公與子男之卿亦可知矣凡米以黍爲上稷爲下於此見之矣食則以黍爲上稻爲下酒則

稻爲上粱爲下而不用稷蓋稷不可以爲酒
故也
門外米三十車車秉有五籔設于門東爲三列
東陳禾三十車車三秅設于門西西陳籔所主反秅都
故反
注曰秉籔秅數名也籔讀若不藪之數
繼公謂大夫饔餼之禮其米禾皆視死牢故
禾三十車焉若朝君則取數於生牢死牢雜
也經凡言某陳者皆謂其下鄉之也此云東
陳是西轅也西陳者反是云爲三列每列皆
南北爲之前列在西後二列以次而東也禾
不云三列可知也其列則先東而後西

薪芻陪禾

注曰倍禾者以其用多也薪從米芻從禾凡此所以厚重禮也聘義曰古之用財不能均如此然而用財如此其厚者言盡之於禮也盡之於禮則內君臣不相陵而外不相侵也天子制之而諸侯務焉爾

疏曰薪可以炊爨故從米芻可以食馬故從禾陳之

繼公謂倍禾謂車數也獨言倍禾者以其相類而相等故也此唯言倍禾而已不見其設之之法則是二者之車亦各爲三列而其陳亦皆如米禾之車與

賔皮弁迎大夫于外門外再拜大夫不答拜

注曰大夫使者卿也

繼公謂賔不韋弁而皮弁者嫌其加於己致君命時之服也

揖入

注曰賔與使者揖而入

及廟門賔揖入

及廟門大夫立接西塾賔揖而先入俟之于入門右之位旣則上介出請命矣記曰鄉館於大夫經云及廟門是賔館於大夫之廟也明矣廟者其禰廟乎昏禮篇言入廟之儀詳矣獨於入此廟不云每曲揖是不自主人之寢外

門入也蓋古者之廟亦自有外門與寢之外
門同無事則閉之今賓館於此乃開之以便
賓之出入故自是而入廟無每曲揖也凡主
人與客東行入廟其於禰廟則每曲揖於祖
廟以上則每門每曲揖若諸侯則雖於其禰
廟亦有每門每曲揖也賓揖入義見前

大夫奉束帛

注曰執其所以將命者

入三揖皆行

揖而皆行明賓俟之於門內也

至于階三讓大夫先升一等

此三讓者大夫也大夫三讓而賓三辭大夫

先讓者以其奉君命守也客尊則主人不敢
先讓升於覲禮見之
賓從升堂北面聽命
升堂不西面而即北面者辟國君之禮也國
君於天子之命西面聽之乃降拜
大夫東面致命
注曰致其君命
賓降階西再拜稽首拜踈亦如之
再拜稽首爲將受幣也乃云拜餼亦如之然
則此幣其主於饔禮下之餼禮雖以太牢
亦無幣斯可見矣
大夫辭

亦稱君命辭之賓既卒拜於下大夫乃辭之
者别於君也凡君與異國之臣爲禮於其降
拜即辭之不待其卒

升成拜

亦饗餼異拜也每者皆再拜稽首

受幣堂中西北面大夫降出賓降授老幣

堂中西西四分楹間一在西也賓受幣而少過
於西者尊君命也降授老幣亦變於君禮

出迎大夫大夫禮辭許入揖讓如初賓升一等
大夫從升堂

初謂三揖三讓賓於是三讓而大夫三辭受
儐私事也故復其常禮既升皆北面

庭實設馬乘
乘四也亦設于西方
賓降堂受老束錦大夫止
降堂受錦亦辟君禮云大夫止者嫌賓爲已
受幣則當從之也不從者以降堂禮輕也少
牢下篇曰主人降受宰几尸侑降降謂沒階
也以此徵之則大夫止之義見矣
賓奉幣西面大夫東面賓致幣
致幣稱其致幣之辭也
大夫對北面當楣再拜稽首授幣于楹間南面
退東面俟賓再拜稽首送幣
賓不南面授辟尊者之禮也凡授幣于堂而

南面者惟君及奉君命於臣者耳
大夫降執左馬以出
賓之士於是執三馬隨之出廟門側從者並
受幣而皆許受馬也
賓送于外門外再拜明日賓拜于朝拜饔與餼
皆再拜稽首
注曰拜於大門外此拜亦皮弁服
繼公謂此所謂拜賜也
右歸賓饔餼
上介饔餼三牢
三牢亦降以兩也
飪一牢在西鼎七羞鼎三

注曰飪鼎七無鮒魚鮮腊也

腥一牢在東鼎七堂上之饌六

注曰六者賓西夾之數

西夾亦如之

其饌亦六也不設於東夾以腥牢惟有一爾腥牢自二以上乃兼有東西夾之饌

筥及甕如上賓

上介之牢與其鼎饌者皆殺於賓而筥及甕獨否亦盛大禮也又此二者初不視牢數以爲隆殺故得畧之而與賓同筥米從餼乃與甕並言於此者因文而遂及之耳

餼一牢門外米禾視死牢牢十車薪芻倍禾

死牢餁與腥也牢十車則二十車也

凡其實與陳如上賓

注曰凡凡餁以下

下大夫韋弁用束帛致之上介韋弁以受如賓

禮

下大夫致之者亦使人各以其爵也上介韋

弁以受主人如賓服正禮也鄉者皮弁以聘

者上賓也故上介於此不必皮弁以無加服

之嫌故爾

儐之兩馬束錦

其禮如賓可知

右歸上介饔餼

士介四人皆餼大牢米百筥設于門外

注曰米設當門亦十爲列北上

繼公謂大牢各一降於上介者兩也此惟有餼與筥米則筥爲從餼而甕爲從饔又可見矣門亦所館之外門也牢米陳于外餼之正禮也牢在米南東上

宰夫朝服牽牛以致之

注曰執紖牽之

繼公謂使宰夫亦以其爵也宰夫致之故朝服士之朝服與卿大夫之弁服其差相似也致之謂致其禮也亦以君命下文皆以是之

士介朝服北面再拜稽首受
注曰適宰夫右受由前東面授從者
繼公謂士介出門左西面拜迎北面聽命宰夫東面致命士介還少退再拜稽首適宰夫右受也不言宰夫退士介拜送者畧之也
無擯
注曰明日衆介亦各如其受之服從賓拜於朝
李寶之曰擯當作儐下無擯同
繼公謂無儐者賤也大夫以上乃有儐禮必著之者嫌受國君之賜皆當儐也
右餼衆介

賔朝服問卿

注曰卿每國三人

卿受于祖廟

注曰祖王父也

繼公謂于祖廟亦尊國君之禮也

下大夫擯

下大夫擯公使爲之也必使下大夫者欲與上介之爵相當也此公事也故重之

擯者出請事大夫朝服迎于外門外再拜賔不荅拜揖大夫先入每門每曲揖

大夫三廟曾祖廟在最東祖廟次而西禰廟又次之[illegible]入于祖廟故亦有每門每曲揖此

每門謂二閤門也大夫之庿惟自曾祖而下

雖別子之後亦無大祖庿王制云一昭一穆

與太祖之庿而三記者誤也

及庿門大夫揖入

此說見賔受饔餼條

擯者請命

注曰亦從入而出請

繼公謂請命亦請將其君命也不几筵者君

使尊不敢設神位以臨之不几筵之義有二

禮太重者不設此類是也禮差輕者亦不設

小聘之禮是也

庭實設四皮賔奉束帛入三揖皆行至于階三

讓

此三讓者賓也

賓升一等大夫從升堂北面聽命賓東面致命

大夫降階西再拜稽首賓辭升成拜受幣堂中

西北面賓降出大夫降授老幣

自三讓至此其禮意與歸饔餼同大夫於是

進立于中庭西面

無擯

無儐遠辟君也臣之儐雖殺於主君之禮而

束帛庭實則同故不用之聘賓有儐禮若不

在國無嫌

右問卿

擯者出請事賓面如覿幣

注曰面亦見也

繼公謂聘使私見于主君曰覿大夫曰面蓋異其稱以別尊卑也然周禮以私覿爲私面則又通而言之與此異覿幣束錦也後放此

賓奉幣庭實從

注曰庭實四馬

繼公謂擯者入告出許賓乃入介禮皆放此

入門右

注曰見私事也雖敵賓猶謙入門右爲若降等然

繼公謂亦中門而入乃右也下放此入門右

者欲於此北面奠幣也賓與大夫爵敵乃若
降等然者不敢自同於奉命之禮也大夫不
出迎以面與問禮相因也凡自敵以下客禮
之相因而行者惟於内俟之

大夫辟

於中庭南面辟之

賓遂左

大夫不俟其奠幣而親辟賓亦不果奠幣而
遂左此則異於降等者也於是賓少立于入
門左之位以俟之

庭實設揖讓如初大夫升一等賓從之

庭實既設于西方大夫乃至入門右之位揖

賓而皆行如初謂三揖三讓也賓亦三辭

大夫西面賓稱面

注曰稱舉也舉相見之辭以相接

繼公謂稱面不言東鄉可知也稱面者敵者之禮也亦以鄉者以大夫辭之不得為禮於下故爾

大夫對北面當楣再拜受幣于楹間南面退西面立

不稽首別於聘君之命賓亦當少退賓不振幣異於授主君也不言受馬之儀如覿可知

賓當楣再拜送幣降出大夫降授老幣

右賓私面

擯者出請事上介特面幣如覿介奉幣

注曰特面者異於主君君尊衆介始覿不自

別也

繼公謂特面獨請面也上介與大夫尊不相

遠故別於士介面不與之同面又初面之儀

亦與賓異故無嫌

皮二人贊

注曰亦儷皮也

入門右奠幣再拜

注曰降等也

繼公謂介奠幣贊者亦奠皮出

大夫辭

注曰於辟上介則出

繼公謂於其既拜乃辟之摩於賓也

擯者反幣

注曰出還于上介也

繼公謂此與請受之言互見也反幣者取之出請受而上介受之也不禮辟者亦别於君

主人之士亦取皮從其幣以出委之於門外

上介既受幣則賛者亦取之

庭實入設介奉幣入大夫揖讓如初

介入門左北立大夫亦進至於入門右之位揖而皆行也大夫先升當楣北面

介升大夫再拜受

注曰亦於楹間南面而受

繼公謂云介升大夫再拜明其不稱面也介於卿雖降一等然同爲大夫故受於堂上亦得在楹間也

介降拜大夫降辭介升再拜送幣

注曰介既送幣降出也大夫亦降授老幣

繼公謂降拜者亦辟於卿大夫既辭則得升云先升西面介升拜于西階上北面也

右上介私面

擯者出請衆介面如覿幣入門右奠幣皆再拜

大夫辭介逆出

於士介亦親辭辟君也

擯者執上幣出禮請受賓辞

注曰賓亦爲士介辞

繼公謂惟執上幣是亦不必其受之也

大夫答再拜擯者執上幣立于門中以相拜士介皆辟老受擯者幣于中庭士三人坐取羣幣以從之（相息亮反 辟音避）

此士介私面之儀大約與其覿禮同惟以一入而大夫親辭爲異老受擯者幣于中庭者以大夫降立於此故也

右衆介私面

擯者出請事賓出大夫送于外門外再拜賓不顧

賓亦告事畢乃出也此言賓不顧見敵者之禮也必言之者嫌其或異於尊者也禮於尊者拜或辟去而不敢當

擯者退大夫拜辱

注曰拜送也

繼公謂擯者從大夫出門而遂退拜辱謝其屈辱而相已也此拜亦兼二義經蓋以其所主者立文也

右賓退

下大夫嘗使至者幣及之使所吏反

注曰嘗使至已國則以幣問之也君子不忘舊

繼公謂使至者謂小聘之使或爲上介者也
言及之明非正禮
上介朝服三介問下大夫下大夫如卿受幣之
禮
注曰上介三介下大夫使之禮也
疏曰據此篇大聘使卿五介小聘使大夫三
介若大國之卿七介小聘使大夫五介小國
之卿三介小聘使大夫一介也問下大夫使
上介是各以其爵也
繼公謂此異於卿者上士擯耳
其面如賓面于卿之禮
如其禮耳庭實則用儷皮也士介不面亦殺

於正禮

右問下大夫嘗使者

大夫若不見賢遍反

注曰有故也

君使大夫各以其爵爲之受如主人受幣禮不拜爲于僞反

注曰各以其爵主人卿也則使卿大夫也則使大夫不拜代受之耳不當主人禮也

繼公謂必使人代受者不可虛聘君之命也各以其爵者亦欲與使者之尊相當也聘君問卿使卿問大夫使大夫此受者非主人則亦無揖讓之禮也惟言不拜見其重者耳

右代受問

夕夫人使下大夫韋弁歸禮

注曰夕問卿之夕也

繼公謂次日之夕夫人乃歸禮不惟不必

君同曰又且不敢同其時皆下之也使下

夫者亦下君或亦辟其於朝君之禮也亦

弁者君與夫人之聘享其器幣畧同其日又

同則使者之同服亦宜也

堂上籩豆六設于戶東西上二以並東陳

注曰籩豆六者下君禮也設于戶東又辟饌

位也

繼公謂籩豆六與子男之禮同重聘使也凡

設籩豆自二以上皆先豆而後籩乃言籩豆者文順耳此六豆六籩皆宜用朝事者而各去其末之二其設之之序則豆皆在西籩繼之而東韭菹其南醓醢屈以終鱧其南蕡亦屈以終饔餼之禮其餘各有所屬戶西之餘爲飪也西夾東夾之餘爲腥也此無牢故惟有堂上之餘而設于戶東示其異也不用簋簋鉶者亦以無牢故也此禮主於飲主君之禮主於食

壺設于東序北上二以並南陳醙黍清皆兩壺

醙所九反

注曰醙白酒也凡酒稻爲上黍次之粱次之

皆有清白以黍間清白者互相備明三酒六
壺也先言醙白酒尊先設之
繼公謂設于東序北上亦統於豆醙夲詳
按注云凡酒稻爲上黍次之粱次之蓋據內
則三醴之次言之也
大夫以束帛致之
以束帛致其禮亦盛之也飧不致此殺於飧
乃致者蓋主君以設飧爲差輕而夫人以歸
禮爲特重所以異也
賓如受饔之禮儐之乘馬束錦
此亦不盡與受饔之禮同云如者亦大畧言
之

上介四豆四籩四壺受之如賓禮
四豆者去菁菹鹿臡四籩者去形鹽膴四壺者去粱酒不言其位如賓可知也言受之明亦用束帛致之也如賓禮者亦如其受饔之禮也不言所使者下大夫可知於上介亦使下大夫者禮窮則同也
儐之兩馬束錦
夫人歸禮不及士介者以其禮薄不可得而復殺且君於士介已無堂上之饌故也
明日賓拜禮於朝
注曰於是乃言賓拜明介從拜也
右夫人歸禮於賓介

大夫餼賓大牢米八筐

注曰其陳於門外黍粱各二筐稷四筐二次並南陳無稻牲陳於後東上

繼公謂君餼賓米百筥筥半斛此米八筐筐五斛以量言之則八筐者殺於君米二筐也所以下之此亦陳於其館之外門外

賓迎再拜老牽牛以致之賓再拜稽首受老退賓再拜送

賓出門左西面拜迎聽命老東面致命賓還北面拜乃適老右受此使老致之者大夫之臣老爲尊也賓於老乃拜迎之亦重其爲使也再拜稽首受者蓋以大夫鄉者稽首受其

君命故賔於此因其禮與使者受儐而稽首之意同大夫不親餼者以其禮輕不欲煩賔且辟君禮也 君歸饔餼於朝君則親致於賔亦使卿

上介亦如之

然則此牢米亦如賔矣葢以其具不可得而殺故也

衆介皆少牢米六筐皆士牽羊以致之

注曰士亦大夫之貴臣

繼公謂米六筐葢黍粱稷各二筐也於賔上介使老於衆介使士所使者雖賤亦不可以無所別也不言受之之禮如賔可知

右大夫餼賓介

公於賓壹食再饗食音嗣下並同

注曰此饗謂亨大牢以飲賓也公食大夫禮曰設洗如饗則饗與食互相先後也

繼公按注云互相先後謂食居二饗之閒也

燕與羞俶獻無常數俶尺六反

注曰羞謂禽羞鴈鶩之屬成熟煎和也俶始也始獻四時新物聘義所謂時賜無常數由恩意也

繼公謂羞謂禽羞周官亦謂之禽獸庖人職曰凡用禽獸春行羔豚膳膏香夏行腒鱐膳膏臊秋行犢麛膳膏腥冬行鱻羽膳膏羶卽

此羞也燕亦無常數異於朝君也
賓介皆明日拜于朝
上惟見賓禮乃言介拜似非其次蓋此文宜在下句之下也賓與介之拜賜各主於其所受者也饗賓燕賓之時介雖與焉然禮不爲己故不必拜賓於禽羞亦拜之者謝主君之意也
上介壹食壹饗
注曰饗賓介爲介從饗獻矣復特饗之客之也
繼公謂云壹食壹饗見先食而後饗也　下文放此

右饗食燕羞獻

若不親食使大夫各以其爵朝服致之以侑幣

如致饔無儐 侑音又

注曰君不親食謂有疾及他故也必致之不廢其禮也致禮於卿使卿致禮於大夫使大夫非必命數也無儐以已本宜往

疏曰他故者死喪之事

繼公謂若不親食之文雖主於君然賓有故而不及往者其禮亦存焉致之各以其爵者賓介之爵不同則所使者亦宜異也古人於所使者或尊或卑亦莫不有義存焉

致饗以酬幣亦如之

注曰酬幣所用未聞也禮幣束帛乘馬亦不是過也

繼公謂酬幣説見士昏禮

大夫於賓壹饗壹食上介若食若饗

此大夫與饗賓介者皆謂卿也下大夫嘗使者亦存焉云若食若饗是主於食也蓋饗賓之時介已爲介故也

若不親饗則公作大夫致之以酬幣致食以侑幣

注曰作使也大夫有故君必使其同爵者爲之致之列國之賓來榮辱之事君臣同之

繼公謂酬幣侑幣皆用束錦亦有庭實若不

親饗食則使人告于公公乃作其同爵者爲致之同爵者非已之所能使故須告公也必使大夫者其禮重也此致之以大夫不嫌與君同者公作之故也

右大夫饗食

君使卿皮弁還玉于館

皮弁者衆還於其君故如聘服也　玉圭璋也還玉即還贄之義使卿者亦欲與賓相當也

賓皮弁襲迎于外門外不拜帥大夫以入

不事至乃襲辟君也不言出請入告文省也禮不主於已故不拜太帥以入則是不揖之也大夫亦襲至廟門乃執玉

大夫升自西階鉤楹

鉤楹由楹內也必云鉤楹者見其入堂深而東行也　下文云賓自左南面受圭則是大夫南面立於中堂少西而致命也南面致命而不東面者宜別於親受者且尊者之禮異也

賓自碑內聽命

聽命於下以君命不主於已也言自碑內見於庭少北也入門而賓在東大夫在西分庭皆行大夫直行而升賓則當碑東少北乃西行負碑北面立於此鄉以致命者也不於阼階西亦主位也凡大夫於君命之主於已者聽命於上乃降拜之

升自西階自左南面受圭退負右房而立
注曰自左南面右大夫竝受也
繼公謂升自西階非受玉之正主也亦鉤楹
由大夫之後乃自左受之玉當訝受乃南面
竝受者代受之示異也二人俱代君行禮故
皆不北面賓退負右房而立俟降階之節也
必俟於此者辟主位且便於降記曰卿館於
大夫而此云負右房則大夫之家亦有左右
房明矣
大夫降中庭賓降自碑內東面授上介于阼階
東
注曰大夫降出言中庭者爲賓降節也

繼公謂中庭西方南北之中也大夫降而至于中庭賔乃發於負右房之位而降蓋以之爲節也自碑内者反其鄉者所由之塗也既授上介則復立于中庭司儀職曰還圭如將幣之儀謂君親還之也則其禮皆與此異矣

上介出請賔迎大夫還璋如初入

請謂請命也不言入告亦文省下不見者放此如初入者自帥入以至授介皆如之也還璋爲夫人還之

賔裼迎大夫賄用束紡 賄呼罪反 紡方往反

注曰賄予人財之言也紡紡絲爲之今之縛也所以遺聘君相厚之至

繼公謂裼者已受聘玉則復其常也大夫於賓裼亦裼亦上介出請入告乃迎之賄禮主於答其聘故畧於聘禮而不用庭實呂氏春秋曰以禪緇當紡緇紡與禪對言則紡非單絲矣

禮玉束帛乘皮

注曰禮禮聘君也所以報享也亦言玉璧可知也

繼公謂不言迎大夫文又省乘皮先設束帛加玉如享禮其執皮亦有攝張之節

皆如還玉禮

皆者皆賄與禮玉也禮玉之庭實不在如中

是亦大槩言之耳
大夫出賓送不拜
亦上介出請大夫告事畢乃出送之不拜送
與不拜迎之意同
右還玉及賄禮
公館賓
館者就其館之稱也公館賓將致四者之拜
也此禮在還玉之明日是時公蓋朝服而立
於賓館之外門外東向亦接西塾
賓辟音辟
不敢辟不敢見若隱辟然故經以之爲稱此
主君於聘享夫人之聘享問大夫其拜皆爲

拜君命之辱賓出受之可也乃辟者其爲有
拜送之禮與此辟字義與上文所云者異
上介聽命
注曰擯者每贊君辭上介則曰敢不承命告
于寡君之老
繼公謂上介聽命蓋西面於外門外之東塾
少南不敢當君也
聘享夫人之聘享問大夫送賓公皆再拜
注曰拜此四事公東面拜擯者北面
繼公謂拜聘享與問謝聘君也所謂拜貺也
拜送賓以賓將去也
公退賓從請命于朝

請命欲親受公命也歸者賓辟但不敢當君館已之禮耳上介旣入告乃知主君有拜聘問等事故於此從而請命焉受命于朝臣禮也此言請命周官言拜辱亦其異者也

公辭賓退

辭者謂歸已拜今無事矣

右公館賓

賓三拜乘禽於朝訝聽之

發去乃拜乘禽以乘禽之賜終於此也而總拜之乘禽雖輕受賜多矣故爲之三拜三拜則不稽首此禮在公館賓之明日

右賓拜賜

遂行舍于郊

注曰郊近郊

繼公謂舍于郊者爲當與主國爲禮於此也

公使卿贈如覿幣

注曰言如覿幣見爲反報也

繼公謂出郊而後贈亦異於荅聘君之節也如覿幣帛用束也其庭實亦存焉親受覿而使人贈君臣之禮也贈說見士昏禮

受于舍門外如受勞禮無儐勞力報反下並同

注曰如受勞禮以贈勞同節

繼公謂舍門外受之變於來時也無儐以其荅已之覿故也

使下大夫贈上介亦如之使士贈衆介如其覿幣
於上介用束帛於衆介各用束帛上介之庭實如賓
大夫親贈如其面幣無儐贈上介亦如之使人贈衆介如其面幣
親贈爲報其面故不嫌與君禮同此所贈者皆用錦也賓與上介之庭實亦同大夫親贈無儐可知承上文無儐之後故重言以明之大夫親贈賓上介而使人贈衆介以其降等也亦爲䜿者不親受
士送至于竟音境下並同

比至于竟謂沒其竟也若過邦則亦假道如
初司儀職言公侯伯子男之臣相爲國客眞
入也則三積皆三辭拜受其出也如入之積
聘義亦云主國待客出入三積是篇前後皆
不見之未詳
右贈
使者歸及郊請反命
注曰郊近郊也
繼公謂不敢徑入恭也請反命其亦使次介
與
朝服載旜
云朝服者反命則執玉嫌當如聘服也載旜

為反命也君旣許乃可爲之反命使事之終是以重之也及郊卬載之者出時受命至此而斂歸時反命至此而載亦其節也至已之門外乃斂之

禳乃入禳如羊反

禳祭名所以除不祥者也入入國也禳乃入者其意以爲使者久出在外不能必其無不祥之事故也又以是禮推之則天子諸侯之出而反者其亦有此祭與

乃入陳幣于朝西上上賓之公幣私幣皆陳上介公幣陳他介皆否

注曰皆否者有公幣私幣皆不陳此幣使者及

介所得於彼國君卿大夫之贈賜也其或陳或不陳詳尊而畧卑也其陳之及卿大夫處者待之如夕幣其禮於君者不陳上賓使者公幣君之賜也私幣卿大夫之幣也他介士介也

疏曰賓之公幣則主君郊勞幣也醴賓幣也致饔餼幣也夫人歸禮幣也食侑幣也饗酬幣也再饗酬幣也郊贈幣也賓之私幣則主國三卿皆一食有侑幣饗有酬幣又皆有郊贈幣也其上介公幣則致饔餼幣也夫人致禮幣也食侑幣也饗酬幣也郊贈幣也其私幣則主國三卿或饗或食要有其一則各有

幣爲又三卿皆有郊幣如其面幣也禮於君者謂賄用束紡禮用束帛乘皮之類

繼公謂此乃入謂入公門也西上則賓之公幣在西私幣次而東上介之公幣又次之其三者之幣又各以所得禮之先後爲序而西上也

束帛各加其庭實皮左

上經云陳皮北首此皮左皮上左也故云加然則此於庭實之皮其各重累陳之乎是禮蓋主於有皮者言也若無皮者則束帛奠之於地與不布幕別於君物也或曰皮左猶言左皮

公南鄉 許亢反

注曰亦宰告于君君乃朝服出門左南鄉

卿進使者使者執圭垂繅北面上介執璋屈繅立于其左

君使卿進使者使者執圭上介執璋而入士介皆隨入門右北面東上君揖使者進之上介立于其左與受命時同也此經文省爾使者執玉常垂繅上介執玉常屈繅以是推之則經所不見者可知矣

反命曰以君命聘于某君某君受幣于某宮某君再拜以享某君某君再拜

注曰某君某國君也某宮若言桓宮僖宮也

某君再拜謂再拜受也必言此者明彼君敬
君
繼公謂聘而云受幣者古者於玉亦以幣言
之司儀云將幣皆指朝聘之玉也享屬於聘
故執圭而并言之某官則是不在太廟矣
宰自公左受玉
注曰亦於使者之東同面竝受也
繼公謂君南鄉則宰已立于其左少退至是
乃進而受之既受玉則垂繅矣
受上介璋致命亦如之
注曰致命曰以君命聘於某君夫人某君再
拜以享某君夫人某君再拜

繼公謂致命即反命之辭致與反互文也反者復其所自出致者傳其所自來其實一耳

賄幣以告曰某君使某子賄授宰

注曰某子若言高子國子凢使者所當執以告君者上介取以授之

禮玉亦如之

注曰亦執束帛加璧也告曰某君使某子禮

繼公謂使者旣告而以玉束帛授宰則士訝受皮也陳幣之時賄幣禮玉束帛乘皮亦以入特不陳之耳於上介取玉束帛有司亦執皮

執禮幣以盡言賜禮盡子忍反

注曰禮幣主國君初禮賓之幣也以盡言賜
禮謂自此至於贈
疏曰禮幣郊勞幣也
公曰然而不善乎
注曰而猶女也
繼公謂言汝豈不善於禮乎以其賜禮之多
故美之也
授上介幣再拜稽首公荅再拜
不奠幣拜辟奠贄之禮也公旣拜則上介復
奠幣於故處焉
私幣不告
注曰亦畧卑也

君勞之再拜稽首君荅再拜
注曰勞之以道路勤苦
若有獻則曰某君之賜也
注曰言此物某君之所賜予爲惠者也大夫
出反必獻忠孝也
繼公謂獻亦奠之於地云某君之賜則此所
獻者其賄禮中之物與傳云厚賄之是賄禮
之厚薄不常也厚薄不常故有獻有否時賜
之物似不足以爲獻而他禮則又在公賜中
而不必獻也
君其以賜乎
注曰不必其當君也

繼公謂賜謂賜臣下也此乃尊賜卑之物故
獻君之時如是不拜者嫌其異於公幣也
上介徒以公賜告如上賓之禮
注曰徒謂空手不執其幣
繼公謂徒以告下賓也如如其盡言賜禮
君勞之再拜稽首君荅拜勞士介亦如之
於士介四人旅荅再拜尊者之禮也私覿私
面主君及大夫荅士介之拜亦然勞賓介辭
前注有焉
君使宰賜使者幣使者再拜稽首
注曰以所陳幣賜之也禮臣子人賜之而必
獻之君父不敢自私之也君父因以與之則

拜受之如更受賜也

繼公謂所聘之國君與夫人及大夫已以此幣賜已今君復使宰賜之者蓋使者之意以爲因君命乃有此賜故以之入公門欲歸之君也君於是復以賜之使者拜而君不荅者以其拜受於宰也凡臣拜受君命於擯賛者則君不荅之其側見於此及燕射食賓之儀是或一禮與　按注之服字恐誤

賜介介皆再拜稽首

注曰士介之幣皆載以造朝不陳之耳與上介同受賜命俱拜

繼公謂不特命上介降於使者也士介之幣

雖不陳不告然既以入公門是亦欲歸之公
也故併賜之
乃退
退亦謂使介也惟於使介言退則君後入可
知是時君先使者而出故亦後之而入其節
與受命之時同
介皆送至于使者之門
注曰將行俟于門、外又送于門、與尊長出入
之禮也
乃退揖
注曰揖別也
繼公謂凡退者不揖此乃揖者是禮主於送

使者也

使者拜其辱

注曰謝之也再拜上介三拜士介

繼公謂此與上文所云大夫拜辱之意同拜

之亦於門外之左

右歸反命

釋幣于門

注曰門大門也布席于闑西閾外東面

繼公謂出于行入于門者行爲道路之始出

則禮之門爲内外之限入則禮之也然此二

禮皆未詳

乃至于禰筵几于室薦脯醢

注曰告反也

疏曰亦司宮設席于奥東面右几

繼公謂既遷几則祝先入主人後入主人在右贊者乃盥薦脯醢

觴酒陳

注曰主人酌進奠一獻也

繼公謂下云三獻則此觴乃用爵也陳者主人與酌奠于薦南也以觴與籩豆並列故謂之陳既奠反位及祝再拜祝釋辭主人又再拜其後二獻則惟獻者於既奠反位再拜而已出釋幣而入釋奠禮相變且欲行飲至之禮也

席于阼

設酢席于阼變於祭且爲將與從者爲禮於堂也主人既獻則酌而自酢與祭而有乃者之儀異

薦脯醢

酢而有薦亦異於祭

三獻

注曰室老亞獻士三獻也每獻奠輙取爵酌自酢也

繼公謂亞獻三獻皆不薦也每獻奠爵相次而南主人初獻而酢于阼則亞獻三獻者皆酢于西階上矣

一人舉爵

注曰三獻禮成更起酒也主人奠之未舉也

繼公謂舉爵舉觶也亦如鄉飲舉觶之爲

獻從者從才用反

注曰從者家臣從行者也主人獻之勞之也

皆升飲酒於西階上

繼公謂此獻蓋自室老始行酬亦如之獻亦

以爵

行酬乃出

注曰主人舉奠酬從者下辯

繼公謂行酬者行酬酒也出謂主人以下亦

既徹闔牖户而後出也獻從者而行酬所謂

飲至也楚令尹子重伐吳歸而飲至用此禮也耳國君則既飲至又或有策勳之事傳曰凡公行告宗廟反行飲至舍爵策勳焉禮也

上介至亦如之

如其釋幣告至也

右釋幣于門釋奠于禰

聘遭喪入竟則遂也

注曰遭喪主國君薨也

繼公謂入竟則遂爲其已承主國君之命也

君使士請事乃以入竟

不郊勞

聘不主於嗣君使人郊勞則嫌也不郊勞則

夫人亦不使下大夫勞矣然則大夫請行者
其以賓入與
不筵几
此亦受於廟不筵几者變於君親受之禮也
不禮賓
禮當作醴君喪則使大夫受故不醴賓以其
非正主也
主人畢歸禮
注曰賓所飲食不可廢也禮謂饔餼饗食
繼公謂畢歸禮者不可以己之喪而廢待賓
之禮也禮謂食饔餼饗食
賓唯饔餼之受

唯受饔餼者以主人雖不遭喪亦歸之饔餼故於此受之而不辭不受饗食者則以主人有喪不宜饗食已故雖致之亦不受也受饔餼則飧亦受可知飧饔餼之細也

不賄不禮玉不贈

賄與禮玉主君以報聘君者也今主君薨難乎其爲辭故闕之贈者所以答私覿遭喪則不覿故主國亦不宜贈

遭夫人世子之喪君不受使大夫受于廟其他如遭君喪

注曰夫人世子死君爲喪主使大夫受聘禮不以凶接吉也其他謂禮所降

䟽曰服問云君所主夫人妻大子適婦
繼公謂此大夫畱受之禮即記所云者是也
遭君喪之禮凡所降者各有其義此亦遭喪
也故因其禮而用之耳其義則或合或否而
不能盡同
遭喪將命于大夫主人長衣練冠以受
注曰長衣素純布衣也去衰易冠不以純凶
接純吉也吉時在裏為中衣中衣長衣繼皆
揜尺表之曰深衣純袂寸半耳
繼公謂此遭喪亦謂遭主君喪也主人即大
夫文互見耳亦嗣君使大夫受之不言者可
知也長衣練冠凶服變也主君喪而受之之

服如此則夫人世子之喪其亦皮弁服以蒞臨

右論衣

聘君若薨于後入竟則遂

後謂使者既行之後也云入竟則遂者未入竟則反而奔喪矣君薨則其國使人告使者而不反之以其行或有遠近故也入竟則遂意與上同

赴者未至則哭于巷衰于館衰七雷反下同

注曰赴走也此謂赴告主國君者也哭于巷者哭于巷門也

繼公謂赴告喪者之稱也哭于巷其變於此

者至之禮與其哭也亦爲位哭喪曰諸臣在

他國爲位而哭亦謂此時也其十餘有事在

出則吉服也

受禮

注曰受饗餼也

不受饗食

所以不受之者蓋以爲主君若饗食已畢

君之喪自下宜赴故雖歸之禮辭而不受

亦厚其禮之所由者也

記喪王則衰而出

[illegible]云衰而出則宜[illegible]爲[illegible]

[illegible]

[illegible]二[illegible]

[illegible]飲[illegible]食之嘗以其稍饍給之[illegible]

[illegible]義[illegible]之其宮人[illegible]之演禮[illegible]二句[illegible]

士[illegible]喪[illegible]亦可見矣[illegible]唯稍[illegible]之[illegible]

[illegible]二[illegible]也

[illegible]喪令于殯[illegible]自西階不升堂

[illegible]于殯者臣子之於君父[illegible]

[illegible]衰而執圭[illegible]升自西階而不[illegible]

士殯之禮然也是時上令亦執[illegible]立[illegible]

[illegible]之臣子之於君父存亡同[illegible]

[illegible]執命之禮故云存亡同

子所位不失

注曰將有事宜清淨也不言世子者世子與臣一也

諸臣待之亦皆如朝夕哭位

疏曰奔喪云奔父之喪在家者待之皆如朝夕哭位

經公謂子者諸侯在喪之稱子位在阼階上

不哭者子臣同

復命如聘子臣皆哭辯音遍

注曰如聘者自陳幣至于上介以公賜告

經入北鄉哭鄉許亮反

注以北鄉哭新至別於朝夕

疏云入者既復命則出至是乃[illegible]

復命奔喪宜異其節也此云與介入則復命

哭之時士介不入歟奔喪云奔喪者非主人入
[illegible]門左中庭北面哭然則使介此時之哭亦在
西方之中庭而西上與
出祖括髮
祖括髮於外臣也
入門右即位踊
注曰從臣位自哭而踊如奔喪禮
右聘君薨
若有私喪則哭于館衰而居不饗食
注曰私喪謂其父母也衰而居不敢以私服
干君之吉使春秋傳曰大夫以君命出聞喪
徐行而不反

疏曰傳春秋宣八年公羊傳

繼公謂云哭于館者嫌其不敢發哀於主人之廟也昔曾子與客立於門側其徒趨而出曾子曰爾將何之曰吾父死將出哭於巷曾子曰反哭於爾次曾子北面而弔焉正此意也不饗食謂主君饗食巳則不往也其致之則斯受之是亦異於其君之喪

歸使衆介先衰而從之

注曰其在道路使介居前歸諸反命君納之乃朝服既反命出公門釋服哭而歸其他如奔喪之禮

繼公謂此別於有君喪者也經但見其未及

郊之禮亙若君既許其反命則朝服而飾象
介以行也
右私喪
賓入竟而死遂也
遂謂遂其聘享者也若未入竟則使告于君
止而俟命
主人爲之具而殯
注曰具謂始死至殯所當用
繼公謂具謂衣物之屬殯即其館而殯之也
尸未得歸故權殯於此云殯則不以造朝矣
介攝其命
爲致聘享及問大夫之禮也初時必使上介

擯聞命者其意蓋慮此也與
君弔介爲主人
注曰雖有臣子親姻猶不爲主人以介與賓
並命於君尊也
繼公謂君弔之巳不視斂異内外臣也凡諸
侯弔於異國之臣君爲之主此時其君不在
故介爲主人受主君之弔以此時惟介爲尊
故也君弔蓋皮弁服禮諸侯弔於異國之臣
皮弁錫衰主人未喪服則君亦不錫衰不錫
衰則惟皮弁服矣此賓死於外雖巳殯主人
蓋未喪服也介爲主則袒免喪服記曰朋友
皆在他邦袒免謂此類也凡諸侯弔主人必

免
主人歸禮幣必以用
注曰當中奠贈諸喪具之用不必如賓禮
介受賓禮無辭也
注曰介受主君賓已之禮無所辭也有賓喪
嫌其辭之
不饗食
與私喪同亦致則受之
歸介復命柩止于門外
注曰門外大門外也必以柩造朝達其忠心
介卒復命出奉柩送之君弔卒殯
注曰卒殯成節乃去

疏曰卒復命謂復命訖送之謂送至賓之家殯襲之大節卒殯而後君與介乃去也

繼公謂卒殯謂既奠乃去也大夫之襲自外歸載柩以輲車舉柩由阼階升即適所殯

若大夫介卒亦如之

注曰不言上介者小聘上介士也

士介死爲之棺斂之斂力豔反下同

斂斂于棺也上云具此云棺文互見也其異者殯與斂耳

君不弔焉

注曰主國君使人弔不親往

繼公謂此降於賓與上介且異內外臣也

若賓死未將命則既歛于棺造于朝介將■到反下同

注曰未將命謂俟間之後也以柩造朝以己至朝志在達君命

繼公謂此朝謂大門外也介將命于廟如賓禮既則歸而殯之於館

若介死歸復命唯上介造于朝

於賓言止於門外於上介云造於朝文互見也

若介死雖士介賓既復命往卒殯乃歸

注曰往謂送柩

繼公謂賓送上介已見於大夫介卒亦如之

之中故惟主士介而言也不言君子其在旣
殯之後乎是亦降於賓與上介也
　右賓介卒
小聘曰問不享有獻不及夫人主人不筵几不
禮面不升不郊勞
注曰記貶於聘所以爲小也獻私獻也面猶
覿也
疏曰面不升者謂私覿庭中受之不升堂
繼公謂受於廟而不筵几禮差輕也禮亦當
作醴凡受禮而設筵几乃醴賓此不筵几故
不醴賓亦相因而然也面不升以其爲下大
夫也其禮如大聘之上介特初覿不與士介

同入爲異耳郊勞乃使臣之禮故言於君禮之後云獻繼不享而言謂聘君之獻也經記於大聘皆不言聘君有獻於主君及夫人而此於小聘乃以有獻不及夫人爲異亦夫詳

其禮如爲介三介

注曰如爲介如爲大聘上介

繼公謂禮者饔餼饗食之屬也

右小聘

記久無事則聘焉

注曰事謂盟會之屬

若有故則卒聘束帛加書將命百名以上書於策不及百名書於方

注曰將猶致也名書文也今謂之字策簡也方板也

疏曰簡是一片策是衆簡相連

繼公謂故猶事也有故謂有事可言者也此與經之所謂有言者互見爾卒已也聘者兼享而言或亦通小聘也小聘則不享束帛加書以書加於帛上也將命之時但稱言以達其君之書而已未必言及其故

主人使人與客讀諸門外

注曰主人主國君也人內史也書必璽之

繼公謂公既受書客降出公以書授宰降立乃使人與客讀書於廟門外必與客讀之者

欲其審也不於內讀之者客降則出奠無其

節也

客將歸使大夫以其束帛反命於館

注曰爲書報也

繼公謂大夫即還玉之卿也束帛言其是即

歸者加書者也以其束帛反命亦如還玉之

義蓋以之爲信也此一節當繼禮玉之後不

見於經者以其或有或無不可必

明日君館之

此反命蓋與還玉同日而明日君館之則無

此禮者其館之之節亦可見矣

既受行出遂見宰問幾月之資幾居豈反

注曰資行用也問行用當知多少而已古文
資作齎
繼公謂見宰見之於其官府也幾月之資公
費也問之者欲以爲私費之節度也宰制國
用故問之
使者既受行日朝同位
注曰謂前夕幣之間同位者使者北面介立
于左少退別於其處臣也
繼公謂日朝每日常朝也經惟見夕幣與受
命之位故記明之　按注云前者蓋如前期
之前
出祖釋軷祭酒脯乃飲酒于其側軷蒲末反

注曰祖始也既受聘享之禮行出國門止陳車馬釋酒脯之奠於軷爲行始也詩傳曰軷道祭也謂祭道路之神

繼公謂道祭謂之軷者爲既祭而以車轢之因以爲名也釋軷者釋其所軷之物謂酒脯也既釋則人爲神祭之如士虞禮佐食爲神祭黍稷膚祝祭酒之爲既祭乃與同行者飲酒於其側禮畢乘車軷之而過也

所以朝天子圭與繅皆九寸剡上寸半厚半寸博三寸繅三采六等朱白倉剡以冉反厚胡豆反

注曰圭所執以爲瑞節也九寸上公之圭也雜記孔疏曰聘禮記云朝天子圭與繅皆九

寸繅三釆六等朱白倉朱白倉旣重云朱白
倉是一釆爲二等相間而爲六等也
朱子曰按上記只有朱白倉而雜記疏所引
乃重有之不知何時傳寫之誤而失此三字
也
繼公謂圭謂桓圭也圭與繅皆九寸但言其
長同耳若其廣則玉三寸而繅蓋一尺許也
剡上寸半厚半寸博三寸惟據玉而言剡上
寸半謂剡其左右各寸半也其義則未詳三
釆六等者三就也每一帀爲一就三釆而三
就以上下或左右數之則六等矣
問諸侯朱綠繅八寸

注曰於天子曰朝於諸侯曰問記之於聘文互相備

疏曰上公朝天子圭與繅皆九寸則自相朝亦九寸上公遣臣相問圭與繅皆八寸則遣臣問天子亦八寸是記於聘文互相備也

繼公謂此言上公聘玉之繅也朱綠者繅之采也典瑞職曰瑑圭璋璧琮繅皆二采一就以覜聘則此朱綠蓋合而爲一就也一就則二等矣二采當去朱而用白倉乃不然者爲其少飾故存朱而加以綠焉亦尚文之意也上言朝玉與其繅九寸故於此但言繅而不及玉蓋省文耳玉人職云瑑圭璋八寸璧琮

八寸以覜聘是公之聘玉亦與繅之長同也然則侯伯聘玉與繅當六寸子男則當四寸與

皆玄纁

此言所用以爲繅者也朝聘之繅皆以玄纁之帛爲之蓋表玄而裏纁也其表裏則皆絢以采

繫長尺絢組（繫如字長直亮反絢許縣反）

注曰采成文曰絢繫無事則以繫玉因以爲飾

繼公謂繫者繅之繫也以絢組爲之其絢亦如繅之采與繅言采繫言絢文互見也絢者

蓋以采絲飾物之稱舊說以絇爲畫非是語曰素以爲絇兮又曰繪事後素而考工記並言畫繢之事則絇非畫也明矣

問大夫之幣俟于郊爲肆齋皮馬

注曰肆猶陳列也齋猶付也使者既受命有司載問大夫之禮待于郊陳之爲行列至則以付之也使者初行舍于近郊幣云肆馬云齋因其宜亦互文也不於朝付之者辟君禮也必陳列之者不夕也

繼公謂經於問大夫之庭實惟言皮此兼云馬是其所用亦不定也

辟無常孫而說孫音遜說音悅

注曰孫順也大夫使受命不受辭辭必順且説

繼公謂聘爲結好故辭貴於孫而説

辭多則史少則不達辭苟足以達義之至也

史言其文勝也論語曰文勝質則史辭以達意而已若辭當少而反多則文勝而傷於煩當多而反少則失於畧而不足以達意辭苟足以達則不煩不畧爲得其宜故曰義之至也

辭曰非禮也敢對曰非禮也敢

注曰辭不受也對荅問也二者皆卒曰敢言不敢

繼公謂此辭對之辭未許其所用之節如謂

一

注館於大夫大夫館於士士館於工商

注曰館者必於廟

繼公謂古者使介入國但有私館而無公館

於此可見

管人爲客三日具沐五日具浴

注曰客謂使者下及士介也

繼公謂三日五日古人平常沐浴之節也內

則言子事父母之禮云五日則燂湯請浴三

日具沐又云少事長賤事貴共帥時則亦是

以見之矣沐潘也

飧不致

不致者宰夫設之而已不以君命致之也必不致者遠辟朝君之禮也

賓不拜

注曰以不致也

沐浴而食之食如字

注曰自絜清尊主國君賜也記此重者沐浴可知

卿大夫訝大夫士訝士皆有訝訝五嫁反

注曰卿使者大夫上介也士衆介也訝主國君所使迎待賓者如今使者護客

繼公謂掌訝職云凡訝者賓客至而往詔相

其事而掌其治令其職如是則以降等者爲
之宜也去士皆有訝者嫌其賤不必訝其上
士則使中士訝之中士則使下士訝之也
賓即館訝將公命
注曰使已迎待之命
繼公謂此節宜在卿致館之後將公命蓋於
外門內也下禮同
又見之以其贄
注曰復以私禮見者訝將舍於賓館之外宜
相親也大夫訝者執鴈士訝者執雉
繼公謂言又者見其與上禮相接也訝者既
將公命出奉贄以請見賓亦於門外俟之賓

未將公事乃不辟其私見者以其因將公命而爲之也

賓既將公事復見之以其贄

注曰公事聘享問大夫

繼公謂其贄即訝之贄也復見之以其贄所謂還贄也卿則還焉大夫士則皆還雖於其訝士相見禮云士見於大夫終辟其贄蓋以無復見之禮故也此亦有士見於大夫而不終辭之者以其受公命而爲訝與同國之降等者異故畧如敵者之禮不辟其贄而復見之也

凡四器者惟其所寶以聘可也

四器者聘享及夫人之聘享共用四玉器也
公侯伯之所寶者圭璋璧琮子男之所寶者
璧琮琥璜言惟得用其所寶者以聘見不可
用其不當用者也公侯伯聘用圭璋享用璧
琮子男聘用璧琮享用琥璜
宗人授次次以帷少退于君之次
注曰主國之門外諸侯及卿大夫之所使者
次位皆有常處
繼公謂授次授賓次也設次者掌次也宗人
則主授之耳君謂朝君也云少退之則似謂
在其南而少西也司儀云及將幣車進拜辱
賓車進荅拜云車進是朝君未嘗入于次也

此乃著君之次亦以微異

上介執圭如重授賓

注曰愼之也曲禮曰凡執主器執輕如不克

繼公謂上介凡執玉皆如是不惟將聘授賓之時爲然記者特於此發之耳其餘執玉者亦如之不盡見也

賓入門皇升堂讓將授志趨

注曰皇自莊盛也志趨卷遯而行也

繼公謂讓謂必後主君也經云公升二等賓升是也春秋傳衛孫林父聘於魯公登亦登是不讓也將授謂發於負序之位將授玉也行而張足曰趨曲禮曰堂上不趨執玉不趨

特志於趨耳言其急於授君而行速也注云志趨卷遯是巳

授如爭承下如送君還而后退還音旋

授如爭謂尚疾而不敢留君也承下如送謂既授則以手承公手之下而未即退防玉之失隊也如送者如送客然言其未即退之意也君還東面而后賓退

下階發氣怡焉再三舉足又趨下戶嫁反

注曰發氣舍息也再三舉足自安定乃復趨也

繼公謂下階謂降而沒階之時也怡和說也於此言發氣怡焉言又趨則鄉者之屏氣戰

色足如有循可知矣趨言又者明復其常也

及門正焉

注曰容色復故此皆心變見於威儀

執圭入門鞠躬焉如恐失之

注曰記異說也

繼公謂鞠躬者敬也如恐失之者慎也

及享發氣焉盈容

注曰孔子之於享禮有容色

繼公謂聘時屏氣享時發氣又且盈容禮有重輕故敬亦有隆

衆介北面蹌焉 蹌七將反

注曰容貌舒揚

繼公謂於享乃云踧踖焉以見聘時之不然也

然則衆介容貌之變其節亦略與賓同矣

私覿愉愉焉

注曰容貌和敬

疏曰享時形容舒於聘時之戰色私覿愉愉

又舒於盈容

出如舒鴈

疏曰又舒於愉愉也

繼公謂如舒鴈鴈謂儀容舒遲舒鴈鵞

皇且行入門主敬升堂主慎

注曰復記執玉異説

繼公謂主敬鞠躬也主慎如恐失之也先言

皇且行乃云入門主敬則與上記入門皇者
異也云升堂主慎則又與入門而如恐失之
者異也是謂異說
凡庭實隨入左先皮馬相間可也間間側之間
注曰隨入不並行也
疏曰皮馬以西頭者爲上故左先入陳也
繼公謂凡庭實謂凡入而即設於參分庭一
在南者也左先謂其設於左者先行也皮馬
相間謂庭實若相繼而兩設用皮則宜俱用
皮用馬則宜俱用馬或不能然則一節用皮
一節用馬相間而設亦自無害於禮故云可
也可者許其得用之辭

敬也猶以君命致之
疏曰臣統於君雖是私獻己物亦以君命致之故曰將命
繼公謂玉藻曰親在行禮於人稱父此臣有獻於他國之君而稱其君命以將之亦其義也
擯者入告出禮辭
注曰辭其獻也
賓東面坐奠獻再拜稽首
注曰獻不入者禮輕
繼公謂以君命將之而奠獻於外再拜稽首見其爲己物也

擯者東面坐取獻舉以入告出禮請受

亦東面取者舉奠物之儀然也請受說見本篇

賓固辭公荅再拜

云荅則拜非爲受也凡尊者與卑者之禮而不得親受者其儀皆然公拜亦於中庭

擯者立于閾外以相拜賓辟擯者授宰夫于中庭相息亮反 辟音避

注曰既乃介覿

若兄弟之國則問夫人

注曰兄弟謂同姓若昏姻甥舅有親者問猶遺也謂獻也不言獻者變於君也

繼公謂此記似謂賓於兄弟之國必有問夫人之禮也經不言賓之私獻上記言私獻而云若則是賓於兄弟之國其主君之獻或有或無不可必也乃謂必有問夫人之禮何與是亦與上記微不相通或曰問猶聘也即經所謂夫人之聘享者也未知是否

若君不見（見賢遍反）

注曰君有疾若他故不見使者

使大夫受

注曰受聘享也大夫上卿也

繼公謂大夫亦皮弁襲迎賓于大門外不拜帥賓以入也

自下聽命自西階升受負右房而立賓降亦降

注曰此儀如還圭然而賓大夫易㕑耳

不醴

使大夫代受則醴賓之禮自不可行乃必言之者嫌受其聘享則當醴之也

幣之所及皆勞不釋服勞力報反

經云卿大夫勞賓而此云幣之所及皆勞則謂大夫時或有勞之者時或有皆不勞之者矣似異於經且以幣不及已之故而不勞賓亦恐非禮意蓋聘君之問卿卿大夫之勞賓皆禮之當然二者初不相關記乃合而言之似失之矣服謂皮弁服不釋服之意亦未詳

敬也猶以君命致之

疏曰臣饒於君雖是私獻己物亦以君命致之故曰將命

繼公謂玉藻曰親在行禮於人稱父此臣有獻於他國之君而稱其君命以將之亦其義也

擯者入告出禮辭

注曰辭其獻也

賓東面坐奠獻再拜稽首

注曰獻不入者禮輕

繼公謂以君命將之而奠獻於外再拜稽首見其爲己物也

擯者東面坐取獻舉以入告出禮請受

亦東面取者舉奠物之儀然也請受說見本篇

賓固辭公荅再拜

云荅則拜非爲受也凡尊者與卑者之禮而不得親受者其儀皆然公拜亦於中庭

擯者立于閾外以相拜賓辟擯者授宰夫于中庭（相息亮反 辟音避）

注曰既乃介覿

若兄弟之國則問夫人

注曰兄弟謂同姓若昏姻甥舅有親者問猶遺也謂獻也不言獻者變於君也

繼公謂此記似謂賓於兄弟之國必有問夫人之禮也經不言賓之私獻上記言私獻而云若則是賓於兄弟之國其主君之獻或有或無不可必也乃謂必有問夫人之禮何與是亦與上記微不相通或曰問猶聘也即經所謂夫人之聘享者也未知是否

若君不見見賢遍反

注曰君有疾若他故不見使者

使大夫受

注曰受聘享也大夫上卿也

繼公謂大夫亦皮弁襲迎賓于大門外不拜帥賓以入也

自下聽命自西階升受負右房而立賓降亦降

注曰此儀如還圭然而賓大夫易處耳

不醴

使大夫代受則醴賓之禮自不可行乃必言之者嫌受其聘享則當醴之也

幣之所及皆勞不釋服勞力報反

經云卿大夫勞賓而此云幣之所及皆勞則謂大夫時或有勞之者時或有皆不勞之者矣似異於經且以幣不及已之故而不勞賓亦恐非禮意蓋聘君之問卿卿大夫之勞賓皆禮之當然二者初不相關記乃合而言之似失之矣服謂皮弁服不釋服之意亦未詳

曰羹飪謂飪一人之饌也而謂之羹唯是祭其
大禮之盛者也腥飪不祭則士介不祭也
公謂唯羹飪之文竟不具或脫一祭字也
筮一尸者嫌并祭祖禰當異尸也并祭祖
禰而唯一尸故若昭若穆者皆可尸云筮則
子弟之從行者衆矣
僕為祝
御者也僕爲祝者祝不從行故僕攝之傳
鮀之言曰嘉好之事君行師從卿行旅
從無事焉然則君與大夫以嘉好之事出
祝皆不從亦可見矣

祝曰孝孫某孝子某薦嘉禮于皇祖某甫皇考

某子祝之又反

孝孫孝子稱於祖禰之辭也禮指饗而言即

可謂大禮也字祖而謚考亦假設之辭爾凡

稱鬼神大夫則舉其謚士則舉其字并祭祖

禰盛之也一牢而并祭并祭而一尸皆所以

異於常禮

饋食之禮食音嗣

饋食者少牢饋食也不云少牢者可知也士

虞記云其他如饋食亦不云特牲也是其微

文此如少牢饋食之禮但如其不賓尸者耳

賓於聘日受饔且在他國則此時祭物雖多

而禮儀亦不得不畧又此用大牢亦與彼禮

異者也然則所謂如者其皿大約言之耳

器於大夫

必假於大夫者其禮其器與之同也

肉及廋車朌音班廋所求反

注曰朌猶賦也廋廋人也車巾車也二人掌

視車馬之官也

疏曰此謂祭訖歸胙賜及廋人巾車見周禮

繼公謂言此明亦有不及者矣朌猶攽也

[illegible]日致饔

言此至旬而稍記主國行禮於賓之節也

[illegible]日問大夫

所以下於其君亦以聘日未有暇及之也
及大夫人歸禮既致饔旬而稍宰夫始歸乘禽日
如其饔餼之數 稍所数及
注曰乘禽乘行之禽也謂鴈鶩之屬其歸之
以雙爲數其賓與上介也
鄭謂旬日乃稍者以饔餼之物多也上賓
饔餼五牢則日五雙上介三牢則日二雙士
介一牢則一雙亦降殺以兩與
日則二雙
注曰牢猶間也不一日一雙太寡不敬也
獻也一雙委其餘於面
注曰一一人讀命二一面前也其受之也上

介受之以入告士舉[illegible]

于庭上介執之以相拜于門中[illegible]

介受亦如之士介拜受于門外

疏曰自上介受之授人約私獻文云上介[illegible]亦如之以其受饔餼之時巳如賔禮故[illegible]亦如賔也云士介拜受於門外者以其[illegible]在門外此在門外可知

禽羞俶獻比

注曰比放也其致之禮如乘禽

歸大禮之日旣受饔餼請觀訝帥之自下門[illegible]

歸大禮之日即聘日也是日所行之禮自聘以至於介之私覿凡十餘節以大槩言之[illegible]

必至於日幾中而后畢既而又有受饔[illegible]
已受饔又以祭其祖禰如饋食之禮由[illegible]
之則日暮人倦可知矣乃復請觀何哉且問
卿之公事未畢而私爲游觀亦非禮也此記
必誤矣
各以其爵朝服
汪曰此句似非其次宜在凡致禮下絶爛汇
此
無饔無饔者無擯
注曰謂歸饔餼山
李寶之曰擯當作儐
繼公謂君不致饔於士士不儐君之使皆禮

之當然無儐不爲無饔也

大夫不敢辟君初爲之辟矣爲于僞反

此上葢有闕文

凡致禮皆用其饔之加籩豆

注曰凡致禮謂君不親饗賓及上介以酬幣致其禮也其其賓與上介也饗禮今亡

繼公謂春秋傳晉侯享季武子有加籩武子辭韓宣子曰寡君以爲驩也是籩豆之加無窮已定於未饗之先若不親饗而歸之嫌疑若猜不致故云然或曰禮上當有饗字

無饔者無饗禮

注曰士介無饗禮

繼公謂此與所謂無饔者無儐之意同

凡餼大夫黍粱稷筐五斛

凡凡賓上介及士介也經云大夫餼賓上介米八筐士介米六筐而此云黍粱則是皆二用稻矣八筐者二黍二粱四稷也六筐者二黍二粱二稷也其器既異於君禮又多寡不懸且不敢與君同用四種皆無稻遠下之也凡降殺之例自下來者皆二等今乃一等者稷去稻者以當多者而已而稻少者[illegible]也是或一義耳然此筐則皆別[illegible]但減其多者之數以別之無稻[illegible]而小大夫器寡而[illegible]殺之意

旣將公事賓請歸

注曰謂已問大夫事畢卽請歸也主國留之

饗食燕獻無日數盡殷勤也

繼公謂不欲久溷主國也

凡賓拜于朝訝聽之

注曰拜拜賜也

繼公謂訝聽之異於己臣也

燕則上介爲賓賓爲苟敬

饗食之禮君親爲主故以賓爲賓尊賓也

與臣燕則宰夫爲獻主故不以賓爲賓而以

爲苟敬亦尊賓也此苟敬之位在阼階西北

面餘並見燕禮記云

宰夫獻

注曰爲主人代公獻

繼公謂燕禮輕故君與臣燕則不親爲主使宰夫獻所以明君臣之義也此與他國之臣燕亦用此禮者所以别於其君也

無行則重賄反幣

注曰無行謂獨來復無所之也

繼公謂於反幣之外又重賄之荅其特來之厚意也即贈幣也贈幣爲報其私覿故云[illegible]必言反幣者嫌重賄則不必贈也春秋傳曰公子札聘于諸國是爲有行

子以君命在寡君寡君拜君命之辱

注曰此賛君拜聘享許也女[illegible]
君以社稷故在寡小君拜
注曰其卒亦曰寡君拜命之辱
又拜送
注曰拜送賓也其辭蓋云子將有行寡[illegible]
拜送
賓於館堂楹間釋四皮束帛賓不致主人不拜
注曰賓將遂去是館留禮以禮主人所以[illegible]
之也
繼公謂必釋於此者明為館故也皮亦在堂禮
之變也不致不拜者賓主各有當為主人之
嫌難乎其為授受也不用辭而自不授受矣

嫵於君禮

大夫來使無罪饗之使所吏反

無罪謂無失誤也饗之親饗之也聘義[illegible]

者聘而誤主君弗親饗食所以愧厲之也[illegible]

國君於賓有饗食燕之禮但言饗者舉其[illegible]

者言之也云來使者與下文所謂過者相對

文也

則餼之

假道而過者則餼之也過即經所謂過[illegible]

餼即經所謂餼之以其禮復記於此昔[illegible]

罪之文也若有不假道與不禁侵掠之[illegible]是

其罪矣

其介爲介

此上當言饗賓之禮乃及此耳其亦有闕文與饗賓君爲主人故以賓爲賓而上介爲介若饗上介則上介爲賓而無介小聘使下大夫其饗禮亦如之蓋士介賤不可以與主君爲禮故也

有大客後至則先客不饗食致之食音嗣

主人待客隆殺之宜也大客謂朝君

唯大聘有几筵

經於小聘云不几筵其文已明

十斗曰斛十六斗曰籔十籔曰秉

注曰今江淮之間量名有爲籔者今文籔爲

逾

繼公謂籔與庾同量今文籔作逾疑庾逾通

二百四十斗

注曰謂一車之米秉有五籔

四秉曰筥

注曰此秉謂刈禾盈手之秉也筥穧名也若今萊易之間刈稻聚把有名爲筥者詩云彼有遺秉又云此有不斂穧

十筥曰稯十稯曰秅四百秉爲一秅稯音揔

儀禮卷第八

至于階三讓大夫先升一等
鄭本去三字注曰古文曰三讓繼公謂宜從
古文
至于階三讓賓升一等
鄭本亦去三字注曰古文曰三讓繼公謂宜
從古文
庭實入設
鄭本無入字注云古文曰入設繼公謂此庭
實云入設方見庭實既出而復入之意若無
入字則文不明白矣宜從古文
醴不拜至
鄭本作禮注曰今文禮爲醴繼公謂宜從今

文

不醴

鄭本作禮注曰今文禮作醴繼公謂宜從今文

對曰非禮也敢

舊本敢下有辭字按注云二者皆卒曰敢是無此辭字明矣本有者者蓋傳寫者因注上之辭字而誤衍之也今以注爲據删之

(元)敖繼公 撰

元本儀禮集説

第三册

國家圖書館出版社

第三册目録

卷七

儀禮卷第六　　敖繼公集說

燕禮第六

注曰諸侯與羣臣燕飲之禮也於五禮屬嘉禮

燕禮小臣戒與者與音預

小臣於天子太僕之屬也與者羣臣之與此燕者也君所主與之燕者亦存焉其戒之節於朝於家則未聞

善宰具官饌于寢東

注曰膳宰天子曰膳夫掌君飲食膳羞者也寢路寢

繼公謂具官饌謂具諸官所當饌之物也寢東蓋其東壁之東也此時所具者其薦羞乎及既設賓席官乃設饌之大射云官饌是也

樂人縣縣音玄

此縣蓋在階間磬在阼階西南面鍾鎛次而西建鼓在西階東南鼓鼙在其東國君燕禮輕於大射故不備樂且於其日乃縣之而與常時同鄉飲酒記曰磬階間縮霤北面鼓之

設洗于阼階東南當東霤罍水在東篚在洗西南肆設膳篚在其北西面罍音雷

注曰當東霤者人君為殿屋也亦南北以堂深君物曰膳膳之言善也或言南肆或言西

面異其文也

疏曰漢時殿屋四鄉流水故舉漢以況周

繼公謂洗與罍蓋瓦爲之下云君尊瓦大則此可知矣先設洗西之篚以爲節故膳篚後設也設四器亦司宮也見大射與少牢禮此經省文耳膳篚者實君之象觚象觶者也君物而曰膳者以其善於諸臣所用者而言也下文類此者皆以是推之

司宮尊于東楹之西兩方壺左玄酒南上公尊瓦大兩有豐冪用綌若錫在尊南南上尊士旅食于門西兩圜壺大音泰冪眉狄反

注曰豐以承尊也說者以爲若井鹿盧其爲

字從豆曲聲近似豆大而卑矣冪用綌若錫冬夏異也在尊南在方壺之南也尊士旅食者用圜壺變於方也旅衆也士衆食謂未得正祿所謂庶人在官者也賤無玄酒

䟽曰庶人在官者謂府史胥徒

朱子曰在尊南者謂瓦大在方壺之南耳

繼公謂先尊方壺於楹西以爲節乃設公尊與上文後設膳篚之意同臣尊用壺又以方者且無冪冪爲與君尊相屬宜遠別之也左玄酒據設尊者而言也蓋凡設尊者皆面其鼻玉藻曰惟君面尊是尊鼻東向也此設尊若西面故玄酒在南而爲左若以尊言之則爲

左矣瓦大瓦甒也用瓦甒者多矣惟君尊則
或謂之大豈制或異與尊皆南上者統於君
位也君位亦南上以順之此尊乃不統於賓
者君臣之禮異也大射儀放此錫者麻十五
升去其半而加灰之布也冪或以綌亦見其
聚於大射耳大射之冪用錫若絺此尊士旅
食之尊亦當北面與大射同惟設之深淺異
耳方圜壺亦皆瓦爲之旅食未詳且從注疏

司宮筵賓于户西東上無加席也

注曰賓席用蒲筵緇布純

繼公謂大夫爲賓乃無加席者以燕禮輕也
設賓席當後於公席乃先言之者終言司宮

之事耳

按注知此賓席蒲筵緇布純者以公食大夫及鄉飲射記定之也

右具設器饌

射人告具

注曰告事具於君

疏曰大射告具之上有羹定此不言者文不具也

繼公謂是時公蓋在阼階東南南鄉射人北面告之

小臣設公席于阼階上西鄉設加席公升即位于席西鄉鄉並許亮反下同

注曰周禮諸侯昨席莞筵紛純加繅席畫純

疏曰周禮司几筵之文也彼諸侯祭祀受酢之席此燕飲之席與彼同

繼公謂加席別言設見其更取而設之也亦可見設加席之法矣羣臣未入公先升即位尊者之禮也

小臣納卿大夫卿大夫皆入門右北面東上士立于西方東面北上祝史立于門東北面東上小臣師一人在東堂下南面士旅食者立于門西東上

注曰小臣師小臣正之佐也

疏曰此卿大夫之位皆是擬君揖位故下經

君爾之始就庭位也
繼公謂納卿大夫之辭蓋曰君須矣二三子其入也卿大夫入門右之位蓋近庭南而當階士西方之位亦宜於庭少南而東西則當西序門東之位近於門也門西亦如之此北面者東上東面西面者北上皆統於君凡已之臣子入門而左右皆由闑東

公降立于阼階之東南南鄉爾卿卿西面北上爾大夫大夫皆少進

注曰爾近也揖而近之也大夫猶北面少前

繼公謂古文爾邇通爾揖之使進而近於已也公俟其入乃降而揖之明降尊之義也大

夫不西面自別於卿也 君於卿與大夫各旅

揖之大射儀小臣師詔揖諸公卿大夫

右即位

射人請賓

注 曰射人爲擯者

繼公謂請於君謂使誰爲賓也

公曰命某爲賓

注 曰某大夫名也

射人命賓賓少進禮辭

注 曰禮辭辭不敏也

繼公謂命賓者南面鄉之其辭蓋曰君命子

爲賓少進者宜違其位 按注云辭不敏者

以士冠之賓辭曰某也不敏故意此賓亦然
反命
注曰射人以賓之辭告於君
又命之賓再拜稽首許諾
公不許其辭故射人復命之賓再拜稽首爲
受君命也
射人反命
注曰告賓許
賓出立于門外東面
注曰當更以賓禮入
繼公謂大射儀云北面此東字蓋誤也
公揖卿大夫乃升就席

揖之乃升禮之也亦兵揖之
小臣自阼階下北面請執冪者與羞膳者
注曰執冪者執瓦大之冪也方圜壺無冪羞
膳羞於公
繼公謂士之掌此二事者有常職乃請之者
蓋白之於君然後敢命之也膳亦謂君物此
雖指羞而言然薦亦存焉
乃命執冪者執冪者升自西階立於尊南北面
東上
注曰以公命於西階前命之也東上玄酒之
冪爲上也羞膳者升自北階房中西面南上
不言之者不升堂略之也

疏曰下記云羞膳者與執冪者皆士也士位在西方東面故知西階前命之也云不升堂者但不從南方升也升自北階是亦升堂也

繼公謂立於尊南上者當尊與

膳宰請羞于諸公卿者

注曰膳宰請者異於君也

右命賓及執事者

射人納賓賓入及庭公降一等揖之公升就席

納賓之辭蓋曰君須矣吾子其入也及庭既入門而左沒霤時也一等者階也升堂爲二等矣揖之使之升也大射儀云賓辟

右賓入

賔升自西階主人亦升自西階賔右北面至再拜賔答再拜

注曰主人宰夫也宰夫太宰之屬天子膳夫爲獻主

疏曰知主人是宰夫者燕義云使宰夫爲獻主是也

繼公謂諸侯之宰夫蓋以士爲之其位亦在西方故賔進則主人因從而升也君與臣燕乃使宰夫爲主人者固所以明君臣之義然亦以冨獻者衆尊者不能親其勞也至再拜者於賔始至而拜之所謂拜至也其義見士昬禮

右拜至

主人降洗洗南西北面

注曰賔將從降鄉之不於北辟正主

賔降階西東面主人（對）辭降賔對

階西東面東西亦當序此賔降而主人於洗南辭之則其降之節亦可見矣賔對亦少進既則復位

主人北面盥坐取觚洗賔少進辭洗主人坐奠觚于篚興對賔反位（觚音孤）

注曰獻不以爵辟正主也

疏曰正主鄉飲鄉射之主人也

繼公謂獻公用象觚則此觚乃角觚也下放

此賓少進者少南行而東面也主人與對亦
西北面
主人卒洗賓揖乃升
賓每先升者以宰夫是士且非正主也
主人升賓拜洗主人賓右奠觚荅拜降盥賓降
主人辭賓對
降辭之位皆如初可知
卒盥賓揖升主人升坐取觚執冪者舉冪主人
酌膳執冪者反冪
賓者君之所命者也故主人代君飲之則酌
君尊蓋達君之意也酌膳東面餘皆放此舉
冪以下之儀詳見後篇

主人筵前獻賓賓西階上拜筵前受爵反位主人賓右拜送爵膳宰薦脯醢賓升筵膳宰設折俎

獻賓蓋亦西北面與鄉飲酒同故不著之

賓坐左執爵右祭脯醢奠爵于薦右興取肺坐絕祭嚌之興加于俎坐捝手執爵遂祭酒興席末坐啐酒降席坐奠爵拜告旨執爵興主人荅拜捝舒鋭反

此賓乃大夫也亦絕肺以祭而下文又云公祭如賓禮則是自上至下此禮同也舊說謂大夫以上繚祭惟士絕祭其不放諸此乎於此乃言爵者上文已明不嫌其異故隨文便

拜下文放此凡觚觶角散亦通稱爵酒非主
人之物賓乃告旨者但以其爲獻主也
賓西階上北面坐卒爵興坐奠爵遂拜主人荅
執爵興主人乃荅拜凡荅拜皆於所荅者與
乃爲之經或不言其與文省爾
右主人獻賓
賓以虛爵降主人降賓洗南坐奠觚少進辭降
主人東面對
注曰大射禮曰主人西階西東面少進對
繼公謂奠觚亦奠于地也坐奠觚與少進皆
西北面主人降立于階西西東面矣乃言東

面對者嫌進而對或易鄉也

賔坐取觚奠于篚下盥洗

此言奠于篚下則鄉者少南奠之矣

主人辭洗

辭亦宜少進如賔也於賔既對則反位

賔坐奠觚于篚興對卒洗及階揖升主人升拜

洗如賔禮

及階乃揖以己當先升也賔揖主人乃離其位然則賔於主人卒洗之時固不待其及階

而揖升矣如賔禮謂送拜

賔降盥主人降賔辭降卒盥揖升酌膳執冪如

初

酌膳者主人酌此獻賓故賓酢亦如之亦

其代君飲己尊之也執冪執冪者舉冪之

也

以酢主人于西階上主人北面拜受爵賓主人

之左拜送爵

賓酢主人蓋亦西南面授之乃之左賓親酢

者伸其尊亦以君不親酢故無所辟也

主人坐祭不啐酒

注曰辟正主也

不拜酒不告旨

拜酒謂拜謝其以旨酒飲己也酒非賓物則

無文二禮可知乃著之者嫌亦當如賓於主

人之儀也

遂執爵興坐奠爵拜執爵興賓苔拜主人不崇

酒以虛爵降奠于篚

不崇酒者無崇酒之拜也酒非己物故是禮

亦不可得而行

賓降立于西階西

己之獻酢禮畢而主人又將與君爲禮故不

敢居堂

射人升賓賓升立于序內東面

注曰大射禮曰擯者以命升賓

繼公謂升賓者優之也序內東面鄉君也然

則君位亦在東序[illegible]矣

右賓酢主人

主人盥洗象觚升實之

注曰象觚觚有象骨飾也取象觚者東面

維公謂亦酌膳執冪如初不言者可知也

按注云象骨恐當作象齒

東北面獻于公

酒乃君物主人進之於君而曰獻者以主人爲獻主故也公在席而東北面獻之亦因獻賓之儀而爲之也經言獻酬在席者多矣獨此與大射見獻公之儀若是則其他之獻酬者皆正鄉其席與

公拜受爵

疏曰凡此篇內舉旅行酬公應先拜者皆受酬者先拜公乃荅拜尊公故也此公先拜受爵者獻禮重故也

主人降自西階阼階下北面拜送爵

拜于下者辟也此惟一拜而已葢荅公拜也一拜則不稽首荅公拜而不稽首亦獻禮然也其他則否凡臣先拜其君皆再拜稽首

宰胥薦脯醢膳宰設折俎升自西階

注曰大射禮曰宰胥薦脯醢由左房

續公讀升自西階者俎也著之者嫌設公俎宜由阼也此公俎似當用有賓俎用脀與以酒賓主之俎與膳宰既設俎則少退東面

而俟既贊授肺乃降

公祭如賓禮

祭謂祭爲祭肺祭酒也其異者於下見之

膳宰贊授肺不拜酒立卒爵坐奠爵拜執爵興

贊授肺者以授肺而贊之也君尊不與取肺未祭則授之既祭則受之惟言授但見其一耳不拜酒者以其爲己物也不拜酒則亦不啐酒凡男子之坐卒爵者奠爵乃拜婦人之尊者立卒爵而執爵拜此立卒爵而奠爵拜其君禮與公於其臣乃先拜既者亦獻禮重也

主人答拜升受爵以降奠于膳篚

云奠于膳篚見卿者取之亦在此也

右主人獻公

更爵洗升酌膳酒以降酢于阼階下北面坐奠爵再拜稽首公答再拜

注曰更易也

楊志仁曰君尊不酢其臣主人自酢成公意也雖更爵亦酌君之膳酒者明酢之之意出於君也

繼公謂更爵者改取南篚之觚蓋不敢用君器也上下文酌膳皆無酒字此有者衍也

主人坐祭遂卒爵再拜稽首公答再拜主人奠爵于篚

亦興坐奠爵乃再拜稽首執爵興

右主人自酢

主人盥洗升媵觚于賓酌散思但反下並同

注曰散者方壺酒也於膳爲散

繼公謂洗洗角觶也自飲而盥洗象賓之飲已也下文類此者其義皆然主人因在下遂盥洗故賓不降亦異於正主者也媵猶揚也觚當作觶此酬賓也乃云媵觶者以主人於賓爲降等故爾云媵觶于賓者題其事耳媵有亦取其自下而上之意酌散者以其將自飲凡卑者之酌酬酒其於臣禮則曰舉觶於君禮則曰媵觶云

階上坐奠爵拜賓降筵北面答拜

疏曰賓立于序內以來未有升筵之事或言降筵者蓋誤

注公謂大射儀曰賓西階上北面答拜

主人坐祭遂飲賓辭卒爵拜賓答拜

注賓見主人將飲故辭之蓋欲即受此觶不敢復煩主人之更酌已且遠辟騰爵于公之禮也騰爵于公者亦皆先自飲乃更酌之云卒爵拜皆文也大射禮曰卒爵興坐奠爵拜執爵興

主人降洗賓降主人辭降賓辭洗卒洗揖升

注此皆如獻禮也

不拜洗主人酌膳賓西階上拜

　拜爲將受之是時主人已在筵前北面

受爵于筵前反位主人拜送爵

　主人酬賓不奠乃授之者亦與士禮異者也
　主人拜亦於賓右少牢下篇酬尸酬賓亦皆
　親授觶

賓升席坐祭酒遂奠于薦東

　賓升席祭酒尊君物也遂奠之由便

主人降復位

　位西方東面也此時未有洗北西面位至旣
　獻大夫而薦乃有之

賓降筵西東南面立

李微之曰東南面立鄉君也
繼公謂降降筵也曩者賓降于階下而君命升之故此時惟降筵而已恐褻禮而重煩君命也不立于序內者升降異處以相變爲敬

右主人酬賓

小臣自阼階下請媵爵者公命長（長知丈反）

此媵爵以爲旅酬始也長謂下大夫之長也此但云命長不言下大夫者其以下大夫媵觶有常職故與

小臣作下大夫二人媵爵

注曰作使也卿爲上大夫不使之者爲其尊
繼公謂以公命作之也二人所謂長也大夫

在入門左之位北面則小臣作之者其亦南面與

媵爵者阼階下皆北面再拜稽首公荅再拜

注曰再拜稽首拜君命也

繼公謂北面亦東上

媵爵者立于洗南西面北上序進盥洗角觶升自西階序進酌散交于楹北降阼階下皆奠觶再拜稽首執觶興公荅再拜

注曰序次第也先者既酌而反與後酌者交於西楹北俟於西階上乃降

繼公謂序進之節先者既洗後者乃進也先者既洗即升立于西階上以俟後洗者也酌

散更言序進明其復發於西階上也交于楹
北交相右也凡經文惟言交者皆謂相右也
階上之位退者在東進者在西以相右爲便
降時亦先者降三等後者乃降蓋同階而同
時俱降之法然爾

媵爵者皆坐祭遂卒觶興坐奠觶再拜稽首執
觶興公荅再拜媵爵者執觶待于洗南

注曰待君命也

繼公謂洗南西面鄉者之位

小臣請致者

注曰請使一人與二人與

繼公謂鄉者公但命長不定言二人故小臣

至是復請致者之數致如致爵之致酒君物

也以進於君故謂之致

若君命皆致則序進奠觶于篚阼階下皆再拜

稽首公荅再拜

皆皆二人也言若者不定之辭下文云若命

長致與此互見也亦小臣命之乃序進

媵爵者洗象觶升實之序進坐奠于薦南北上

降阼階下皆再拜稽首送觶公荅再拜

注曰序進往來由尊北大射儀曰媵爵者皆

退反位

繼公謂實之乃云序進見其既酌而竝立于

尊所乃行也奠于薦南其辟公酬時奠觶之

處與云序進而不言其所交之處是東至楹北而無以爲節故也此進退皆不相待于西階上蓋急於爲君酌與與拜送也

右下大夫媵觶于公

公坐取大夫所媵觶興以酬賓賓降西階下再拜稽首公命小臣辭賓升成拜

注曰升成拜復再拜稽首也先時君辭之於禮若未成然

繼公謂鄉者君與賓各受主人之獻其情意猶未接至是公乃酬賓而與之爲禮也興以酬賓謂與立于席舉觶鄉賓而酬之也酬賓亦不下席君尊也西階下再拜稽首雖爲賓

不敢不盡臣禮也辭者不受其拜下之禮賓之也賓升成拜順君賓己之意也

公坐奠觶答再拜執觶興立卒觶賓下拜小臣辭賓升再拜稽首下户嫁反

奠觶蓋奠于薦右也下拜者降而拜也其或一拜或再拜稽首不定也言降拜者亦然小臣辭亦公命之經不盡見之也賓未卒拜而小臣辭之亦異於初也此不言成拜者未卒拜於下無所成也下文放此賓受公酬而每先拜蓋君臣飲燕之禮然禮旅酬不拜既

公坐奠觶答再拜執觶興賓進受虛爵降奠于篚易觶洗

賔受虛爵於君席之前故云進必就而受之者臣事君之禮也受時盖東面於薦北篚謂膳篚易觶謂更取角觶也或言更或言易互文耳

公有命則不易不洗

命謂使之仍用象觶也賔則不易之不敢違君意也不洗者嫌也承尊者後而復洗之則嫌若不以爲絜然

反升酌膳觶

觶字衍文大射儀無之酌膳者以爲公所酬亦達其意也雖易觶猶酌膳

下拜小臣辭賔升再拜稽首公荅再拜下戶嫁反

注曰於是賓請旅侍臣

疏曰云於是賓請旅侍臣者見下記與大射禮

繼公謂亦奠爵乃再拜稽首執爵興不言者文省也後放此

賓以旅酬於西階上

疏曰此自旅酬之事下云射人作大夫長以下乃言其法

射人作大夫長升受旅長知丈反

長如若長之長大夫長謂上卿若諸公也此惟據受賓酬者而言若有諸公則先酬之

賓大夫之右坐奠觶拜執觶興大夫荅拜

惟云大夫者諸公與卿亦大夫耳大夫未獻
乃先受旅者此酬禮不主於已故無嫌
賓坐祭立飲卒觶不拜
賓獨祭酬酒者以此酒爲公所酬異之也
若膳觶也則降更觶洗升實散大夫拜受賓拜
送
公優所酬者或使得用象觶而不可以及乎
其他是以更用角觶旅酬而洗者亦爲更觶
新之也餘則不洗賓旣拜送則就席
大夫辯受酬如受賓酬之禮辯音徧下仿同
不祭
如射人作升受旅以下之儀也

疏曰不祭者酬禮殺

繼公謂此見其異者也酬酒不祭乃其正禮賔之祭者有爲爲之耳

卒受者以虛觶降奠于篚

注曰卒猶後也大射禮曰奠于篚復位

繼公謂卒受者下大夫之末者也無所酬獨飲于西階上不言復位文省下放此

右公爲賔舉旅

主人洗升實散獻卿于西階上

實散降於賔也凡獻于西階上皆西南面

司宫兼卷重席設于賔左東上

注曰席蒲筵緇布純也席卿東上統於君也

席自房來

繼公謂兼卷謂以兩席相重而幷卷之也其卷亦自末執時兼卷是設時亦兼布之矣此固異於設加席之法亦以其二席之長短同故得由便爲之爾東上者席也其位亦如之

每獻一人則設席

卿升拜受觚主人拜送觚

拜送不言卿右可知也下放此

卿辭重席司宮徹之徹直列反

注曰重席雖非加猶爲其重累去之辟君也

繼公謂徹去上席也卿以重席爲辭故去其上席爲卿設重席正禮也必辭之者去君差

近宜辟之

乃薦脯醢卿升席坐左執爵右祭脯醢遂祭酒不啐酒降席西階上北面坐卒爵興坐奠爵拜執爵興主人荅拜受爵卿降復位

不啐酒則不拜酒不告旨可知此亦降於賓者也無俎者燕禮輕於大射故卿遠下賓也卿升降席皆自西方

辯獻卿主人以虛爵降奠于篚

辯獻卿如賓散以下之儀惟不洗耳主人既奠爵復位于西方

射人乃升卿卿皆升就席

卿既獻乃升就席亦見其降於賓也

君有諸公則先卿獻之如獻卿之禮先悉薦反

此禮通五等侯國言之故於諸公云若有蓋上公之國乃有四命之孤侯伯以下則無之也先卿獻之謂先獻公乃獻卿亦既獻則升就席不與卿序升也

席于阼階西北面東上無加席

席之於此以其尊於卿而不與之序也阼階之西於君席爲西南直其左也諸公在君之左卿在君之右蓋以左爲尊也東上者亦統於君也無加席者以太近於君故設時即不敢與之同而不待其辭也上爲卿設重席而已而於公乃云無加席者明其尊於卿若或

於君所而用兩席焉則當有加席而非重者
也禮加席尊於重席

右主人獻諸公卿

小臣又請媵爵者二大夫媵爵如初

上經云皆致是猶有一奠觶未舉也小臣又
請之者此媵觶之節耳蓋歸者公命皆致今
猶有一奠觶若惟命長致則奠觶無矣故於
是時不以奠觶之有無皆當媵爵蓋以爲節
也初執觶待于洗南以上之儀

請致者若命長致則媵爵者奠觶于篚長知丈反下並同

注曰命長致者使長者一人致也

繼公謂長二人中之尊者命長致云若則或有命皆致者矣盖說屨升坐以前君凡三行酬則大夫所致者當有三爵然大夫致爵之節惟止於再故公之命致爵者或前多則後寡或前奇則後偶皆互爲進退以取足於三觶之數使之無過與不及耳此經之所明言者乃前多後寡者也其所不見者則皆言若以包之若然則此時之當致者盖有定數而小臣猶請之者當由君命而不敢自專也

一人待于洗南

注曰不致者

長致者阼階下再拜稽首公答再拜洗象觶升

賓之坐奠于薦南降與立于洗南者二人皆再拜稽首送觶公荅再拜

注曰奠于薦南者於公所用酬賓觶之處

繼公謂不致者亦拜以始者並受君命宜終之也亦拜于阼階下

右下大夫再媵觶于公

公又行一爵若賓若長唯公所酬以旅于西階上如初

疏曰初爲賓舉旅之禮

繼公謂先若二人致則此一爵乃先致者之下觶先若一人致則此乃後致者之上觶也長公若卿之尊者也至是云若長者公卿巳

在堂故君得酬之君酬之是亦賓之也故其
爲禮與正賓同此酬主於公若卿乃或又酬
賓者容遂尊者之所欲耳公卿既受獻君乃
爲之舉酬禮之序也下於大夫之禮亦然旅
者賓則以酬長長則以酬賓在堂者酬訖大
夫乃升受旅以辯

大夫卒受者以虛觶降奠于篚

言大夫卒受以見士不與也

右公爲諸公卿舉旅

主人洗升獻大夫于西階上

不言酌散者可知也後皆放此大夫中下大
夫也中大夫即小卿

大夫升拜受觚主人拜送觚

拜位亦如獻賓

大夫坐祭立卒爵不拜既爵主人受爵大夫降

復位

獻而不拜既爵亦差卑也

胥薦主人于洗北西面脯醢無脀脀之丞反

注曰脀組實

繼公謂宰夫士也先大夫薦之者以其爲主人異之也不於賓酢而薦之者以其爵本賤也宰夫之位本在西方亦以其爲主人故至是而薦之于洗北因使之易位焉其意與卿大夫士既獻而易位者同洗北於正主阼階

東之位爲近主人居之亦宜也薦西面主人在其東也無脀者賤也自卿已下已無脀矣乃於主人見之者嫌其與賓行禮或當有之脀亦宰脀也

辯獻大夫遂薦之繼賓以西東上

辯獻乃布席布席然後薦是皆變於卿者也繼賓以西東上言其薦之次也其席亦如之主人辯獻大夫則降奠爵于篚而立於洗北之位下禮放此

卒射人乃升大夫大夫皆升就席

卒謂薦畢也言此者爲下節也後類此而不見者以意求之

右主人獻大夫

席工于西階上少東樂正先升北面立于其西小臣納工工四人二瑟小臣左何瑟面鼓執越内弦右手相入升自西階北面東上坐小臣坐授瑟乃降（何戶我反　相息亮反）

樂正先升亦變於射禮也北面立于其西亦與大射儀樂正立于西階東之文互見也君與臣燕其禮輕故工但用四人而已面鼓亦變於射也乃降謂相者四人俱降也此諸侯之小臣乃多於周官所言天子小臣之數亦其異者也序官云小臣上士四人

工歌鹿鳴四牡皇皇者華（華音花）

春秋傳曰文王大明緜兩君相見之樂是諸侯之樂自大雅而下皆得○用之此君與臣燕其禮輕故但自小雅而下而先歌此三篇也其意與鄉飲酒息司正而用鄉樂之意同

卒歌主人洗升獻工

此不辨工之爲大師與否皆爲之洗以其取觚于洗西之篚宜因而洗之也下洗獻笙其義亦然鄉飲酒鄉射非獻大師則不洗者以其取爵于上篚故不特爲賤者降也

工不與左瑟一人拜受爵主人西階上拜送爵薦脯醢使人相祭卒爵不拜主人受爵衆工不拜受爵坐祭遂卒爵辯有脯醢不祭主人受爵

降奠于篚

工之長云不興此云坐祭遂卒爵文互見也

右工歌

公又舉奠觶唯公所賜以旅于西階上如初

賜與酬其禮同特經之立文異耳言唯公所賜則是觶或及于大夫矣以此節爲大夫舉旅故也

卒

卒旅畢也

右公爲大夫舉旅

笙入立于縣中奏南陔白華華黍縣音玄白華音花

注曰縣中縣中央也鄉飲酒禮曰磬南北面

繼公謂此云縣中蓋與鄉飲酒磬南北面之
文互見也磬南而云縣中若縣主於磬也
主人洗升獻笙于西階上一人拜盡階不升堂
受爵降主人拜送爵階前坐祭立卒爵不拜既
爵升授主人
末句之下當有爵字如鄉飲酒鄉射禮之所
云此文脫耳
衆笙不拜受爵降坐祭立卒爵辯有脯醢不祭
乃閒歌魚麗笙由庚歌南有嘉魚笙崇丘歌南
山有臺笙由儀遂歌鄉樂周南關雎葛覃卷耳
召南鵲巢采蘩采蘋閒古莧反麗力馳反卷九轉反召上照反
此云歌故曰鄉樂文順也

大師告于樂正曰正歌備樂正由楹內東楹之東告于公乃降復位

由楹內堂上東行者之節也必著之者以其立于堂廉嫌或由便而自楹外過也告于公亦北面不告賓者臣統於君與鄉禮異也云復位則是反其初位矣初位未詳其處鄉飲酒注云樂正降立西階東北面

右笙間合

射人自阼階下請立司正公許射人遂爲司正

射人以君三舉觶正禮已備慮在堂者或有不安之心故請立司正以安之公許而射人即自爲司正不待君命之者以其有常職故

也

司正洗角觶南面坐奠于中庭升東楹之東受命西階上北面命卿大夫君曰以我安卿大夫皆對曰諾敢不安

中庭亦南北之中蓋阼階前也司正不位於階閒者以燕亦有時而射宜辟之也洗角觶爲將酌也奠之乃升受命者君命尊不敢執觶由便以受之也受命亦北面以我安云者若曰以我爲司正所以安汝也蓋達君之意而自爲之辭大射儀曰命賓諸公卿大夫此不言賓諸公者文省耳下文放此敢不者奉命之辭

司正降自西階南面坐取觶升酌散降南面坐奠觶右還北面少立坐取觶興坐不祭卒觶奠之興再拜稽首左還南面坐取觶洗南面反奠于其所還並音旋

注曰坐奠觶於中庭故處

繼公謂南面坐奠觶以鄉者南面取之故也或其節當然與卒觶北面奠意亦如此將於觶南北面則右還於觶北南面則左還皆欲從觶東往來也必從觶東者變於在堂者升席降席之儀而由上也司正之位東上少立者定其位也再拜稽首謝君惠也酒君物也

右立司正安諸臣

升自西階東楹之東請徹俎降公許徹直列反下同

此降乃衍文大射儀無之鄉者司正受命安賓諸公卿大夫賓奉命而不敢辭以俎令司正請徹之所以達其意

于賓賓北面取俎以出膳宰徹公俎降自阼階以東

告于賓亦西階上北面告之既則降燕賓乃執俎而出者臣也出授從者膳宰徹公俎降自阼階者為其已為君物也

卿大夫皆降東面北上

疏曰東面北上西階下位也

右徹俎

賓反入及卿大夫皆説屨升就席公以賓及卿大夫皆坐乃安説吐活反

䟽曰少儀云排闔説屨於户内者一人而已彼據尊者坐在室則説屨於户内今此燕在堂上則君尊説屨於堂上席側可知

繼公謂賓入少立於卿之北司正升賓賓乃及卿大夫説屨而升也云公以賓及卿大夫皆坐則是自此以前雖公於無事時亦立也乃安謂賓及卿大夫之心至是乃安也自此以後有升降而行禮者皆跣也至醉而退乃屨

羞庶羞

注曰羞進也庶衆也庶羞衆珍味可進者也
所進衆羞謂狗胾醢
疏曰此及次射其牲皆用狗故知有此狗胾
也
繼公謂亦先賓乃及公而後及其餘未獻士
而羞此則是不及於在下者矣

大夫祭薦

獻時不得祭薦故至是乃為之必祭之者宜
終此禮然後可以食庶羞也

司正升受命皆命君曰無不醉賓及卿大夫皆
興對曰諾敢不醉皆反坐

注曰皆命者命賓命卿大夫也起對必降席

繼公謂惟云受命皆命又不著其所如上文
可知既對則司正降而復位
右說屨升坐
主人洗升獻士于西階上士長升拜受觶主人
拜送觶士坐祭立飲不拜既爵其他不拜坐祭
立飲長知丈反
注曰他謂衆士也亦升受爵不拜
繼公謂不言主人受爵及士降又其他不拜
之下不言受爵皆以其可知也
乃薦司正與射人一人司士一人執冪二人立
于觶南東上
注曰天子射人司士皆下大夫二人諸侯則

上士其人數亦如之司正爲上

䟽曰此等皆士而先薦者皆有事故也司士掌羣士爵禄廢置之事爲士中之尊故也云司正爲上者以其爲庭長故也

繼公謂此皆士也獻與士序每獻則薦之薦不與士序者亦異之也司士之位正當觶南射人而下以次而西執冪者既薦則復立于尊南

辯獻士士既獻者立于東方西面北上乃薦士

注曰每已獻而即位于東方蓋尊之畢獻薦于其位

繼公謂士既獻立于東方與大夫辯獻而位

于上者意微相類東方、稍近於君故旣獻而
立於此所以尊之此易位亦當有命之者非
必士之自往
祝史小臣師亦就其位而薦之
注曰亦者亦士也次士獻之辯獻乃薦也不
變位位自在東方
疏曰上設位時祝史在門東小臣在東堂下
繼公謂此見其旣獻而不變位耳其獻則當
與士序
主人就旅食之尊而獻之旅食不拜受爵坐祭
立飲
注曰亦畢獻乃薦之主人執虛爵奠于篚復

位

繼公謂此尊北面則南鄉酌之也獻之於尊南亦西南面旣授則西面不洗者因獻士之爵而遂用之不復別取於篚也凡取爵於下篚雖所爲酌者賤亦必爲之洗旅食者與士異尊矣乃繼士獻之而遂因士爵且不殊其長皆略賤也

右主人獻士

若射則大射正爲司射如鄉射之禮

注曰大射正射人之長者也如者如其告弓矢旣具至退中與筭也納射器而張侯其告請先於君乃以命賓及卿大夫其爲司正者

亦爲司馬君與賓爲耦鄉射記自君射至龍
旜亦其異者也薦旅食乃射者是燕射主於
飲酒
繼公謂此大射正即上經所謂射人一人者
也此記及鄉射記言君燕射之儀與大射儀
略同乃云如鄉射之禮者以其惟一侯侯道
五十弓而射器皆在堂西也如是則自君射
之外凡他禮皆與鄉射大同小異而於大射
則或有不可以相通者此所以惟蒙鄉射禮
也先徹階閒之縣遷于東方乃張縻侯納射
器其再射即用樂行之亦其異者　按注云
納射器而張侯其爲司正者亦爲司馬君與

賓爲耦言其與鄉射同者也云其告請先於
君乃以命賓及鄉大夫言其與鄉射異者也
又云鄉射記自君射至龍旜亦其異者也詳
其意蓋謂國中若郊若竟君皆得而燕射如
鄉射之禮惟旌與中則異於鄉射者也此意
與彼記之注不同疑此爲得之但其前以鄉
射禮爲據謂此亦納射器乃張侯似未爲當
鄉射於納射器之後云命張侯者謂繫左下
綱耳非謂始張侯也恐不必以之爲據此禮
則當先徹階前之縣遷於東方乃始張槀侯
赤質并繫左下綱其侯道亦惟五十弓而已
既張侯乃納射器其節蓋與鄉射不得不異

鄭氏於此盖偶攷之不詳耳

右燕射

賔降洗升媵觚于公（觚當之豉反）

注曰賔受公賜多矣禮將終宜勸公也酬之禮皆用觶此言觚者字之誤也古者觶字或作角旁氏由此誤爾

繼公謂媵觶于公乃下大夫之事而賔於是時爲之者不敢以賔自處恭敬之至也

酌散下拜（下戶嫁反）

執觶以下如下大夫媵觶者之爲但拜于西階下異耳

公降一等小臣辭賔升再拜稽首公荅再拜

公觶一等禮之也至是乃降一等者重其媵
觶之禮也賓從命則公升矣
賓坐祭卒爵再拜稽首公荅再拜
此拜不下者拜受拜既本同一節不敢再煩
君命也
賓降洗象觶升酌膳坐奠于薦南
賓降奠角觶于篚乃洗象觶
降拜小臣辭賓升成拜公荅再拜賓反位
注曰反位反席也
繼公謂此降拜巳再拜稽首故下云成拜
右賓媵觶于公
公坐取賓所媵觶興唯公所賜

此酬主於士而所賜則不及之以士賤故在
下也
受者如初受酬之禮
初受酬者賓也
降更爵洗
鄉者三舉觶其末皆云如初此乃別云更爵
洗蓋先時公或命之勿易觶此則全不命之
亦以禮殺也
升酌膳下拜小臣辭升成拜公荅拜下戶嫁反
此經文略蓋以上已有成禮也
乃就席坐行之
注曰坐行之若今坐相勸酒

繼公謂賔公卿大夫立而旅酬者屢矣故於是可以略而坐行之亦以此酬主於士故也

有執爵者

注曰士有盥升主酌授之者

繼公謂坐而行酒故須有執爵者代酌授之

唯受于公者拜

注曰公所賜者也其餘則否

繼公謂此儀已見於上至是復言之者明其餘無拜者也

司正命執爵者爵辯卒受者興以酬士辯音遍

爵辯卒受者興以酬士謂行爵已辯於堂上則告大夫卒受者使之興以酬士司正以是

命執爵者也必命執爵者告之者備有未知者也是後則司正不命而執爵者亦不復告之

大夫卒受者以爵興西階上酬士

於是執爵者降以己亦當與旅也

士升大夫奠爵拜士荅拜大夫立卒爵不拜實之士拜受大夫拜送

此旅酬之正禮也士始受旅故從其正禮至無筭爵則旅不拜矣

士旅于西階上辯

注曰祝史小臣旅食皆及焉

繼公謂其旅皆如大夫酬士之儀卒受者亦

以觶降奠于篚

士旅酌卒

注曰士以次序自酌相酬無執爵者

右公爲士舉旅

主人洗升自西階獻庶子于阼階上如獻士之禮辯降洗遂獻左右正與內小臣皆於阼階上如獻庶子之禮

注曰凡獻皆薦也

繼公謂庶猶衆也庶子謂卿大夫士之子周官亦多以庶子繼士而言正指此者也燕義以此爲諸子之官似失之今獻之於阼階上變於其父所飲之處也庶子未必皆[illegible][illegible][illegible][illegible]先

左右正獻之者明不與之序也左右正未辯
其官然與内小臣同獻則意其亦爲内臣也
降洗乃獻以其尊於庶子故更新之與獻於
阼階上則以别内外也此與獻庶子於阼階
之義不同

右獻庶子左右正内小臣

無筭爵士也有執膳爵者有執散爵者
亦各序進盥洗其觶以升
執膳爵者酌以進公公不拜受
云進公是授之此授受皆坐
執散爵者酌以之公命所賜
酌亦酌膳也已酌而少立于尊西俟公命

所賜者興受爵降席下奠爵再拜稽首公荅再
拜
降降席也此不降階而惟拜於席下者宜別
於公所親酬者也
受賜爵者以爵就席坐公卒爵然後飲
異觶並行而代舉君臣之禮也受賜爵者不
先卒爵而俟者膳酒之酌久矣不必先飲之
也士相見禮言卒爵而俟者始飲酒若爲君
嘗之然
執膳爵者受公爵酌反奠之
未當公飲之節故奠之此不言所奠之處則
亦在薦南與士既終旅則君自舉之

受賜爵者與授執散爵執散爵者乃酌行之

必與授者以鄉者亦與受也非賜爵者受授則皆坐酌者酌散也行之謂每授之於席也受賜爵者若賓也則此觶先以之諸公若卿受賜爵者若諸公若卿若大夫也則此觶先以之賓餘皆以次行之惟已飲賜爵者則不復授之大射云授執散爵者此脫一者字

惟受爵於公者拜卒受爵者興以酬士于西階上士升大夫不拜乃飲實爵

注曰乃猶而也

疏曰此執爵者皆酌行之以徧唯卒受爵者興以酬士自酌與之

繼公謂大夫自實爵旅酬之禮也於是執爵
者降以酬者自酢且已亦與旅也
士不拜受爵大夫就席士旅酌亦如之
如其不拜而飲不拜而受及自酌也
公有命徹冪則卿大夫皆降西階下北面東上
再拜稽首公命小臣辭公荅再拜大夫皆辟辟音避
冪兩甒之冪也命徹冪者命執冪者遂徹之
也徹之者示與臣下同此酒不自異也在堂
者皆降拜謝君意也士不拜賤不敢與君為
禮也去有命又去則見其然否不定也徹冪
之節其在大夫就席之時乎辭者辭之使升
拜辭之而不敢從命小臣以復于公公乃荅

拜卒拜於下而不升成拜臣之正禮也必辭之者以賔在其中也賔與羣臣皆卒拜於下禮宜然也於此云辟者嫌旅拜則不必辟也不言賔及諸公文省凡小臣辭皆公命之經特於始末兩着之以見其餘也

遂升反坐士終旅於上如初

云士終旅於上則是徹冪之時士盖先大夫而降至是乃升旅於上也必言於上者嫌既降則宜遂旅於下也初即旅酌亦如之之儀

無筭樂宵則庶子執燭於阼階上司宫執燭於西階上甸人執大燭於庭閽人爲大燭於門外

注曰宵夜也甸人掌供薪蒸者庭大燭爲位

廣也闇人門人也爲大燭以俟賓客出

右無筭爵

賓醉北面坐取其薦脯以降

賓未醉不敢起既醉不敢留餘人之出者皆以賓爲節也賓至是取其薦脯以賜鐘人則古之以禮飲燕者其於所薦之豆籩亦惟祭之而不食斯可見矣取脯說見士冠禮

奏陔賓所執脯以賜鐘人於門内霤遂出卿大夫皆出

賜之者謝其爲己奏樂也此非擊鐘以奏陔之鐘人乃其黨之在旅食之位者先立於北因過而賜之以其同事也周禮鍾師掌以鐘

鼓奏九夏

公不送

公與其臣燕而不送者以其不爲獻主也若於異國之臣雖不爲正賓君雖不爲獻主猶送之

右賓出

公與客燕

注曰謂四方之使者

曰寡君有不腆之酒以請吾子之與寡君須臾焉使某也以請

注曰君使人戒客辭也禮使人各以其爵寡鮮也猶言少德謙也上介出請入告

繼公謂須臾者言其不敢久

對曰寡君君之私也君無所辱賜于使臣臣敢辭使所吏反下使臣並同

注曰上介出答主國使者辭也無所辱賜謙不敢當也

李微之曰私之言屬也謙辭也春秋傳載叔孫穆子之言曰邾滕人之私也我列國也何故視之茅夷鴻告吳人之言曰魯賦八百乘君之貳也邾賦六百乘君之私也此可見矣

繼公謂客自謙不敢以敵國之使自處故云然

寡君固曰不腆使某固以請

注曰重傳命
寡君君之私也君無所辱賜于使臣臣敢固辭
朱子曰客對辭
寡君固曰不腆使某固以請某固辭不得命敢
不從
注曰許之也於是出見主國使者
朱子曰某固辭以下是客對辭
繼公謂賓於是出拜辱大夫不荅拜致命云
云
致命曰寡君使某有不腆之酒以請吾子之與
寡君須臾焉
注曰親相見致君命辭也

君貺寡君多矣又辱賜于使臣臣敢拜賜命

朱子曰客對辭

繼公謂賓既對遂再拜稽首所謂拜賜命也

於是大夫還賓遂從之

右公與客燕

記燕朝服於寢（朝直遥反）

朝服兼君臣而言也玄冠玄端素裳緇帶素韠白屨士之朝服也大夫冠衣之屬皆與士同惟雜帶以玄黃為異若人君則又朱綠帶也其餘亦與士同玉藻曰大帶四寸雜帶君朱綠大夫玄黃士緇辟二寸再繚四寸是其異也燕於路寢禮差輕

其牲狗也

狗於牲爲賤而君之燕禮差輕故用之大射禮放此

亨于門外東方亨音烹

門外東方爨所在也故於焉亨之古者寢廟之門外皆有爨吉則在東凶則在西

若與四方之賓燕則公迎之於大門內揖讓升

注曰四方之賓謂來聘者也自戒至於拜至皆如公食介門西北面西上羣臣即位如燕也

賓爲苟敬席于阼階之西北面有脀不嚌肺不啐酒其介爲賓

苟誠也實也苟敬者國君於外臣所燕者之
稱號也其類亦猶鄉飲酒之介遵矣此燕主
爲賓而設賓於是時雖不爲正賓而實爲主
君之所敬故以賓爲苟敬也此席當有加席
與食禮者同而東上公與賓既揖讓升公拜
至賓荅拜公乃揖賓各就其席公降擯者以
命命上介爲賓上介禮辭許再拜稽首公荅
拜上介出公乃升就席擯者納賓皆如羣臣
爲賓之禮必以上介爲賓者禮君與臣燕其
爲賓者不以公卿而以大夫雖燕異國之下
宜亦如之賓卿也上介大夫也此其不以賓
爲賓而以上介爲賓也與阼階之西諸公之

征也席若敬於是且有脅皆尊異之不嚌啐者辟正膚又下記言與卿燕則大夫爲賓與大夫燕亦大夫爲賓此以介爲賓固足以明其卿爲聘使之禮若大夫爲聘使則燕賓其以主國之大夫爲之與

無膳尊無膳爵

膳尊瓦大也膳爵象觚象觶也所燕者非已臣子故不宜自異然則尊篚之數皆減矣

與卿燕則大夫爲賓與大夫燕亦大夫爲賓

注曰不以所與燕者爲賓者燕爲序歡心賓主敬也公父文伯飲南宮敬叔酒以路堵父爲客此之謂也

繼公謂云與卿燕則大夫爲賓者嫌爲賓或當以所燕者也云與大夫燕亦大夫爲賓者嫌爲賓者或當降於所燕者一等如上例也必以大夫爲賓者賓位於堂且與君爲禮宜用稍尊者也不以公卿爲之者以其太尊於主人故也

羞膳與執冪者皆士也

經但云請執冪者與羞膳者耳而不見其爵故記明之下放此

羞卿者小膳宰也

注曰膳宰之佐也

若以樂納賓則賓及庭奏肆夏賓拜酒主人荅

拜而樂闋苦穴反

注曰肆夏樂章今亡闋止也周禮曰賓出入奏肆夏

繼公謂君與臣燕不以樂納賓常禮也其或於此用樂者在君所欲耳及庭而奏肆夏尊賓也未卒爵而樂闋辟君也必於此而樂闋者亦以其為獻禮一節之終也肆夏亦金奏樂名

公拜受爵而奏肆夏公卒爵主人升受爵以下而樂闋

公受爵而奏以其獻禮始於此也卒爵乃闋獻禮之終也此蓋以樂與其禮相為終始亦

足以見尊君之義矣

升歌鹿鳴

歌鹿鳴之三也大射云三終是也凡升歌皆歌三篇不止一篇而已下管亦然

下管新宮（下戶嫁反）

注曰新宮小雅逸篇也

繼公謂歌者降而以管奏新宮亦三終大射儀曰太師及少師上工皆降立于鼓北羣工陪于後乃管新宮三終足以明之矣舊說謂管如遂而小併兩而吹之此樂奏肆夏且下管如大射之禮則其縣亦宜如之蓋燕有時而射故當闕中縣也

入三終

三成謂奏南陔白華華黍三終歌笙管得言

篇名於笙言之成文互見也

是合鄉樂

注曰鄉樂周南召南六篇言遂者不間也

繼公謂不間者一以樂已盛於上故於此殺

之與獻時不奏肆夏則不下管乃有間

若舞則勺讀音

勺者舞名但不詳其爲何代之樂耳

唯公與賓有俎

經文已明記後言之者嫌所與燕者或當有

俎如與其國之賓然也

獻公曰臣敢奏爵以聽命
注曰授公釋此辭不敢必受之
疏曰許主人也
繼公謂奏進也命謂君受與否之命
公所辭皆栗階
注曰栗越也越等也
繼公謂辭之而升其禮則然越等而上曰栗
疏□曰躇階栗與歷聲相近
栗階不過二等
注曰其始升猶聚足連步越二等左右足各
一發而升堂
繼公謂凡凡公所辭者也不過二等明雖栗

趨君命猶有節也二等階之立二等也以諸侯七等之階言之則至五等左右足乃各一發蓋階則復聚足然後升堂

凡公所酬旣拜請旅侍臣

注曰必請者不專惠也

繼公謂凡凡四舉旅之禮請請于擯者侍臣侍飲之臣也其禮見大射儀

凡薦與羞者小膳宰也

謂於大夫以下者也上言羞卿去小膳宰者釋經文也此無所釋故并薦言之文法宜然也然則經言羞膳羞卿之類亦并薦言之明矣

有内羞

注曰謂羞豆之實酏食糝食羞籩之實糗餌粉餈

繼公謂内羞即房中之羞也祭禮尊者之庶羞内羞同時進之　按注以周官醢人籩人職所言羞豆羞籩之實爲此内羞禮恐或然但未必其皆用之也

君與射則爲下射袒朱襦樂作而后就物與音預

言與射則君於燕射或時不與矣說又見鄉射記

小臣以巾授矢稍屬屬音燭

稍屬者稍與發矢時相連屬也每於將發之

節則授之又見鄉射記

不以樂志

注曰辟不敏也

繼公謂古文志識通不以樂志者言其每發不以樂之節爲識而必欲應之也此亦優君也記言此於授矢發矢之閒則是君之燕射於其再射即用樂行之益可見矣燕射亦三至再射而君始射

既發則小臣受弓以授弓人

注曰不使大射正燕射輕

繼公謂受弓以授弓人蓋卒射之事也記於既發言之未詳其或有脫文與

上射退于物一笴既發則答君而俟若飲君燕
則夾爵君在大夫射則肉袒
說皆見鄉射記此但云燕則夾爵尤不可曉
若與四方之賓燕媵爵曰臣受賜矣臣請贊執
爵者
注曰受賜謂公卿者酬之也
繼公謂賓謂介爲賓者也執爵似指卿之媵
觶者而言贊猶佐也
相者對曰吾子無自辱焉相息亮反
注曰辭之也
繼公謂此下當更有賓再請而相者許之辭
記不備見之也

有房中之樂

奏之於房故云房中之樂蓋别於堂上堂下

之樂也

儀禮卷第六

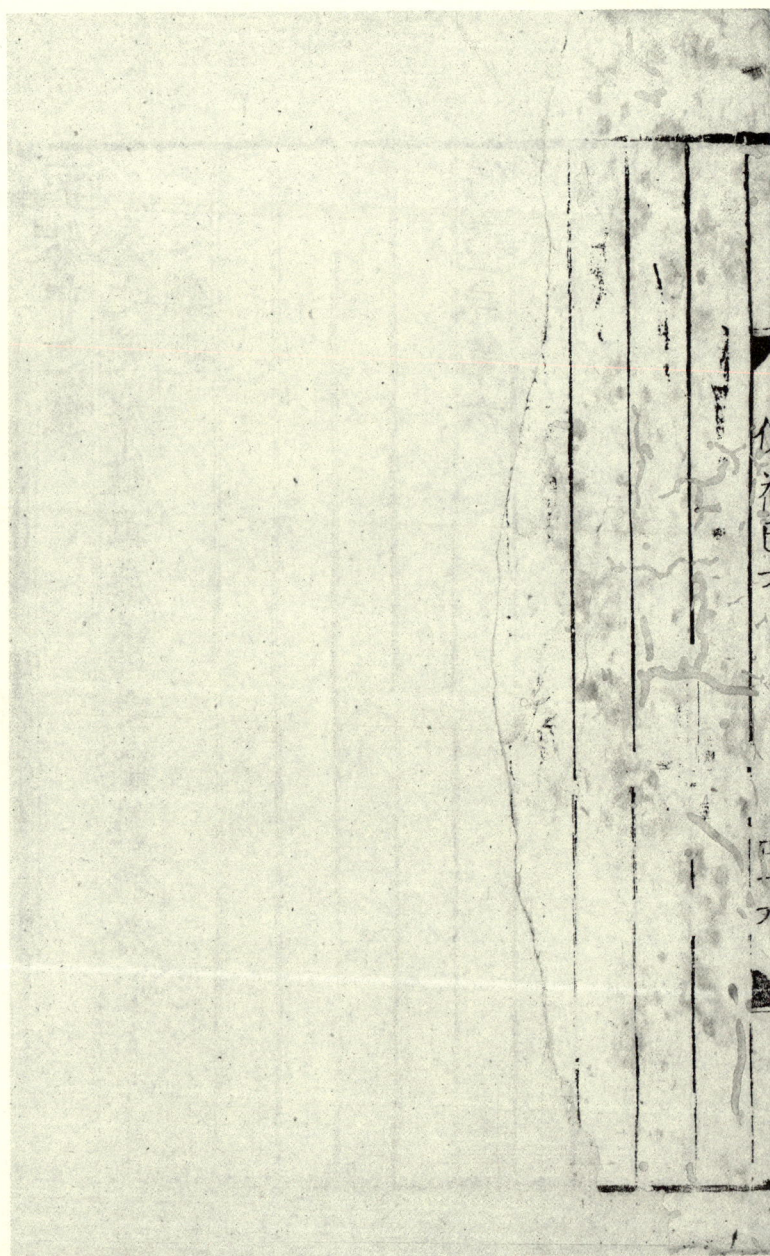

設洗于阼階東南

諸本皆云設洗篚繼公謂諸篇於此但言設洗無連言篚者而此有之衍文耳又下別云篚在洗西則於此言篚文意重複似非經文之體且篚在洗西亦不可以東霤爲節其衍明矣今以諸篇爲據刪之

賸觚于賓

鄭本作媵觚注云今文媵皆作賸繼公按賸字似優於媵觚宜悉從今文

主長升拜受觚主人拜送觚

鄭本觚作觶注云今文觶作觚繼公謂凡獻無用觶者當從今文

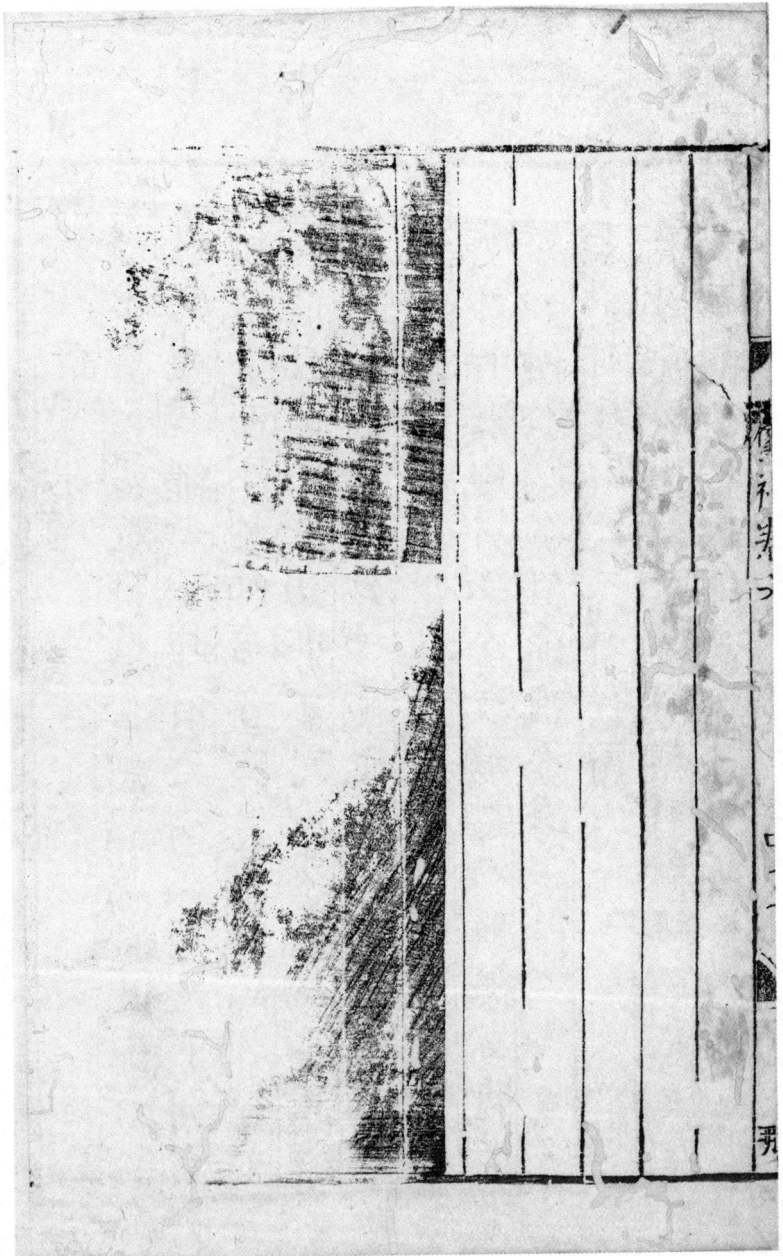

儀禮卷第七

敖繼公集説

大射儀第七

注曰於五禮屬嘉禮

繼公謂諸侯與其羣臣飲酒而習射之禮也

言大射者別於賔射燕射也

大射之儀

他篇於此言禮是乃言儀者以其儀多於他篇故特顯之禮者揔名儀則其節文也

君有命戒射

謂君發命而戒有司以將射也

宰戒百官有事於射者

注曰宰於天子冢宰治官卿也作大事則掌

以君命戒百官

繼公謂此宰指侯國之上卿而言也然春秋

之世侯國之上卿有不盡名爲宰者與經徵

不合也

射人戒諸公卿大夫射司士戒士射與贊者

注曰射人掌以射法治射儀司士掌國中之

士治凡其戒命皆司馬之屬也贊者謂士佐

執事不射者

疏曰宰揔戒射人司士別重戒之

射三日宰夫戒宰及司馬射人宿視滌滌音狄

注曰宰夫冢宰之屬掌百官之徵令者司馬

於天子政官之鄉凡大射則合其六耦滌謂溉器埽除射宮繼公謂宰夫戒此三官以當宿視滌也宿謂前射一日爲之

右戒羣臣

司馬命量人量侯道與所設乏以貍步大侯九十參七十干五十設乏各去其侯西十北十量人之量音亮下同貍力之反參如字干五旦反下並同

注曰量人司馬之屬掌量道巷塗數者鄉射記曰侯道五十弓考工記曰弓之下制六尺則此貍步六尺明矣大侯熊侯干讀爲豻干侯者豻鵠豻飾也

繼公謂侯道侯去物之步數也所晝物在兩楹間正當楣也此時未有物當以楣間爲節也步者蓋量器長六尺者之名如丈尺尋引之類刻畫貍形於其上以爲識故曰貍步云參如毋往參之參謂介於二者之間也大侯者以其大於二侯名之也參侯者以其參於二侯名之也此大侯熊侯也則參侯其豹侯與九十七十五十其步數也君至尊而侯之反遠於卿大夫士者蓋位尊則所及者遠卑則所及者近故侯道象之以見其義也乏之處各去其侯之北十步者以其當二相去之中故以爲節也去其侯之西亦十步

者則因其比之成數而用之亦以公言之庭
八侯兩耳長學皮職言諸侯大射共熊侯
[illegible]射人職言諸侯以四耦射二侯亦[illegible]
[illegible]侯也其侯數少於此則侯道未必[illegible]
者矣蓋作經有先後故禮制有隆[illegible]
[illegible]也舊說謂周官言畿內之諸侯此[illegible]
[illegible]凡言諸侯皆謂畿外者耳畿內安得[illegible]
侯之國哉
一命量人巾車張三侯大侯之崇見鵠於[illegible]
鵠於干干不及地武不繫左下綱設乏西十[illegible]
十凡乏之用革見並賢遍反鵠古毒反繫古帝反
注曰巾車於天子宗伯之屬掌裝衣車[illegible]

使張侯侯中願嘗高也高必見鵠鵠所以[illegible]
立以爲之名如其侯也考工記曰梓人爲[illegible]
侯廣與崇方參分其廣而鵠居一焉則大侯
之崇丈八尺參侯之鵠方四尺六寸大半[illegible]
侯之鵠方三尺三寸少半寸干不及地武
此皆之參侯去地二丈五寸少半寸大[illegible]
[illegible]二丈二尺五寸少半一
一侯之廣[illegible]三入其侯而鵠
[illegible]侯[illegible]文八尺故
[illegible]丈四
[illegible]五十
[illegible]三[illegible]寸也

[illegible]上舌下舌各二尺合[illegible]
[illegible]躬與舌丈八尺張法下[illegible]
[illegible]八二寸則上綱去地丈九[illegible]
[illegible]十倂躬舌爲二丈二尺張法[illegible]
[illegible]八之上綱齊所謂見鵠於下[illegible]
[illegible]大半寸爲干侯所掩是參[illegible]
[illegible]八五寸少半寸則上綱去地三[illegible]
[illegible]尺少半寸也大侯侯中倂躬與舌[illegible]
二丈六尺張法大侯鵠下畔與參侯上綱[illegible]
所謂見鵠於參其鵠下一丈爲參所掩[illegible]
侯下綱去地二丈二尺五寸少半寸則上[illegible]
去地四丈八尺五寸少半寸也凡言大[illegible]

者三分寸之二少半寸者三分寸之一[illegible]
繼公謂張侯之序以大侯爲先參次之二[illegible]
後乃云其見鵠於其者蓋先以尺寸計[illegible]
之及既張之後則遠侯之鵠自各見於[illegible]
之上非謂先張近侯乃張遠侯也二侯之[illegible]
俱見鵠而不盡見其鵠下之中是射者[illegible]
見鵠爲中而其外則否於此見之矣此[illegible]
之法大而遠者則高小而近者則下乃其[illegible]
之不得不然者而尊卑之義亦存焉禮意[illegible]
妙大抵類此不繫左下綱亦以事未至也[illegible]
侯皆以左爲尊故未繫其左者也亦中掩束[illegible]
之於此復言西十北十者以見上文所云者

但爲量其處耳前射三日張侯設乏重其事
也鵠之名義未詳

右張侯

樂人宿縣于阼階東笙磬西面其南笙鐘其南
鑮皆南陳縣音玄鑮音博

注曰鑮如鐘而大

繼公謂宿縣謂前射一日縣之也明日當射
故此日云宿笙磬笙鐘皆與笙相應者也周
官曰凡縣鐘磬半爲堵全爲肆肆謂十六枚
也此笙磬笙鐘其各一肆與磬外面爲股内
面爲鼓西面者鼓在西而擊者東面也鐘鑮
皆南陳亦以其北上也其面有二故不言西

面而擊者亦與磬同也下放此宿縣者亦重其事也然則國君平常日用之樂皆於其日縣之明矣大司樂職曰大祭祀宿縣遂以聲展之

建鼓在阼階西南鼓應鼙在其東南鼓應應對之應

注曰建猶樹也以木貫而載之樹之跗也南鼓謂所伐面也應鼙應朔鼙也先擊朔鼙應鼙應之鼙小鼓也

繼公謂此鼓鼙乃在東縣南者也以君當於阼階東南揖卿大夫且主人之位亦在洗北皆當鑮之南故移鼓鼙於此以辟之也鼓鼙若在東縣南則鼓在左鼙在右今設於此乃

反之者明其變位也

西階之西頌磬東面其南鍾其南鑮皆南陳

建鼓在其南東鼓朔鼙在其北頌如字

注曰朔始也奏樂先擊西鼙鐘不言頌鼙不

言東鼓義同省文也

繼公謂頌之言誦也謂歌樂也此磬與歌樂

相應故曰頌磬此鐘之用亦宜與磬同春秋

傳曰歌鐘二肆其謂是鐘與鼓在南鼙在北

明其不統於縣

一建鼓在西階之東南面

國君合有三面樂東方西方與階間也階間

之縣東上其鼓則西上與在東方西方者之

位相類也大射盛於燕宜備用樂乃以辟射之故去其階閒之縣但設其鼓於故位而已上言南鼓東鼓惟此言南面蓋闕中縣則不擊此鼓故異其文以見之此鼓不擊乃設之者明有爲而去其縣非禮殺也

簜在建鼓之閒簜大黨反

注曰簜竹也倚於堂

繼公謂簜即工之所管者故近工位設之

鼗倚于頌磬西紘鼗音陶

注曰鼗如鼓而小有柄紘編磬繩也設鼗於磬西倚于紘也

繼公謂西紘磬紘之西出者也

右縣

厥明司宮尊于東楹之西兩方壺膳尊兩甒在南有豐冪用錫在絺綴諸箭蓋冪加勺又反之皆玄尊酒在北甒音武冪眉狄反

注曰絺細葛也箭篠也爲冪蓋卷辟綴於篠横之也又反之爲覆勺也皆玄尊二者皆有玄酒之尊也

疏曰此陳設器物與燕禮同但文有詳畧耳

繼公謂冪横綴於箭而從蓋於甒勺亦從加於冪上西枋與箭而午乃以餘冪反蓋于勺亦爲塵之著于勺也蓋以君飲此酒故謹重之如是燕禮云尊南上此云酒在北文互見

爾説見前篇方壷不用㕑之者遠下君
尊士旅食于西鑮之南北面兩圜壷
鑮南言東西節也鑮南有鼓此不以鼓爲節
者鼓髙而鑮下圜壷在地取節於其下者冝
也燕禮旅食與其尊皆在門西此旅食者在
西方之南於燕位爲少西則此尊之南北亦
冝近之
又尊于大侯之乏東北兩壷獻酒獻如字舊音莎非是
此尊侯時而設經蓋因上禮而連言之耳獻
酒獻三侯之獲者及巾車隸僕人之酒也於
此獨云獻者嫌其爲祭侯且見不他用也壷
亦圜壷

設洗于阼階東南罍水在東篚在洗西南陳設
膳篚在其北西面又設洗于獲者之尊西北水
在洗北篚在南東陳
此云又設洗亦因上禮而連言之其實未設
也獲者即服不之屬惟云水是不用罍也君
禮而水不用罍以所獻者賤故爾
小臣設公席于阼階上西鄉司宮設賓席于户
西南面有加席卿席賓東東上小卿賓西東上
大夫繼而東上若有東面者則北上席工于西
階之東東上諸公阼階西北面東上鄉許亮反下同
賓有加席亦蒲筵加莞席也公不言設加席
如燕禮可知或亦嘗有加席之文也射禮重

於燕故賓有加席此惟公席及賓席布之其餘猶在旁俟時乃設言之於此者亦因設公席賓席而遂及之耳卿上大夫也小卿中大夫也大夫下大夫也小卿席于賓西而統於賓則此賓其以中大夫爲之與繼而之下當有西字東面者在西序下少比言若有者國有大小則大夫亦有衆寡也諸公亦或有或無故後言之

官饌

注曰官各饌其所當共之物

繼公謂官各饌之於其所也燕禮曰膳宰具官饌于寢東與此互見其先後之節耳此不

著其所者上下薦羞其饌之或異處也

右陳設

自此以後其經文有與燕禮同者

則不重釋之

羹定射人告具于公公升即位于席西鄉小臣師納諸公卿大夫諸公卿大夫皆入門右北面東上士西方東面北上大史在于侯之東北北面東上士旅食者在士南北面東上小臣師從者在東堂下南面西上大音泰從才用反

大史在于侯東北爲有事故深入東上小史在西也不著視位者與史異處故略之其位自在門東士旅食者在士南者爲辟射也門

西之位其東西稍近於侯從者小臣師之屬
也從上疑有脫文
公降立于阼階之東南南鄉小臣師詔揖諸公
卿大夫諸公卿大夫西面北上揖大夫大夫皆
少進
阼階東南蓋於鎛南也燕禮言爾此言揖亦
互文上言大夫次言大夫衍文也
右即位
大射正擯
此大射正亦射人也乃異其稱者别於下文
爲司射者耳
擯者請賓公曰命某爲賓擯者命賓賓少進禮

辭反命又命之賓再拜稽首受命擯者反命賓出立于門外北面公揖卿大夫升就席小臣自阼階下北面請執冪者與羞膳者乃命執冪者執冪者升自西階立于尊南北面東上膳宰請羞于諸公卿者

右命賓及執事者

擯者納賓賓及庭公降一等揖賓賓辟公升即席辟音避

凡受公禮者皆辟經不盡見之也

奏肆夏

此為賓奏之當作西方之縣也周官言九夏次曰肆夏春秋傳言肆夏之三曰肆夏繁遏

渠然則每夏之中各有篇數如肆夏之類乃其首篇名耳穆叔聘于晉晉侯享之金奏肆夏之三穆叔曰三夏天子所以享元侯也使臣不敢與聞此惟奏肆夏而不及繁遏渠其辟天子之享禮與

右賓入

賓升自西階主人從之賓右北面至再拜賓荅再拜

右拜至

主人降洗洗南西北面賓降階西東面主人辭降賓對主人北面盥坐取觚洗賓少進辭洗主人坐奠觚于篚興對賓反位主人卒洗賓揖升

主人升賓拜洗主人賓右奠觚答拜降盥賓降
主人辭降賓對卒盥賓揖升主人升坐取觚執
冪者舉冪主人酌膳執冪者蓋冪酌者加勺又
反之
舉冪之儀當與蓋冪者相類蓋主人取觚而
適尊所執冪者則進而發其冪之反者主人
取勺執冪者乃舉冪也又反之亦執冪者也
筵前獻賓賓西階上拜受爵于筵前反位主人
賓右拜送爵宰胥薦脯醢
宰胥宰之屬也薦賓者與公同亦盛之
賓升筵庶子設折俎
庶子亦見前篇

賓坐左執觶右祭脯醢奠爵于薦右興取肺坐絶祭嚌之興加于俎坐捝手執爵遂祭酒興席末坐啐酒降席坐奠爵拜告旨執爵興主人荅拜樂闋賓西階上北面坐卒爵興坐奠爵拜執爵興主人荅拜闋苦穴反

奏肆夏及樂闋之節說見燕禮記

右主人獻賓

賓以虛爵降主人降賓洗南西北面坐奠觶少進辭降主人西階西東面少進對賓坐取觶奠于篚下盥洗

西階西非主人堂下之正位以從降暫立於此耳主人既對不言反位亦文省

主人辭洗賓坐奠觚于篚興對卒洗及階揖升主人升拜洗如賓禮賓降盥主人降賓辭降卒盥揖升酌膳執冪如初以酢主人于西階上主人北面拜受爵賓主人之左拜送爵主人坐祭不啐酒不拜酒遂卒爵興坐奠爵拜執爵興賓荅拜主人不崇酒以虛爵降奠于篚賓降立于西階西東面擯者以命升賓賓升立于西序東面

注曰命公命也

右賓酢主人

主人盥洗象觚升酌膳東北面獻于公公拜受爵乃奏肆夏

注曰言乃者其節異於賓
繼公謂此奏肆夏當以東方之縣
主人降自西階阼階下北面拜送爵宰胥薦脯
醢■左房庶子設折俎升自西階
凡堂上之薦皆由左房特於君見之耳
公祭如賓禮庶子贊授肺不拜酒立卒爵坐奠
爵拜執爵興主人荅拜樂闋升受爵降奠于篚
篚膳篚也奏肆夏及樂闋之節說亦見燕禮
記
右主人獻公
更爵洗升酌散以降酢于阼階下散思但反
此亦當酌膳云散誤也

□坐奠爵再拜稽首公荅拜主人坐祭遂卒

爵興坐奠爵再拜稽首公荅拜主人奠爵于篚

燕禮曰公荅再拜此省文也下不言者皆如

之

右主人自酢

主人盥洗升媵觚于賓酌散西階上坐奠爵拜

賓西階上北面荅拜觚當之豉反

此觚亦當作觶

主人坐祭遂飲賓辭卒爵興坐奠爵拜執爵興

賓荅拜主人降洗賓降主人辭降賓辭洗卒洗

賓揖升不拜洗主人酌膳賓西階上拜受爵于

筵前反位主人拜送爵賓升席坐祭酒遂奠于

薦東主人降復位賓降筵西東南面立

右主人酬賓

小臣自阼階下請媵爵者公命長小臣作下大夫二人媵爵媵爵者阼階下皆北面再拜稽首公荅拜媵爵者立于洗南西面北上序進盥洗角觶升自西階序進酌散交于楹北降適阼階下皆奠觶再拜稽首執觶興公荅拜媵爵者皆坐祭遂卒觶興坐奠觶再拜稽首執觶興公荅再拜媵爵者執觶待于洗南小臣請致者若命皆致則序進奠觶于篚阼階下皆北面再拜稽首公荅拜媵爵者洗象觶升實之序進坐奠于薦南北上降適阼階下皆再拜稽首送觶公荅

拜媵爵者皆退反位長知丈反嚴思但反下並同

注曰反門右北面位

右下大夫媵觶于公

公坐取大夫所媵觶興以酬賓賓降西階下再拜稽首小臣正辭賓升成拜

注曰正長也

繼公謂小臣正辭亦公命之

公坐奠觶荅拜執觶興公卒觶賓下拜小臣正辭賓升再拜稽首公坐奠觶荅拜執觶興賓進受虛觶降奠于篚易觶興洗下戶嫁反下同

言興洗見洗則立也

公有命則不易不洗反升酌膳下拜小臣正辭

賓升再拜稽首公荅再拜賓告于擯者請旅諸臣
擯者告于公公許
　旅旅酬之也賓因君所賜請旅諸臣所以廣
　君賜也公許擯者又以告賓乃旅也
賓以旅大夫于西階上擯者作大夫長升受旅
賓大夫之右坐奠觶拜執觶興大夫荅拜賓坐
祭立卒觶不拜若膳觶也則降更觶洗升實散
大夫拜受賓拜送遂就席大夫辯受酬如受賓
酬之禮不祭酒卒受者以虛觶降奠于篚復位
長知丈反辯音徧下並同
　右公爲賓舉旅
主人洗觚升實散獻卿于西階上司宮兼卷重

席設于賓左東上卿升拜受觚主人拜送觚卿辭重席司宮徹之乃薦脯醢卿升席庶子設折俎卷九轉反重並直龍反徹直列反

注曰卿折俎未聞蓋用脊脅臑肺

疏曰若有諸公公用臑卿宜用膞也

繼公謂卿有俎大射差重於燕也

卿坐左執爵右祭脯醢奠爵于薦右興取肺坐絶祭不嚌肺興加于俎坐挩手取爵遂祭酒執爵興降席西階上北面坐卒爵興坐奠爵拜執爵興

不嚌肺亦自貶於賓

主人荅拜受爵卿降復位

注曰復西面位

辯獻卿主人以虛爵降奠于篚擯者升卿卿皆升就席若有諸公則先卿獻之如獻卿之禮席于阼階西北面東上無加席先悉見反

右主人獻諸公卿

小臣又請媵爵者二大夫媵爵如初請致者若命長致則媵爵者奠觶于篚一人待于洗南長致者阼階下再拜稽首公荅拜洗象觶升實之坐奠于薦南降與立于洗南者二人皆再拜稽首送觶公荅拜長並知丈反下同

右下大夫再媵觶于公

又行一爵若賓若長唯公所賜

燕禮言酬此言賜亦文異耳

以旅于西階上如初大夫卒受者以虛觶降奠于篚

右公爲諸公卿舉旅

主人洗觚升獻大夫于西階上大夫升拜受觚主人拜送觚大夫坐祭立卒爵不拜既爵主人受爵大夫降復位

大夫者中下大夫也

胥薦主人于洗北西面脯醢無脀

胥宰胥也

辯獻大夫遂薦之繼賓以西東上若有東面者則北上卒擯者升大夫大夫皆升就席

右主人獻大夫

乃席工于西階上少東小臣納工工六人四瑟

注曰六人大師少師各一人上工四人

繼公謂大射差重於燕又加瑟者二人然則

諸侯之祭饗歌與瑟者各四人與以是推之

天子之制其隆殺之數亦可知矣

僕人正徒相大師僕人師相少師僕人士相上

工相並息亮反下並同大音泰少詩召反下大師少師同

注曰徒空手也僕人正僕人之長師其佐也

士其吏也天子視瞭相工諸侯兼官是以僕

人掌之大師少師工之長也凡國之瞽矇正

焉

繼公謂上工即上瞽周官上瞽百人

相者皆左何瑟後首內弦挎越右手相何户我反後户豆反挎口孤反

注曰謂相上工者

後者徒相

注曰謂相大師少師者也

入小樂正從之

注曰從大師也

繼公謂諸侯之小樂正下士也前三篇不言小以此見之也此樂盛於彼且用小樂正則彼可知矣大射乃亦不使大樂正者其辟祭饗之類與

升自西階北面東上

注曰工六人

坐授瑟乃降

注曰相者也

繼公謂相者降位蓋亦在西方

小樂正立于西階東

上經云小樂正從之而此於工升之後乃云立則是亦後升也此禮重於燕而樂正乃後升然則後升者其正禮與

乃歌鹿鳴三終

三終謂歌鹿鳴之什三篇篇各一終如春秋傳所謂工歌鹿鳴之三是也鄉飲酒之禮歌

鹿鳴四牡皇皇者華其義曰工歌三終則蓋
可見矣
主人洗升實爵獻工工不興左瑟
注曰大師無瑟於是言左瑟者節也
繼公謂爵即觚也不言觚者可知耳　按注
云大師無瑟於是言左瑟者節也者謂獻大
師之時瑟者猶未受獻而其左瑟則以此時
爲節也
一人拜受爵
注曰謂大師也言一人者工賤同之也
主人西階上拜送爵薦脯醢使人相祭卒爵不
拜主人受虛爵衆工不拜受爵坐祭遂卒爵辯

有脯醢不祭主人受爵降奠于篚復位相息亮反

位洗北之位也

大師及少師上工皆降立于鼓北羣工陪于後

注曰於是時小樂正亦降立於其南北面工立僕人立于其側

繼公謂鼓北鑮南也不云鑮南者嫌與尊旅食者之意同也不取節於鼙者鼓大鼙小也羣工即上工謂瑟者四人也陪于後者其以鼓鑮之閒不足以爲一列與前列二人後列四人皆當北上射事未至而降爲管故也降不言相者可知也

乃管新宮三終

管謂吹簜以奏之此承上文而言是降者管
之明矣春官大師少師職皆云登歌下管然
簜一而已其大師管之與下而管者變於歌
也新宫詩亾三終者管新宫并及其下二篇
也二篇之名未聞三詩蓋亦有依管而歌以
明之者如笙之有和者然也書曰下管鞉鼓
詩曰鞉鼓淵淵嘒嘒管聲既和且平依我磬
聲則管時亦奏此西方之樂以應之矣此不
笙不合鄉樂者爲射故畧於樂也不畧小雅
者小雅爲諸侯之正樂故不畧其正亦如鄉
射之不畧鄉樂矣諸侯之樂其下管者雖有
笙亦不間

卒管大師及少師上工皆東坫之東南西面北
上坐
疏曰不言去堂遠近當如鄉射遷工阼階之
東南堂前三笴西面北上
繼公謂坫東南當在東縣之東北射事未至
工旣管乃不復升而遂遷於此者堂上之樂
畢故也於是小樂正北面立于其南相者退
立于西方
右工歌下管
擯者自阼階下請立司正
君再舉旅而即請立司正爲射故也
公許擯者遂爲司正司正適洗洗角觶南面坐

奠于中庭

此中庭者亦阼階前南北之中與燕禮司正之位同以當辟射也

升東楹之東受命于公西階上北面命賓諸公卿大夫公曰以我安賓諸公卿大夫皆對曰諾敢不安

此羣臣皆爲射而來是時猶未射固無嫌於不安而司正乃受命以安之者緣其意若不敢必君之終行射事然也受命亦北面與請徹俎同

司正降自西階南面坐取觶升酌散降南面坐奠觶興右還北面少立坐取觶興坐不祭卒觶

奠之興再拜稽首左還南面坐取觶洗南面反奠于其所北面立還並音旋

北面立亦在觶南

右立司正安諸臣

司射適次袒決遂執弓挾乘矢於弓外見鏃於弣右巨指鉤弦挾音接乘繩證反下並同見賢遍反子木反弣音府

注曰司射射人也次若今時更衣處張幃席爲之耦次在洗東南見鏃於弣順其射也右巨指右手大擘

疏曰云耦次在洗東南者此無正文按鄉射記設楅南北當洗此下三耦拾取矢出次西行又北行鄉楅則次在洗東南也

繼公謂司射射人亦大射正也燕禮曰大射正爲司射是其徵矣諸侯之大射正蓋上士二人次所謂耦次也周官掌次職云射則張耦次執弓左手執弣也挾乘矢於弓外謂挾四矢在弦弣之外也見鏃於弣明其方銳而左鄉及指間前後之節也右巨指鉤弦所謂挾弓也

自阼階前曰爲政請射

爲政爲射政者也言此者亦示已不敢擅其事也階前北面告於公

遂告曰大夫與大夫士御於大夫

注曰大夫與大夫爲耦不足則士侍於大夫之

與爲耦也
繼公謂此以在堂上者爲耦之法告公也此大夫亦兼諸公卿而言不言士與士者畧賤也

右請射

自此以後其經文有與鄉射同者不重釋之

遂適西階前東面右顧命有司納射器

東面而右顧者為有司在南也此有司其旅食者與上經云士旅食者在士南北面東上命之之儀如是者以其賤也

射器皆入君之弓矢適東堂賓之弓矢與中籌

豐皆止于西堂下衆弓矢不挾總衆弓矢楅

適次而俟

注曰衆弓矢三耦及卿大夫以下弓矢也司射矢亦止西堂下衆弓矢不挾則納公與賓弓矢挾之

繼公謂總謂以物合而束之也衆弓衆矢異束之賓之弓與矢皆不在堂上遠下君也衆弓矢不挾亦以其多也中籌豐在堂西楅在次各近其所設埶也俟者兼指射器之在三埶者言也此射於公宮則中乃皮樹中也鄉射記曰君國中射皮樹中 按注云司射矢謂所挾一矢也

工人士與梓人升自北階兩楹之間疏數容弓若丹若墨度尺而午射正莅之（數音朔 度如字）

注曰工人士梓人皆司空之屬能正方圜者一從一横曰午謂畫物也

疏曰若丹若墨科用其一也云度尺者即鄉射記從長如笴横長武是也

繼公謂北階北堂之階也兩楹之間言當楣也公宫堂深故物當楣疏數猶廣狹也言二物從畫相去廣狹之度也度如度以尋之度度尺謂以尺爲度也午如十字然也射事至乃畫物亦君禮異也射正升降蓋自西階此射正其小射正與大射正二人是時一爲司

正一爲司射

乎畫自北階下司宫埽所畫物自北階下畫於少並立

[illegible]注曰埽物重射事也

右納射器畫物

大史俟于所設中之西東面以聽政

鄉射禮曰設中南當楅西當西序又曰乃設

楅于中庭南當洗是時中與楅皆未設大史

蓋南當洗西直西序之西而立也政即司射

所誓之事

司射西面誓之曰公射大侯大夫射參士射干

射者非其侯中之不獲卑者與尊者爲耦不異

侯大史許諾公射大夫射士射並食亦反

注曰誓猶告也

疏曰賓與君爲耦同射大侯士與大夫爲耦

同射參侯以其既與尊者爲耦不可使之[illegible]

庭列侯則非耦也

[illegible]公誥釋之事未至乃誓之者欲其豫[illegible]

之邑此雖陳射三侯者而其意則不主二[illegible]

也故三耦三耦俟于次北西面北上[illegible]

三為[illegible]在也亦司射前戒之故先立[illegible]

[illegible]也[illegible]次北便其入也此乃[illegible]

[illegible]之[illegible]位於次之門矣

疏曰[illegible]射乎命下射曰[illegible]

射
是所謂比也此亦當有司馬命巾車量人繫
左下綱及命獲者倚旌于侯之事文不具耳
鄉射則於既比三耦爲之
卒遂命三耦取弓矢于次
亦命之讓取弓矢拾經文省耳此下當有三
耦袒決遂拾取弓矢之事亦文不具也三耦
既取弓矢遂立于次中而西面北上
右誓大史比三耦
司射入于次搢三挾一个出于次西面揖當階
北面揖及階揖升堂揖當物北面揖及物揖由
下物少退誘射

既改挾則立于三耦之北而后出次出次乃西面是由次北出矣由下物少退以其亦射大侯故不敢履下物辟君也此射三侯故不言視侯中不在物故不言俯正足

射三侯將乘矢始射干又射參大侯再發射遂食亦

始射干誘射主於三耦也三耦士也故先射士侯乃次及其上大侯再發以其尊異之也

卒射北面揖

北面揖者爲下射與君同物不可南面揖於楹閒嫌也

及階揖降如升射之儀遂適堂西改取一个挾

之

如升射之儀爲堂上所不見之揖言也降而遂適堂西則不由其所立位之南矣此射者不在堂西射位又不在西方故其儀與鄉射異

遂取扑搢之以立于所設中之西南東面

云遂取扑則扑亦在堂西矣所設中之西南其南北亦南於洗而東西則直西霤與此禮三耦之位在東方故司射至是乃得定其位於此亦與鄉射異也

右誘射

司馬師命負侯者執旌以負侯

注曰司馬師正之佐也負侯獲者也天子服不氏下士一人徒四人掌以旌居乏待獲

繼公謂負侯獲者皆士旅食者與旌謂翿旌

鄉射記曰君國中射以翿旌獲

負侯者皆適侯執旌負侯而俟

皆皆三侯者也大侯參侯去地遠亦云負者但取北面於其北亦因干侯而言也先云適侯乃云執旌是旌先倚於侯也然則上經亦當有命倚旌之類明矣俟侯後命

司射適次作上耦射

東面之後不見者以此求之

射入位

既旅之則反不俟其出

上耦出次西面揖進上射在左並行

注曰上射在左便射位也

繼公謂發於次中則上射已在左而並行矣

特於此見之也

當階北面揖及階揖上射先升三等下射從之

中等上射升堂少左下射升上射揖並行皆當

其物北面揖及物揖皆左足履物還視侯中合

足而俟中丁仲反還音旋

侯中于侯之中也

司馬正適次袒決遂執弓右挾之出升自西階

適下物立于物間左執弣右執簫南揚弓命去

侯
司馬正與司馬師乃射時所立之官矩司射
之類也右挾之謂以右巨指鉤弦也適下物
由上射後而少南行也此行而立于物間乃
云適下物者下言司馬正出于下射之南還
其後故於此惟據下物而言南揚弓鄉負侯
者也鄉射禮曰西南面立于物間南揚弓
負侯皆許諾以宮趨直西及乏南又諾以商至
乏聲止
注曰鄉射禮曰獲者執旌許諾
繼公謂宮商皆謂諾聲也宮大商小趨直西
至乏之南乃折而北不由侯西北行者不敢由

便也古人步趨有法雖賤者猶謹之而不苟若此則其上者可知矣先宮後商乃止亦有漸也

授獲者退立于西方獲者興共而俟共音拱

授獲者以旌也或曰者下當有旌字蓋文脫耳授旌而退三侯者皆然則其負侯居乏者之相代亦宜同也退立于西方各當其乏之西與獲者既偃旌于地乃興

司馬正出于下射之南還其後降自西階遂適次釋弓說决拾襲反位還戶患反說吐活反

注曰鄉射禮曰司馬反位立于司射之南

司射進與司馬正交于階前相左由堂下西階

之東北面視上射命曰毋射獲毋獵獲上射揖
司射退反位乃射上射既發挾矢而后下射射
拾發以將乘矢獲者坐而獲毋射食亦反拾其劫反
此指在干侯之乏者也大侯參侯者亦坐而
不獲
舉旌以宮偃旌以商獲而未釋獲卒射右挾之
北面揖揖如升射上射降三等下射少右從之
中等並行上射於左與升射者相左交于階前
相揖適次釋弓說決拾襲反位中丁仲反說吐活反
上下射並行而適次則耦者發於次中亦如
之明矣位次中之位也亦西面北上下凡言
三耦之位皆放此

三耦卒射亦如之

三亦當作二字之誤也

司射去扑倚于階西適阼階下北面告于公曰

三耦卒射反搢扑反位

去扑者與尊者言不敢佩刑器也

右初射

司馬正袒決遂執弓右挾之出與司射交于階

前相左

注曰出出於次也

繼公謂不言司馬正適次者以下言出則適

次可知亦以上有成禮故於此省文也凡下

文類此者其意皆然

升自西階自右物之後立于物間西南面揖弓
命取矢負侯許諾如初去侯皆執旌以負其侯
而俟
注曰俟小臣取矢以旌指教之
繼公謂此負侯即獲者也如初去侯謂許諾
以宫商至乏之聲止也惟去來異耳三耦所射
干侯而已而三侯之負侯者皆執旌以往者
卑統於尊且矢亦或有遠近故也
司馬正降自西階北面命設楅
注曰出于下物之南還其後而降
繼公謂北面於所設楅之南
小臣師設楅司馬正東面以弓爲畢

注曰畢所以教助執事者鄉射記曰於[illegible]

于中庭南當洗東肆

繼公謂司馬正東面立于所設福之西

福亦南面坐設之畢所以指畫處置之[illegible]

木爲之其長三尺此以弓指畫設福之[illegible]

畢之用故曰以弓爲畢云凡以畢指教者[illegible]

立于所設器之側

既設福司馬正適次釋弓說決拾襲反位小臣

坐委矢于福北括司馬師坐乘之卒若矢不備

則司馬正又袒執弓升命取矢如初曰取矢不

索乃復求矢加于福卒司馬正進坐左右撫之

興反位 說吐活反 索蘇各反 復扶又反

三十七

注曰此坐皆北面
繼公謂又袒執弓不言決遂右挾之者可知也司馬師旣乗矢其備若否皆以告于正若不備則正命取矢若備則正亦進撫之也左右撫者左手撫其左右手撫其右以審定其數耳

右取矢

司射適西階西倚扑升自西階東面請射于公公許
請射乃升者以其後有告耦等事宜在上堂之故也東面亦與他儀異下經云司正東楹之東北面告于公

右再請射

遂適西階上命賓御于公諸公卿則以耦告于[illegible]

上大夫則降即位而后告

注曰告諸公卿於堂上尊之也

繼公謂耦者謂公卿自為耦也以耦告[illegible]

命三耦之辭大夫則降即位而后告[illegible]

於諸公卿也下文所云是其事也若卿[illegible]大

夫為耦則其告亦當有上下之別諸公[illegible]大

夫為耦亦各以其次為之

司射自西階上北面告于大夫曰請降司射先

降搢扑反位大夫從之降適次立于三耦之南

西面北上

於此云北面則是命賓及告諸公卿皆鄉其位也適次亦謂進而至於次也三耦士也而在大夫之上者以其先射尊之三耦之南大夫之北宜有間地以待諸公卿之降

司射東面于大夫之西比耦大夫與大夫命上射曰某御於子命下射曰子與某子射比毗志反下同

司射東面亦在次中不言適次者可知

大夫亦謂與之爲耦也

卒遂比衆耦

衆耦士耦也士與大夫爲耦耦者亦士

衆耦立于大夫之南西面北上若有士

爲耦則以大夫之耦爲上

退者與進者相左相揖退釋弓矢于次說決拾
襲反位二耦拾取矢亦如之後者遂取誘射之
矢兼乘矢而取之以授有司于次中皆襲反位
說吐活反拾取之拾其劫反
注曰有司納射器因留主授受之
繼公謂此云以授有司乃反位則是主射器
之有司不離其位而授受亦可見矣
　右三耦取矢于楅
司射作射如初
　如初亦適次作上耦也其異者三耦於既作
乃袒決遂取弓矢也司射既作即反位不俟
之

一耦揖升如初司馬命去侯負侯許諾如初司
馬降釋弓反位
司馬司馬正也下放此不言說決拾與襲亦
文省
司射猶挾一个去扑與司馬交于階前適阼階
下北面請釋獲于公公許反搢扑遂命釋獲者
設中以弓爲畢北面跍起反
注曰北面立于所設中之南當視之也鄉射
禮曰設中南當福西當西序
繼公謂大史前立于所設中之西於是司射
當之西面命之既則少西南行而北面以弓
爲畢指畫以示其處

大史釋獲

言此者明上所謂釋獲者之爲太史也

小臣師執中先首坐設之東面退大史實八[illegible]

于中橫委其餘于中西興共而俟共音拱

注曰先猶前也命大史而小臣師設之國君

官多也小臣師退反東堂下位鄉射禮[illegible]

委其餘于中西南末

繼公謂此不言執筭者又不言太史受筭[illegible]

是太史自執筭矣實筭則坐故於後言興[illegible]

時太史位於中西小史之位亦宜近之

司射西面命曰中離維綱揚觸梱復公則釋獲

衆則不與中丁仲反與音預

注曰離猶過也獵也侯有上下綱其邪制躬舌之角者爲維或曰維當爲絹絹綱耳揚觸者謂矢中他物揚而觸侯也梱復謂矢至侯不著而還復復反也公則釋獲優君也衆當中鵠而著

繼公謂西面亦於中東離麗也中而麗於維綱言其去鵠遠也揚觸梱復言其非正中又且不必在鵠也二者甚不宜釋獲而於君則釋之優君也不與謂不在此釋獲之科也此特承上文而言耳其實衆之所射非正中[illegible]鵠者皆不釋也或曰維謂躬與舌也躬謂[illegible]以維持侯未知是否 按注之絹字恐[illegible]

字之誤梓人云纘寸焉

惟公所中中三侯皆獲中皆丁仲反

此愈優君也中亦兼離維綱與揚觸棢復若

而言皆獲者中一侯則其侯之獲者主獲之

也此命亦傳告於獲者故以獲言之○注云釋

獲下云獲互文也

釋獲者命小史小史命獲者

獲者三侯之獲者也司射所命之辭言衆則

不與又言中三侯皆獲故須徧命之

司射遂進由堂下北面視上射命曰不貫不釋

射揖司射退反位釋獲者坐取中之八筭改

實八筭興執而俟乃射若中則釋獲者每一个

釋一筭上射於右下射於左若有餘筭則反委
之又取中之八筭改實八筭於中興執而俟三
耦卒射若中之中丁仲反
鄉射禮曰若中則釋獲者坐而釋獲
賔降取弓矢于堂西
注曰不敢與君並俟告取之以升俟君事畢一
繼公謂此言降而不言升似有闕文賔降下
弓矢以升者明其將侍君射
諸公卿則適次繼三耦以南
注曰言繼三耦明在大夫北
繼公謂不言降者可知也
公將射則司馬師命負侯皆執其旌以負其侯

而俟

注曰君尊若始焉

司馬師反位

位蓋司馬正之南

隸僕人埽侯道

注曰新之

司射去扑適阼階下告射于公公許適西階

告于賓去起号反

注曰告當射也

繼公謂告射輕於請射故不升堂

遂搢扑反位小射正一人取公之決拾于東坫

上一小射正授弓拂弓皆以俟于東堂

注曰拂弓去塵
繼公謂授當作受受弓者受於有司也受弓
亦於東堂皆皆二小射正也云小射正一人
又云一小射正則小射正亦多矣周官天文
射人下大夫二人上士四人然則諸矦之大
射正上士亦二人小射正中士亦四人與
公將射則賔降適堂西袒決遂執弓搢三挾一
个升自西階先待于物北北一笴東面立
注曰東面立鄉君也
䟽曰前文賔降適堂西取弓矢無賔升堂之
文但文不具耳其實即升矣是以此文云賔
降

繼公謂北一笥物北空一笥地也少退者[illegible]
北一笥者遠下君亦為司馬當由物後而[illegible][illegible]
物間也
司馬升命去侯如初還右乃降釋弓反位還戶貫反
還右謂圍右物也既命去侯則由右物之南
適其右乃降來由物北去適物右是還之也
不還左物者以君將為下射故也是時君未
立於物而先辟之敬之至也
公就物小射正奉決拾以笥大射正執弓皆以
從於物笥息嗣反
笥蓋竹器決拾在坫上時亦宜用笥至是始
見之耳射時六射正為司正如故至是暫舍

其職而爲君執弓重其事也弓射器之主也
小射正坐奠笥于物南遂拂以巾取决興贊設
决朱極三
注曰極猶放也所以韜指利放弦也以朱韋
爲之三者食指將指無名指無極放弦契於
此指多則痛小指短不用
繼公謂拂者拂决極與拾也贊設决與極者
爲君設之也下言贊者放此君極朱而用三
若臣則用二其物色亦未聞士喪禮曰纊極
二蓋死時變用纊而數則與生時同極之名
義未詳
小臣正贊袒公袒朱襦卒袒小臣正退俟于東

堂
此袒於設決之後亦異於臣
小射正又坐取拾興贊設拾以笥退奠于坫上
復位
注曰設拾以韝襦上
繼公謂此言設拾而不言遂者以與設決之
節不相屬乃更端爲之非因事之意也小射
正之位未詳
大射正執弓以袂順左右隈上再下壹左執弣
右執簫以授公公親揉之隈烏回反揉而九反
注曰衣袖謂之袂順放之也隈弓淵也揉宛
之觀其安危也今文順爲循

疏曰以袂鄉下於弓隈順放之考工記弓人
云其弓安其弓危則此觀安危者謂試弓之
強弱
繼公謂隈者弓之曲處也考工記曰凡角之
中恒當弓之畏畏也者必撓是也順之之意
未詳或曰順之者所以審其厚薄而驗其強
弱也詳上而畏下以其上下之厚薄均
小臣師以巾內拂矢而授矢于公稍屬（屬之欲反）
注曰內拂恐塵及君也
繼公謂授矢亦以巾也燕禮記曰小臣以巾
授矢凡授弓矢皆當於公右
大射正立于公後以矢行告于公

注曰若不中使君當知而改其度

曰留上曰揚左右曰方

注曰留不至也揚過去也方出旁也

繼公謂左右曰方者左則曰左方右則曰右方也

公既發大射正受弓而俟拾發以將乘矢拾其劫反

俟者將復授之也云拾發以將乘矢則是賓先公後亦如其他上下射之為也鄉射與此篇於上耦之初射其文正與此同皆據下射而言也足以見之矣

公卒射小臣師以巾退反位大射正受弓

注曰受弓以授有司於東堂

小射正以笥受決拾退奠于坫上復位

云以笥受決拾是公自說之也

大射正退反司正之位

云反司正之位是射時其位自若也然則此司正之位不當東西之中而與鄉飲酒者異明矣

小臣正贊襲

贊爲之襲也

公還而后賓降釋弓于堂西反位于階西東面

還音旋

注曰階西東面賓降位

繼公謂公退云還是其進退亦不由物前也

賓因降而不敢即升若以是時未有上事也
不言設決拾襲亦文省
公即席司正以命升賓賓升復筵而后卿大夫
繼射諸公卿取弓矢于次中袒決遂執弓搢三
挾一个出西面揖揖如三耦升射卒射降如三
耦適次釋弓說決拾襲反位衆皆繼射釋獲皆
如初 說吐活反
上言諸公卿適次此復言取弓矢于次中者
明其文深入也反位亦在次於取弓矢之處
爲少北耳衆謂大夫而下此不分別士與大
夫爲耦之儀是如三耦也其以君在故耦不
得盡其尊大夫之禮與釋獲皆如初亦指君

以下言也衆皆繼射説見前篇
卒射釋獲者遂以所執餘獲適阼階下北面告
于公曰左右卒射反位坐委餘獲于中西興共
而俟共音拱
右再射
司馬袒執弓升命取矢如初負侯許諾以旌負
侯如初司馬降釋弓如初小臣委矢于楅如初
小臣委矢于楅如初蓋蒙司馬正與反位以
上之文而言也與鄉射所云者異矣
賔自公卿大夫之矢皆異束之以茅卒正坐
之進束反位
注曰異束之尊殊之也正司馬正也進前

又言束整結之示親也
繼公謂此丈主於束矢而言蓋見其不在如
初之中者也束之以茅小臣盖於委矢之時
則爲之司馬正既撫而進束則撫者撫其末
與卒字衍
賓之矢則以授矢人于西堂下
注曰是言矢人則納射器之有司各以其器
名官職不言君矢小臣以授矢人於東堂可
知
繼公謂授之亦小臣也此節恐在秉乘之前
司馬釋弓反位而後卿大夫升就席
注曰此言其升前小臣委矢于楅

繼公謂至是乃見之者爲其不可以亂如初之文故終言上事而後及之耳

右再取矢

司射適階西釋弓去扑襲進由中東立于中南北面視筭釋獲者東面于中西坐先數右獲二筭爲純一純以取實于左手十純則縮而委之每委異之有餘純則橫諸下一筭爲奇奇則又縮諸純下興自前適左東面坐（去起呂反數色主反奇居宜反下同）

此坐字衍文鄉射無之

坐兼斂筭實于左手一純以委十則異之其餘如右獲司射復位釋獲者遂進取賢獲執之由阼

階下北面告于公若右勝則曰右賢於左若左勝則曰左賢於右以純數告若有奇者亦曰奇若左右鈞則左右各執一筭以告曰左右鈞還復位坐兼斂筭實八筭于中委其餘于中西興共而俟共音拱

右告獲

司射命設豐

亦適堂西命之也命設豐乃不揖扑者以尊者亦或飲此豐上之觶故也在不勝之黨而不用罰爵者雖君爾

司宮士奉豐由西階升北面坐設于西楹西降復位

司宮士司宮之屬也此時之位亦當在堂西
勝者之弟子洗觶升酌散南面坐奠于豐上降
反位司射遂袒執弓挾一个搢扑東面于三耦
之西命三耦及衆射者勝者皆袒決遂執張弓
注曰執張弓右手挾弦
𥁕公謂司射袒亦決遂文省耳東面命之於
少巾
者皆襲說決拾卻左手右加弛弓于其上
執弣司射先反位三耦及衆射者皆升飲
射于西階上說吐活反
此目下事也
不射正作升飲射爵者如作射

司射所命者執弓之儀耳故小射正於此復
作其升飲
耦出揖如升射及階勝者先升升堂少右不
勝者進北面坐取豐上之觶興少退立卒觶進
坐奠于豐下興揖不勝者先降與升飲者相左
交于階前相揖適次釋弓襲反位
惟言釋弓襲亦文省
僕人師繼酌射爵取觶實之反奠于豐上退俟
于序端
注曰自此以下辯爲之酌
繼公謂僕人師不言命之者則是此乃其當
職俟時而共之耳

其飲者如初三耦卒飲若賓諸公卿大夫不勝
則不降不執弓耦不升
　下經云賓諸公卿大夫受觶于席則此時不
　降不執弓可知乃言之者亦經文過於詳耳
　耦唯謂士與大夫爲耦者也不升則立于射位
　也大夫既飲耦乃釋弓而反位
僕人師洗升實觶以授賓諸公卿大夫受觶于
席以降適西階上北面立飲卒觶授執爵者反
就席
　洗者以承賤者後新之其次則不洗矣降降
　席也西階上臣飲罰爵之位也授執爵者宜
　反於其所受者也

若飲公則侍射者降洗角觶升酌散降拜

注曰侍射賓也

一降一等小臣正辭賓升再拜稽首公荅再拜賓坐祭卒爵再拜稽首公荅再拜賓降洗象觶升酌膳以致下拜小臣正辭升再拜稽首公荅再拜下戶嫁反

此以上與媵觶之禮同者也以致者亦奠于薦南

公卒觶賓進受觶降洗散觶升實散下拜小臣正辭升再拜稽首公荅再拜賓坐不祭卒觶降奠于篚階西東面立

此與媵觶之禮異者也所以謂之射爵也

擯者以命升賓賓升就席

注曰擯者司正也

若諸公卿大夫之耦不勝則亦執弛弓特升飲

此耦之時大夫有與士爲耦者諸公卿無與

士爲耦者此諸公卿衍文

衆皆繼飲射爵於三耦射爵辯乃徹豐與觶

右飲不勝者

司宮尊侯于服不之東北兩獻酒東面南上皆

加勺設洗于尊西北篚在南東肆實一散于篚

散如字昔思[illegible]反下同

注曰散爵名容五升

[illegible][illegible]謂爲三侯之獲者及隸僕人巾車設尊

而言尊侯者以其功皆由侯也兩兩壺也或
脫一壺字耳兩壺皆酒而云南上是先酌所
上者與加勺東枋此在大侯之乏東北乃云
服不著見此時服不在乏也不於初設之者
因事而獻故其尊亦俟時而設所以別於正
獻者也此所設尊洗之類即篇首之所言者
也上言獲者之尊此云尊侯上言大侯之乏
此云服不文互見耳又文亦有詳畧則以設
與未設而異也服不於天子爲下士則此亦
士旅食者與

司馬正洗散遂實爵獻服不

注曰洗酌皆西面

繼公謂服不爲大侯之獲者故先獻也司馬
正獻亦異之獻時蓋亦西南面
服不侯西北三步北面拜受爵
注曰近其所爲獻
疏曰服不得獻由侯所爲故不近乏而近侯
司馬正西面拜送爵反位
注曰不俟卒爵畧賤也
繼公謂既拜送而反位亦爲其不拜既爵也
後則司馬師代之行事於司馬正既反位者
者亦反東面
宰夫有司薦庶子設折俎
注曰宰大有司宰夫之吏也鄉射記曰獲

之俎折脊脅肺

繼公謂薦於服不之東俎在薦東

錯獲者適右个薦俎從之个字[redacted]

注曰薦俎已錯乃適右个明此獻歸功於侯

也

繼公謂此獲者即服不也變服不言獲者見

服不亦在乏之而獲也有司與庶子既錯廿冶俎

於地獲者則以爵適右个而二人復埶上祭如

從之薦錯於獲者之南俎在薦南

獲者左執爵右祭薦俎二手祭酒

獲者南面坐乃左執爵也祭俎者興取扐肺

以坐祭也二手祭酒為散大酒多一手注之

難爲節也
適左个祭如右个中亦如之卒祭左个之西北
三步東面
注曰此鄉受獻之位也
繼公謂東面變於受爵之時也卒爵與受爵
不同面自是一禮耳下釋獲者亦然
設薦俎立卒爵
卒爵於薦西東面自若也是時司馬師蓋已
北面於其東
司馬師受虛爵洗獻隸僕人與巾車獲者皆如
大侯之禮卒司馬師受虛爵奠于篚
注曰鄉受獻之禮如服不也隸僕人巾車於

服不之位受之功成於大侯也

繼公謂承服不後而洗則是此每獻皆洗矣

隸僕人埽侯道巾車張三侯獲者謂大侯之

與服不相代而獲者及參侯干侯之獲者各

二人也隸僕人與巾車亦聽命於司馬故亦

司馬幷獻之皆如大侯之禮主於二侯之獲

者言也不云服不而云大侯者明亦各就其

侯而祭也若代服不而獲者與隸僕人巾車

則固祭於大侯矣不言量人者或不與此獻

也與

獲者皆執其薦庶子執俎從之設于乏少南

注曰少南爲復射妨旌也

繼公謂獲者謂三侯之相代而獲者凡六人也乏亦謂三侯之乏也獲者之薦俎設于乏者以其位在是也然則隷僕人巾車亦各設其位與

服不復負侯而俟（復扶又反）

服不負大侯則其徒代之居乏也是時參侯干侯亦有負侯者不言之者可知也

右獻獲者之屬

司射適階西去扑適堂西釋弓說决拾襲適洗洗觚升實之降獻釋獲者于其位少南（去起呂反說吐活反）

注曰少南辟中

繼公謂釋弓亦并釋矢也鄉射有矢字洗觚
行實之與獲者異蓋釋獲者無事於侯且尊
於獲者故獻之不酌獲者之尊而酌上尊也
薦脯醢折俎皆有祭
注曰俎與服不同唯祭一爲異
繼公謂折上亦似脫設字皆皆薦俎也祭亦
脯與切肺也不言所設之人蓋亦有司與庶
子與
釋獲者薦右東面拜受爵司射北面拜送爵釋
獲者就其薦坐左執爵右祭脯醢興取肺坐祭
遂祭酒興司射之西北面立卒爵不拜既爵司
射受虛爵奠于篚釋獲者少西辟薦反位司射

適堂西袒決遂取弓挾一个適階西搢扑以反
位倚音闕

右獻釋獲者

司射倚扑于階西適阼階下北面請射于公如
初

階下請射于公正禮也鄉之升者有爲爲之
耳此言如初未詳疑衍也

右三請射

反搢扑適次命三耦皆袒決遂執弓序出取矢
執弓亦右挾之序謂每耦以次而出也

司射先反位
云先反位明不俟之

三耦拾取矢如初小射正作取矢如初拾其劫切

小射正作取矢如初此一句似衍大射之…

司射惟命拾取矢而不復作與鄉射異以…

後經文徵之可見又言此於拾取矢之後

非其次上無作取矢之事亦不宜言如…

其爲衍也明矣

三耦既拾取矢諸公卿大夫皆降如初位與

入于次皆袒決遂執弓皆進當楅進坐說矢

上射東面下射西面拾取矢如三耦拾其劫反遂並…

反下並同

如初位者適次繼三耦以南也云如初位

云入于次見其所進者又深也凡經云適

而已者兼深淺而言也云入寸[illegible]者[illegible]
入也先言適乃言入若次中[illegible]皆[illegible]
後深也執弓亦右挾之皆進諸[illegible]次
之時也上下射當楅而進坐說[illegible]
面說之也然則鄉射之大夫說矢束亦
明矣既說則上射少西而反東面下射[illegible]
西面乃拾取之
士與大夫爲耦士東面大夫西面大夫[illegible]
矢束退反位耦揖進坐兼取乘矢興[illegible]
左還毋周反面揖大夫進坐兼取乘矢加[illegible]耦
[illegible]撫三挾一个揖進大夫與其耦皆[illegible]釋
[illegible]以拾取[illegible]位者[illegible]

[illegible]遲之進當作遲[illegible]云揖退是[illegible]
[illegible]反位諸公卿乃[illegible]升公卿[illegible]
[illegible]大夫者文脫耳又此[illegible]文皆言[illegible]
[illegible]席不應此時獨不[illegible]則此六說入[illegible]
[illegible]射者繼拾取矢皆[illegible]三耦遂入于次釋[illegible]
[illegible]拾韇反位其拾取矢之於[illegible]
此或言適次或言入于次互文以見其同[illegible]
右耦皆[illegible]矢于福
司射猶挾一个以作射如初一耦揖升如初[illegible]
[illegible]司射作射亦在未度弓矢之時與[illegible]作射
者識異云如初者謂所作唯上耦而[illegible]作一
反位

司馬升命去侯負侯許諾司馬降[illegible]弓[illegible]

司射與司馬交于階前倚扑于階西適[illegible]

亦皆如初可知

北面請以樂于公公許

注曰請奏樂以為節也

司射反搢扑東面命樂正曰命用樂樂正曰諾

注曰言君有命用樂射也樂正在工南北面

疏曰司射在西階下東面遥命之

繼公謂至此惟言樂正者不嫌其異也樂正

許諾自若北面

司射遂適堂下北面視上射命曰不鼓不釋上

射揖司射退反位樂正命大師曰奏貍首閒若

三一大師不與許諾樂正反位奏貍首以射鈇

貍並力之反

注曰貍首逸詩

繼公謂鄉射禮曰東面命大師

三耦卒射賔待于物如初

三耦卒射之後儀亦多矣此特見其一

公樂作而后就物稍屬不以樂志其他

屬之欲反

稍屬謂授矢于公稍屬也然此

之中似不必獨見之且語句不入

於作經者之意葢衍文也又見

乎射如初

初謂公卒射以至賓反位于階西之

賓就席諸公卿大夫衆射者皆繼射釋

卒射降反位

三耦皆如初也降反位揖衆以之

言以見釋獲者外告之節也

釋獲者執餘獲進告左右卒射如初

右三射

司馬升命取矢負侯許諾司馬

臣委矢司馬師乘之皆如初司

初釋獲者以賢獲與鈞告如初

右取矢告獲如

[illegible]

賓觶之上亜[illegible]

脫也

右取不勝者如[illegible]

司射猶袒決遂左執弓右執一个兼[illegible]

適次命拾取矢如初司射反位三耦及[illegible]

大夫衆射者皆袒決遂以拾取矢如初[illegible]

兼諸弦面鏃退適次皆授有司[illegible]

[illegible]切

後弦字下蓋脫弣字

卿大夫外就席

不言諸公者可知也諸公卿大夫說[illegible]

士亦當反西方之位矣

右耦皆復取矢于楅

司射適次釋弓說決拾去扑襲反位

退楅解綱小臣師退楅巾車量人

馬師命獲者以旌與薦俎退

退楅亦於次司馬正於此命解綱則

繫之明矣鄉射曰說侯之左下綱而

司射命釋獲者退中與筭而俟

注曰諸所退射器皆俟藩君復射釋獲

退其薦俎

繼公謂亦小臣執中大史執筭也退中與

亦於西堂下既則大史與小史俱復位於

取

右射事止

公又舉奠觶唯公所賜若賓若長以

上如初大夫卒受者以虛觶降奠于[illegible]

夭反

此一舉觶當在未立司正之前乃[illegible]

爲射故也

右公爲大夫舉旅

此以下經文與燕禮同

釋之

司馬正升自西階東楹之東北面

俎公許徹直列反下並同

李寳之曰馬字疑衍

遂適西階上北面告于賓賓北面取公卿取俎如賓禮遂出授從者于門外

如賓禮謂亦各鄉其席取之也諸公北面射賓而下皆自執俎以出皆西其從者不得入路門

大夫降復位

注曰門東北面位

繼公謂大夫降者欲與賓同說屨下位于門東者以諸公卿亦以俎出也諸公無俎故與大夫降而同立于

庶子正徹公俎降自阼階以東

正庶子之長者也牲禮膳宰之下

徹之然則上之設公俎者亦宰之

右徹俎

賓諸公卿皆入門東面北上

入門入自闑東也入門而不左不右

而立變於常位也將與大夫同升立

司正升賓賓諸公卿大夫皆說屨升就

賓及卿大夫皆坐乃安

說屨亦於階下也

羞庶羞大夫祭薦司正升受命皆命

不醉賓及諸公卿大夫皆興對曰諾

反位坐

右說獲升坐

主人洗酌獻士于西階上士長升拜受觶主人拜送士坐祭立飲不拜既爵其他不拜坐祭立飲乃薦司正與射人于觶南北面東上長知丈反

射人即鄉之爲司射者亦大射正也此射人與司正同薦或以其爲司射故與此與燕禮不同者乎餘亦見燕禮

辯獻士士既獻者立于東方西面北上祝史小臣師亦就其位而薦之辯音遍下

注曰祝史門東北面東上

繼公謂此獻史蓋小史也大

獻

主人就士旅食之尊而獻之旅食不拜受爵坐祭立飲主人執虛爵奠于篚復位

右主人獻士

賓降洗升媵觶于公酌散下拜公降一等小臣正辭賓升再拜稽首公荅再拜賓坐祭卒爵再拜稽首公荅再拜賓降洗象觚升酌膳坐奠于薦南降拜小臣正辭賓升成拜公荅拜賓反位

下戶嫁反下同

注曰此觚當觶

右賓媵觶于公

公坐取賓所媵觶興唯公所賜受者如初受

之禮降更爵洗升酌膳下再拜稽首小臣正升成拜公荅拜乃就席坐行之有執爵者唯于公者拜司正命執爵者爵辯卒受者興以士大夫卒受者以爵興西階上酬士士升大奠爵拜士荅拜大夫立卒爵不拜實之士拜大夫拜送士旅于西階上辯士旅酌

右公為士舉旅

若命曰復射則不獻庶子復扶又反

命君命也丁猶未也此雖非正射然亦必正禮中行之故其節在未獻庶子前也

司射命射唯欲

注曰司射命賓及諸公卿大夫射欲者

不欲者則止可否之事從人心也

繼公謂以其非正射也人之力強弱不一

有至是而不欲射者故以唯欲命之然

射之弱自諸公以至于士無有不與射者

大夫皆降再拜稽首公荅拜

降拜拜君命也公不辭之而即荅拜者

不在其中也賓不與此拜者以與君爲

否宜由君不敢從唯欲之命也凡非賓

辭其拜正者惟受賜爵者爾

壹發中三侯皆獲

以其非正射故于下射時搢發一矢而已

其壹發故雖中非其侯而亦獲是禮亦[illegible]

而然也中亦謂中也共豐一干唯公則離維三
觸梱復而皆獲上云退下與筭而俟至旦
亦設中執筭而釋獲矣釋獲則有飲射無
事也

右復射

主人洗升自西階獻庶子于阼階上如獻士之
禮辯獻降洗遂獻左右正與內小臣皆於阼階
上如獻庶子之禮

右獻庶子左右正內小臣

無筭爵士也有執膳爵者有執散爵者執膳爵
者酌以進公公不拜受執散爵者酌以之公命
所賜所賜者興受爵降席下奠爵再拜稽首公

若拜受賜爵者以爵就席坐公卒爵然後飲
媵爵者受公爵酌反奠之受賜者興授執
散爵者執散爵者乃酌行之唯受于公者拜
興以酬士于西階上士升大夫不拜乃飲
實爵士不拜受爵大夫就席士旅酌亦如之公有
命徹冪則賓及諸公卿大夫皆降西階下北面
東上再拜稽首
受賜之下當有爵字卒爵之間當有受字

右上篇
公命小臣正辭公答拜大夫皆辟升反位
於是乃言公命見上文凡小臣正辭者皆公
命之也此篇皆又只省

士終旅於上如初無筭樂宵則庶子執燭於阼階上司宮執燭於西階上甸人執大燭於庭閽人爲燭於門外

燕禮曰閽人爲大燭於門外

右無筭爵

賓醉北面坐取其薦脯以降奏陔

賓入奏肆夏出奏陔夏遂辟王朝之禮也六司樂職曰賓出入奏肆夏

賓所執脯以賜鐘人於門內霤

篇首言士旅食之位在士南者爲辟射也此見鐘人於門內霤豈既射若已獻則復正位於門西乎

卿大夫皆出公不送公入驁驁音敖

入謂降而入於内也驁夏亦九夏之一也以鍾鼓奏之今亡驁上似脫奏字燕禮不言公入此言公入者爲奏驁而見之也公入而奏驁夏亦盛射禮也出時不奏亦遠辟天子之禮也大司樂曰大射王出入令奏王夏

右賓出公入

儀禮卷第七

正誤

騰觚于賔〻士長升拜受觚主人拜送觚

騰及二觚字並從今文說見前篇

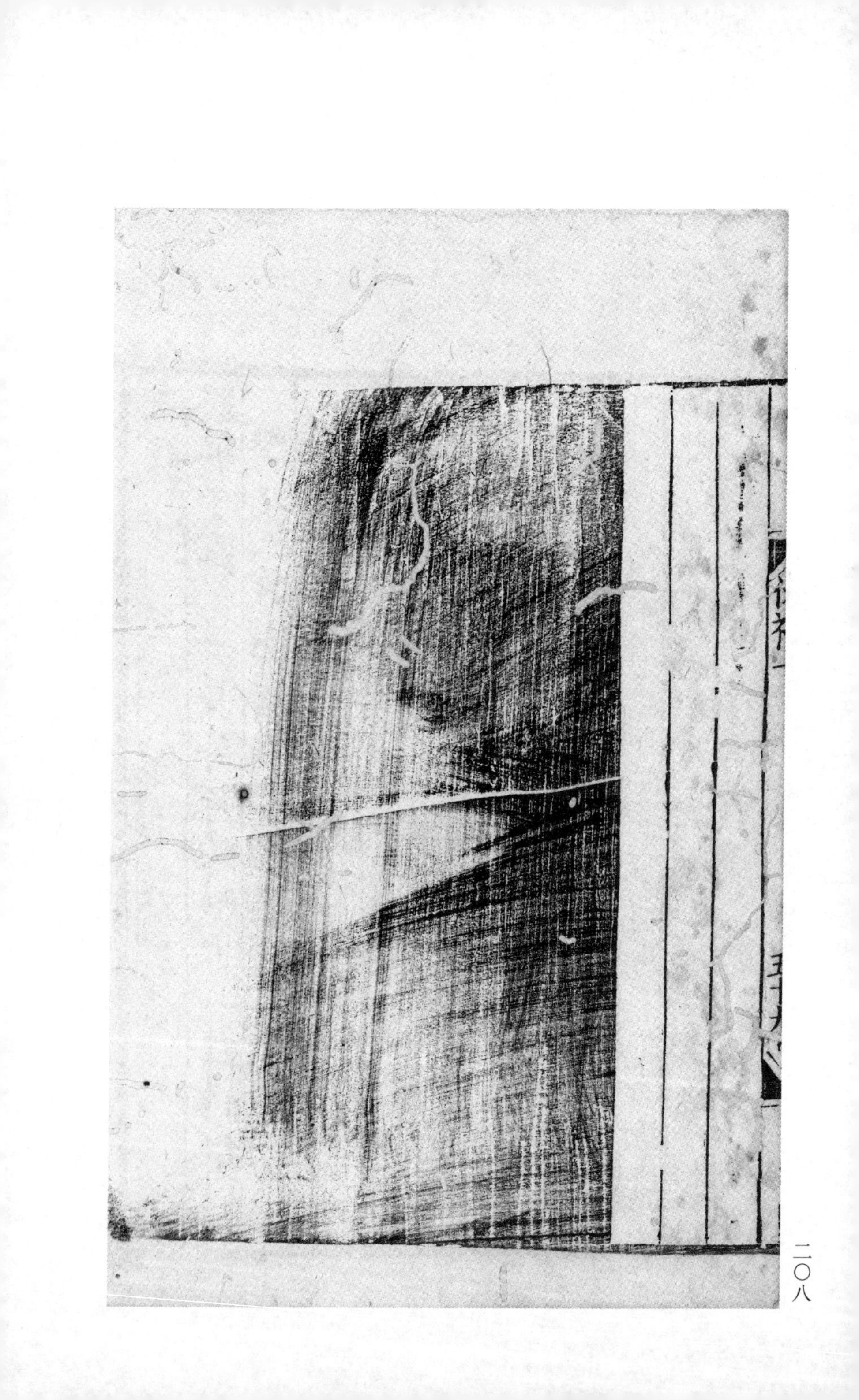

（元）敖繼公　撰

元本儀禮集説

第二册

國家圖書館出版社

第二册目録

卷五

儀禮卷第三

敖繼公集說

士相見禮第三

注曰相見於五禮屬賓禮

繼公謂此篇主言士相見之禮其他禮則亦因而及之也

士相見之禮贄冬用雉夏用腒左頭奉之（腒其居反　奉芳勇反）

注曰贄所執以至者君子見於所尊敬必執贄以將其厚意也夏用腒備腐臭也

繼公謂贄者所依以相見者也故先言之士贄用雉其義未聞必用死者為其難生得也

冬言雉夏言腒文互見耳乾禽謂之腒猶乾
獸而謂之腊也此乾雉乃泛言腒者與雉互
見不嫌其爲他物也惟見冬夏而不言春秋
蓋春則先從冬後從夏秋則反之亦若屨然
與左頭奉之亦但言其執之之法如是其實
此時賓未執也必左頭者頭宜鄉內也不言
服者亦玄端可知
曰某也願見無由達某子以命命某見見並賢遍反下不出音皆同
注曰無由達言久無因緣以自達也以命者
稱述主人之意
繼公謂此荅擯者請事之辭也其子之某新

因緣者之姓也以命以主人之命也言某
以主人之命命某見乃敢見也恭謙之辭
主人對曰某子命某見吾子有辱請吾子之就
家也某將走見
言某子命某見者明己宜先往見也吾子有
辱者不敢當其先見己也有辱謂有所屈辱
也賓來見己是自屈辱走言其不敢緩
賓對曰某不足以辱命請終賜見
命謂請吾子就家之言
主人對曰某不敢為儀固請吾子之就家也某
將走見
為儀徒為辭讓之儀也再請之故曰固

賓對曰某不敢為儀固以請
請請終賜見也
主人對曰某也固辭不得命將走見聞吾子稱
贄敢辭贄
注曰不得命者不得見許之命也稱舉也
繼公謂許其見復辭其贄賓客之禮尚辭讓
也
賓對曰某不以贄不敢見
注曰見於所尊敬而無贄嫌太簡
繼公謂賓言此者謂始相見不可無贄也故
主人再辭但以不足以習禮言之
主人對曰某不足以習禮敢固辭

禮謂授受往來之禮蓋指用贄而言

賓對曰某也不依於贄不敢見固以請

注曰言依於贄謙自卑也

繼公謂依於贄言託之以爲重

主人對曰某也固辭不得命敢不敬從

以上賓主之辭皆擯者傳之不言者可知也

後放此

出迎于門外再拜賓荅再拜主人揖入門右賓

奉贄入門左主人再拜受賓再拜送贄出

主人入門而右賓入門而左是賓主之位在

大門內之東西也其拜則相鄉其贄則東西

謂授于門中此賓主相見而授贄於大門內

大夫士之禮也士惟昏禮受鴈於堂大夫私面乃受幣于堂者因問及之非相見之正禮

主人請見賓反見退主人送于門外再拜（下見如字）

請見於賓荅賓之見於己也賓反見之其於主人之堂與此禮未聞

右士相見

主人復見之以其贄曰鄉者吾子辱使某見請還贄於將命者（上見如字）

注曰復報也復見之者禮尚往來也以其贄謂鄉時所執來者也鄉曩也將猶傳也傳命者謂擯相者

繼公謂使某見謂因其見見己而使得於家見

之也云言反贄於將命者不敢斥主人

主人對曰某也旣得見矣敢辭

疏曰上言主人者據前爲主人而言此云主人者據前賓今在己家而言

繼公謂贄所依以見者也旣得見則事畢矣故辭其還贄

賓對曰某也非敢求見請還贄于將命者

注曰言不敢求見嫌褻主人

主人對曰某也旣得見矣敢固辭賓對曰某不敢以聞固以請於將命者

謂不敢以還贄之辭聞於主人特固以請於將命者耳請謂請還之

主人對曰某也固辭不得命敢不從賓奉贄入
主人再拜受賓再拜送贄出主人送于門外再
拜
賓得主人見許之命則不俟主人之迎而即
自入蓋急欲還贄且尊主人也是亦復見之
禮異於始見者與授受不著其所如上可知
右復見
士見於大夫終辭其贄於其入也一拜其辱也
賓退送再拜
注曰終辭其贄以將不親荅也凡不荅而受
其贄唯君於臣耳
繼公謂終辭謂主人三辭則賓不復請也士

於大夫降等者也受贄而不荅則疑於君荅之則疑於敵使人還之則又疑於待舊臣是以終辭之也一拜其辱亦於大門内之東爲之大夫云一拜則士或荅再拜與大夫於士不出迎入一拜又不出送亦以其降等也入一拜而送乃再拜則是凡拜而送者之禮皆然固不可得而殺也送而一拜喪禮也

右士見於大夫

若嘗爲臣者則禮辭其贄曰某也辭不得命不敢固辭

注曰禮辭一辭其贄而許也將不荅而聽其以贄入有臣道也

繼公謂嘗爲臣者謂卿爲其家臣今爲公臣
者也然則士大夫以贄相見亦不獨始相見
者爲然禮辭之者異於見爲臣者也見爲臣
則不辭之
賓入奠贄再拜主人荅一拜
注曰奠贄尊卑異不親授也
繼公謂入亦入門左也奠贄再拜亦東面也
荅一拜者主人尊也言主人荅拜是不拜其
辱矣
賓出使擯者還其贄于門外曰某也使某還贄
注曰還其贄者辟正君也
繼公謂賓退而主人不拜送亦異於不爲臣

者也以其不見爲臣故當還之贄某也大夫名

賓對曰某也既得見矣敢辭

亦辭其還贄

擯者對曰某也命某某非敢爲儀也敢以請

命某謂命某還贄也非敢爲儀言必欲還之

請亦請還贄也還贄而擯者自爲之辭亦以

主人尊也

賓對曰某也夫子之賤私不足以踐禮敢固辭

私謂私屬春秋傳曰邾滕人之私也禮與上

文習禮之禮同意亦指還贄而言踐行也

擯者對曰某也使某不敢爲儀也固以請

使猶命也

賓對曰某固辭不得命敢不從再拜受

再拜者象受於主人也亦許受之

右士嘗爲大夫臣者見於大夫

下大夫相見以鴈飾之以布維之以索如執雉

與如字下相見並同

注曰飾之以布謂裁縫衣其身也維謂繫聯其足

疏曰如執雉亦左頭奉之

繼公謂下大夫贄用鴈其義未聞云飾之以布則非白布也曲禮曰飾羔鴈者以繢則此布其繢者與維之謂繫聯其足翼也

上大夫相見以羔飾之以布四維之結于面左

頭如麛執之麛音迷

注曰上大夫卿也面前也繫聯四足交出背上於胷前結之也如麛執之者秋獻麛有成禮如之蓋謂左執前足右執後足

繼公謂上大夫之贄以羔其義未聞

如士相見之禮

注曰大夫雖贄異其儀猶如士

繼公謂此相見之禮蓋兼復見者言之也上下大夫亦當有互相見之禮經不言之者嘗士禮故惟見其敵者焉非謂其得相見者僅止於是也大夫相見朝服

右大夫相見

始見于君執贄至下容彌蹙蹙子六反

注曰蹙猶促也促恭慤貌也其為恭士大夫一也

繼公謂至下謂當帶也曲禮曰凡奉者當心提者當帶此執物高下之節也執贄當帶見至尊者之禮也春秋傳曰邾子來朝執玉高其容仰子貢觀之曰高仰驕也然則執贄至下之為恭也明矣彌猶甚也彌蹙如踧踖屏氣之類

庶人見於君不為容進退走

不為容則又甚於彌蹙者矣進退走亦見其不為容也

士大夫則奠贄再拜稽首君荅一拜稽音啓下同

臣以贄見於君北面奠贄於中門之內而拜是時君位亦在路門外之東南鄉也君於臣之再拜稽首而荅一拜者惟奠贄之禮則然蓋以此明君臣之義也此奠贄之儀主於大夫士則庶人之見于君者其不用贄與

右大夫士庶人見於君

若他邦之人則使擯者還其贄曰寡君使某還贄賓對曰君不有其外臣臣不敢辭再拜稽首受

人蓋通大夫士而言還其贄者非己臣也此於己臣惟以還贄為異則是歸者亦奠贄矣

主君於聘使與上介之私覿乃終不許其奠幣而必親受之者重其為使介且幣又隆於贄故也不有言外之也不敢辭尊君也再拜稽首受亦若受於君前然他邦之人以贄見國君者如去國而適他國若卿見朝君之類春秋傳公會晉師于瓦晉大夫執贄以見非舊禮也

右他邦之人見於君

凡燕見于君必辯君之南面若不得則正方不疑君（疑音擬）

注曰君南面則目見正北面君或時不然當正東面若正西面不得疑君所處邪鄉之此

謂特見問事非立賓主之燕也疑度之

繼公謂辯猶視也下文放此

君在堂升見無方階辯君所在

注曰升見升堂見於君也君近東則升東階

君近西則升西階

繼公謂方猶常也此云君在堂則上之燕見

未必專在堂

右燕見于君

凡言非對也妥而後傳言妥他果反

注曰傳言猶出言也

繼公謂凡言謂凡與人言也妥安也謂安和

其志氣乃言不可怱遽也易大傳曰君子易

其心而後語惟有所對荅則或可忽遽言之與君言言使臣與大人言言事君與老者言言使弟子與幼者言言孝弟于父兄與衆言言慈祥與居官者言言忠信孝弟音悌

注曰傳陳言語之儀也使臣者使臣之禮也大人卿大夫也事君者臣事君以忠也祥善也居官謂士以下

繼公謂此陳與人言之義而言則各主於一端者亦但舉其切要者以為法與

凡與大人言始視面中視抱卒視面毋改終皆若是

注曰始視面謂觀其顏色可傳言未也中視

抱容其思之且為敬也卒視面察其納己言否也

繼公謂大人亦謂卿大夫也毋改謂不可變亂其三視先後之序也終皆若是謂與言之時自初云終皆當如上所云亦不可以久故而或改之也

若父則遊目毋上於面毋下於帶上時掌反下戶嫁反

此謂與父言之時也其異於大人者遊目耳毋上於面視面時也毋下於帶視抱時也此與視大人者無以異乃著之者嫌遊目則或不然也遊目而不上於面孝且敬也

若不言立則視足坐則視膝

視足視膝異於言時且益恭也

右言視之法

凡侍坐於君子君子欠伸問日之蚤晏以食具告改居則請退可也蚤音早

注曰君子謂卿大夫及國中賢者也志倦則欠體倦則伸問日蚤晏近於久也改居謂自變動也

繼公謂以食具告謂以所食之具告從者蓋欲食也卑幼之於尊長請見不請退而此乃得請退者緣君子意也可者許之之辭明其異於常禮

夜侍坐問夜膳葷請退可也葷香云反

注曰問夜問其時數也膳謂食之葷辛物葱薤之屬食之以止臥

疏曰注云時數者謂若鐘鼓漏刻之數

右侍坐於君子

若君賜之食則君祭先飯徧嘗膳飲而俟君命之食然後食（飯扶晚反）

注曰君祭先飯謂君祭食已先飯示為君嘗食也此謂君與之禮食膳謂庶羞既嘗庶羞則飲俟君之徧嘗也

疏曰凡君將食必有膳宰嘗君之食備火齊不得下文是也此膳宰不在則侍食者自嘗自己前食既不嘗君食則不正嘗食故注云

示為君嘗食

繼公謂賓主共食則賓當祭此君臣共食君祭而臣否所以別尊卑也臣既不祭又先飯而嘗膳所以明臣禮也君命之食然後食則臣食或先於君矣君若不命之則亦俟君之食乃食與

若有將食者則俟君之食然後食

注曰將食猶進食謂膳宰也膳宰進食則臣不嘗食周禮膳夫品嘗食王乃食

繼公謂君食然後食臣侍君食之正禮以其不嘗膳故君不必命之

若君賜之爵則下席再拜稽首受爵升席祭卒

爵而俟君卒爵然後授虛爵下戶嫁反
賜之爵使人授之於其席也下降也降席者
降而當席末也既拜興受爵君荅再拜乃升
席坐祭酒既卒爵興授人爵也目先卒爵亦
先飯嘗膳之意君卒爵而授虛爵則是授爵
亦先於君矣此受爵卒爵授爵之節皆異於
燕之無筭爵者禮貴相變也凡升席降席皆
由下
退坐取屨隱辟而後屨辟匹亦反
注曰謂君若食之飲之而退也
繼公謂是時屨在西階下曲禮曰就屨跪而
舉之屏於側此坐取屨即跪而舉之也隱辟

御昇於側之時也屨謂納屨君為之興則曰君無為興臣不敢辭君若降送之則不敢顧辭遂出為並于偽反

云不敢辭者明己不敢與君為禮也送之亦當至門君於士尊卑懸絕乃降送之其禮太崇故益不敢當

大夫則辭退下比及門三辭下戶嫁反比必利反

大夫起而退則君與下階則君降及門則君送於此三節皆辭之故曰三辭大夫位尊不嫌與君為禮故得辭也此著大夫則上之不敢辭者為士明矣

右士大夫侍飲食於君

若先生異爵者請見之則辭辭不得命則曰某無以見辭不得命將走見先見之見之並如字先見之先亦當音走

注曰異爵謂卿大夫也

繼公謂卿大夫之爵於士為踰等故曰異爵辭者謂其以尊就卑已不敢當也辭不得命謂三辭而不見許也無以見言其非敵不可以接見之走者行之速也先見之先亦當作走蓋既傳言即走而見之也此禮當在以贄見于先生異爵者之後又先生異爵者之見於士其禮同則士之以贄見於先生亦當如見於大夫之禮明矣

右先生異爵者見於士

非以君命使則不稱寡大夫士則曰寡君之老

使所吏反

注曰謂擯贊者辭也

繼公謂此文不可强通或曰君之老與大夫士之文宜易處蓋傳寫者因寡字之同而誤也未審是否

右自稱於他邦之辭

凡執幣者不趨容彌蹙以為儀

注曰不趨主慎也以進而益恭為威儀耳

繼公謂執幣謂以幣相見及為使者也凡者通尊卑言之行而張足曰趨蓋以容彌蹙為

一不趨也唯著凡執幣者之儀如是則動
[illegible]者亦不然矣士大夫執贄于君前其儀乃
與此同
執圭者則唯舒武舉前曳踵
注曰唯舒武者重玉器尤慎也武迹也舉前
曳踵備踧踖也
繼公謂執玉謂朝君與聘使執圭璧以行禮
之時也唯舒武謂僅舒其武耳舉前曳踵見
其舒武之法也踵足後也足之前起而後不
離地則步之促狹可知此又不止於不趨而
已

右執幣玉之儀

凡自稱於君士大夫則曰下臣宅者在邦則曰市井之臣在野則曰草茅之臣庶人則曰刺草之臣他國之人則曰外臣刺七亦反

注曰刺猶剗除也

繼公謂士大夫謂見為臣者也宅者未仕而家居者也他國之人亦謂士大夫

右自稱於君

儀禮卷第三

終皆若是

鄭本終作衆注曰今文衆作終繼公謂衆字

無意義宜作終

與衆言言慈祥

今本云言忠信慈祥大戴記注引此無忠信

字今有之者蓋後人因下文有言忠信三字

而誤衍之也今以彼注為據删之

儀禮卷第四

敖繼公集說

鄉飲酒禮第四

注曰此於五禮屬嘉禮

繼公謂鄉飲酒者士與其同鄉之士大夫會聚于鄉學而飲酒之禮也

鄉飲酒之禮主人就先生而謀賓介

將與其鄉人飲酒乃於衆賓之中擇其賢者為賓其次者為介謀謂商度其孰賢也就先生謀之者不敢擅自可否去取且[illegible][illegible]所尊也

右謀賓介

主人戒賓賓拜辱主人荅拜乃請賓賓禮辭許

主人再拜賓荅拜

汪曰拜辱拜其自屈辱至己門也

繼公謂主人戒賓言主人為戒賓而來也此拜辱即拜迎也請謂致戒辭於賓也其辭卒曰請子為賓

主人退賓拜辱

此即拜送也拜迎拜送皆言拜辱者蓋一儀而兼二義也迎送者據己言也辱者據彼言也此經言戒賓之儀略者亦以士冠禮宿賓之儀見之也下速賓以放此後篇同

介亦如之

注曰如戒賓也

右戒賓介

乃席賓主人介

席賓主人介者為賓主人介設席也席賓[illegible][illegible]戶牖間主人於東序介於西序少牢下篇席注人於東序西面席侑於西序東面侑介之位同也

賓之席皆不屬焉屬音燭

注曰席衆賓於賓席之西

疏曰鄉射云席賓南面東上衆賓之席繼而西

繼公謂衆賓衆賓長三人也屬連接也必不

屬者為其升降皆由下也以是觀之則賓位在戶西牖東而當兩楹之間明矣此席亦東上凡席皆有司設之

尊兩壺于房戶間斯禁有玄酒在西設篚于禁南東肆加二勺于兩壺

疏曰凡物以頭首為記從西鄉東上頭在酒也

繼公謂斯者禁之名也其制未聞設篚于禁南其間當容人蓋酌者北面也東肆故尊西上也記云尊綌冪賓至徹之則此亦有冪[illegible]于冪上矣亦與祭禮似異

設洗于阼階東南南北以堂深東西當東榮

在洗東篚在洗西南肆深式鴆反

右設席器

羹定

注曰肉謂之羹定猶孰也著之者下以為節

疏曰孰云定者孰即定止故也

繼公謂此時肉與湆同在鑊故謂之羹按

注云下以為節者謂下事以此為節也諸篇

凡言羹定者皆然

主人速賓賓拜辱主人答拜還賓拜辱

注曰速召也還猶退

繼公謂召之而云速者欲其來之速也速賓

之儀與戒賓同此經文又略也賓不遂從之

者為主人復當速介

介亦如之

注曰如速賓也

疏曰是日必當遣人戒速衆賓但略而不言故下云賓及衆賓皆從之

繼公謂衆賓亦戒速而經惟言賓介者亦以主人親為之其禮重故特著之爾

賓及衆賓皆從之

注曰言及衆賓介亦在其中矣

繼公謂主人既速介即先歸介及衆賓皆至于賓之門外俟賓同往也

右速賓介

主人一相迎于門外再拜賓賓荅拜拜介介荅拜相息亮反

注曰相擯賛傳命者

繼公謂亦相者入告主人乃出迎之拜介亦再拜文省耳一相蓋學中之有司給事於飲射之禮者變擯言相見其不獨為擯者之事而已也古者與鄉人飲射必於學宫者以其深廣且有司及器用皆備具故也

揖衆賓

注曰差卑也拜介揖衆賓皆西南面

主人揖先入

注曰揖揖賓也

繼公謂不言入門右可知也亦以賓入門左
見之
賓厭介入門左介厭衆賓入衆賓皆入門左北
上厭一涉反
注曰賓之屬相厭變於主人也推手曰揖引
手曰厭
繼公謂厭之使入禮之也下放此鄉射禮曰
東面北上
主人與賓三揖至于階三讓主人升賓升
三揖三讓說皆見士冠禮鄉射禮曰主人升
一等賓升
右迎賓

主人阼階上當楣北面再拜賓西階上當楣北

面荅拜楣音眉

注曰楣前梁也

繼公謂此拜至也說見士昏禮

右拜至

主人坐取爵于篚降洗

取爵蓋北面也為洗而降故云降洗下文類

此者不悉見之

賓降

注曰從主人也

繼公謂賓降之位見下文

主人坐奠爵于階前辭

注曰重以已事煩賓也
繼公謂賓從降而主人辭亦尚辭讓也下放
此奠爵乃辭者事異則不宜相雜且爲敬也
西面坐奠爵興辭
賓對
注曰賓主之辭未聞
繼公謂對時亦少進位下文云賓對復位是
也
主人坐取爵興適洗南面坐奠爵于篚下盥洗
注曰篚下篚南
繼公謂南面坐于洗北乃奠爵于篚南不敢
由便也盥洗旣盥復坐取爵而將洗之也凡

洗者必盥經不悉見之也盥洗皆立
進者少南行也南於洗西乃止而東北面鄉
賓進東北面辭洗
主人辭洗之意與辭降同凡言洗於辭洗之
前皆將洗而未洗者也若既洗則何以辭為
主人坐奠爵于篚興對賓復位當西序東面
注曰言復位者明始降時位在此
疏曰上直云賓降不言處所於此見之是舉
下以明上之義
繼公謂此奠爵于篚為將洗而致敬也當西
序東西節也下文云賓降立于階西當序
主人坐取爵沃洗者西北面沃烏毒反

沃洗謂以枓斢水而沃洗爵者也西北面宜
鄉洗者也既則西面于𣲖東主人南面洗而
西北面沃此則北面洗者其西南面沃之與
沃洗者先亦沃盥
卒洗主人壹揖壹讓升
升亦主人先而賓從之
賓拜洗主人坐奠爵遂拜降盥
拜洗者謝其為已洗也必盥者為將酌也既
拜而盥為拜時以右掌㩜地不無坋汙也內
則曰凡男拜尚左手
賓降主人辭賓對復位當西序
對時違其位故云復下主人對放此

卒盥揖讓升賓西階上疑立疑舊魚乞反下並同

疏曰不言一揖一讓從上可知

主人坐取爵實之賓之席前西北面獻賓

注曰獻進也進酒於賓

繼公謂實者實以酒謂酌也西北面者亦以將授賓而不宜背之也其下禮之類此者則因而放之耳

賓西階上拜主人少退

注曰少退少辟

繼公謂主人西北面於賓席前賓拜於西階上而主人乃少退則是凡拜皆有相之者矣

賓進受爵以復位主人阼階上拜送爵賓少退

注曰位西階上位
䟽曰鄉射云賓進受爵于席前
薦脯醢賓升席自西方乃設折俎折之設反
賓席亦東上西方下也
主人阼階東疑立賓坐左執爵祭脯醢
立於阼階上之東者事未至宜辟拜處也
奠爵于薦西興右手取肺卻左手執本坐弗繚
右絕末以祭尚左手嚌之興加于俎繚音了
注曰繚猶紾也離肺上為本下為末
繼公謂執本卻左手則絕末覆右手矣絕末
以祭者絕其末不没之處所以為祭也此與
振祭之意相類尚左手嚌之謂舉其左手而

右手在下以末授口嚌之也將嚌乃尚左手
則祭時不然矣加于俎以右手
坐挩手遂祭酒挩舒銳反
注曰挩拭也拭以巾挩手爲絶肺染汙也
䟽曰内則事佩之中有帨則賔客自有帨巾
以拭也
興席末坐啐酒
席末席西端也無後事而啐酒者欲知其旨
而告之也
降席坐奠爵拜告旨執爵興主人阼階上荅拜
注曰降席席西也旨美也
繼公謂拜乃告旨謝其以旨酒飲己也降席

即拜者欲近於啐酒之處且以別於拜旣也
旣拜則坐以告旨
賓西階上北面坐卒爵興坐奠爵遂拜執爵興
主人阼階上荅拜
卒盡也必西階上卒爵者以鄉者於此拜受
故也
右獻賓
賓降洗主人降
注曰亦從賓也降立阼階東西面
賓坐奠爵興辭
注曰西階前也
主人對賓坐取爵適洗南北面

洗南北面別於主人也於賓之取爵也主人復位

主人阼階東南面辭洗賓坐奠爵于篚興對主人復阼階東西面

南面辭洗猶不離阼階東示違其位而已此主人辭洗在賓盥之先與他禮微異未詳

賓東北面盥坐取爵卒洗揖讓如初升

凡盥洗於洗南者皆北面此云東北未詳疑東衍文也初一揖一讓也

主人拜洗賓荅拜興降盥如主人禮

如主人禮謂如上文降盥以至坐取爵之儀但面位異耳

賓實爵主人之席前東南面酢主人主人阼階上拜賓少退主人進受爵復位賓西階上拜送爵薦脯醢主人升席自北方設折俎祭如賓禮

注曰酢報也祭者祭薦俎及酒亦嚌啐

繼公謂北方席下也主人介席皆南上

不告旨

疏曰云不告旨明亦啐也

繼公謂酒主人之物也其不告旨不言可知乃必言之者宜別於如賓禮也主人不告旨乃亦啐酒者若欲知其美惡以拜崇酒然

自席前適阼階上北面坐卒爵興坐奠爵遂拜執爵興賓西階上荅拜

目席前者啐酒席末故從北方降由從北方降正也

主人坐奠爵于序端阼階上北面再拜崇酒賓西階上荅拜

奠爵于序端拜崇酒之禮然也奠於其所而拜則嫌若拜既爵奠于篚而后拜則嫌若禮畢而更端故以奠於此爲節云崇重也謂賓崇重己酒不嫌其薄而飲之既也故拜謝之卒爵乃拜者若曰已飲之乃審知其薄然

右賓酢主人

主人坐取觶于篚降洗賓降主人辭降賓不辭洗立當西序東面

注曰不辭洗者以其將自飲
繼公謂主人辭不言奠觶又不言賓對者如上禮可知自飲乃洗者亦象賓之飲已也
卒洗揖讓升賓西階上疑立主人實觶酬賓阼階上北面坐奠觶遂拜執觶興賓西階上荅拜坐祭遂飲卒觶興坐奠觶遂拜執觶興賓西階上荅拜
注曰酬勸酒也
繼公謂此象賓之飲已故其拜亦皆與受之於人者同
主人降洗賓降辭如獻禮升不拜洗
注曰不拜洗殺於獻

纔公讀如獻禮如其降後升前之儀
賓西階上立主人實觶賓之席前北面賓西階
上拜主人少退卒拜進坐奠觶于薦西
席前北面變於獻以其不授也奠觶于薦西
者主人以此觶不舉不敢親授之重勞賓也
凡酬酒有卒不舉者有未即舉者主人皆奠
之而不授其意則同燕與大射及少牢下篇
主人酬尸與賓皆授觶與士禮異
賓辭坐取觶復位
辭辭其奠觶也奠觶酬之正禮也然奠而不
授亦不能無降等之嫌故辭之辭之而不獲
命乃坐取觶示受也辭及取觶皆當東面復

位待主人拜

主人阼階上拜送賔北面坐奠觶于薦東復位

北面奠觶由便凡賔於主人所奠之物必取而遷之以示其不敢當之意且為禮也堂上則左之堂下則右之亦各從其便也

右主人酬賔

主人揖降賔降立于階西當序東西

主人將降而揖所以禮賔賔降者以主人將與介與衆賔為禮故不敢居堂上也賔降之位其南北之節皆於階西至此始見之也主人降西面于門東

主人以介揖讓升拜如賔禮

介入門左止於其位至是乃進
主人坐取爵于東序端降洗介降主人辭降介
辭洗如賓禮

爵即鄉之所奠者也介統於賓而其禮又與
之相接故乃用其爵焉賓禮者賓降至壹揖
壹讓升之儀也此時介降之位在賓南

升不拜洗
介不拜洗下賓
介西階上立

注曰不言疑者省文

主人實爵介之席前西南面獻介介西階上北
面拜主人少退介進北面受爵復位

主人西南面獻介而介乃北面正方受爵以是推之則賓酢主人主人亦北面受主人獻賓賓其東面受與

主人介右北面拜送爵介少退

主人獻介乃拜於其右者以其尊降於賓也凡堂上之獻酢皆尒階而拜者賓主二人而已其餘則否

主人立于西階東

此稍違其拜處與既獻賓而立于阼階東之意同西階上非其正位故即辟之

薦脯醢

下云介升席自北方是介席南上也席南上

則此薦當脯在北方與少牢下篇設俎之豆
同矣
介升席自北方設折俎祭如賓禮不嚌肺不啐
酒不告旨
凡所不者下賓不啐酒則必不告旨矣乃著
之者詳言之也凡經文有詳言者有畧言者
其例不一
自南方降席北面坐卒爵興坐奠爵遂拜執爵
興主人介右荅拜
降席適西階上也自南方降者介尊於禮輕
者或得由便也主人亦然主人介右荅拜復
西就之有司曰侑降席自北方以其卑於介

也

右獻介

介降洗主人復阼階降辭如初

注曰如賓酢之時

繼公謂洗爲主人將自酢也復反也初謂賓酢之時主人降以下至坐取爵卒洗之禮也

卒洗主人盥

注曰盥者當爲介酌

繼公謂主人自飲而盥者達介意也

介揖讓升授主人爵于兩楹之間

以後篇大夫禮例之介字宜在授字上於主人之盥也介立于洗南以俟之主人既盥

揖而行也介授主人爵者不敢酢也主人受之者亦達介意也凡受獻而親酢者一人而已其餘則或所獻者自酢焉此介雖尊視賓爲殺故其酢禮如此然其初乃得爲主人洗爵亦其異者也

介西階上立主人實爵酢于西階上介右坐奠爵遂拜執爵興介荅拜主人坐祭遂飲卒爵興坐奠爵遂拜執爵興介荅拜主人坐奠爵于西楹南介右再拜崇酒介荅拜

主人拜於西階而奠爵于西楹南以其近也其意則與鄉之奠于序端者同拜介崇酒亦至是乃爲之者因賓禮也

右主人自酢

主人復阼階揖降介降立于賓南主人西南面三拜衆賓衆賓皆荅壹拜

注曰三拜示徧也

繼公謂是時衆賓皆在門內之西主人少南行近於門東乃西南面鄉之而拜拜衆賓爲將獻之與賓升而拜至之意相類三拜者旅拜之法也衆賓皆荅壹拜亦荅旅拜之法也此禮大夫士同之

主人揖升坐取爵于西楹下降洗升實爵于西階上獻衆賓衆賓之長升拜受者三人長知丈

西階上獻衆賓衆賓揔言之也此獻之儀主人若

執爵西南面于兩階上衆賓則以次升受之
不獻于席前辟尊者禮也其拜者亦北面長
其年之差尊者後于字衍
主之拜送
注曰於衆賓右
坐祭立飲不拜既爵授主人爵降復位
既卒也不拜既爵卒爵不拜也獻而不拜既
爵差卑也自別於尊者且重勞主人之荅已
也不拜既爵故但立飲記曰立卒爵者不拜
既爵位堂下之位介之南也於此云復則主
人揖升之時衆賓其皆進與
衆賓獻則不拜受爵坐祭立飲

自第四以下又不拜受爵愈自別於尊者也

每一人獻則薦諸其席

注曰謂三人也

疏曰席謂席前

繼公謂此薦之節當在坐祭立飲之後與特牲饋食之衆賓同無俎矣又既飲乃薦遠下賓介也不言不祭者可知也

衆賓辯有脯醢辯音遍

注曰每獻薦於其位位在下今文辯皆作徧

繼公謂衆賓三人之外者也衆賓長以下其堂下之位繼賓介之位而南

主人以爵降奠于篚揖讓升賓厭介升介厭衆

賓升衆賓序升即席厭一涉反

揖讓升者謂主人獨與賓一揖一讓而先升

也賓厭介升者賓既厭介乃升也介厭衆賓

升亦然三賓長則不相厭但以次序而升耳

即席立于席上

右獻衆賓

一人洗升舉觶于賓

亦相者使之也獻禮既備即舉觶爲旅酬始

示留賓之意也一人主人之贊者既洗乃升

則用下篚之觶也此舉觶者代主人行禮耳

巾庸曰旅酬下爲上所以逮賤也舉觶猶揚

觶

賓觶西階上坐奠觶遂拜執觶興賓席末荅拜
坐祭遂飲卒觶興坐奠觶遂拜執觶興賓荅拜
舉觶者自飲洗且拜其意與主人酬賓之禮
同賓席末拜示違其位也不降席荅之者以
其賤也下二人舉觶放此舉觶者拜亦當楣

降洗升實觶立于西階上賓拜

注曰賓拜將受觶

繼公謂立者俟賓拜

進坐奠觶于薦西賓辭坐受以興

奠觶者亦以賓未即飲故也賓辭奠觶之意
亦畧與上同此實取之而經云受者原賓意
也然經於此類亦或言取則人指其事耳云

坐受是賓已拜即興矣注此時之在席者皆
坐事則與經文畧也
舉觶者西階上拜送賓坐奠觶于其所
下經云賓坐取俎西之觶即此觶也其於薦
西爲少南乃云其所者明其近於故處也必
奠于其所者降於主人且别於不舉者也主
人酬賓奠觶于薦西賓取而奠于薦東其觶
卒不復舉
舉觶者降
右一人舉觶于賓
設席于堂廉東上
注曰側邊曰廉

繼公謂此云設席于堂廉言其南北節也鄉射云席工于西階上少東言其東西節也文互見耳席東上而下者當西階上少東

工四人二瑟瑟先相者二人皆左何瑟後首挎越內弦右手相（相並息亮反何胡我反挎口孤反）

注曰二瑟二人鼓瑟則二人歌也相扶工也衆賓之少者爲之每工一人鄉射禮曰弟子相工如初入天子相工使視瞭者工瞽矇也故有扶之者從首者變於君也挎持也相瑟者則爲之持瑟其相歌者徒相也越瑟下孔所以發越其聲也內弦側擔之

疏曰相歌者亦二人以空手無事故不言云

注云變於君者鄉飲酒與燕禮相對燕禮面
鼓此後首是相變
繼公謂瑟先歌後行時以後爲尊亦工禮之
異者也在肩曰何左何瑟爲相當以右手也
後首瑟之首在後也挎以指鉤之也後越去
瑟廉差近故以巨擘承下廉而三指挎越也
內弦弦鄉身也右手相者便也士之飲酒乃
有工有笙者蓋亦公家之樂官給學中飲射
之事者與
樂正先升立于西階東
注曰正長也樂正於天子樂師也凡樂掌其
序事樂成則告備

繼公謂樂正當從工乃先升者變於尊者之重禮也此先升而立于西階東亦明其不與工序也鄉射禮云樂正先升立于工席之西亦與此文互見也 按注云樂正於天子樂師也天子樂師以下大夫上士下士爲之諸侯之樂師惟當用上士下士 然則此使之給事者其下士與

工入升自西階北面坐相者東面坐遂授瑟乃降（相息亮反）

注曰降立于西方

疏曰鄉射云樂正適西方 命弟子贊工遷樂故知立于西方

繼公謂相者東面坐於其席前之西也授瑟以瑟首鄉東授之

工歌鹿鳴四牡皇皇者華（華音花）

三者小雅之首篇也春秋傳曰文王大明緜兩君相見之樂也兩君相見得歌大雅則士大夫相飲得歌小雅差之宜也此凡所歌者皆不取其詩之義但以其所得用者樂賓耳不言瑟者瑟依歌其同可知書曰戛擊鳴球搏拊琴瑟以詠禮又有頌磬頌鐘頌猶歌也然則工歌之時亦奏堂下之樂以應之矣不言者主於歌也下放此

卒歌主人獻工工左瑟一人拜不興受爵主人

阼階上拜送爵

注曰左瑟便其右且辟主人授爵也一人工之長也賤故不爲之洗

繼公謂左瑟置其瑟於左爲受爵變也瑟冝前首故左之一人工之長乃歌者也不與受爵瞽者不能如禮也主人亦坐授之主人先獻歌者其瑟者事未至乃爲之變者節也主人獨拜于阼階上者以工拜受於其位故不得拜於其右也凡主人與工爲禮蓋亦有贊告之者

薦脯醢

工雖賤以其受爵于席故每獻輒薦之亦與

[illegible]人之禮異也

[illegible]人相祭相息亮反

注曰使扶工者相其祭薦祭酒

繼公謂此亦祭薦者殊其長也

工飲不拜既爵授主人爵

注曰坐授之

衆工則不拜受爵祭飲

注曰祭飲獻酒重無不祭也

繼公謂不拜而受差賤也其意與不拜既爵

同祭飲祭酒乃飲也

辯有脯醢不祭辯音遍

注曰賤者禮簡

大師則爲之洗賓介降主人辭降工不辭洗獻

[illegible]爲于偽反

注曰爲之洗尊之也賓介降從主人也工大師也

繼公謂大師工之長也周官以下大夫爲之諸侯則宜用上士也爲之洗以其有爵異之賓介從降者同大師於已黨也主人辭賓亦對衆賓不降别於賓介也工不辭洗亦不降主人既洗亦與賓介揖而俱升

笙入堂下磬南北面立樂南陔白華華黍白華音花

注曰笙吹笙者也以笙吹此詩以爲樂也南陔白華華黍小雅篇也今亡其義未聞昔周

之興也周公制禮作樂采時世之詩[illegible]
歌所以通情相風切也其有此篇明[illegible]
衰微幽厲尤甚禮樂之書稍稍廢棄[illegible]
吾自衛反魯然後樂正雅頌各得其[illegible]
時在者而復重雜亂者也惡能存其亡[illegible]
且正考父校商之名頌十二篇于周太[illegible]
以祀其先王至孔子二百年之間五篇而
此其信也

繼公謂磬南阼階西南也北面立蓋亦東上
如工立于磬南近其所應之樂也詩曰笙磬
同音而禮有笙磬笙鐘則吹笙之時亦奏鐘
磬之屬以應之矣不言者主於笙也下放此

凡樂自判縣而上其鐘磬乃分別頌者笙者若特縣則一之

主人獻之于西階上一人拜盡階不升堂受爵主人拜送爵階前坐祭立飲不拜既爵升授主人爵盡子忍反

注曰一人笙之長者笙三人和一人凡四人鄉射禮曰笙一人拜于下

繼公謂主人獻時亦西南面也盡階不升堂賤也既受爵階上少立俟主人已拜然後降

主人拜亦北面升授主人爵亦盡階不升堂

衆笙則不拜受爵坐祭立飲辯有脯醢不祭辯音遍

注曰薦之皆於其位

繼公謂鄉射禮曰主人以爵降奠于篚反升就席

乃間歌魚麗笙由庚歌南有嘉魚笙崇丘歌南山有臺笙由儀間古莧反麗力馳反

注曰間代也謂一歌則一吹六者皆小雅篇也由庚崇丘由儀今亡其義未聞

乃合樂周南關雎葛覃卷耳召南鵲巢采蘩采蘋雎七余反覃大南反卷九轉反召音邵

朱子曰二南之分唯程子以為周公主內治故以畿內之詩言文王大姒之化者屬之周南召公掌諸侯故以畿外之詩言列國諸侯

大夫之室家被文王大姒之化而成德者屬之召南此爲得之謂之南者言其化自岐雍之間被于江漢之域自北而南也詩曰以雅以南即謂此也

繼公謂樂即此六篇詩也合樂謂合周南召南而歌之與鄉之惟歌小雅者不同也燕曰遂歌鄉樂與此文互見耳二風乃合而之者鄉樂於小雅爲輕也雅先而鄉樂後[illegible]重後輕也鄉飲酒士禮之盛者也故歌[illegible]與鄉樂若其禮輕者則惟鄉樂而已[illegible]司正是也春秋傳謂文王之三爲[illegible]之樂指其始歌者也始歌大雅則合[illegible]

諸侯相見其歌如此及與臣燕則工鹿□□
而下以是數者觀之可以見君臣樂□□
之差矣然則天子之燕享諸侯亦當一□□
相見之樂而□則惟宜於祭用之與

歌蓋如士

工告于樂正曰正歌備樂正告于賓乃降
注曰備亦成也樂正降者以正歌備無事也
降立西階東北面
繼公謂工其長也正歌謂所歌者皆風雅之
正也凡歌以既合樂爲備故告備於合樂之
後焉惟告正歌備者蓋以已之所有事者而
言故不及乎其他必告于賓者飲酒主於賓

歌亦爲樂賓故也　按注云備亦成也者蓋
據樂師職凡樂成則告備之文也注又云降
立西階東北面雖無所據以意度之當在是
也

右樂

主人降席自南方

注曰不由北方由便

繼公謂此降席自南方其義與介同

側降

注曰賓介不從

繼公謂此側降而賓不從則[redacted]降之意皆
可得而見矣

作相爲司正司正禮辭許諾主人拜司正荅拜

主人升復席相息亮反

注曰作使也禮樂之正既成將留賓爲有解惰立司正以監之察儀法也

疏曰相即上經云一相者也

繼公謂主人自作之者辟君禮也司正之職亦主於相爾乃更其名者禮異於上宜新之也自是以後禮節凡五司正皆有事焉於此立之亦示留賓之意也謂之司正者以其正此飲酒之禮而名之與

司正洗觶升自西階阼階上北面受命于主人

主人曰請安于賓司正告于賓賓禮辭許

注曰告賓於西階上

繼公謂司正緣主人意必欲安賓故受命于主人以安之安賓而賓辭則是賓於此時果有不安之心矣辭者蓋以主人有旨酒嘉肴已已受賜爲辭也執觶受命贊辭變於君

司正告于主人主人阼階上再拜賓西階上荅拜司正立于楹間以相拜皆揖復席相息亮反

注曰司正既以賓許告主人遂立楹間以相拜相謂贊主人及賓相拜之辭賓主人旣拜相揖就席

繼公謂楹間東西節也宜於楹爲少南凡相拜皆有相之者經不悉見之

司正實觶降自西階階間北面坐奠觶退共少
立共音拱
注曰奠觶表其位也共拱手也
繼公謂階間東西節亦所謂中庭也奠觶不
拜者獨行禮則不象受觶之儀也不南面奠
觶亦變於君禮退而少立以其位在是也燕
與大射則其位少進亦異者也
坐取觶不祭遂飲卒觶興坐奠觶遂拜執觶興
洗北面坐奠觶于其所退立于觶南
坐取觶亦進坐取觶而反坐也不祭者變於
獻酬也卒觶拜者宜謝主人也酒主人之物
也主人不荅拜者不與爲禮則不敢當也主

人請立司正而司正乃實觶自飲者所以爲
識又欲因以虛觶識其位也洗觶奠之不敢
苟也

右立司正

賓北面坐取俎西之觶阼階上北面酬主人主
人降席立于賓東

注曰初起旅酬也旅酬同階禮殺

繼公謂俎西於薦西爲少南上經惟云奠觶
于其所故此明之賓於一人所舉之觶亦反
而還之者以其代主人行禮故也

賓坐奠觶遂拜執觶興主人答拜不祭立飲
拜卒觶不洗實觶東南面授主人

注曰此所不者酬而禮殺也旁更酌以鄉人將授

繼公謂不拜卒觶猶言不拜既爵也東南於阼階上鄉射禮無授主人三字或曰拾當作酬

主人阼階上拜賓少退主人受觶賓拜送于主人之西賓揖復席

揖而復席禮之也

主人西階上酬介介降席自南方立于主人之西如賓酬主人之禮主人揖復席

惟既實觶則西南面酬介異於賓禮也

司正升相旅曰某子受酬受酬者降席相息亮反

注曰旅序也於是介酬衆賓衆賓又以次序相酬某者衆賓姓也同姓則以伯仲别之又同則以其字别之

繼公謂相旅謂相旅酬之禮曰某子受酬即其事也或言旅或言酬互見耳他皆放此於賓酬主人主人酬介司正不升則惟相之於下耳尊之也若有遵者則先衆賓酬之既則

司正乃升也

司正退立于序端東面

注曰辟受酬者又便其贊上贊下也始升相西階西北面後篇注又云退立俟受酬者

繼公謂序端東面惟退而俟事之時則然自

是以後於凡作受酬者則皆少違此位堂上者北面作之堂下者南面作之既則皆復此位也

受酬者自介右

注曰由介東也

繼公謂受介酬者獨居其右與他受酬者不同明介尊不與衆賓序也若尊者受介酬亦然自介右則介當東南面酬之

衆受酬者受自左

注曰後將受酬者皆由西也

疏曰衆受酬者謂堂上衆賓自第二以下并堂下衆賓也

繼公謂受自左賓黨受酬者之正位也

拜興飲皆如賓酬主人之禮

注曰嫌以下異也

繼公謂亦惟受酬者立于酬者之西及酬者既實觶進西南面爲異耳

辯卒受者以觶降坐奠于篚（辯音遍）

注曰鄉射禮曰辯遂酬在下者皆升受酬于西階上

繼公謂辯辯衆賓之在上者其後當言酬在下者之禮然後及於卒受者如鄉射禮所云是也經蓋有脫文耳卒受者無所旅自飲于上乃降

司正降復位

右旅酬

使二人舉觶于賓介洗升實觶于西階上皆坐奠觶遂拜執觶興賓介席末荅拜皆坐祭遂飲卒觶興坐奠觶遂拜執觶興賓介席末荅拜

注曰二人主人之贊者燕禮曰媵爵者立于洗南西面北上序進盥洗

疏曰舉觶爲無筭爵始也荅拜賓南面介東面

繼公謂亦代主人行事也至是乃併舉觶于介者異之也正言賓介者明雖有大夫猶及介後于字亦衍

逆降洗升實觶皆立于西階上賓介皆拜

注曰於席末拜

繼公謂鄉射禮曰立于西階上北面東上皆進薦西奠之賓辭坐取觶以興介則薦南奠之介坐受以興退皆拜送降賓介奠于其所賓云取介云受經文錯綜以見其同也介亦辭文不具耳鄉射禮曰賓與大夫辭介宜與彼大夫同也既奠于其所則興不言者亦文不具耳鄉射禮曰賓大夫坐反奠于其所興未奠而降變於上禮也此奠于其所者賓則少南而當俎西介則少東而當俎南如於一人舉觶者之爲也

右二人舉觶于賓介

此條有與一人舉觶之儀相類者

其說已見於上

司正升自西階受命于主人主人曰請坐于賓

賓辭以俎

注曰至此盛禮俱成賓主百拜強有力者猶倦焉張而不弛弛而不張非文武之道請坐者將以賓燕也

疏曰鄉射司正升自西階阼階上受命于主人適西階上北面請坐于賓也又曰自此以上皆立行禮人皆勞倦故請坐于賓

繼公謂坐謂燕坐而飲也辭以俎者以俎辭

其請坐之命謂俎在此不敢坐也俎肴之貴者燕坐則禮殺矣嘗俎而燕坐是褻之也司正於是又反命于主人　按註云賓主百拜用樂記文也亦甚言其拜之多耳非謂眞有百拜也

主人請徹俎賓許徹直列反下同

注曰亦司正傳請告之

繼公謂賓辭若辭以俎今主人請徹俎而賓許之是許其坐矣

司正降階前命弟子俟徹俎

注曰西階前也弟子賓之少者

繼公謂俟徹俎者俟侍者徹俎乃受之也

司正升立于序端

注曰待事

賓降席北面

北面于俎南以當先取俎

主人降席阼階上北面介降席西階上北面遵者降席席東南面

主人介遵皆近其席而立俟取俎之節也遵者爲此鄉之人仕至公卿大夫主人請之來與此會者也謂之遵者以其遵承主人之命而來與或曰遵之爲言尊也大夫尊於士故以是名之未知孰是遵者席西上降席而立于席東便也

賓取俎還授司正司正以降賓從之還音旋下同北面取俎還南面授司正必言還者明就而受之司正受賓俎者賓尊宜異之賓降立于西階西

主人取俎還授弟子弟子以降自西階主人降自阼階介取俎還授弟子弟子以降介從之若有諸公大夫則使人受俎如賓禮衆賓皆降此取俎與升受俎者皆以先者既降爲節取俎不言所鄉如賓可知主人之俎乃以降自西階者辟君禮也人亦謂弟子鄉射禮曰大夫取俎還授弟子是也主人降立于阼階東介在賓南大夫在介南衆賓又在大夫南少

退

右徹俎

説屨揖讓如初升坐說吐活反

注曰説屨主人先左賓先右説屨者爲燕當坐也

繼公謂説屨者各於其階側北面坐於堂而説屨於上者惟尊長則然此賓主人其尊相敵故皆説於下賓黨之屨亦北上也揖讓謂主人與賓一揖一讓也賓則厭介介厭大夫大夫厭衆賓亦以次而升　按注云主人先左賓先右謂賓在主人之左故主人先説左屨主人在賓之右故賓先説右屨是亦鄭氏

以意言之耳

右說屨升坐

乃羞

注曰設啗具以案酒也羞進也所進者狗胾醢也

繼公謂羞者羞庶羞於凡有薦者也此時衆賓亦當祭薦亦不具耳　按注云所進者狗胾醢也少牢特牲饋食之庶羞皆以其牲肉爲胾又有醢故知此禮當放之也

無筭爵

注曰筭數也爵行無數醉而止

繼公謂無筭爵者行其[illegible]終而後於無定

數也鄉射禮曰使二人舉觶于賓與大夫又曰執觶者洗升實觶反奠于賓與大夫此異於彼者舉觶及反奠者不於大夫而於介耳其賓觶亦以之主人介觶則以之大夫其餘皆可以類推之也

無筭樂

爵行則奏樂無筭止則樂闋故爵無筭而樂亦無筭也歌與閒合所用未聞

右無筭爵

賓出奏陔陔古才反

注曰陔陔夏也周禮鐘師以鐘鼓奏九夏是奏陔夏則有鐘鼓矣鄉射禮曰賓興樂正命

奏陔賓降及階陔作賓出衆賓皆出

繼公謂陔戛有聲無辭之樂金奏之一者也其名義未詳

主人送于門外再拜

注曰門東西面拜也

繼公謂再拜送賓也不拜送介殺於初賓主人以下亦當屨而后出經文又畧也

右賓出

賓若有遵者諸公大夫則既一人舉觶乃入

注曰大國有孤四命謂之公

繼公謂此謂遵先俟于門外以一人既舉觶爲入之節大國有孤其官或與天子之三公

席端則是凡辭席者皆近席爲之也此重席乃云加席者但取其在上故爾非謂此席即加席也凡加席與其下席異物而長半之重席則否

右遵者之禮

明日賓鄉服以拜賜

鄉服鄉飲酒之服即朝服也變朝言鄉見其與昨日同也鄉飲酒士禮也乃朝服者放君之燕禮故如其服也拜賜拜謝其飲已之賜也介不拜賜者禮主於賓也凡拜賜者例不見

主人如賓服以拜辱

注曰鄉射禮曰賔朝服以拜賜于門外主人
不見如賔服遂從之拜辱于門外乃退
繼公謂辱拜賜之辱也主人往拜賔辱者敵
也凡尊卑不敵則不荅拜賜之禮
石拜賜拜辱
主人釋服
注曰釋朝服更服玄端也古文釋作舍
乃息司正
注曰息勞也勞賜昨日贊執事者獨云司正
司正庭長也
繼公謂息字未詳疑即燕之異名考工記曰
張獸侯則三以息燕是也此禮亦於學宮行

之必息司正者以昨日勞之而待之之禮又殺於賓黨故也釋服乃息之者此無所放故服其正服也是禮雖主於司正未必以司正爲賓公父文伯飲南宮敬叔酒以路堵父爲客是其徵矣

無介不殺

皆貶於飲酒

薦脯醢

薦同也

羞唯所有

注曰在有何物

徹唯所欲

注曰徵召也

以告于先生君子可也

先生說見首篇君子國中有德有爵者也亦使人告之云可者嫌其禮輕不必告也惟言告是不請矣不請則不速可知皆異於賓也其來若否則但語告者以復命於主人與先生君子若與其位蓋如遵

賓介不與（與音預）

不敢以輕禮浼昨日之尊客古文與爲豫

鄉樂唯欲

鄉樂者凡國風皆是也唯欲者唯其所欲則使工歌之不如昨日之有節次也是亦純用

鄉樂之異者耳國風爲大夫士之[illegible]
諸侯之樂大雅頌爲天子之樂禮[illegible]
進取故鄉飲酒升歌小雅也息司正[illegible]
唯用其正樂耳鄉射禮云一人舉觶遂
爵然則工入之節其在無筭爵之時乎

右息司正

記鄉朝服而謀賓介朝直遙反

鄉鄉飲酒也不言飲酒省文耳孔子曰吾
於鄉王制曰冠昏喪祭鄉相見皆其徵也於
此云鄉者如燕禮記先言燕特牲饋食記先
言特牲饋食之類也謀賓介爲飲酒之始故
即服其服經不見其服故記明之

皆使能不宿戒

皆皆賔介也其下者亦存焉能謂害於禮者也宿戒者前期日而戒之也此於當日乃戒之故曰不宿戒知其能乃使之故如此然則他禮有宿戒者皆慮其或有所未能也與

蒲筵緇布純（純章允反）

純緣也公食大夫記云蒲筵常緇布純此不言常則其㡯或短與

尊綌冪賔至徹之（徹直列反）

賔至徹冪臣禮之節也士昏禮夫婦入于室贊者徹尊冪特牲禮尸即位而徹冪皆與此類

其牲狗也

用狗者用燕禮之牲也鄉飲與燕類也而燕於君禮爲差輕鄉飲於臣禮爲差重故牲亦不嫌其同

亨于堂東北亨音烹

亨煑也堂東北爨所在也就而亨焉凡學宮惟一門故牲爨不於門外而於堂東北堂東北即東夾之東北也學宮有左右房則亦當有夾室

獻用爵其他用觶

其他謂酬及舉觶之屬也然記之文意似失於不備夫酢亦用爵也何獨獻哉此上篚之

爵三觶一下篚之觶三
薦脯五挺橫祭于其上出自左房挺大頂反
注曰曲禮曰以脯脩置者左朐右末
疏曰此橫祭于其上者於脯爲橫於人爲縮
按注引曲禮者欲見此脯與曲禮脯脩其設
之皆橫於人前
繼公謂脯之祭者半挺使人以爲祭也云
祭是五挺者縮邉也然則邉亦有首也
房東房也有左房則有右房可知
俎由東壁自西階升
上云亨于堂東北而不別言陳
俎亦未離於其所也故其升

必言由東壁者嫌俎當自門入也云自西階升者明賓主同
賓俎脊脅肩肺主人俎脊脅臂肺介俎脊脅胳肺肺皆離皆右體進腠胳音格腠千奏反
注曰凡牲前脛骨三肩臂臑也後脛骨二膊胳也尊者俎尊骨卑者俎卑骨祭統曰凡爲俎者以骨爲主骨有貴賤凡前貴後賤右體周所上也腠理也進理謂前其本也今文胳爲骼
繼公謂肺言皆離明無切肺祭以離肺飲酒正禮也皆皆肩臂胳也凡脊脅不謂之體右體者吉禮所尚故於三俎用之介俎用胳者

欲以臑爲諸公俎肫爲大夫俎也遵者若多則自三以下皆用左體是亦示其相下之意也若無遵者介俎猶用胳不爲之變也此經先脊脅而後正體豈堂上尊者狗牲之經其載之法宜與他牲異乎肺在後者便其取之也凡俎横設其後皆於所爲設者爲右　按注謂凡牲後脛骨二肫胳也此語不備後脛骨亦三髀肫胳也髀雖或不升然不可以爲非脛骨

以爵拜者不徒作

注曰徒猶空也作起也

繼公謂以爵拜蓋指賓主介遵既卒爵而奠

爵拜者也既拜而興則與飲己者為禮故曰
不徒作然此拜乃前禮之節其意未必與後
禮相通記乃合之以生義似失之又經言奠
爵此乃言以爵則其意亦可見矣
坐卒爵者拜既爵立卒爵者不拜既爵
注曰唯工不從此禮
繼公謂此蓋於卒爵之時見其拜不拜之意
坐近於拜故當拜則坐飲而不當拜則立飲
也是二儀者經已具之記蓋言其例耳又此
與下條惟以鄉飲鄉射之禮言之則可若推
於他禮則有不盡然者矣
凡奠者於左

注曰不飲者不欲其妨

繼公謂此禮其奠者一而已矣言凡未詳

將舉於右

注曰便其舉也

衆賓之長一人辭洗如賓禮（長知丈反）

主人獻衆賓惟於始者一爲之洗經云主人取爵于西楹下降洗是也一人辭之者禮主於己也

立者東面北上若有北面者則東上（東上之東當讀作西）

此謂在門內位之時也賓入門左位近庭南介以下又居其南衆賓若多則容有北面者北面者與東面者相繼當西上云東者字誤

賓介同來者也經不言士入之節而記見此

[illegible]以前皆可以入也士賤於大夫可[illegible]下與旅則與主人之贊同故不與

[illegible]飲皆不入矣云既者終言之也士亦謂當在堂下若也其入則以齒立于西方主人不迎

[illegible]賓介遵者之俎受者以降遂出授從者從者才

出從者亦出則是飲酒之禮他人無事者皆不入所

[illegible]人之俎以東

[illegible]遵[illegible]辟也

正[illegible]師奏陔賓出至于階陔作陔古才反

[illegible][illegible]奏之之人與奏之之賓也鄉射禮曰賓

降[illegible][illegible]階作

[illegible]者主[illegible]公則大夫於主人之北西面

注[illegible]其西面者北上統於公

[illegible]若無諸公則南面西上

[illegible]八謂有諸公則大夫位於此尊諸公也

[illegible]之贊者西面北上不與與音預下同

[illegible]曰贊者佐助主人禮事徹冪沃盥設薦俎

者也

繼公謂此贊者蓋以學中之有司及私臣為

之西面之位其在洗東南與與謂與其禮也

下言無等爵然後與則此所謂不與者爵之

旅酬也是向似有賦文位西面且不與獻酬
亦飲酒于學之禮異者也特牲饋食記曰公
有司門西北面東上獻次衆賓私臣門東北
面西上獻次兄弟　按注釋贊者亦未備
無筭爵然後與
此遠下於賓黨也鄉射禮云無筭爵執觶者
皆與旅執觶亦主人之贊者也鄉飲酒義曰
賓酬主人主人酬介介酬衆賓少長以齒終
於沃洗者焉是謂沃洗者得與旅酬與此異
矣參攷經文似當以此爲正

儀禮卷第四

一万五十三

儀禮卷第五

敖繼公集說

鄉射禮第五

注曰於五禮屬嘉禮

繼公謂鄉射者士與其鄉之士大夫會聚于學宮飲酒而習射也此與上篇大同小異惟多射一節耳亦飲酒而但以射言者主於射也

鄉射之禮主人戒賓賓出迎再拜主人荅再拜乃請賓禮辭許主人再拜賓荅再拜主人退賓送再拜

請亦謂致戒辭而請之爲賓也請下似脫一

賓字迎者出見之之稱故雖不入門亦謂之
迎

無介

無介者以介尊次於賓同於大夫射時難爲
耦也

右戒賓

乃席賓南面東上

不言户牖間者可知也記云出自東房有東
房西房則中有室而席賓於室之户牖間也
明矣凡席於此者皆由下上經不悉見之也惟
爲神席則西上

衆賓之席繼而西

衆賓亦衆賓之長三人也繼繼賓席也云[illegible]
者明其以次而西衆賓之席亦皆不屬而[illegible]
上

席主人於阼階上西面

阼階上東西節也南北當東序凡主位皆然

尊于賓席之東兩壺斯禁左玄酒皆加勺篚在
其南東肆

注曰設尊者北面西曰左

繼公謂賓席之東即房户之間也此亦與前
篇互見其文

設洗于阼階東南南北以堂深東西當東榮[illegible]
在洗東篚在洗西南肆縣于洗東北西面深式鴆反

縣音玄

注曰縣於東方辟射位也

疏曰鄉飲無射卑縣於階間

繼公謂縣不近階者權移於此宜辟東縣之正位也大射東縣在阼階之東縣謂縣鍾磬與鎛於筍簴也鼗鞞之屬亦存焉周官小胥職曰凡縣鍾磬半爲堵全爲肆文曰天子宮縣諸侯軒縣卿大夫判縣士特縣然則凡爲士者之樂皆得縣鍾與磬惟以特而別於其上[illegible]大射儀言國君西方之縣先磬次鍾次鎛鼓鞞在其南下經云不鼓不釋鍾師職曰掌以鍾鼓奏九夏鎛師職曰掌金奏之鼓

與上篇皆賓出奏陔陔夏金奏之一也然則是禮亦有鍾鼓[illegible]明矣其設之磬在北鼓在南略放大射西方之縣云

乃張侯下綱不及地武

注曰侯謂所射布也綱持舌繩也武迹也中人之迹尺二寸

疏曰周禮梓人云上綱與下綱出舌尋縜寸焉注云綱所以繫侯於植者也中人之迹尺二寸無正文漢禮云五武成步步六尺或據此而言也

繼公謂射布而曰侯者王朝射之以威不寧侯遂以名之也諸侯以下則因其名而不改

與下綱謂巳繫者也綱不及地武則下个亦
然
不繫左下綱中掩束之繫古帝反
注曰事未至也侯北面西方謂之左
繼公謂侯以左爲尊故事未至則未繫左下
綱也中掩束之者中掩左下个而以綱束之
也下个出於躬五尺中掩之是所掩者二尺
五寸也
乏參侯道居侯黨之一西五步
注曰容謂之乏所以謂獲者御矢也侯道五
十步此乏去侯北十丈西三丈
疏曰參謂三分之黨旁也云容謂之乏者則

人職云王射三容是也
繼公謂乏爾雅曰乏謂之防説者云如今牀
頭小曲屏風也侯黨指侯之西邊而言此乏
參分侯道而居其一也乃云侯黨者明雖取數
於侯道實取節於侯黨也西五步亦謂侯黨
之西也然則此乏其南十丈其東三丈乃與
侯黨相當與大射儀曰乏各去其侯西十北
十乏義未詳

右設席器張侯

羹定主人朝服乃速賓賓朝服出迎再拜主人
荅再拜退賓送再拜朝並直遥反
禮戒速同服此速賓朝服則戒時亦朝服可

知鄉射而朝服其義與鄉飲同

賔及衆賔遂從之

主人既退衆賔乃至於賔之門而與之皆行也云遂者雖相去有間而事則實相接也

右速賔

自此以後經文及記文有與鄉飲酒禮同者不重釋之

及門主人一相出迎于門外再拜賔賔荅再拜揖衆賔主人以賔揖先入賔厭衆賔衆賔皆入門左東面北上賔少進相息亮反厭涉反篇內同

注曰以猶與也少進差在前

繼公謂門學門　衆賔入門左此脫三

字爾少進謂少東

主人以賓三揖皆行及階三讓主人升一等賓升

皆行言無先後也主人升一等賓乃升敵者之禮也

右迎賓

主人阼階上當楣北面再拜賓西階上當楣北面荅再拜

右拜至

主人坐取爵于上篚以降賓降主人阼階前西面坐奠爵興辭降賓對主人坐取爵興適洗南面坐奠爵于篚下盥洗賓進東北面辭洗主人

坐奠爵于篚興對賓反位

注曰反從降之位也鄉飲酒曰當西序東面

主人卒洗壹揖壹讓以賓升賓西階上北面拜

洗主人阼階上北面奠爵遂荅拜乃降賓降主

人辭降賓對主人卒盥壹揖壹讓升賓升西階

上疑立主人坐取爵實之賓席之前西北面獻

賓疑儗魚乞反下同

席之當作之席

賓西階上北面拜主人少退賓進受爵于席前

復位主人阼階上拜送爵賓少退薦脯醢賓升

席自西方乃設折俎主人阼階東疑立賓左執

爵右祭脯醢奠爵于薦西興取肺坐絕祭嘗左

手嚌之興加于俎坐挩手執爵遂祭酒興席末
坐啐酒降席坐奠爵拜告旨執爵興主人阼階
上答拜賓西階上北面坐卒爵興坐奠爵遂拜
執爵興主人阼階上答拜

右獻賓

賓以虛爵降主人降賓西階前東面坐奠爵興
辭降主人對賓坐取爵適洗北面坐奠爵于篚
下興盥洗主人阼階之東南面辭洗賓坐奠爵
于篚興對主人反位

注曰反從降之位主人辭洗進

賓卒洗揖讓如初升主人拜洗賓答拜興降盥
如主人之禮賓升實爵

鄉飲酒無升字

主人之席前東南面酢主人主人阼階上拜賓少退主人進受爵復位賓西階上拜送爵薦脯醢主人升席自北方乃設折俎祭如賓禮不告旨自席前適阼階上北面坐卒爵興坐奠爵遂拜執爵興賓西階上北面答拜主人坐奠爵于序端阼階上再拜崇酒賓西階上答再拜

右賓酢主人

主人坐取觶于篚以降賓降主人奠觶辭降賓對東面立主人坐取觶洗賓不辭洗卒洗揖讓升賓西階上疑立主人實觶酬之阼階上北面坐奠觶遂拜執觶興賓西階上北面答拜主人

坐祭遂飲卒觶興奠觶遂拜執觶興賓西階上
北面荅拜主人降洗賓降辭如獻禮升不拜洗
賓西階上立主人實觶賓之席前北面賓西階
上拜主人坐奠觶于薦西賓辭坐取觶以興反
位主人阼階上拜送賓北面坐奠觶于薦東反
位

右酬賓

主人揖降賓降東面立于西階西當西序
注曰主人將與衆賓爲禮賓不敢獨居堂
主人西南面三拜衆賓衆賓皆荅一拜主人揖
升坐取爵于序端降洗升實爵西階上獻衆賓
衆賓之長升拜受者三人主人拜送坐祭立飲

不拜既爵授主人爵降復位長知丈反

位亦堂下之位賓之南也

衆賓皆不拜受爵坐祭立飲每一人獻則薦諸其席衆賓辯有脯醢主人以虛爵降奠于篚揖讓升賓厭衆賓升衆賓皆升就席辯音遍

右獻衆賓

一人洗舉觶于賓升實觶西階上坐奠觶拜執觶興賓席末荅拜舉觶者坐祭遂飲卒觶興坐奠觶拜執觶興賓荅拜降洗升實之西階上北面賓拜舉觶者進坐奠觶于薦西賓辭坐取以興

注曰若親受然

繼公謂前篇言受此言取互文也

舉觶者西階上拜送賓反奠于其所舉觶者降

鄉飲酒曰坐奠觶于其所

右一人舉觶

大夫若有遵者則入門左

若有遵者謂若有與此會而爲遵者也入門左則鄉者賓入之位也不俟於門外別於正賓

主人降

注曰迎大夫於門内

賓及衆賓皆降復初位

初位階西以南當序之位

主人揖讓以大夫升拜至大夫荅拜主人以爵

降大夫降主人辭降大夫辭洗如賓禮

此賓禮自三揖三讓以至于一揖一讓升之儀也

席于尊東

此言尊東鄉飲酒言賓東亦文互見也又此言設席之節與鄉飲酒不同未知當以何者為正

升不拜洗主人實爵席前獻于大夫大夫西階上拜進受爵反位主人大夫之右拜送

席前獻其西北面與主人既拜送則亦立于階東此與薦脯醢以下皆如鄉飲酒之介

其不釋者以意求之

大夫辭加席主人對不去加席去起呂反

鄉飲酒禮曰大夫則如介禮有諸公則辭加席委于席端主人不徹無諸公則大夫辭加席主人對不去加席此惟主言無諸公之大夫則是鄉射之禮諸公不與又說見鄉飲酒禮

乃薦脯醢大夫升席設折俎祭如賓禮不嚌肺不啐酒不告旨西階上卒爵拜主人荅拜

注曰大夫升席由東方

繼公謂主人荅拜亦於大夫之右

大夫降洗

大夫若衆則主人辯獻之長乃洗

主人復阼階降辭如初卒洗主人盥揖讓升大夫授主人爵于兩楹間復位

授主人爵于兩楹間者大夫雖尊若與鄉飲鄉射之禮則屈於正賓其禮但比於介故此拱受之節亦惟與介同

主人實爵以酢于西階上坐奠爵拜大夫荅拜坐祭卒爵拜大夫荅拜主人坐奠爵于西楹南再拜崇酒大夫荅拜主人復阼階揖降大夫降立于賓南

必降者宜與賓序升也立于賓南下之也鄉射之禮大夫若與則下於賓鄉飲之禮公與

大夫若與則皆下於介盖其禮皆主於士故
也
主人揖讓以賓升大夫及衆賓皆升就席
賓亦獻大夫大夫亦獻衆賓乃升也衆賓其
長三人也
右遵者之禮
席工于西階上少東樂正先升北面立于其西
少東據工之下席而言也樂正立于其西猶
來至階也鄉飲酒禮曰樂正先升立于西階
東
工四人二瑟瑟先相者皆左何瑟面鼓執越內
弦右手相入升自西階北面東上工坐相者坐

捘瑟乃降相並息亮反何戶我反

注曰面前也可鼓者在前變於君也言執者手入之淺也

疏曰變於君者鄉射與大射相對大射君禮而後首此臣禮前首故云變

繼公謂前越去廉差遠故不可挎但執之而已面鼓亦變於飲酒

笙入立于縣中西面縣音玄

注曰堂下樂相從也

繼公謂此與鄉飲立于磬南之意同縣中盥

縣中之西也

乃合樂周南關雎葛覃卷耳召南鵲巢采蘩采

蘋召音邵

不歌不間不笙者爲射事繁且文故略於樂也不略合樂者周南召南國風也國風爲鄉樂大夫士之正樂也不可略其正也

工不與告于樂正曰正歌備樂正告于賓乃降

注曰不興者瞽矇禮略也

繼公謂凡歌至於合鄉樂乃爲備此合鄉樂矣故雖不歌小雅亦可謂之備

主人取爵于上篚獻工大師則爲之洗賓降主人辭降大音泰爲于僞反

大夫不降亦別於賓

工不辭洗卒洗升實爵

主人卒洗亦與賓揖讓乃升此以上著大師
之禮異也餘則與非大師者同
工不興左瑟一人拜受爵
注曰一人無大師則工之長者
主人阼階上拜送爵薦脯醢使人相祭工飲不
拜既爵授主人爵衆工不拜受爵祭飲辯有脯
醢不祭不洗遂獻笙于西階上相息亮反辯音遍下並同
非大師則工之長亦不洗矣乃著笙不洗者
正使笙師猶不洗也諸侯之笙師蓋以下士
為之言遂者承工後也鄉飲酒禮笙入樂南
陔白華華黍乃獻之此不笙亦獻之者主人
自為射故而略於樂耳不可以其無事而廢

禮也

笙一人拜于下盡階不升堂受爵主人拜送爵

階前坐祭立飲不拜既爵升授主人爵衆笙不

拜受爵坐祭立飲辯有脯醢不祭主人以爵降

奠于篚反升就席盡于忍反

右樂

主人降席自南方側降

注曰賓不從降

作相爲司正司正禮辭許諾主人再拜司正荅

拜主人升就席司正洗觶升自西階由楹內適

阼階上北面受命于主人相息亮反

注曰楹內楹北

疏曰受命謂受主人請安賓之命

繼公謂楹謂兩楹

西階上北面請安于賓

注曰傳主人之命

繼公謂賓爲射事而来此時未射若無嫌於不安乃亦請安于賓者飲酒之節宜然也

賓禮辭許司正告于主人遂立于楹閒以相拜

主人阼階上再拜賓西階上荅再拜皆揖就席

相息亮反

賓辭者亦不敢必主人之終行射事也

司正實觶降自西階中庭北面坐奠觶興退少

此中庭其阼階前南北之中與蓋射時司正爲司馬至誘射之後方易位於司射之南則此位必不在階間如鄉飲酒司正之位也

進坐取觶興反坐不祭遂卒觶興坐奠觶拜執觶興洗北面坐奠于其所興少退北面立于觶南

右立司正

未旅

大射儀亦司正已定位即行射事然則射之正禮以此爲節上下同也經於射事既畢始見旅酬之儀則是時未旅可知乃言之者亦經文過於詳耳

三耦俟于堂西南面東上
記云三耦使弟子司射前戒之至是乃立於
此以俟其比也
司射適堂西袒決遂取弓于階西兼挾乘矢升
自西階階上北面告于賓曰弓矢既具有司請
射挾音接乘繩證反下並同
注曰袒左免衣也決猶闓也以象骨爲之著
右大擘指以鉤弦闓體也遂射韝也以朱韋
爲之著左臂亦謂之拾拾歛也所以蔽膚歛
衣也方持弦矢曰挾乘矢四矢也大射曰挾
乘矢於弓外見鏃於弣右巨指鉤弦
繼公謂司射蓋學中之有司給射事者也設

決謂之決設遂謂之遂遂義未詳[illegible]
決乃遂設拾因以稱焉兼皆也未[illegible]則六[illegible]
三挾一興於耦也階上北面位當少東○言[illegible]
司請射示已不敢擅其事也　按注云想之
免衣也以射則左執弓故也
賓對曰某不能爲二三子許諾爲于僞反
注曰言某不能謙也二三子謂衆賓以下
繼公謂不能謂不善射也爲二三子許諾見
所以不辭而即許之意鄉者賓爲射而來故
至是不敢辭但謙遜而已
司射適阼階上東北面告于主人曰請射于賓
賓許

不請射於主人惟告以賓許者緣主人尊賓之意也賓許之辭主人與聞之矣必告之者禮當然也阼階上告主人當北面東似衍文上言司正阼階上北面受命于主人足以見之矣北面告變於君也大射儀司射東面請射于公

右請射

司射降自西階階前西面命弟子納射器

注曰弟子賓黨之年少者也納猶入也射器弓矢決拾中籌楅豐也賓黨東面主人之黨西面

乃納射器皆在堂西

初納之時總置於堂西未有所分别既則陳

其弓矢如下文所云

賓與大夫之弓倚于西序矢在弓下北括衆弓

倚于堂西矢在其上

注曰上堂西廉矢亦北括

疏曰北括順射時矢南行

繼公謂此以弓位之上下見尊卑也下文云

東序東則此序亦似脱一西字也序西堂西

之弓其亦皆北上與

主人之弓矢在東序東

如賓弓矢可知

右納射器

司射不釋弓矢遂以比三耦於堂西三耦之南面命上射曰某御於子命下射曰子與某子射比毗二反下並同

注曰御猶侍也古文曰某從於子

繼公謂比猶合也謂合之而爲耦也上下射相配謂之耦命上下射之辭異示尊卑也其命之惟以所立之序爲先後故不復變位既命耦乃定所謂比也下比衆耦放此

右比三耦

司正爲司馬

以其始與射事故名爲司馬此時之位其西面於觶南與司正爲司馬遠辟君禮也大射

儀司馬二人司正如故

司馬命張侯弟子說束遂繫左下綱說吐活反繫古帝反

注曰事至也

繼公謂命之繫左下綱耳乃云張侯者以張侯之事成於此故也

司馬又命獲者倚旌于侯中

注曰獲者亦弟子也謂之獲者以事名之

獲者由西方坐取旌倚于侯中乃退

云坐取旌見其偃于地也旌所獲者也侯中侯之中央也倚之於此若示射者以中地然退反于西方之位也倚旌而未負侯蓋當誘射之節則異於耦射也且行事亦宜有漸

右鼙綱倚旌

樂正適西方命弟子贊工遷樂于下

注曰當辟射也贊佐也遷徙也

繼公謂適西方自西階東而往西階前也樂謂瑟也亦西面命之

弟子相工如初入降自西階阼階下之東南堂前三笴西面北上坐相息亮反笴古老反

注曰笴矢幹也長三尺

繼公謂如初入謂何瑟之儀與後先之序也堂東堂也堂前三笴坐處之北也必空三笴者辟主人往來堂東之路也位於堂下而坐惟工耳亦無席

北面立于其南

北面者蓋變於堂上之位堂上則樂正與工

同面

右遷樂

司射猶挾乘矢以命三耦各與其耦讓取弓矢

拾拾其劫反

猶者言其未變改也讓者下讓其上也拾更

也取云拾者謂更迭而取之也司射以此二

者命之

三耦皆袒決遂有司左執弣右執弦而授弓

注曰弣弓把

繼公謂有司弟子主授受弓矢者如此授之

是並授也

遂授矢

云遂則亦授弓者授之也上云衆弓倚于堂西矢在其上是既納射器則陳之矣弟子乃留于堂西主授受之事故此時復執以授之

三耦皆執弓搢三而挾一个搢音晉

注曰搢插也插於帶右个猶枚也

司射先立于所設中之西南東面

下經云設楅于中庭南當洗又云設中南當楅西當西序然則此時司射之位少南於洗而西當楶與司射先立於此欲三耦知其位也司射俟三耦畢取弓矢乃適其位者以三

耦皆弟子備或未習其禮也

三耦皆進由司射之西立于其西南東面北上
而俟

進亦每耦並行上射在左如退適堂西之儀
也立于其西南又以司射所立處爲節也俟
俟作射

右三耦就射位

司射東面立于三耦之北搢三而挾一个

復云東面者以其違於舊處且明既還而后
搢三挾一也三耦之北其正位之西也立於
此者示三耦以揖進之節耳

揖進當階北面揖及階揖升堂揖序則鉤楹內

堂則由楹外當左物北面揖

注曰周以序爲鄉學鄉飲酒義曰主人迎賓于庠門外是也左物下物也

繼公謂自揖進以下皆教三耦以射儀也誘射而就左物者亦以其爲主黨也序州黨之學堂即庠也鄭氏以爲鄉學是也黨屬於州州屬於鄉以此言之則三者之學其小大深淺可知矣序則鉤楹內謂繞楹之東而北以其物當棟也堂則由楹外謂循楹之南而東以其物當楣也蓋射者必履物而物之在堂有深有淺故爾夫此篇以鄉射爲名而其禮乃及於州黨之學者其故何哉蓋君子之居

司射反位上耦揖進上射在左並行當階北面

揖及階揖上射先升三等下射從之中等中丁仲反

注曰並併也中猶間也

繼公謂上射在左以其當就上物也上射差尊故先升中等空一等也同階升者前後相當宜空一等以相遠爲敬與異階升者之義不同其降亦然然則凡升階者必於其中央與

上射升堂少左下射升上射揖並行

少左者爲下射升堂則當在右也

皆當其物北面揖及物揖皆左足履物還視侯中合足而俟還音旋

疏曰侯司馬命去侯
繼公謂不云不方足省文耳合足左右並立
於橫畫即上所謂正足也
司馬適堂西不決遂袒執弓
注云適堂西是猶未出于司射之南也云執
弓是亦不挾也不決遂不挾弓變於大射也
云袒執弓則固不決遂矣乃先言之者嫌執
弓者袒必決遂也經文亦或言袒以包二者
故於此明之
出于司射之南升自西階鉤楹由上射之後西
南面立于物間右執簫南揚弓命去侯
注曰簫弓末也揚猶舉也揚弓者執下末大

射曰左執弣
繼公謂鉤楹即鉤楹內也西南面別於射者
也物閒前從畫之間也右執簫爲欲揚弓也
至是乃云執簫則初執弓之時左執弣右執
弦矣南揚弓以弓之上端南鄉而舉之也必
南之者爲獲者在侯故也去離也命去侯者
令辟射且當獲也
獲者執旌許諾聲不絕以至于乏坐東西偃旌
興而俟
注曰偃猶仆也
繼公謂聲不絕不以宮商不絕而已變於大
射也此去侯亦宜趨直西乃折北而就乏東

面偃旌是旌亦東首矣侯侯中則獲也大射
儀曰興共而俟
司馬出于下射之南還其後降自西階反由司
射之南適堂前釋弓襲反位立于司射之南還戶
貫反
圍下射而降者往來相變以爲儀也反謂復
其故道也司射之南皆指其虛位言也是時
司射不在此襲復衣也此襲對袒而言上衣
雖裼猶爲襲也玉藻曰尸襲執玉龜襲非是
則皆裼矣立于司射之南北上也以司射主
射事尊之言反位而著其在司射之南則前
此猶在觶南之位也上耦升射司馬乃襲

儀而定其位亦異於司射也方有此位而言反以鄉者由是而往故也是或一例與

司射進與司馬交于階前相左由堂下西階之東北面視上射命曰無射獲無獵獲上射揖司射退反位射獲之射食亦反

注曰獵矢從旁

繼公謂司射進與司馬交於階前著其進之節也相左著其行之方也司馬南行司射北行而相過故謂之交司馬在西司射在東故謂之相左蓋南行者以東爲左北行者以西爲左也下放此由堂下者自堂下而少東行也西階之東當上物之南也其於堂中爲少

西故取節於西階也恉命上射者以其先發
而下射從之且下射其聞之矣故不復戒戒
其射獲獵獲而不及其他者獲近於侯舉近
以見遠也揖以揖受其戒
乃射上射既發挾弓矢而后下射射拾發以將
乘矢拾其劫反
弓字衍文挾矢則挾弓可知不必言也大射
儀無弓字既發而挾矢是射時乃傅矢也此
亦可以見其節矣云拾發者亦見下射既發
挾矢而后上射射也古之射者其序整齊而
不紊其儀從容而不迫大抵類此
獲者坐而獲

注曰射者中則坐言獲獲得也射講武師田之類是以中爲獲也

繼公謂獲者於射時則坐以俟其中也中乃獲之必坐而獲者旌在地須坐乃舉之以獲也且示有所變

舉旌以宮偃旌以商

注曰再言獲也

疏曰以宮大言獲也以商小言獲也

繼公謂此一中而兩言獲也

獲而未釋獲

注曰但言獲未釋其筭

繼公謂是時未立釋筭者則未釋獲可知經

言此者亦過於詳耳
卒射皆執弓不挾南面揖揖如升射
注曰不挾亦右執弦如司射
繼公謂不挾著變於大射
上射降三等下射少右從之中等中丁仲反
堂上並行下射在左今降階必少右乃當上
射之後也
並行上射於左
謂上射先降少左下射降乃並行而上射於
左也上射必於左者進時上射在左退亦宜
然堂上各發於其物不可得而變降時有先
後故因既降而爲之此將適堂西也上射乃

不於右便其反位者以有釋弓等事而未即
反故也
與升射者相左交于階前相揖由司馬之南適
堂西釋弓說決拾襲而俟于堂西南面東上三
耦卒射亦如之說吐活反
進退者交則相揖以其事同也司馬之南即
鼏者所謂司射之南也此時已有司馬之位
又在司射之南正當往來者之北故以之爲
節耳釋弓說決拾以已初射之事畢也說遂
而言拾者別於周時也俟俟司射命也三當
作二字之誤也二耦謂次耦下耦也下耦與
此異者無與升射者相左相揖之事耳

司射去扑倚于西階之西升堂北面告于賓曰

三耦卒射賓揖呂去反起

注曰以揖然之

繼公謂扑刑器也將告尊者必去之敬也士之射禮賓主之故司射獨以是告賓

右初射

司射降搢扑反位司馬適堂西袒執弓由其位南進與司射交于階前相左

司射將反位司馬將升堂而交于階前則是其去扑與袒執弓之事亦相接爲之

升自西階鉤楹自右物之後立于物間西南面

注曰揖推之也

繼公謂揖弓與揚弓相變爲文則揖者其推而下之之謂與去侯取矢之事異故上下其弓以別之揖弓繼西南面而言是弓亦西南鄉矣蓋以獲者與弟子皆在內南故也揖弓者蓋右執弦

獲者執旌許諾聲不絕以旌負侯而俟

注曰俟弟子取矢以旌指教之

繼公謂獲者許諾者取矢之事已主之也獲者審於視矢雖不親取而主其事聲不絕以至於侯

司馬出于左物之南還其後降自西階遂適堂

前北面立于所設楅之南命弟子設楅還戶貫反楅音福

注曰楅所以承矢者

繼公謂司馬立于所設楅之南示弟子以設處也凡言所設某者皆謂器之未設者也鄉者射器納于堂西楅在其中今司馬北面命設之則是時弟子已奉楅而出與弟子在西司馬北面不必鄉而命之楅之名義未詳

乃設楅于中庭南當洗東肆

中庭東西節也南當洗不言北文省也後放此東肆龍首在西也必東肆者以上射在西也司馬不以弓爲畢者辟大射禮也

司馬由司[illegible]

司馬所由者入其位南也是時司[illegible]

之北故以司射爲節

弟子取矢北面坐委于楅北括乃退司馬襲進

當楅南北面坐左右撫矢而乘之

注曰撫拊之也就委矢左右手撫而四四數

分之也

繼公謂司馬是時不執弓無嫌於不襲此襲

字蓋衍

若矢不備則司馬又袒執弓如初升命曰取矢

不索索悉各反

索猶盡也此自適堂西以至揖弓皆如初也

適堂西亦由其位南

弟子自西方應曰諾乃復求矢加于楅應應對之應復

扶又反

此時獲者猶負侯而取矢之弟子已退在西方之位故獨應之弟子已應即往取矢司馬乃降由司射之南執弓反位如初弟子既加矢于楅司馬進撫之如初此經文略也

右取矢加于楅

司射倚扑于階西升請射于賓如初賓許諾

此請射請三耦之外皆射也其辭蓋曰有司射耳如初者升自西階階上北面告也後[illegible]請射與下請釋獲亦示聽命于賓之

右弁請射

賓主人大夫若皆與射則遂告于賓適阼階上告于主人主人與賓爲耦與射之與音預

注曰言若者或射或否在時欲耳告賓曰主人御於子告主人曰子與賓射

繼公謂言遂者謂承賓許諾之後也賓若不與射則雖許諾而司射亦不告然則上言請射于賓者非獨爲請賓射明矣云若皆與射而後告是其或欲或不欲固已前告司射矣主人與賓爲耦禮也假令或有一人不欲射則闕此一耦蓋不可與餘人爲耦故爾告于

主人亦北面

遂告于大夫大夫雖衆皆與士爲耦以耦告于大夫曰某御於子

注曰大夫爲下射而云御於子尊大夫也

繼公謂士謂衆賓也大夫宜與衆賓長爲耦若衆則以次而爲之不足乃及於堂下者焉大夫不自爲耦者變於君所之射也此賓主人皆士於衆耦之上下射不敢俱以大夫爲之

西階上北面作衆賓射

作衆賓射也之降而爲射事也

曰射降搢扑 司馬 適堂西

立比衆耦謂立於此爲比衆耦耳比之之事

俟衆賓降而後爲之

衆賓將與射者皆降由司馬之南適堂西繼三耦而立東上大夫之耦爲上與音預

云將與則或有不與者矣記曰衆賓不與射者不降是也降者由司馬之南適堂西而堂下之衆賓皆從之不言者可知也此雖未執弓矢亦必由司馬之南者異於大夫也繼三耦而立居其西也衆賓之立以齒則大夫之耦爲上可知乃著之者嫌其不與耦並立則或變於有耦者也

若有東面者則北上

謂衆賓若多堂西南面之位不足以盡之則當東面于西壁而北上也言若有者見堂下之士多寡無定數也

賓主人與大夫皆未降

尊者事至乃降也

司射乃比衆耦辯辯音遍

乃者言其方有事也衆耦謂衆賓自爲耦者也大夫之耦亦存焉是時衆賓皆已立于司射之比若西然後可比之不言命之之辭者如上耦可知也大夫之耦則先命之其辭曰子與某子射與他耦上射之辭異云辯者爲下節也

右比衆耦

遂命三耦拾取矢司射反位拾其劫反

注曰反位者俟其袒决遂來

三耦拾取矢皆袒決遂執弓進立于司馬之西南

朱子曰此拾取矢疑衍

繼公謂惟云執弓是亦不挾也亦變於大射者與此所立者即其故位更以司馬爲節近故爾鄉者司馬未在此故以司射爲節

司射作上耦取矢司射反位上耦揖進當福北面揖及福揖

注曰當福福正南之東西

繼公謂當楅北面揖者當楅南則折而北行
故北面揖也及楅揖者爲上下射將折而西
東也
上射東面下射西面
上射在西下射在東如其物之位也
上射揖進坐橫弓卻手自弓下取一个兼諸弣
順羽且興執弦而左還退反位東面揖弣音府還音旋
注曰卻手由弓下取矢者以左手在弓表右
手從裏取之便也兼幷也幷矢於弣當順羽
既又當執弦也順羽者手放而下備不整理
也
疏曰言順羽且興者謂順羽之時則興也

繼公謂進坐不言北面可知也下放此矢南鄉人於楅南北面取之便也橫弓踣弓也此橫弓覆手也坐而橫弓亦便也覆手橫之以上端鄉下射敬之也弓下弦弣之下也兼諸弣明左手并執矢也凡執弓者左執弣兼矢於弣即順羽與則是橫弓者惟取矢之時則然也執弓者言不挾也左還者以左體向右而還也於楅前必左還者以楅東肆宜順之反位不言毋周是亦左還也此與順羽且興皆變於大射云

下射進坐橫弓覆手自弓上取一个興其他如上射覆芳服反

注曰覆手由弓上取矢者以左手在弓裏右手從表取之亦便

繼公謂此横弓卻手也卻手横之亦以上端鄉上射也人北鄉弓東西鄉於人於弓皆爲横也弓上弦弣之上也凡覆手卻手而横弓其弦皆鄉身與他謂兼諸弣而下也惟西面揖異爾

既拾取乘矢揖皆左還南面揖還音旋下並同

不摑矢不兼挾皆左還亦變於大射

皆少進當福南皆左還北面搢三挾一个

進謂東西行而稍近也當福南鄉及福之位北面乃搢挾[illegible]變也

揖皆左還上[illegible]

上射圖居右釋復言之者嫌或當如卒射而退轉居左也自此少南行至於䦆當楅之位亦揖不言者無以爲節亦以其可知故也凡每耦既射若既取矢而退者其曲折皆與進時同

與進者相左相揖反位

注曰相左者由進者之北

繼公謂此惟云相左而不著所交之處者以其東西相過可知也然則上耦退於䦆當楅之位次耦乃揖進與相揖者亦以事同也

三耦拾取矢亦如之後者遂取誘射之矢兼乘

矢而取之以授有司于西方而后反位拾其劫反

注曰取誘射之矢挾五个

繼公謂三亦當作二大射云二耦是也下耦之下射於既拾取之後又兼取誘射之四矢皆兼諸弣至楅南乃北面搢三挾五个至西方以四矢授有司而挾一个以反位此見其異者也又下耦亦無與進者相左相揖之事經不見之者可知也此西方即堂西也士喪禮以東堂下西堂下爲東方西方亦其徵也有司即弟子之納射器者因留主授受於堂西故此下射出於其東面位之後以乘矢就而授之也大射儀曰以授有司于次中皆襲

賓許降搢扑西面立于所設中之東北面命釋
獲者設中遂視之
注曰視之當教之
繼公謂西面立于所設中之東亦示以設之
之處如前設楅之爲也釋獲者在堂西故北
面命之既則復西面視之中實筭之器也名
之曰中者取其中於侯而后釋筭也此不以
弓爲畢亦辟大射禮
釋獲者執鹿中一人執筭以從之
鹿中者以主人士也記曰士鹿中釋獲者自
執中而不執筭亦變於君禮
釋獲者坐設中南當楅西當西序東面興受筭

坐實八筭于中橫委其餘于中西南末興共而俟共音拱

興受筭東面並受也南末象矢之北括而南鏃也俟待其將射乃執筭

司射遂進由堂下北面命曰不貫不釋上射揖司射退反位

惟云堂下文省也後放此貫謂中而不脫言此者明雖中而不貫猶不釋筭

釋獲者坐取中之八筭改實八筭于中興執而俟

注曰執所取筭

疏曰八筭者人四矢一耦八矢[illegible]

反位亦謂就西方之

右三耦取矢于楅

衆賓未拾取矢皆袒決遂執弓搢三挾一个由堂西進繼三耦之南而立東面北上大夫之耦爲上拾其劫反

未拾取矢謂於堂西取矢不拾也堂西取矢固不拾矣乃言之者以繼三耦拾取之後嫌當如之也其後取矢於楅乃拾故此云未也是時雖未拾取矢亦讓取弓矢拾如鄉者三耦之爲進立射位以射事至也衆賓未有拾取矢于楅之禮故俟三耦取矢之事畢而后進

右衆耦皆就射位

司射作射如初一耦揖升如初司馬命去侯獲者許諾司馬降釋弓反位

命去侯以下不蒙如初者可知也

司射猶挾一个去扑與司馬交于階前升請釋獲于賓去起呂反

司射於誘射之後改挾一个至此時猶然也必云猶者嫌旣久則可以不挾也官以司射爲名故執弓必挾矢以掌射事也先去扑乃進與司馬交于階前則去扑當於西方而不於階下矣不言相左不言升及堂上所立處亦文省

[illegible]一[illegible]一矢則一笇也[illegible]賓八笇[illegible]後[illegible]
[illegible]二[illegible]左右乃改實之[illegible]
[illegible]也佐謂俟射[illegible]乃[illegible]笇
乃[illegible]者中則釋獲者坐而釋獲每一个釋一笇
上射於右下射於左若有餘笇則反委之中仲丁反
注曰委餘笇禮尚異也委之合於中西
繼公謂乃射謂堂下拾發矢也若中則獲者
言獲此則釋之釋謂置笇於地獲則用此笇
故因名此笇曰獲坐而釋獲既釋則興云每
一个釋一笇覆言釋獲之法也一个謂一矢
中也於右於左象其堂上南面之位也下言
數獲謂奇者縮之然則此每釋一笇亦縮之

與蓋中西之筭橫則釋者縮亦宜也餘筭釋
之不盡者也於一耦卒射乃反委之既則與
共而俟　按注云中西謂中西之筭
又取中之八筭改實八筭于中興執而俟
此一節在於次耦升而將射之時也後皆如
初禮可知
三耦卒射
言此者著繼射者之節也自上耦乃射至二
耦卒射皆不言其儀亦不以如初蒙之者亦
以其可知故省文也
賓主人大夫揖皆由其階降揖主人堂東袒決
遂執弓搢三挾一个賓於堂西亦如之

司射不告賓主人射者辟君禮也皆由其階謂主人東階賓大夫西階也堂東東堂之下也堂西亦然賓主人之弓各倚于其序矢在其下而二人乃皆於堂下執弓挾矢蓋有司取以授之大夫亦降者别於不與射者也

皆由其階階下揖升堂揖主人爲下射皆當其物北面揖及物揖乃射

復言皆由其階者賓主射禮嫌主人從之而升降於西階也既揖乃升階此豫言之耳下文放此主人爲下射者尊賓且不失其位也不言履物及射之儀者如三耦可知

卒南面揖皆由其階階上揖降階揖

凡耦之升降皆上射先而下射後此賓爲上射主人爲下射乃分階而行又不別見其升降之序則是主人先而賓後如常禮亦與其他爲耦者不同也

賓序西主人序東皆釋弓說決拾襲反位升及階揖升堂揖皆就席說吐活反

賓序西主人序東自釋弓於故處也反位升謂反位而后升也位者主人階東賓階西當序之位也反立於此相待而升也此升堂揖揖就席也凡自側階升降者經皆不見之

大夫袒決遂執弓搢三挾一个个古賀反下同

耦之西就其耦大夫爲下

大夫與賓同降止於堂西至是乃袒決遂執

弓矢亦尊者事至而後爲之也大夫執弓亦有司授之於堂西就其耦亦由其西而立于其南也故云大夫爲下射大夫爲下射者以貴下賤之義也大夫於士尊固尊矣若復爲上射則太不敵故與士爲耦則必爲之下射

揖進耦少退揖如三耦及階耦先升升卒射揖如升射耦先降降階耦少退皆釋弓于堂西襲耦遂止于堂西大夫升就席

耦於庭少退宜尊大夫且變於大射也揖如三耦謂當階及階二揖也及階耦先升升三等而大夫從之上射之禮也揖如升射謂堂

上三揖也言如升射明升時亦有堂上三揖
矣耦先降其儀與先升同降階耦少退者耦
既降少左俟大夫先行乃行也於此不言揖
如三耦蓋亦與上文互見之也皆釋弓于堂
西亦過司馬之南而後爲之大夫亦由司馬
之南者爲與耦俱行故爾釋弓亦先說決拾
也大夫釋弓亦于堂西者統於上射不敢異
之也既則有司爲倚之於序西此經言士與
大夫爲耦之儀其異於三耦者惟於庭少退
耳則其他皆同可知

衆賓繼射

不言如三耦可知也

釋獲皆如初

皆皆賓主人以下也

司射所作惟上耦

嫌作射亦在如初中故以明之亦經文過於詳耳

卒射釋獲者遂以所執餘獲升自西階盡階不升堂告于賓曰左右卒射降反位坐委餘獲于中西興共而俟盡子忍反共音拱

注曰司射不告卒射者釋獲者於是有事宜終之也餘獲餘筭也無餘筭則空手耳

繼公謂後射者既由司馬之南而適堂西釋獲者乃告卒射也執獲以告己所有事者也

不升堂降於司射也左右猶言上下射也此
亦據其所立之物而言之下文放此侯謂侯
司射視筭乃數之
右再射
司馬袒決執弓升命取矢如初獲者許諾以旌
負侯如初司馬降釋弓反位弟子委矢如初大
夫之矢則兼束之以茅上握焉司馬乘矢如初
注曰握謂中央也
繼公謂禮無決而不遂者此決字當爲衍文
上經云司馬適堂西不決遂袒執弓此宜如
之也司馬降亦由司射之南繹弓于堂西襲
乃反位兼束大夫矢異之也上握謂上於手

握之處也矢以鏃爲上括爲下下經云面鏃是也周官鄉師職曰黨共射器州共賓器鄉共吉凶禮樂之器然則古之射於學官者其射器亦皆公家共之與此大夫之矢未必大夫所自有也但於衆矢之中取乘矢而兼束之即爲大夫矢矣主人之矢不束則其爲士又益可知乘矢惟言如初則是不進束矣亦異於大射禮也

右再取矢

司射遂適西階西釋弓去扑襲進由中東立于中南北面視筭去起呂反

注曰筭獲筭也

繼公謂云遂者由釋獲者之西而北行也釋弓并矢去之去扑而視筭爲筭中有尊者之獲不敢佩刑器以視之敬也必釋弓矢者射事已矣因去扑之時可以并去之也不執弓則不宜袒故襲不言說决拾文省云由中東明於階西直進也

釋獲者東面于中西坐先數右獲（數所主反）

注曰固東面矣復言之者爲其少南就右獲

繼公謂先數右獲尊上射也

二筭爲純

注曰純猶全也

一純以取實于左手

取謂以右手數卽取之

十純則縮而委之

注曰縮從也於數者東西爲從

繼公謂委之當在所釋台獲之南

每委異之

注曰易校數

繼公謂異之者又在其南

有餘純則橫於下

注曰又異之也自近爲下

繼公謂有餘純不成十者也下謂委之西橫之者宜變於上純自二以上則亦每純異之以次而西此橫者亦南末也其縮者東末與

一筭爲奇奇則又縮諸純下奇居宜反下並同

注曰奇猶虧也

興自前適左東面

注曰更端故起由中東就左獲少北於故果

面鄉之

坐兼歛筭實于左手一純以委十則異之

注曰變於右

其餘如右獲

注曰謂所縮所横者

繼公謂如其所縮所横及每委異之也異之

則次而北與

司射復位

視筭事畢乃不執弓搢扑者以命設豐之事
與此相接故也復位以俟釋獲者之反
釋獲者遂進取賢獲執以升自西階盡階不升
堂告于賓盡子忍反
賢獲勝黨所餘之筭也言賢者因下文也既
數左獲少退當中之正西校其筭之多寡卒
進取其所餘者二手共執之以升
若右勝則曰右賢於左若左勝則曰左賢於右
以純數告若有奇者亦曰奇
注曰賢猶勝也告曰某賢於某若干純若干
奇
繼公謂以純數告若有奇者亦曰奇說者謂

若十筭則曰五純九筭則曰九奇也
若左右鈞則左右皆執一筭以告曰左右鈞
注曰鈞猶等也等則左右手各執一筭以告
降復位坐兼斂筭實八筭于中委其餘于中西
興共而俟共音拱
疏曰此將爲第三番射故豫設之或實或委
一如前法
繼公謂兼斂筭者兼斂左右之筭及横于中
西者而執之也
右告獲
[illegible]子設豐
[illegible]

繼公謂命設豐乃不揩扑者以尊者亦當飲
此豐上之觶故也
弟子奉豐升設于西楹之西乃降奉芳勇反
降反于堂西
勝者之弟子洗觶升酌南面坐奠于豐上降袒
執弓反位
注曰勝者之弟子其少者也
繼公謂弟子不待司射命之而洗觶升酌者
設豐實觶其事相因可知也此不命之而弟
子知其爲勝黨者蓋於釋獲者升告之時已
與聞之矣勝者之黨實觶者主於飲不勝者
也然亦惟發端以見其意耳故後有執爵者

爲之酌者不授爵辟飲尊者之禮也反位反
堂西之位此時袒執弓於禮無所當三字疑
衍大射儀無之
司射遂袒執弓挾一个搢扑北面于三耦之南
命三耦及衆賓勝者皆袒決遂執張弓
注曰執張弓右手執弦如卒射
繼公謂司射袒亦決遂經文省耳執張弓射
時執弓之常法也
不勝者皆襲說決拾卻左手右加弛弓于其上
遂以執弣說吐活反
此亦司射[illegible]起[illegible]不[illegible]者下襲說[illegible]
者復言之[illegible]

則嫌亦袒决遂與之同也弛弓而又横執之
皆襲於常且示等也左手卻執弣則右手其
覆執簫與
司射先反位三耦及衆射者皆與其耦進立于
射位北上
三耦以下皆如司射所命而后進也大夫之
耦亦當進立于三耦之南
司射作升飲者如作射一耦進揖如升射及階
勝者先升升堂少右
注曰少右辟飲者也
繼公謂先升道之勝者升三等而不勝者從
之也上下射在庭如初儀至階乃以勝負分

先後盖屈伸之節然爾先者少右辟飲者變
於射時也耦不酌不授乃同升而並立者示
相飲之意也
不勝者進北面坐取豐上之觶興少退立卒觶
進坐奠于豐下興揖
注曰右手執觶左手執弓
繼公謂進固北面矣乃言之者嫌南面奠觶
則亦當南面取觶也少退者欲與勝者並乃
飲也耦不酌不授故飲者惟立卒觶而已皆
罰爵異也豐下豐下之南
不勝者先降
後升者先降亦變於射時也此禮以勝者爲

主故勝者先升不勝者先降勝者從降亦卒
等不勝者若不射也則既降而少右上於則
少左旋中之行如射時
謂升飲者相左交于階前相揖出于司馬之南
遂適堂西釋弓襲而俟
不勝者釋弓而已勝者又說決拾而襲也經
文省爾俟謂南面東上以俟司射之後命
有執爵者
注曰贊者代弟子酌也於既升飲而升自西
階立于序端
繼公謂執爵者之升似當在上耦未升飲之
時立于序端以俟之也

執爵者坐取觶實之反奠于豐上

注曰每者輒酌以至於徧

繼公謂取觶北面奠之亦南面　按注意蓋謂每人既飲則執爵者輒爲酌之以至於徧也

升飲者如初三耦卒飲賓主人大夫不勝則不執弓執爵者取觶降洗升實之以授于席前

注曰優尊者也

繼公謂上射勝則酌主人大夫下射勝則酌賓授于席前賓主人則於其右大夫則於其左皆鄉之

受觶以適西階上北面立飲

西階上亦楹西少南此飲罰爵者之正位也以是禮主於罰爵故雖尊亦當就此而飲

卒觶授執爵者反就席

必授之者宜反於其所受者也

大夫飲則耦不升

注曰以賓主人飲耦在上嫌其升

繼公謂不升立于射位也大夫既飲則徑適堂西而釋弓與

若大夫之耦不勝則亦執弛弓特升飲

言特升飲明大夫在席自若也大夫飲而耦不升則耦飲而大夫不與亦宜爾執弛弓而升飲衆賓之不勝者其禮然故不得以所與

爲耦者之異而變也

衆賓繼飲射爵者辯乃徹豐與觶（辯音遍徹直列反）

注曰徹猶除也設豐者反豐於堂西執爵者反觶於篚

繼公謂衆賓繼飲皆如三耦也自命設豐以下皆言勝者飲不勝者之禮若左右鈞則無此而即獻獲者與

右飲不勝者

司馬洗爵升實之以降獻獲者于侯

獲者受命於司馬故司馬主獻之是時獲者負侯未退就而獻之辟君禮也獻時蓋西南面大射之禮獻獲者于侯西北三步

薦脯醢設折俎俎與薦皆三祭

先設薦俎乃受爵亦變於君禮也其設之亦當侯中往獲者之前皆三祭爲其將祭於侯之三處也薦有三祭謂脯之半職者三也俎祭謂刌肺也薦俎皆北面設之俎在薦南

獲者負侯北面拜受爵司馬西面拜送爵

固負侯北面矣復言之者明其還而倚旌乃拜且嫌受獻或異面也此拜送爵不同面者明其異於常禮也

獲者執爵使人執其薦與俎從之適右个設薦俎 个如字舊讀作幹非

注曰人謂主人贊者上設薦俎者也

繼公謂獲者因射侯而得獻故就侯而祭其薦俎與酒焉示不忘本也下言獲者南面坐祭薦乃祭俎則是俎在侯北薦在俎北而獲者又在薦北如常禮矣其設薦之位亦脯西而醢東蓋上右也薦俎不統於侯者此獻主於獲者非爲侯故耳个之名義未詳

獲者南面坐左執爵祭脯醢執爵興取肺坐祭遂祭酒

必云執爵興者見其所取者非離肺也取離肺者必奠爵乃興

興適左个中亦如之

謂適左个又適侯中皆如適右个而祭之儀

也先右次左後中禮之序然爾士喪禮曰主人扱米實于右三實一貝左中亦如之其序正與此同

左个之西北三步東面設薦俎獲者薦右東面立飲不拜既爵

左个之西北三步獲者受獻之正位也鄉以有爲而受于侯今卒爵宜居正位故執爵先立于此而東面執薦俎者又從之而西面設于其東也薦右脯南也飲於薦右亦變於大射禮也以違其位而南故復言東面

司馬受爵奠于篚復位

司馬於此方言復位則見既獻獲者于侯之

後即北面立于侯之西北以俟獲者之來與
獲者執其薦使人執俎從之辟設于乏南辟音闢
注曰設于南右之也凡他薦俎皆當其位之
前
繼公謂獲者於此自執其薦者已授爵則不
敢徒手而勞人也辟如辟奠之辟謂離於故
處也此改設于乏南故云辟設必就乏者宜
近其位也不當其位辟旌
獲者負侯而俟
事未畢而受獻故反而卒之俟侯命去侯
右獻獲者
司射適西階西釋弓矢去扑說決拾襲適洗洗

爵升賓之以降獻釋獲者于其位少南薦脯醢
折俎有祭
注曰不當其位辟中
繼公謂釋弓矢說決拾爲將洗酌而行禮也
不執弓矢則當襲矣去扑者獻則不可佩刑
器也說決拾襲當於堂西不言者文省也釋
獲者聽命於司射故司射主獻之獻時蓋西
北面既授乃北面也折上當有設字蓋文脫
也有祭脯與切肺也獲者與釋獲者皆賓之
弟子以有勤勞之事於此乃得獻則其他弟
子於獻衆賓之時亦不與明矣
釋獲者薦右東面拜受爵司射北面拜送爵釋

獲者就其薦坐左執爵祭脯醢興取肺坐祭遂祭酒

就其薦謂於薦西也

興司射之西北面立飲不拜既爵司射受爵奠于篚

司射之西則又少南於薦右之位矣蓋與司射俱北面則宜並立也拜受立飲不同面者異於堂上之獻也獲者亦然

釋獲者少西辟薦反位辟音闢

注曰辟薦少西之者爲復射妨司射視筭也

……與上經辟設之意同惟云辟薦擬

釋獲者所執而言也俾組則有司爲之
司射適堂西袒決遂取弓于階西挾一个搢扑
以反位
爲獻事畢也至此乃言反位則歸著於既奠
爵于篚乃遂適堂西俟

右獻釋獲者

司射去扑倚于階西升請射于賓如初賓許去起
搢扑而即去反位而即從皆禮節當然也不
於未搢扑而遂請者有事於尊者不宜與獻
賤者之禮相因也

右三請射

司射降搢扑由司馬之南適堂西命三耦及衆賓皆袒決遂執弓就位

於階西搢扑乃由司馬之南適堂西者示不敢由便也

司射先反位三耦及衆賓皆袒決遂執弓各以其耦進反于射位

以其耦進謂上射先而下射從之也進亦並行若大夫之耦則亦以序而獨進下文云大夫就其耦是也

司射作拾取矢三耦拾取矢如初反位拾並其劫反

司射亦惟作上耦也位亦射位

賓主人大夫降揖如初

云揖如初則是亦兼堂上者言也

主人堂東賓堂西皆袒决遂執弓皆進階揖升

進至西前相俟乃南面而揖行也

及楅揖拾取矢如三耦拾其劫反

注曰及楅當楅東西也

繼公謂及楅揖亦南面揖也既揖主人乃西面賓乃東面拾取矢階前揖而南及楅揖而止所止之處即拾取矢之位也是其位猶未離乎階前矣然則衆耦於楅東西之位亦宜如是也

卒北面搢三挾一个

卒即北面而爲此是猶未離其位也此儀異

於三耦者蓋退於北與退於南者不同也

揖退

一揖而退又略於初也

賓堂西主人堂東皆釋弓矢襲及階揖升堂揖

就席

賓主人釋弓矢不於序之西東者變於卒射時也不言說決拾者可知也然則經文之類此者皆可得而見矣

大夫袒決遂執弓就其耦

注曰袒決遂於堂西就其耦於射位

繼公謂袒決遂蓋於賓既出堂西而爲之

揖皆進如三耦

如三耦則耦不少退也以其行事於庭無堂
上堂下之異故不得如外射之儀也
耦東面大夫西面大夫進坐說矢束興反位而
而后耦揖進說吐活反
大夫即位乃進說矢束以其爲下射也凡大
夫之取矢于楅者必說其矢束以當拾取也
其自爲耦者並行至楅南即爲之其與士爲
耦者即位而后爲之此其異者也說矢束不
言北面亦文省大夫進及反位皆不揖以非
與耦行禮之事也
坐兼取乘矢順羽而興反位揖大夫進坐亦兼
取乘矢如其耦

耦兼取乘矢不敢拾取者以其非敵也凡敵者共取矢於楅則拾以爲儀言順羽是亦兼諸弣矣此與三耦異者惟不拾取矢耳餘則同

北面搢三挾一个

注曰亦於三耦爲之位

揖退

惟云揖退亦以其如三耦可知也

耦反位大夫遂適序西釋弓矢襲升即席

注曰大夫不序於下尊也

繼公謂適序西者以其獨往故得釋弓矢於故處亦爲變於卒射之時也

衆賓繼拾取矢皆如三耦以反位拾其劫反

右射者皆取矢于楅

司射猶挾一个以進作上射如初一耦揖升如初

注曰進前也今文或言作升射

繼公謂進由司馬之東而進也此以適南為進者乃進退之文無常大抵以有事於彼為進卒事而反為退也上字以衍否則其下當有耦字今文或言作升射蓋後人亦疑其誤而易之矣或曰進字亦衍

司馬升命去侯獲者許諾司馬降釋弓反位

亦皆如初可知

司射與司馬交于階前去扑襲升請以樂樂于賓賓許諾去起呂反樂于之樂音洛下同

司射惟去扑耳其決遂執弓挾矢自若也以不宜襲此言襲蓋衍文以樂樂者用樂爲歡樂也以此請之于賓故曰請以樂樂于賓一射儀曰請以樂

司射降搢扑東面命樂正曰請以樂樂于賓許

注曰東面於西階之前也樂正亦許諾繼公謂必搢扑而後命樂正者辟併敬也

司射遂適階閒堂下北面命曰不鼓不釋上

揖司射退反位

注曰不與鼓節相應不釋筭也射用
雖鼓亦樂之節學記曰鼓無當於五聲
不得不和凡射之鼓節投壺其存者也周
射節天子九諸侯七卿大夫以下五
繼公謂不鼓不釋言不與鼓節相應雖
不釋筭也不言貫者可知也每歌之終一
鼓鄉射之歌五終而鼓五節其三節先以
而二節之間拾發乘矢焉射人職所謂五
二正是也王之大射九節五正諸侯七節三
正卿大夫與士同
樂正東面命大師曰奏騶虞間若一大師許諾
樂正退反位大並音泰

注曰東面者進還鄉大師也騶虞國風召南之詩篇也閒若一者調其聲之疏數重節

疏曰閒若一謂五節之閒長短希數皆如一則是重樂節也

繼公謂言命大師者見所命者必其長也此惟據有大師者言之周官射人職曰王以騶虞諸侯以貍首卿大夫以采蘋士以采蘩此士射之樂乃得奏騶虞亦其異者

乃奏騶虞以射三耦卒射賓主人大夫衆賓繼射釋獲如初卒射降

降揖衆耦之最後者而言以見釋獲者皆告之節也大射儀曰降反位

釋獲者執餘獲升告左右卒射如初

右三射

司馬升命取矢獲者許諾司馬降釋弓反位弟子委矢司馬乘之皆如初司射釋弓視筭如初釋獲者以賢獲與鈞告如初降復位

言如初又言降復位爲司射命設豐之節也亦以見其所如者止於此無復實筭于中之事矣蓋以其不復射故也

右取矢告獲如初

司射命設豐設豐實觶如初遂命勝者執張弓不勝者執弛弓升飲如初

大射儀此下云卒退豐與觶如初此脫一句

也

右飲不勝者如初

司射猶袒決遂左執弓右執一个兼諸弦面鏃適堂西以命拾取矢如初拾其劫反

注曰側持弦矢曰執面猶上也并矢於弦尚其鏃將止變於射也

繼公謂右手先執矢乃又執弦則兼矢於……矣兼矢於弦面鏃以命拾取矢者蓋示之以此節執一矢之法而不必挾也兼矢於弓……皆面鏃蓋矢以鏃爲上凡射者於……則挾不用之則執

司射反位三耦及賓主人大夫衆……

拾取矢如初矢不[illegible]諸[illegible]

授有司于堂西拾其切反

疏曰兼諸弦弣者一矢兼弦三矢兼弣

繼公謂拾取時猶皆兼諸弣至楅南北面[illegible]不挾矢但取一矢兼諸弦餘三矢則兼諸弣自若亦象搢三挾一之儀且如司射之戒之賓與主人則亦於楅東西之位爲之位射位也不反位但由司馬之南而過也授有司授之以弓矢也必授之者射事止則宜反於所受者也此文主於三耦及衆賓也大夫與其耦亦存焉若賓則自階下以授有司于堂西主人則以授有司于堂東也

辯拾取矢揖皆升就席（辯音遍拾其劫反）

揖皆升就席謂衆賓三人也衆賓三人必俟拾取矢者辯而後升若主人賓大夫則既授弓矢即升如初禮固不俟其辯也三人既升則餘人以次立于西方如未射之時矣

右射者復皆取矢于楅

司射乃適堂西釋弓去扑說決拾襲反位（去起呂反說吐活反下同）

反位其猶在中西南與不言釋矢可知也

司馬命弟子說侯之左下綱而釋之

注曰說解也

繼公謂云釋則是一不束也說而釋之變於射

與未射之時
命獲者以旌退命弟子退楅司射命釋獲者退
中與筭而俟
注曰備復射也獲者釋獲者亦退其薦俎
繼公謂旌退于西方楅與中筭退于堂西以
俟其人則皆復于西方之位也　按注云獲
者釋獲者亦退其薦俎此據大射儀而言也
退薦俎各當其位之前與
司馬反爲司正退復觶南而立
射事已而復其故職也云復觶南見射時觶
不徹是時司射亦當復東方之位
樂正命弟子贊工即位弟子相工如其降也升

自西階反坐相息亮反

注曰降時如初入樂正反于西階東北面

繼公謂命弟子亦適西方命之也如其降亦謂後先及相之之儀也反坐謂反其故位而坐也工既坐弟子亦降立于西方

右射事止

賓北面坐取俎西之觶興阼階上北面酬主人主人降席立于賓東賓坐奠觶拜執觶興主人荅拜賓不祭卒觶不拜不洗實之進東南面主人阼階上北面拜賓少退主人進受觶賓主[illegible]之西北面拜送賓揖就席主人以觶適西階[illegible]酬大夫大夫降席立于主人之西如賓酬主人

之禮

注曰其旣實觶進西南面立鄉所酬

主人揖就席若無大夫則長受酬亦如之長知丈反

長謂衆賓之長也此惟據主人所酬者而言

大夫若衆則辯酬辯乃及長

司正升自西階相旅作受酬者曰某酬某子相息亮反

注曰某者字也某子者氏也春秋傳曰字不若子

繼公謂此謂大夫酬長若長相酬之時也司正稱酬者之字稱受酬者曰某子彼此之辭也此主爲酬者命受酬者緣酬者意欲尊敬

之故於此言字於彼言子所以不同

受酬者降席司正退立于西序端東面衆受酬者拜興飲皆如賓酬主人之禮辯遂酬在下者皆升受酬于西階上辯音遍

注曰在下謂賓黨也鄉飲酒記曰主人之贊者西面北上不與無筭爵然後與此異於賓

繼公謂在下者迭升受酬亦如上禮可知

卒受者以觶降奠于篚司正降復位

右旅酬

使二人舉觶于賓與大夫

至是乃并舉觶于大夫者異之也

舉觶者皆洗觶升實之西階上北面皆坐奠觶

拜執觶興賓與大夫皆席末荅拜舉觶者皆坐祭遂飲卒觶興坐奠觶拜執觶興賓與大夫皆荅拜

大夫席末席東端也

舉觶者逆降洗升實觶皆立于西階上北面東上賓與大夫拜舉觶者皆進坐奠于薦右賓與大夫辭坐受觶以興

東上主賓者在右也至是乃言之者以其將奠觶也

舉觶者退反位皆拜送乃降賓與大夫坐反奠于其所興

此奠于其所亦皆少遠其故處而在其俎之

西也於此云與見其無事則不坐也

若無大夫則唯賓

言此者明不舉觶於賓長此二人舉觶雖曰正禮然若無大夫則闕一人以其禮唯當行於尊者耳

右二人舉觶

司正升自西階阼階上受命于主人適西階上北面請坐于賓

司正適阼階上北面而受命

賓辭以俎反命于主人主人曰請徹俎賓許列反下同

注曰上言請坐于賓此言主人曰互相備耳

司正降自西階階前命弟子俟徹俎司正升立于序端賓降席北面主人降席自南方阼階上北面大夫降席席東南面賓取俎還授司正司正以降自西階賓從之降遂立于階西東面司正以俎出授從者主人取俎還授弟子弟子受俎降自西階以東主人降自阼階西面立還並音旋下同從者才用反

主人取俎未必在司正出門之後上文蓋終言之耳西面立階東當序位也

大夫取俎還授弟子弟子以降自西階遂出授從者大夫從之降立于賓南衆賓降皆立于大夫之南少退北上從者才用反

説見前篇記

右徹俎

主人以賓揖讓説屨乃升大夫及卿升坐説並吐活反

亦當説屨乃揖讓如飲酒之禮牲

右説屨升坐

乃羞無筭爵使二人舉觶賓與大夫觶飲卒觶不拜

注曰二人謂鄉者二人也使之升立于西階上當執觶也卒觶者固不拜矣著之者嫌坐卒爵者拜既爵此坐于席禮既殺不復崇繼公謂使之亦司正也此舉觶謂取而酌之

即下文所云執觶者受觶遂實之之事也其
位蓋在西序端北上若無大夫則惟一人
執觶者受觶遂實之賓觶以之主人大夫之觶
長受而錯皆不拜長知丈反下同錯七洛反
注曰皆不拜受禮又殺也
繼公謂錯謂以次更迭而受也大
人則衆賓長先受其觶以次錯行
有二人以上則皆及於大夫乃及
尊而後卑也云大夫之觶長受而
但至主人而止與所以然者以二
爲旅也若無大夫乃行主人之觶爲其無二
觶故爾先者不拜而飲故受者皆不拜禮蓋

相因也

辯卒受者興以旅在下者于西階上辯音遍

注曰執觶者酌在上辯降復位

繼公謂辯謂堂上皆已受爵也卒受者衆賓長之末者也其受于席末飲興以旅在下者乃飲如下文所云是已云卒受者興見惟行一觶也

長受酬酬者不拜乃飲卒觶以實之

注曰言酬者不拜者嫌酬堂下異位當拜也乃猶而也

繼公謂長謂堂下賓黨之長也言酬者不拜者嫌親酬當拜也實之謂自實之

受酬者不拜受

鄉者旅酬有拜而飲者拜而受者故於此一明之

辯旅皆不拜 辯音遍

注曰主人之贊者於此始旅嫌有拜

執觶者皆與旅 與音預

注曰亦自以齒與於旅也

繼公謂於此言執觶者皆與旅則鄉者旅酬之時主人之贊者不與信矣

卒受者以虛觶降奠于篚

此以降者一觶也然則主人所飲之觶執觶者其先以奠于篚與

執觶者洗升實觶反奠于賔與大夫

二觶元在賔與大夫之前故云反奠餘則皆如上文賔與大夫不興取奠觶飲以下之儀不言者可知也此後酒行終而復始儀亦如之至醉而止所謂無筭爵也

無筭樂

此無筭樂亦宜與鄉飲者同

右無筭爵

賔興樂正命奏陔賔降及階陔作賔出衆賔皆出主人送于門外再拜

降謂降堂及階至階上也

右賔出

明日賓朝服以拜賜于門外主人不見如賓服

遂從之拜辱于門外乃退朝直遙反見賢遍反

拜賜之禮賓至於門外擯者出請入告主人

辭不見賓乃拜主人拜辱亦如之

右賓拜賜主人拜辱

主人釋服乃息司正無介

注曰此已下皆記禮之異者

繼公謂昨日正禮已無介則此可知矣乃言

之者嫌不射而飲或用介也

不殺使人速

亦當使人戒乃速經文略也

迎于門外不拜入升不拜至不拜洗薦脯醢無

俎賓酢主人主人不崇酒

言不殺復言無俎者嫌不殺者亦或有俎也

士冠士虞以乾肉折俎主人不崇酒嫌賓亦

不告旨矣其他不見者可以意求之

不拜衆賓

此謂不拜之於庭指將獻之時也若獻則衆

賓亦拜受爵而主人荅之

既獻衆賓一人舉觶遂無筭爵

注曰言遂者明其間闕也賓坐奠觶于其所

燭者遂出命于主人請坐于賓賓降說屨升

坐矣不[illegible]延請坐者請坐主於無筭爵

[illegible]亦謂[illegible]一人舉觶在獻衆賓之後雖與正

禮之舉觶爲旅酬始者同實爲無筭爵始也
言遂無筭爵明其說屨升坐即取觶飲也
按注云明其間闕謂舉觶之後筭爵之
前其間工入升歌等禮皆闕也
無司正
注曰使擯者而已不立之
繼公謂此禮略無所用之故不立
賓不與與音預
昨日正賓不可褻也
徵唯所欲以告於先生君子可也羞唯所有鄉
樂唯欲
此與前篇息司正之禮亦同但文有詳略爾

右息司正

記大夫與則公士爲賓與音預

記言此者恐其或用處士也所以不可用處士者以處士去大夫之尊遠故也鄉飲酒之禮大夫若與其賓介亦當以公士爲之大夫不與則公士若處士皆可舊說謂鄉飲酒鄉射大夫自來觀禮非也大夫於一人既舉觶于賓乃入主人必無臨時易賓之理然則大夫之與此會者乃亦主人請之明矣

使能不宿戒其牲狗也

用狗者因大射之牲也其義與鄉飲酒同此下有不釋者見前篇記

堂東北尊綌冪賓至徹之蒲筵緇布純西
序之席北上亨音烹徹直列反純之允反
經言衆賓長升就席者三人耳又曰衆賓之
席繼而西是未必有西序之席北上者此記
未詳
獻用爵其他用觶以爵拜者不徒作薦脯用籩
五膱祭半膱橫于上醢以豆出自東房膱長尺
二寸膱音職長直亮反
注曰脯用籩籩宜乾物也醢以豆豆宜濡物
也膱或謂之挺爲記者異耳膱挺皆取直貌
焉祭橫于上殊之也於人爲縮膱廣狹未聞
繼公謂曲禮曰以脯脩置者左朐右末是膱

長尺二寸而中屈之也士虞記有乾肉折俎亦曰胸在南此可以見其制矣祭半職則不屈之

俎由東壁自西階升賓俎脊脅肩肺主人俎脊脅臂肺肺皆離皆右體也進腠腠七奏反

注曰賓俎用肩主人用臂尊賓也若有尊者則俎其餘體也

繼公謂不言大夫俎者有無不定也

凡舉爵三作而不徒爵凡奠者於左舉者於右

衆賓之長一人辭洗如賓禮若有諸公則如賓禮大夫如介禮無諸公則大夫如賓禮長知丈反

賓禮介禮亦謂其受獻時之儀耳云有諸公

則如賓禮大夫如介禮其言畧與鄉飲酒之經合似也云無諸公則大夫如賓禮其言大與此經違則非矣此經所言遵者大夫之儀正揖無諸公者也而其儀亦無以異於介烏在其爲如賓禮乎蓋大夫之禮宜降於賓固不以諸公之有無而爲隆殺又經惟屢見大夫禮而畧不及公則無諸公明矣記乃著有諸公之禮皆似失之

樂作大夫不入樂正與立者齒

但云與立者齒則獻薦與旅皆在其中矣惟位則異

三笙一和而成聲（和胡臥反）

三人吹笙而一人歌其所吹之詩以和之而
后笙之辭顯且成聲也此其在無筭樂之時
乎笙之入也以將射之故不奏之
獻工與笙取爵于上篚既獻奠于下篚其笙則
獻諸西階上立者東面北上
注曰賓黨也
繼公謂門内堂下之位同
司正既舉觶而薦諸其位三耦者使弟子司射
前戒之
注曰弟子賓黨之少者也前戒謂先射請戒
之
繼公謂三耦射則在先立則居前乃以弟子

爲之者爲司射當誘射故也誘射有教之之
意故以少者爲三耦而誘之不使長者嫌其
待之淺也惟前戒故不待命而先俟于堂西
司射之弓矢與扑倚于西階之西
經於司射取弓挾矢取扑皆著其在階西則
此文意已在其中矣似不必言也經又著司
射適堂西挾一个則是司射之矢亦不盡倚
于階西也然則記之文意又似失之不備矣
司射既袒決遂而升司馬階前命張侯遂命倚
旌
注曰著竝行也古文曰遂命獲者倚旌
繼公謂經言司馬命張侯及倚旌乃在司射

比三耦之後記言此以明其在司射升請射于賓之時非若經文之次也然經文所以如彼者欲終上事乃言下事故爾階前即觶南之處也比云階前下云命負侯者由其位文互見也　按注云著並行者謂此時司射司馬同時行事非相繼爲之經不明言故記著之也

凡侯天子熊侯白質諸侯麋侯赤質大夫布侯畫以虎豹士布侯畫以鹿豕凡畫者丹質麋音迷畫胡卦反

此謂獸侯也其於大夫士則爲鄉射天子諸侯則爲燕射也燕禮曰若射則如鄉射之禮

梓人職曰張獸侯則王以息燕是天子諸侯
雖無鄉射其燕射則皆用鄉射之禮而張此
侯故記之於此云熊侯麋侯者皆以其獸皮
之全者二夾置於其質之旁也凡皮侯之制
亦然惟不質而鵠爲異爾大夫士之鄉射於
布侯之上但畫此四獸爲飾不以皮也此云
布見熊麋二侯其體亦布也此云畫見熊麋
二侯之非畫也質亦的名荀子曰質的具而
弓矢至是也圉人職曰射則共椹質考工記
曰利射革與質則質者以木爲之而其方如
鵠與白赤丹者質上所塗之色各因其所宜
以爲飾且相别異也凡畫者丹質謂畫虎豹

麋豕之侯皆以丹質言其質同也大射之禮
王則虎侯熊侯豹侯諸侯則熊侯豹侯豻侯
卿大夫則麋侯士則豻侯此天子用其三侯
之次諸侯又用卿大夫之侯大夫士又但畫
而已皆辟其大射也一侯而畫獸二者亦宜
夾其質也不畫一獸者變於用皮者也不以
熊與麋爲畫者雖不用皮猶不與君燕射之
侯同物所以遠下之也下記云禮射不主皮
此皮謂革也周官及考工記言射者皆以質
與革並言是其堅類也禮射不主皮爲力不
同科此射亦禮射也乃用質者以其近故與
侯近則質雖堅而易貫故與主皮之義異

射自楹間物長如笴其間容弓距隨長武長直亮反

下同笴古可反

注曰楹間中央東西之節也物謂射時所立處也長如笴者謂從畫之長短也長三尺與跬相應射者進退之節也距隨者物橫畫也武尺二寸

繼公謂其間容弓爲從畫言也橫畫之距隨長武則上下射之相去不及五尺矣射者南面還視侯中之後先以左足履物之東端乃以右足履其西端而合之故名東端爲距西端爲隨取其左足至則右足從之也距至也隨猶從也物之名義未詳

序則物當棟堂則物當楣
注曰是制五架之屋也正中曰棟次曰楣前曰庪
繼公謂當棟當楣其以庭之深淺而異與堂之庭深於序故進退其物以合侯道之數此侯道五十弓
命負侯者由其位
疏曰司馬自在巳位遥命之
繼公謂位觶南也此與前二命皆不離其位者以射事未至略之由便也
凡適堂西皆出入于司馬之南唯賓與大夫降階遂西取弓矢

凡司射司馬三耦衆耦也必出入於此者近於其位也此於司射司馬之位爲南於耦之射位爲北故以之爲節云賓無射位大夫不立於射位故取弓矢於堂西不由之大夫卒射而退乃由此者統於上射非正禮也

旌各以其物

注曰旌總名也雜帛爲物大夫士之所建也

繼公謂記據士之爲主人者言也士之物云各則是三等之士其物亦有不同者矣士喪禮曰爲銘各以其物亦此意也

無物則以白羽與朱羽糅杠長三仞以鴻脰韜上二尋 糅女又反杠音江長直亮反仞音刃脰音豆韜吐刀反

注曰此翿旌也糅雜也杠橦也鴻鳥之長脰者也八尺曰尋

繼公謂無物謂士之未仕者也周官云大夫士建物蓋指見居官者而言以白羽朱羽相雜而綴於杠之首亦象析羽爲旌之意也仞與尋皆八尺並言之者異其文耳仞尋之度見考工記匠人職

凡挾矢於二指之間横之

兼左右手言也云凡者謂挾矢或多或寡其法皆然寡則挾以食指將指多則以餘指分挾之凡挾矢有挾一矢者有挾四矢五矢者

司射在司馬之北司馬無事不執弓

司馬將升堂而有事乃執弓非是則亦有有事而不執弓之時記蓋大略言之耳

始射獲而未釋獲復釋獲復用樂行之復並扶又反

始射謂第一番三耦射時復又射也前言復言第二番射時後言復謂第三番射時三耦始射志在於中中則當釋獲未釋獲者此如習射然未宜較勝負且三耦之外皆未射難以相飲亦不可以從釋之也至次射則賓主而下皆繼射乃可以釋獲及第三射則其事已熟乃可以樂爲節也此皆行事有漸且示先質後文之意

上射於右

注曰於右物射
楅長如笴博三寸厚寸有半龍首其中蛇交韋當（長直亮反）
長如笴兩端相去之度也龍首者刻其上端作龍首之狀爲識且以飾也上端爲首則下端爲尾明矣經云東肆是其證也蛇交者以兩木屈曲爲之狀如蛇交然必屈曲爲之者象弓也當者其以當矢而名之與楅身蛇交廣狹相間必通設韋當於其上乃可以承矢
楅髹橫而奉之南面坐而奠之南北當洗（髹音休奉芳勇反）
注曰髹赤黑漆也

繼公謂言本之明執其兩端也

射者有過則撻之撻吐達反

注曰過謂矢揚中人凡射時矢中人當刑之今此射者中人本意在侯其傷害之心遠是以輕之以扑撻於中庭而已書曰扑作教刑

繼公謂射者有過謂或不能盡循司射之教而犯其所命者也射時司射搢扑以涖事然則撻之者其司射與又考司射之行事其有關於尊者必去扑乃爲之則是尊者之射雖有過固不在此科也

衆賓不與射者不降與音預

衆賓在三人之中者也射時賓主人大夫皆

降而此衆賓或不降者以是時堂下無衆賓
不射者之位故也又考經言賓主人大夫若
皆與射之禮則是賓主人大夫或有時不與
矣此記又言衆賓不與射者不降皆以堂上
者言也以是觀之則堂上者可以不與而在
下之衆賓無有不與者乎
取誘射之矢者既拾取矢而后兼誘射之乘矢
而取之拾其劫反
經云後者遂取誘射之矢此則見其於既拾
取己矢乃爲之
賓主人射則司射擯升降卒射即席而反位卒

注曰擯賔主人升降者皆尊之也亦使司馬擯其升降主於射

繼公謂擯謂以辭贊之射時擯升降則取矢亦當然也將擯而去扑搢之乃反位

鹿中髤前足跪鑿背容八筭釋獲者奉之先首奉芳勇反

注曰前足跪者象教擾之獸受負也

疏曰屈前足以受負若今駞受負則四足俱屈之類也

大夫降立于堂西以俟射

以大夫不可與士並立於射位也

大夫與士射袒薰襦

注曰不肉袒殊於耦

繼公謂薰讀爲纁古字通用也袒纁襦尊者不見體也襦先著於衣内袒時則出之大夫非射於君所固不肉袒矣乃以與士射爲言者嫌爲下射或當統於上射而不宜異之也

耦少退于物

經言耦於大夫射時之禮在下則屈在上則伸然則似未必有此少退于物之儀也且侍射於君乃退于物尊君也大夫之耦此禮亦不宜與君之耦同記似過矣

司射釋弓矢視筭與獻釋獲者釋弓矢

司射於射事未畢而唯此二事釋弓矢故記

者併言之也視筭而去弓矢者爲射事已因
去扑之節而并去之也獻釋獲者而釋弓矢
者爲有洗酌荅拜等事故也二者之意義不
同

禮射不主皮主皮之射者勝者又射不勝者降

注曰禮射大射賓射燕射是矣言不勝者降
則不復升射也主皮者無侯張獸皮而射之
天子大射張皮侯賓射張五采之侯燕射張
獸侯

繼公謂禮射謂此篇所載與大射燕射之類
是也禮射則張皮侯若采侯與獸侯而加正
鵠主皮之射則不用正鵠但欲射中其皮耳

此皮與所謂皮侯者之皮不同蓋以中甲之革爲之周官云射甲革樂記云貫革之射皆指此而言也中甲之革犀兕若牛之皮也其爲物堅厚惟強有力者乃能貫之故禮射則不主皮爲力不同科故也勝者言又射不勝者言降文互見也主皮之射以又射與不射示榮辱亦異於禮射者也其相飲之禮有無則未聞

主人亦飲于西階上

經文已明

獲者之俎折脊脅肺

注曰折以大夫之餘體

繼公謂折謂折分其牲體不用全體也無大夫則臑折有大夫則折其餘體此俎先言折則其載之次又異於堂上之俎矣肺離肺也下同

東方謂之右个

注曰侯以鄉堂爲面也

繼公謂於此釋右个者順經文也或曰下俎言皆有祭承獲者之俎而言也則此文亓不在是後人移之耳未知是否

釋獲者之俎折脊脅肺皆有祭

注曰皆皆獲者也祭祭肺也

繼公謂此折與獲者共一體與皆皆二俎也

經於二俎已見其有祭記復言之者以此云
肺嫌爲祭肺也是以明之二俎有離肺復有
祭肺者爲獲者祭於三處而加之釋獲者俎
遂因之亦加祭肺一也
大夫說矢束坐說之說並吐活反
經文亦已明
歌騶虞若采蘋皆五終
注曰每一耦射歌五終也
繼公謂若采蘋亦與周官異者也
射無筭
射者多寡隨宜無定數也
古者於旅也語

言古者以見周禮之一六然古謂殷以上也於
旅而語以敵殺也然則周之禮其燕坐乃記
與
凡旅不洗不洗者不祭既旅士不入大夫後出
主人送于門外再拜
大夫後出與其後入之意同亦欲使主人各
得盡其待賓與大夫之禮而賓與大夫亦各
得伸其尊也主人送賓入門大夫乃出大夫
雖多亦惟拜送其長而已鄉飲酒遵者之禮
亦當如此
鄉侯上个五尋个字如
注曰上个謂最上幅也上幅用布四丈

中十尺

注曰方者也用布五丈今官布幅廣長二尺二寸旁削一寸考工記曰梓人爲侯廣與崇方謂曰也

繼公按注云今官布幅廣二尺二寸蓋謂周布之廣當如漢布也然亦未有以見其必然又鄭氏於他注或謂明幅廣二尺與此不同則是鄭氏之說亦未之定也姑闕之

侯道五十弓弓二寸以爲侯中

注曰言侯中取數也正二寸骹中之博也

疏曰周禮弓人云骹中有變焉謂弓弣把側骨之處博二寸故於此處取數焉

繼公謂言以五十弓之長爲侯道五十弓之
博爲侯中也
倍中以爲躬
注曰躬身也謂中之上下幅也用布各二丈
疏曰躬謂中上中下各橫接一幅布者
倍躬以爲左右舌
注曰謂上个也左右出謂之舌
疏曰此兩个躬外兩相各出一丈
下舌半上舌
注曰半者半其出於躬者用布三丈凡鄉侯
用布十六丈數起侯道五十弓以計道七十
弓之侯用布二十五丈二尺道九十弓之侯

用布三十六丈
疏曰上舌兩相各一丈今下舌兩相各五尺通躬二丈故云用布三丈也云凡鄉侯用布十六丈數起侯道五十弓以計者中五幅幅一丈用布五丈上下躬揔用布四丈上个四丈下个三丈是通用布十六丈也云道七十弓之侯用布二十五丈二尺者中七幅幅丈四尺用布九丈八尺上下躬揔用布五丈六尺上个五丈六尺下个四丈二尺通用布二十五丈二尺也云道九十弓之侯用布三十六丈者中九幅幅丈八尺用布十六丈二尺上下躬揔用布七丈二尺上个亦七丈二尺

下个五丈四尺通用布三十六丈也
繼公謂下舌所以半上舌者慮其植之蹴於往來者也下舌之長若如上舌則兩植相去五丈六尺有餘矣故須半之也敖二記同比綱與下綱出舌尋縜寸焉

箭籌八十

注曰箭篠也籌筭也

繼公謂上記云射無筭而箭籌惟止於八十則是此射者雖多亦不過十耦也釋獲者之執筭各視射者之矢數

長尺有握握素長直亮反下同

注曰握本所持處也素謂刊之也刊本一膚

疏曰公羊傳何休云側手爲膚又投壺云室中五扶注云鋪四指曰扶一指案寸皆謂布四指

繼公謂尺有握猶言尺有四寸也必云握者亦見其爲所握處也

楚扑長如笴刊本尺

注曰刊其可持處

君射則爲下射上射退于物一笴既發則荅君而俟

注曰退于物一笴不敢與君併也荅對也此以下雜記也

繼公謂君爲下射者降尊以就卑則不宜與

卑者序而從尊卑爲耦之常法也且下射之物在東亦不失其主位也上射賓也答君謂東面立而對之射時進左手微背於君故既射則還對之俟待君發也

君樂作而後就物君袒朱襦以射襦音儒

注曰君尊也

繼公謂君樂作乃就物亦以樂節多故也樂謂奏貍首也此記先言樂乃後見君之射儀則是君之燕射於再射即用樂行之亦變於大射也投壺之禮因飲酒而爲之於其再投即用樂此意其類之乎鄉射三射乃用樂行之

小臣以巾執矢以授

注曰君尊不揷矢不挾矢授之稍屬

繼公謂以巾執矢敬君物不敢褻也大射儀曰小臣師以巾內拂矢而授矢于公稍屬蓋以巾拂之而又藉手以執之也

若飲君如燕則夾爵飲於鴆反

注曰謂君在不勝之黨也賓飲君如燕賓媵觶于公之禮則夾爵夾爵者君既卒爵復自酌

繼公謂夾爵謂夾君爵而自飲也以大射儀攷之飲君之禮其所以異於燕賓之媵觶者於獨夾爵而已記但以此言之亦大略之說

也

君國中射則皮樹中以翿旌獲白羽與朱羽糅翿徒刀反

注曰國中城中也皮樹獸名

繼公謂燕禮大射儀皆射於公宮即此國中射也必云國中者對郊竟而言也

於郊則閭中以旌獲

注曰閭獸名如驢一角或曰如驢歧蹄周書曰北堂以閭析羽爲旌

於竟則虎中龍旜

注曰畫龍於旜尚文章也通帛爲旜

繼公謂虎中龍旜遠則彌文也記言君之中

與所獲者有國中郊竟之異而不言爲其射於其所則是其所以異者惟繫於地之遠近不繫於射之大小也若然則固有大射而用皮樹中翿旌者亦有燕射而用虎中龍旜者矣

大夫兕中各以其物獲兕徐履反

注曰兕獸名似牛一角

繼公謂其指大夫而言大夫有上中下之異故物亦有差司常職曰大夫士建物

士鹿中翿旌以獲

翿旌即白羽與朱羽糅者也上記言士禮云旌各以其物無物則以白羽與朱羽糅此直

見翿旌而已蓋記其自雜也

惟君有射於國中其餘否

其餘否謂人臣不得射主於國中也君有射

於國中者以其於公宮爲之也若人臣之家

其庭淺隘器用又不備故射則必於鄉州

之學行事焉是雖得於國而欲射於其中亦

不可得也此不惟見尊君之意亦其勢然爾

君在大夫射則肉袒

不袒纁襦遠下君

儀禮卷第五

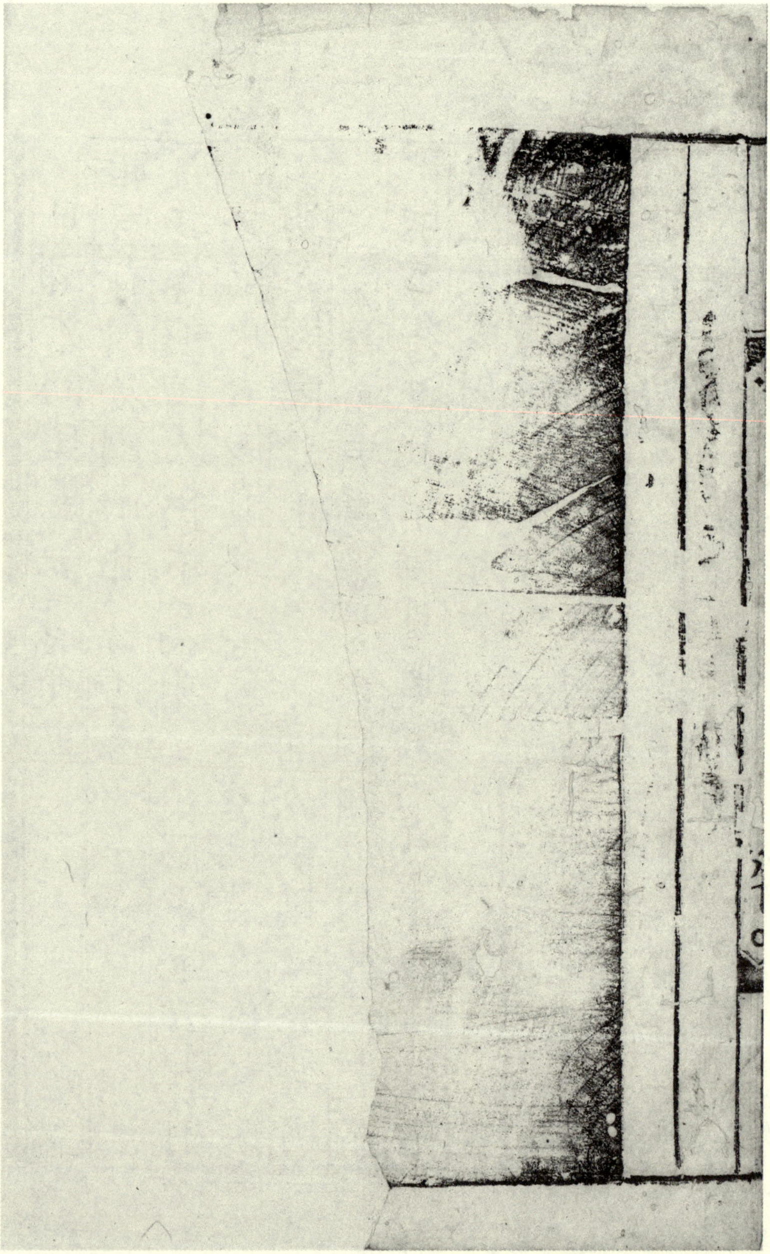

序則鉤楹外

鄭本序作豫注曰今文豫作序繼公謂序之文意明白於豫且記亦以序與堂對言宜從今文

獲者之俎折脊脅肺

今本肺下有臑字繼公謂臑在肺下非其次且與折文不合蓋傳寫者因注首言臑而衍也大射注引此無臑字又記文云釋獲者之俎折脊脅肺則此俎不當有臑亦明矣今據大射注刪之

中華古籍保護計劃

ZHONG HUA GU JI BAO HU JI HUA CHENG GUO

·成果·

（元）敖繼公　撰

元本儀禮集說

第一册

國家圖書館出版社

圖書在版編目(CIP)數據

元本儀禮集說:全七册/(元)敖繼公撰.—北京:國家圖書館出版社,2021.10

(國學基本典籍叢刊)

ISBN 978-7-5013-6384-1

Ⅰ.①元… Ⅱ.①敖… Ⅲ.①禮儀—中國—古代 ②《儀禮》—研究 Ⅳ.①K892.9

中國版本圖書館CIP數據核字(2018)第051345號

書　　名 元本儀禮集說(全七册)
著　　者 (元)敖繼公 撰
責任編輯 南江濤 潘雲俠 潘肖蔷
封面設計 徐新狀

出版發行 國家圖書館出版社(北京市西城區文津街7號 100034)
(原書目文獻出版社 北京圖書館出版社)
010-66114536 63802249 nlcpress@nlc.cn(郵購)
網　　址 http://www.nlcpress.com
印　　裝 北京市通州興龍印刷廠
版次印次 2021年10月第1版 2021年10月第1次印刷

開　　本 880×1230 1/32
印　　張 59.5
書　　號 ISBN 978-7-5013-6384-1
定　　價 180.00圓

《國學基本典籍叢刊》編委會

《國學基本典籍叢刊》前言

國家圖書館出版社（原書目文獻出版社 北京圖書館出版社）成立三十多年來，出版了大量的中國傳統文化典籍。由於這些典籍的出版往往采用叢書的方式或綫裝形式，供公共圖書館和大學圖書館典藏使用，普通讀者因價格較高、部頭較大，不易購買使用。爲弘揚優秀傳統文化，滿足廣大普通讀者的需求，現將經、史、子、集各部的常用典籍，選擇善本，分輯陸續出版單行本。每書之前均加簡要説明，必要者加編目録和索引，總名《國學基本典籍叢刊》。歡迎讀者提出寶貴意見和建議，以使這項工作逐步完善。

編委會

二〇一六年四月

序言

敖繼公，字君善，元長樂（今屬福建福州）人。寓居烏程（今屬浙江湖州），『築一小樓，坐卧其中，冬不爐，夏不扇，日從事經史』，邃通經書，講學授徒，湖州名士趙孟頫、倪淵、姚式、陳繹曾皆從其學，質問疑義。大德初年，江南行臺治書侍御史高克恭推薦於朝，授信州路儒學教授，未任而卒。敖氏深於《三禮》，尤善《周易》，常與錢選『講明酬酢，咸詣理奥』，相傳有《文集》二十卷，今傳者惟《儀禮集説》十七卷（廖明飛《敖繼公小考》）。

《儀禮》雖有鄭《注》賈《疏》，然自唐開元以來，地位式微，『殆將廢絶』。北宋王安石主持完成《三經新義》之後，《儀禮》被排除在『九經』之外，研讀者甚少。南宋時期，朱熹因王安石『變亂舊制，廢罷《儀禮》，而獨存《禮記》之科，棄經任傳，遺本宗末』，乃集門人黄榦等以《儀禮》爲主，編纂《儀禮經傳通解》三十七卷《續》二十九卷； 楊復重編《儀禮經傳通解續祭禮》十四卷，編纂《儀禮圖》十七卷《儀禮旁通圖》一卷； 李如圭撰《儀禮集釋》三十卷、《儀禮釋宫》一卷； 魏了翁編《儀禮要義》五十卷。及至元代，有馬廷鸞《儀禮本經疏會》九卷、吴澄《重刊儀禮考注》十七卷、《儀禮逸經傳》二卷、敖繼公《儀禮集説》十七卷、汪克寬《經禮補逸》九卷等。敖氏《儀禮集説》最爲有名。

敖氏《儀禮集説序》曰：

繼公半生游學，晚讀此書，沉潛既久，忽若有得。每一開卷，則心目之間如親見古人於千載之上，而與之揖讓周旋於其間焉，蓋有手之舞、足之蹈而不自知者。夫如是，則其無用、有用之説尚何足以蔕芥於胸中哉？嗚呼！予之所玩者僅十七篇耳，而其意已若此。設使盡得三百、三千之條目而讀之，又將何如耶？此書舊有鄭康成注，然其間疵多而醇少，學者不察也。予今輒删其不合於經者而存其不謬者，意義有未足，則取疏、記或先儒之説以補之；又未足，則附之以一得之見焉，因名曰《儀禮集説》。自知蕪陋，固不敢以示知禮之君子。然初學之士，或有取焉，亦未必無小補云爾。大德辛丑孟秋望日，長樂敖繼公謹序。

大德辛丑是元成宗大德五年（1301），《儀禮集説》蓋完成於此時。敖氏認爲鄭玄《儀禮注》『疵多而醇少』，故『删其不合於經者而存其不謬者』；若『意義有未足』，則『取疏、記或先儒之説以補之』；又未足，則『附之以一得之見焉』，故名《儀禮集説》，自信於《儀禮》或有『小補云爾』。

《儀禮》十七篇，《儀禮集説》分爲十七卷，每篇一卷。敖氏解釋《儀禮》，每篇先大字録經文於右，次標『注曰』，摘録鄭《注》，次以『繼公謂』，申説補正；或於經文之左，直接注解；或偶引『馬季長曰』『疏曰』『陳用之曰』『朱子曰』『李微之曰』『楊志仁曰』，摘録馬融、賈公彦、陳祥道、朱熹、李心傳、楊復等人注解，後以『繼公謂』發表己見。每篇經文，劃分章節，以『右某某』形式區别，如《士冠禮》之『右筮日』『右戒賓』之類。經文之下，偶爾摘録陸德明《儀禮釋文》；部分卷末，有『正誤』數條，勘正經文。細觀此書，條理秩然，簡明扼要，訓釋經注，時有新見。

《喪服》『小功章』曰：『從父姊妹孫適人者。』鄭《注》曰：『從父姊妹，父之昆弟之女。孫者，子之子。女孫在室，亦大功。』賈《疏》曰：『此謂從父姊妹在家大功，出適小功。不言出適，與在室姊妹既逆降，宗族亦逆降報之，故不辨在室及出嫁也。以女孫在室，與男孫同大功，故出適小功也。』敖氏《集説》卷十一曰：『從父姊妹孫適人者：三者適人，其服同。云「適人」，則爲女孫無嫌，故不必言女。』黄以周《禮書通故》第九曰：『敖繼公云「從父姊妹孫適人者」當連讀，三者適人，其服同。以周案：張氏、蔡氏、程氏、胡氏并從敖説。從父姊妹適人者小功，則在室大功，故「大功」從父昆弟。鄭《注》云：「其姊妹在室，亦如之。」賈與鄭違。』黄以周贊同敖繼公『從父姊妹孫適人者』連讀之意見，并指出鄭玄、賈公彦之非。

《燕禮・記》曰：『若與四方之賓燕，則公迎之於大門内，揖，讓，升。賓爲苟敬，席於阼階之西，北面。』鄭《注》曰：『苟，且也，假也。……人臣不敢褻煩尊者，至此升堂而辭讓，欲以臣禮燕，爲恭敬也，於是席之，如獻諸公之位。言苟敬者，賓實主國所宜敬也。』敖氏《集説》卷六不録鄭玄注，解釋曰：『苟，誠也，實也。苟敬者，國君於外臣所燕者之稱也。……此燕主爲賓而設，賓於是時雖不爲正賓，而實爲主君之所敬，故以賓爲苟敬也。』《聘禮·記》曰：『燕則上介爲賓，賓爲苟敬。』鄭《注》曰：『崇恩殺敬也。……苟敬者，主人所以小敬也。』敖氏曰：『苟敬，亦尊賓也。』凌廷堪《禮經釋例》卷十三徵引戴震之説，謂『苟』當作『茍』，與『苟且』字不同。《説文》曰：『茍，自急敕也。』段玉裁《説文解字注》曰：『急者，褊也；敕者，誡也。』徐復、宋文民《説文五百四十部首正解》曰：『諸家説「茍」爲「敬」之初文，是也。急敕，謂持身謹敬。云「自急敕」，初義猶存。』鄭玄認爲，『苟』者，聊且粗略之意，『苟敬』者，殺敬、小敬也。敖氏解『苟』爲『誠』『實』，『苟敬』者，尊賓也，主國國君宴請外國使臣之稱號。敖氏之解，似優於鄭《注》。清孫詒讓《古籀拾遺》卷中《楚良臣余義鐘》釋銘文爲『於茍敬哉』，『茍敬』連文，證明戴震之説『至確』，『茍敬』乃商、周古禮。楊向奎先生《宗周社會與禮樂文明》曰：『上述「賓爲苟敬」一段，實爲古禮。關於「苟敬」之「苟」字解釋，二三百年争論不决，訓詁大家戴東原、王引之都參與争論。我本人則同意戴氏的説法，字從羊省。如此則於殷、周兩代，戴氏説均可通行。由此亦可以斷定《儀禮》來源尚古，非後人所可假托者。』

《士昏禮》曰：『婦入三月，然後祭行。』鄭《注》曰：『入夫之室三月之後，於祭乃行，謂助祭也。』賈《疏》曰：『此據舅在無姑，或舅没姑老者。若舅在無姑，三月不須廟見，則助祭。……此亦謂適婦，其庶婦無此事。』敖氏《集説》卷二曰：『入，入夫之室也。祭行，謂夫家之祭方行也。婦入三月，然後可以入廟。故夫家必至是乃舉其家常祭，欲令婦得助祭而成婦之義也。凡舅姑之存若没，其禮皆然。』黄以周《禮書通故》第六曰：『盛世佐云：「《特牲》《少牢禮》婦人助祭者，内賓宗婦皆與，此不專指適婦。」以周案：「三月祭行之禮，統舅姑存殁、婦之適庶。敖、盛説是。」』此謂無論舅姑存殁，適婦、庶婦入夫家三月之後，方參與祭祀。

《士昏禮》：『匕俎從設。』鄭《注》曰：『執匕者、執俎者，從鼎而入，設之。匕，所以別出牲體也。俎，所以載也。』賈《疏》曰：『《士喪禮》舉鼎，右人以右手執匕，左人以左手執俎，舉鼎人兼執匕俎者，喪禮略也。……《公食》執匕俎之人，入加匕於鼎，陳俎於鼎南，其匕與載，皆舉鼎者爲之。』《士昏禮》有『陳三鼎於寢門外東方』，三鼎者，豚鼎、魚鼎、腊鼎，鄭《注》賈《疏》於此皆未言匕、俎之數，惟言盛俎之法，故敖氏《集説》卷二曰：『匕，所以出鼎實也。俎，所以載也。執匕俎者，從鼎入而設於其鼎之西也。設，謂設俎也。既設俎，則各加匕於其鼎，東枋，遂退此三匕。三俎從設，則是有司三人各兼執一匕一俎與！』黄以周《禮書通故》第六曰：『沈彤説：「當有六俎六匕。云共牢者，謂夫婦各食其半，非謂止三俎而共之也。」以周案：「經言夫饌舉俎魚腊言，婦饌不舉者，明同牢亦同俎也。沈説無據。《少牢禮》匕皆加於鼎，東枋，爲鼎西面，匕者在東便也。此鼎亦西面，匕者當亦在東，西面匕。賈《疏》謂南面匕，未是。宜從敖説。」』《昏義》曰：『共牢而食，合巹而酳，所以合體同尊卑，以親之也。』昏禮有三鼎，必有三匕三俎，故黄以周從敖氏之説。

《儀禮》十七篇，《既夕禮》是《士喪禮》之下篇，《有司徹》是《少牢饋食禮》之下篇，實則祇有十五篇，除《士相見禮》《大射》《少牢饋食禮》等三篇外，其餘十二篇皆有記文。《喪服》第十一篇，除經、記之外，且有傳，與其他各篇均不相同。關於《喪服》篇經、傳、記之關係，是《儀禮》研究之重要問題。敖氏《集説》卷十一曰：

他篇之有記者多矣，未有有傳者也。有記而復有傳者，惟此篇耳。先儒以傳爲子夏所作，未必然也。今且以記明之，《漢・藝文志》言《禮經》之記，顔師古以爲七十子後學者所記是也。而此傳則不特釋經文而已，亦有釋記文者焉，則是作傳者又在於作記者之後明矣。今考傳文，其發明禮意者固多，而其違悖經義者亦不少。然則此傳亦豈必皆知禮者之所爲乎？而先儒乃歸之子夏，過矣。夫傳者之於經、記，固不盡釋之也。苟不盡釋之，則必間引其文而釋之也。夫如是，則其始也必自爲一編而置於記後，蓋不敢與經、記相雜也。後之儒者見其爲經、記作傳而别居一處，憚於尋求而欲從簡便，故分散傳文而移之於經、記每條之下焉（疑亦鄭康成移之也）。此於義理雖無甚害，然使初學者讀之，必將以其序爲先後，反謂作經之後即有傳，作傳之後方有記，作記之後又有傳，先後紊亂，轉生迷惑，則亦未爲得也。但其從來已久，世人皆無譏焉，故予亦不敢妄有厘正也。姑識於此，以俟後之君子云。

敖氏之意有五：一是《喪服》之傳非子夏所作，作時在記之後；二是《喪服》之傳既釋經文，亦釋記文；三是傳文自爲一編，附於經、記之後；四是爲求閱讀簡便，疑鄭玄分散傳文於經文、記文之下；五是分散傳文於經、記之後，使傳、記之撰作時間紊亂，轉生迷惑。

一九五九年發現武威《儀禮》簡甲本、乙本各有《服傳》一篇，是《喪服》『傳』之單行本；丙本是《喪服》，包含經文、記文。陳夢家先生《武威漢簡》一書認爲：武威甲本係失傳的慶普本，丙本《喪服》爲西漢初（約當景武之世）相承的經、記本，甲、乙本《服傳》則爲昭宣之世出現的删定本，西漢初先有《喪服》的經，然後附以記，西漢中期經過對於經、記的删削而作『傳』，分繫於相當的經、記之下；東漢晚期的古文家，將删定的傳文重新分屬於全經全記本，遂成今日之鄭《注》賈《疏》本。木簡甲、乙本係西漢晚期之鈔本，約成帝前後，其據之原本，約在昭宣之世；丙本竹簡早於木簡，乙本或早於甲本。敖氏認爲《喪服》『傳』單行，後分散於經、記之下的觀點，被武威《儀禮》簡所證明，可謂卓識。

正因如此，敖氏《儀禮集説》備受明、清學者重視。清《三禮》館纂修《儀禮義疏》時，以敖氏《儀禮集説》爲宗，《欽定儀禮義疏凡例》曰：『元儒敖繼公《集説》，細心密理，抉擇闡發，頗能得經之曲折。其偶駁正注疏，亦詞氣安和，兹編所采特多。』《四庫全書總目》卷二十曰：

然於鄭《注》之中録其所取而不攻駁所不取。無吹毛索垢、百計求勝之心。蓋繼公於禮所得頗深，其不合於舊説者，不過所見不同，各自抒其心得，初非矯激以争名。故與目未睹《注》《疏》之面而隨聲佐鬬者有不同也。且鄭《注》簡約，又多古語，賈公彦《疏》尚未能一一申明。繼公獨逐字研求，務暢厥旨，實能有所發揮，則亦不病其異同矣。卷末各附《正誤》，考辨字句頗詳。知非徒騁虚詞者。其《喪服傳》一篇，以其兼釋記文，知作於記後。又疑爲鄭康成散附經、記之下，而不敢移其舊第。又十三篇後之記，朱子《經傳通解》皆割裂其語，分屬經文各條之下。繼公則謂『諸篇之記有特爲一條而發者，有兼爲兩條而發者，有兼爲數條而發者，亦有於經義之外别見他禮者』，不敢移掇其文，失記者之意，自比於以『魯男子之不可學柳下惠之可』，卷末特爲《後序》一篇記之。則繼公所學，猶有先儒謹嚴之遺，固異乎王柏、吴澄諸人奮筆而改經者也。

敖氏《集説》於所不知，則曰『未聞』『未詳』『不可强通』，故四庫館臣謂敖氏『逐字研求，務暢厥旨，實能有所發揮，則亦不病其異同矣』，『繼公所學，猶有先儒謹嚴之遺，固異乎王柏、吴澄諸人奮筆而改經者也』，評價可謂公允。

敖氏乃一介書生，故《集説》疏謬之處，間亦有之，清儒錢大昕《潛研堂集》、褚寅亮《儀禮管見》、凌廷堪《禮經釋例》、胡培翬《儀禮正義》、黄以周《禮書通故》皆有揭示，均可參看。

據廖明飛《敖繼公〈儀禮集説〉版本小識》考證，《儀禮集説》十七卷版本有刻本和鈔本兩類，刻本有元刻本、《通志堂經解》本；鈔本有《摛藻堂四庫全書薈要》本、《四庫全書》本、清鈔本等，《通志堂經解》本、鈔本皆源自於元刻本。元刻本於元大德年間（1297—1307）始刻於西湖書院，後書板歸南京國子監，繼續刷印，故元刻本有元刻元印、元刻明印本之區别。中國臺北『故宫博物院』、日本東京静嘉堂各藏元刻元印本一部，分别是沈氏研易樓和陸氏皕宋樓舊藏；中國國家圖書館藏殘帙一部，存第十七卷，是内閣大庫舊藏。元刻明印本今存六部：中國國家圖書館收藏兩部，一是徐乃昌積學齋舊藏，一爲莫伯驥五十萬卷樓舊藏；中國香港大學馮平山圖書館藏一部，是劉承幹嘉業堂舊藏；中國臺北『中央圖書館』藏一部，是張鈞衡適園舊藏；天一閣博物院收藏一部，缺第八卷；山東省博物館收藏一部，缺卷十三至十七。中國國家圖書館收藏一部清鈔本，半葉九行，每行二十二字，白口，四周雙邊，藍格，八册，是清代藏書家袁廷檮五硯樓故物，常熟翁氏後人翁之熹捐贈。

清陸心源《儀顧堂續跋》卷二曰：

《儀禮》十七卷，題曰『敖繼公集説』，元槧元印本。每葉二十四行，每行十八字，經頂格，注低一格，版心有字數，間有刻工姓名。前大德辛丑自序，後有後序，十一卷後有識語。所采諸家注，鄭《注》賈《疏》而外，朱子之説爲多，此外惟馬季長、陳用之、李微之數條而已。每卷後有『正誤』數條，言所以去取之意，如後世校勘記之類，惟卷一、卷十一獨無，與通志堂刻同，似以無所校正而然，非缺也。何義門不察，疑爲缺而訪求，誤矣。卷十一末『大功二小功二』句下，《通志堂》本空四字，此本損破四字，以白紙補之，則通志堂所刊即以此爲祖本矣。顧亭林《日知録》舉監本脱誤各條，此本皆不脱，則所據猶宋時善本也。

陸心源所言《儀禮集説》十七卷，即收藏於日本静嘉堂文庫之元刻元印本，惟有個別文字破損，傅增湘《藏園群書經眼録》卷一著録。

中國國家圖書館徐氏舊藏元刻明印本《儀禮集説》十七卷，已經《中華再造善本》影印。此本每卷首行頂格題『儀禮卷第幾』，次行題『敖繼公集説』，《儀禮》篇名、經文頂格，『注曰』『朱子曰』『繼公謂』等低一格。半葉十二行，每行十八字，細黑口，對魚尾，上魚尾上記字數，下記書名、卷次、葉數，下魚尾下偶記刻工，有孫仁刊、汪惠、元、金等，左右雙邊，二十四册。扉葉題『元槧本儀禮集説十七卷，南陵徐氏積學齋藏書』一行，卷内鈐蓋『積學齋徐乃昌藏書』（朱文長印）、『南陵徐乃昌校勘經籍記』（朱文長印）、『北京圖書館藏』（朱文方印）。徐乃昌（1869—1943），字積餘，號隨庵老人，安徽南陵人，近代著名藏書家。今藏北京市文物局之元刻明修本《十三經注疏》，乃徐氏舊藏。

將徐氏舊藏元刻明印本《儀禮集説》十七卷，與哈佛燕京圖書館所藏《通志堂經解》本《儀禮集説》十七卷進行比較，發現二者有以下不同：一是此本卷末『正誤』不全，除陸心源所言卷一、十一無『正誤』外，卷十三、十五亦無『正誤』；此本卷三『正誤』兩條、卷四『正誤』一條、卷十七『正誤』四條皆缺，《通志堂經解》本不缺。二是此本缺敖繼公於大德辛丑仲秋望日《儀禮集説後序》，《通志堂經解》本有。三是此本有缺葉，如卷九《公食大夫禮》缺第一葉A面文字，卷十五《特牲饋食禮》缺第一、二葉文字。四是此本有斷板破損，導致部分文字殘缺漫漶，如卷十五第四十二葉、卷十六第一至四葉、第十五、十六葉、第二七、二八葉等。清顧炎武在《日知録》卷十八《監本二十一史》謂《儀禮・士昏禮》脱『壻授綏姆辭曰未教不足與爲禮也』一節十四字、《鄉射禮》脱『士鹿中翿旌以獲』七字、《士虞禮》脱『哭止告事畢賓出』七字、《特牲饋食禮》脱『舉觶者祭卒觶拜長者答拜』十一字、《少牢饋食禮》脱『以授尸坐取簞興』七字，五篇脱文合計四十六字，此本皆有，具有非常重要的文獻和文物價值。今國家圖書館出版社據以影印出版，缺葉則用國家圖書館藏莫伯驥五十萬卷樓舊藏本予以配補，葉次如下：卷三葉十四至十五；卷六葉三至四、二十一至二十二；卷八葉一〇一至一〇二；卷九葉十五；卷十一葉十一、四九至五十、六十七至六十八、七十七至七十八；後序。個別未能配者，暫付闕如。并將中國大陸僅存的一部元刻元印本殘帙（卷十七）附於全書之末，方便讀者，可喜可賀！

王　鍔

二〇一八年三月十三日於南京仙林仙鶴山下之茶苑桂香書屋

總目録

第一册

卷二

第二册

卷三

禮集説十七卷，南陵徐氏積學齋藏書』一行，卷内鈐蓋『積學齋徐乃昌藏書』（朱文長印）、『南陵徐乃昌校勘經籍記』（朱文長印）、『北京圖書館藏』（朱文方印）。徐乃昌（1869—1943），字積餘，號隨庵老人，安徽南陵人，近代著名藏書家。今藏北京市文物局之元刻明修本《十三經注疏》，乃徐氏舊藏。

將徐氏舊藏元刻明印本《儀禮集説》十七卷，與哈佛燕京圖書館所藏《通志堂經解》本《儀禮集説》十七卷進行比較，發現二者有以下不同：一是此本卷末『正誤』不全，除陸心源所言卷一、十一無『正誤』外，卷十三、十五亦無『正誤』；此本卷三『正誤』兩條、卷四『正誤』一條、卷十七『正誤』四條皆缺，《通志堂經解》本不缺。二是此本缺敖繼公於大德辛丑仲秋望日《儀禮集説後序》，《通志堂經解》本有。三是此本有缺葉，如卷九《公食大夫禮》缺第一葉A面文字，卷十五《特牲饋食禮》缺第一、二葉文字。四是此本有斷板破損，導致部分文字殘缺漫漶，如卷十五第四十二葉、卷十六第一至四葉、第十五、十六葉、第二七、二八葉等。清顧炎武在《日知録》卷十八《監本二十一史》謂《儀禮・士昏禮》脱『壻授綏姆辭曰未教不足與爲禮也』一節十四字、《鄉射禮》脱『士鹿中翿旌以獲』七字、《士虞禮》脱『哭止告事畢賓出』七字、《特牲饋食禮》脱『舉觶者祭卒觶拜長者答拜』十一字、《少牢饋食禮》脱『以授尸坐取簞興』七字，五篇脱文合計四十六字，此本皆有，具有非常重要的文獻和文物價值。今國家圖書館出版社據以影印出版，缺葉則用國家圖書館藏莫伯驥五十萬卷樓舊藏本予以配補，葉次如下：卷三葉十四至十五；卷六葉三至四、二十一至二十二；卷八葉一〇一至一〇二；卷九葉十五；卷十一葉十一、四九至五十、六十七至六十八、七十七至七十八；後序。個別未能配者，暫付闕如。并將中國大陸僅存的一部元刻元印本殘帙（卷十七）附於全書之末，方便讀者，可喜可賀！

王　鍔

二〇一八年三月十三日於南京仙林仙鶴山下之茶苑桂香書屋

第三冊

第四册

第五册

卷九

第六册

第七册

第一册目録

據國家圖書館藏元大德刻明修本
影印原書版框高二十二點八厘米
寬十七點五厘米

元槧本儀禮集説十七卷

南陵徐氏積學齋藏書

大射四篇皆言諸侯之禮惟覲禮一篇則言諸侯朝天子之禮然主於諸侯而言也喪服篇中言諸侯及公子大夫士之服詳矣其間雖有諸侯與諸侯之大夫爲天子之服然亦皆主於諸侯與其大夫而言也由是觀之則此書決爲侯國之書無疑矣然則聖人必爲侯國作此書者何也夫子有言曰夫禮必本於天殽於地列於鬼神達於喪祭冠昏射御朝聘聖人以禮示之故天下國家可得而正也以夫子此言證之則是書也聖人其以爲正天下之具也歟故當是時天下五等之國莫不寶守是書而藏之有司以爲典籍無事則其君臣相與講明之有事則

皆傳此以行禮又且班之於其國以教其人此有周盛時所以國無異禮家無殊俗兵寢刑措以躋太平若其以是乎其後王室衰微諸侯不道樂於放縱而憚於撿束也於是惡其籍之不便於己而皆去之則其鄉之受於王朝者不復藏於有司矣鄉之藏於有司者或私傳於民間矣此十七篇之所以不絕如綫而幸存以至今日也或曰此十七篇爲侯國之書固也豈其本數但如是而已乎抑或有亡逸而不具者乎曰是不可知也但以經文與其禮之類攷之恐其篇數本不止此也是經之言士禮特詳其於大夫則但見其祭禮耳而其昏禮喪禮則無聞焉

此必其云逸者也公食大夫禮云設洗如饗謂
如其公饗大夫之禮也而今之經乃無是禮焉
則是逸之也明矣又諸侯之有覲禮但用於王
朝耳若其邦交亦當有相朝相饗相食之禮又
諸侯亦當有喪禮祭禮而今皆無聞焉是亦其
云逸者也然此但以經之所嘗言禮之所可推
者而知之也而況其間又有不盡然者乎由此
言之則是經之篇數本不止於十七亦可見矣
但不知諸侯既去其籍之後即失之邪抑傳之
民間久而後失之也是皆不可得而攷矣記有
之曰經禮三百曲禮三千所謂經禮即十七篇
之類也其數乃至於三百者豈其合王朝與侯

國之禮而言之歟若所謂曲禮則又在經禮之
外者如内則少儀所記之類是也先王之世人
無貴賤事無大小皆有禮以行之蓋以禮有所
闕則事有所遺故其數不容不如是之多也去
古既遠而其所存者乃不能什一也可勝歎哉
夫其已廢壞而亡逸者固不可復見矣其幸存
而未泯者吾曹安可不盡心而講明之乎固不
宜以其無用於今爲說而絶之也繼公半生游
學晚讀此書沉潛既久忽若有得每一開卷則
心目之間如親見古人於千載之上而與之揖
讓周旋於其間焉蓋有手之舞足之蹈而不自
知者夫如是則其無用有用之說尚何足以帶

今於會中哉嗚呼予之所玩者僅十七篇耳而其意已若此設使盡得三百三千之條目而讀之又將何如耶此書舊有鄭康成注然其間疵多而醇少學者不察也予今輒刪其不合於經者而存其不謬者意義有未足則取疏記或先儒之說以補之又未足則附之以一得之見焉因名曰儀禮集說自知蕪陋固不敢以示知禮之君子然初學之士或有取焉亦未必無小補云爾大德辛丑孟秋望日長樂敖繼公謹序

儀禮卷第一

敖繼公集說

士冠禮第一

鄭注曰童子年二十而冠主人玄冠朝服則是諸侯之士天子之士朝服皮弁素積古者四民世事士之子恒爲士冠於五禮屬嘉禮繼公謂此篇言士冠其適子之禮然此士云者據其子而立文也下篇放此冠者加冠之稱凡經言士禮者皆謂諸侯之士其言大夫禮者亦然蓋此經乃天子爲諸侯制之以爲其國之與籍者也故不及王朝大夫士之禮

士冠禮冠古亂反篇內不音者並同

此目下文所言之禮也後篇皆放此

筮于廟門

注曰筮以著問吉凶於易也廟謂禰廟

繼公謂此曰筮日之事也凡經文類此者不悉見之筮日者重冠事也于廟門者爲將有事於廟中故也必于門者明其求於外神也

主人玄冠朝服緇帶素韠即位于門東西面冠如字朝音潮下同韠音畢

注曰素韠白韋韠長三尺上廣一尺下廣二尺[illegible]一[illegible]肩革帶博二寸天子與其臣玄冕[illegible]日視朝諸侯與其臣[illegible]弁

以視朔朝服以日視朝凡染黑五入爲緅七入爲緇玄則六入與纚公謂主人將冠者之父也玄冠黑繒委貌也朝服十五升之玄布衣而素裳也士朝服以箴敬其神也士服以玄端爲正緇帶緇繒帶士帶以禪練爲體其幬四寸又以緇繒之幬二寸者二合而辟其帶下之垂者故謂之緇帶帶下長三尺其屈垂者二尺素韠象裳色也士之韠率象裳色或近焉惟有爲而變者乃大異也韠之義説者謂古者田狩而食其肉衣其皮先以兩皮如韠以蔽前後後世聖人易之以布帛猶存其蔽前示不忘古云

有司如主人服即位于西方東面北上

有司即筮者占者宰宗人之類

筮與席所卦者具饌于西塾 饌士戀反 塾音孰

注曰筮謂蓍也具俱也饌陳也西塾門外西堂也門側之堂謂之塾

繼公謂蓍而云筮者以其所用名之席蒲筵也士用蒲席神人同所卦者所以畫地記爻及書卦之具也士喪[redacted]曰之禮云奠龜于西塾上南首有席燋在龜東然則此時具饌之位著亦當南鄉席在其後而所卦者則在著右亦變於筮時也

布席于門中闑西閾外西面 闑魚列反 閾音域

注曰闑門橛閾閫也

繼公謂闑西東西節也閾外南北節也此席西於闑乃云門中則二扉之間惟有一闑明矣

筮人執筴抽上韇兼執之進受命於主人筴音筮韇音獨

注曰韇藏筮之器今時藏弓矢者謂之韇丸也兼并也進前也自西方而前

疏曰言上韇者其制有上下下者從下鄉上承之上者從上鄉下韜之也少牢曰史左執筮右抽上韇兼與筮執之

繼公謂筮人有司之共筮事者也少牢饋食

禮言爲大夫筮者史也此爲士筮宜亦如之史而云筮人者因事名之也執筴當作執筮筮亦謂蓍也上云筮與席下云徹筮席以其上下文徵之則此筴字乃傳寫誤也又特牲少牢禮皆云執筮益可見矣

宰自右少退贊命

注曰自由也贊左也少儀曰贊幣自左詔辭自右

繼公謂鄉者宰亦在有司位至是乃來主人之右贊命爲主人釋辭也其辭蓋曰某將以來日某加布於其子某之首敢筮

筮人許諾右還即席坐西面卦者在左卒筮書

卦還音旋下同

注曰即就也東面受命右還北行就席卒

也

繼公謂筮人即席抽下韇乃釋之而坐筮也

凡卜筮于門者皆西面筮宅於兆南則北面

蓋以西北陰方故鄉之以求諸鬼神也筮用

四十九蓍分而爲二掛揲而歸奇焉又以所

餘蓍如上法者再乃成爻六爻備而成卦卦

者主識爻畫卦者也少牢饋食禮曰卦者在

左坐卦以木卒筮書卦于木此不言坐則是

立也其亦士禮異與立則卦時乃坐既則興

執以示主人主人受眂反之眂音視

執之不言筮人文省也反之反於筮人

筮人還東面旅占卒進告吉

注曰旅衆也

繼公謂筮人東面而言還明其位人在有司中也旅占與有司旅占之占者占所遇之卦若其爻之吉凶也必旅占者欲盡衆人之見也其人數未聞士之占丨者則三人告吉亦

執卦

若不吉則筮遠日如初儀

遠日去初筮者蓋旬有一日也以其干同故謂之遠日少牢日丁亥而以後丁後己爲遠日則可見矣初儀筮人執筮以下者也

經言不吉而改筮者皆不至於再重瀆神也
此筮若又不吉則直用其後之遠日不復筮
矣凡筮賓筮尸卜日之屬皆類此議見特牲
篇張子說中
徹筮席徹直列反下並同
筮著也蓋餘筮則釋于闑西今乃并與席徹
去之
宗人告事畢
注曰宗人有司主禮者
繼公謂宰宗人筮人之屬皆公家所使給事
於私家者也告事畢東北面特牲禮宗人東
北面告濯具

主人戒賓賓禮辭許主人再拜賓荅拜

右筮日

注曰戒警也告也禮辭一辭而許

繼公謂賓者主人同鄉之士也戒者告之使知其事且欲勞之也此上更當有賓主爲禮一節與宿賓者同文不具耳凡賓之與冠事者主人皆親戒之而以將爲筮者爲先餘〻亦各以次爲先後也是時主人皆親戒之者未筮則未有所別異也戒賓亦朝服凡既筮而有事如戒宿之類皆因筮服無變也賓許而主人再拜謝其許也後禮類此者其荅皆然此雖親相見其辭則皆擯者傳之宿放

此說見特牲篇

主人退賓拜送

此言戒賓之儀略者蓋以宿賓之儀見之也必拜送者所以謝之凡拜送客者皆於其旣退乃拜之故不荅拜亦異於迎也古禮拜送者必再拜經或不見之文省耳

右戒賓

前期三日筮賓如求日之儀

注曰筮賓筮其可使冠子者冠義曰古者冠禮筮日筮賓所以敬冠事

繼公謂前猶先也期即下文所謂爲期者也此所空者但爲期之一日耳乃云前期三日

未詳筮賓之辭蓋曰某以來日某加布於義子某之首將以某爲賓敢筮言如求日之儀是亦不過再筮而已初筮者吿不吉則改筮其次者爲正賓若次者又不吉則不復筮而即以第三者爲正賓亦以初筮者爲次賓也主人於賓既次第其先後矣然猶筮之者蓋慮其異日或以他故而不及與則將廢冠事此乃非人之所能預知者故不可不問於神而用舍壹聽之雖或先後易位有不能盡如人意者亦不以爲嫌也

右筮賓

乃宿賓賓如主人服出門左西面再拜主人東

面荅拜

注曰主人朝服左東也出以東爲左入以東爲右

朱子曰此云宿賓言主人往而宿之以日丁事如篇首言筮于廟門後亦多有此例也

繼公謂既筮即宿賓故云乃宿之爲言速也既戒之則宜速之使来也不曰速而曰宿者以其事在異日也賓尊故主人親宿之出門左出大門而左也西面再拜拜其辱也禮又謂之拜迎

乃宿賓賓許主人再拜賓荅拜主人退賓拜送

注曰乃宿賓者親相見致其辭

宿贊冠者一人亦如之

注曰贊冠者佐賓爲冠事者

繼公謂贊冠者一人贊者之長也尊次於正賓如鄉飲酒之介然故主人亦親宿之也經之所言乃主人親宿者耳若衆賓則或使人宿其禮簡故經不著之鄉飲酒禮惟言主人戒賓及介之儀而於衆賓則闕焉其例正與此相類宿賓及此贊冠者其禮與辭皆同惟以先後爲别衆賓不親宿者宜别於尊者也

右宿賓

厥明夕爲期于廟門之外主人立于門東兄弟在其南少退西面北上有司皆如宿服立于西

方東面北上
注曰宿服朝服兄弟主人親戚也
疏曰期加冠之期也
繼公謂云有司皆如宿服則主人及兄弟可
知矣
擯者請期宰告曰質明行事擯必刃反
注曰擯者有司佐禮者質正也旦日正明行
冠事
繼公謂請期東西少牢禮主人南面宗人北
面請祭期
告兄弟及有司
注曰擯者告也

疏曰上文兄弟有司皆已在位此復告者禮取審慎之義也

繼公謂此告兄弟蓋東北面告有司蓋西北面也特牲饋食禮曰宗人東北面告濯具告事畢擯者告期于賓之家

別言擯者事更端也賓謂賓及衆賓也

右爲期

夙興設洗直于東榮南北以堂深水在洗東

直 深式鴆反

注曰夙早也興起也洗承盥洗者棄水器也

疏曰堂深從堂廉北至房室之壁南北以堂深者洗去堂遠近取於堂上深淺假令堂罙

二丈洗亦去堂二丈以此爲度

繼公謂說文曰屋梠之兩頭起者爲榮又曰梠楣也爾雅曰楣謂之梁然則榮者乃梁東西之兩端也直東榮謂遥當之周制卿大夫以下爲夏屋故其設洗以東榮爲節人君爲殿屋故以東霤爲節其處同也南北以堂深者謂設洗南北之節視堂深之度而爲之深謂其脩也水所以盥洗者也其器則國君及大夫用罍士未聞洗在東方則沃洗者宜西面故水在洗東

陳服于房中西墉下東領北上

墉牆也東領統於主位也北上便其先取在

酌若也

爵弁服纁裳純衣緇帶韎韐纁香云反純如字韎音妹韐音閤

注曰爵弁其色赤而微黑如爵頭然纁淺絳凡染絳一入謂之縓再入謂之赬三入謂之纁朱則四入與韎韐合韋爲之冠弁不與衣陳而言於上以冠名服耳

繼公謂爵弁服士之上服也純衣絲衣而緇色者也周官云純帛論語云今也純儉此其徵矣言纁裳於衣上者以其與冕服之裳同尊之也韎者韋之蒨者也韐之制如韠不曰韠者尊之異其名耳其在冕服者尤尊則謂之韍

皮弁服素積緇帶素韠

注曰皮弁者以白鹿皮爲冠也積猶辟也以素爲裳辟蹙其要中

繼公謂皮弁次於爵弁亦士之尊服也其衣蓋亦絲衣而色如其裳二弁之衣用絲者宜別於冠服也冠服之衣用布此裳之辟積亦幅三袧

玄端玄裳黃裳雜裳可也緇帶爵韠

注曰玄端即朝服之衣易其裳耳不以玄冠名服者是爲緇布冠陳之

繼公謂玄端士之正服也玄端玄裳謂玄端之服其裳以玄者爲正也若無玄裳亦許其

用黃裳若雜裳故曰黃裳雜裳可也雜裳者或前玄後黃或前黃後玄也黃裳雖貶於玄裳然其色純故言於雜裳之上玄裳黃裳雜裳而皆爵韠近裳色也

緇布冠缺項青組纓屬于缺緇纚廣終幅長六尺皮弁笄爵弁笄緇組紘纁邊同篋冠如字下同缺如字屬音燭纚山買反廣古曠反長直亮反笄音雞紘音宏篋苦協反

注曰屬猶著也纚今之幘梁也終充也纚一幅長六尺足以韜髮而結之矣笄今之簪纁邊組側赤也同篋謂此以上凡六物隋方曰篋

疏曰二弁之笄天子諸侯用玉大夫士用象

繼公謂下經言賓受冠右手執項左手執前則是冠後亦謂之項也此缺項者蓋別以緇布一條圍冠而後不合故名之曰缺項謂其當冠項之處則缺也其兩端皆有緇別以物貫穿而連結之以固冠其兩相叉皆以纓屬之而結於頤下以自固蓋太古始知爲冠之時其制如此後世之冠縫著於武亦因缺項之法而爲之也纚舊說謂繒爲之纚長六尺則固足以韜其髮矣然廣惟一幅則圍髮際而不足或亦缺其後與古者布帛幅廣二尺經言纚於缺項二笄之間以見三加同一纚也紘弁之繫也以組一條爲之冠用纓弁用紘

各從其便也

櫛實于簞蒲筵二在南櫛莊乙反簞音丹

注曰筵席也

疏曰二者一冠一醴

繼公謂簞笥類也南謂簞南

側尊一甒醴在服北有篚實勺觶角柶脯醢南

上甒音武觶之豉反柶音四醢音海

注曰側猶特也服北者纁裳北也篚竹器如

笭者勺尊升所以𣂷酒也爵三升曰觶柶狀

如匕以角爲之欲滑也

繼公謂尊設尊也甒瓦甒醴尊設於房臣禮

也國君則於[illegible]上醢在北按注云柶

狀如匕蓋以木司所[illegible]匕[illegible]

爵弁皮弁緇布冠各一匴執以[illegible]

而東上賓升則東面匴素管反坫丁念反

注曰匴竹器名今之冠箱也執之者有司也

坫在堂角

陳用之曰士之服止於爵弁而荀卿曰士韋弁孔安國曰雀韋弁也則爵弁即韋弁耳又曰古文弁象形則其制上銳如合手然韋其質也爵其色也

繼公謂爵弁皮弁其制同也周禮言王與諸侯及孤卿大夫之弁飾以玉琪各以其等爲之又有象邸則士之弁無玉無象邸也此三冠特別于西方而統於

賓蓋以賓專掌冠事使若賓之物然執匴者皆主人之贊者也南面而東上及東面則北上矣不言者可知也坫在東西堂之南 按陳氏以爲爵弁即韋弁其說近是今攷經傳見物色之言爵者於爵弁之外惟曰爵韠爵韋耳若絲與布之類則皆絶不聞其或以爵名之者以是參之則爵弁其果以韋爲之與然禮經言士之服則曰爵弁言大夫以上之服則曰韋弁是其物雖同而名則以尊卑而異蓋必有義存焉但禮文殘缺未能定也

屨夏用葛玄端黑屨青絇繶純純博寸絇其俱反繶音億紃章允反下同

注曰屨順裳色玄端黑屨以玄裳爲正也絇
狀如刀衣鼻在屨頭繶縫中紃也純緣也三
者皆青博廣也
疏曰屨順裳色者禮之通例衣與冠同屨與
裳同也縫中紃謂相接之處縫中有絛紃也
緣謂純口緣邊也絇純亦以絛爲之博寸謂
純之廣也
繼公謂絇取亟中之義而名之綴於屨頭以
爲飾也
素積白屨以魁柎之緇絇繶純純博寸
魁柎皆未詳注云魁蜃蛤柎注之
爵弁纁屨黑絇繶純純博寸

黑屨青飾白屨緇飾則此纁屨當飾以白而白非所以爲飾也故越之而用黑焉此見屨者或言衣或言裳或言冠錯綜以爲文也先卑而後尊以三加之次言之也三屨陳之蓋在其裳之西

冬皮屨可也

疏曰冬時寒許用皮故云可也

繼公謂皮屨不見其色與飾同於上可知上言夏此言冬則是周之禮四時皆可冠矣又此及士喪禮篇其於屨惟云冬夏者蓋以純用皮葛之時言之若春秋則或先皮後葛或先葛後皮故不言與

不屨繐屨繐音歲

不屨之屨着屨之稱也繐乃布之䟽者以之爲屨則輕凉也言此者嫌夏時冠或得用之繐非吉布而冠則嘉禮之重者是以不宜屨此屨若燕居則或屨之可自屨夏用葛至此本在辭後朱子移之於此今從之

右陳服器

主人玄端爵韠立于阼階下直東序西面直音值

注曰堂東西牆謂之序

繼公謂此言玄端亦不言冠者可知也主位謂之阼故東階謂之阼階下云禮于阼是也凡牆在堂上者謂之序堂下者謂之壁在房

室者謂之墉在庭者謂之牆

兄弟畢袗玄立于洗東西面北上袗之忍反

畢猶盡也袗如袗絺綌之袗乃被服之別稱也玄玄端也畢袗玄者謂盡服玄端也洗東於主人爲東南

擯者玄端負東塾

此見其少東於入門右之位也東塾西塾其北蓋與東西堂相對而廣亦如之立於塾北而云負則塾之崇其過於堂與士之堂崇三尺

將冠者采衣紒在房中南面紒音計

注曰采衣未冠者所服玉藻曰童子之節也

緇布衣錦緣錦紳并紐錦束髮皆朱錦也紒

結髮

朱子曰房户宜當南壁東西之中而將冠者

在房中當户而立也

繼公謂童子之衣蓋亦深衣制也曲禮曰童

子不衣裘裳不裳則連裳於衣矣紒露髮爲

紒也凶時謂之髽吉時謂之紒内則言男子

未冠者亦用纚此乃紒者爲將冠去之

右即位

賓如主人服贊者玄端從之立于外門之外

注曰從猶隨也外門大門

繼公謂賓言如主人服贊者言玄端亦互文

也贄者贊冠者而下之衆賓也皆俟于賓之門賓出乃從之立于主人外門之外西方東面北上

擯者告

上言擯者負東塾則在廟也至是則賓之將命者入告擯者擯者東面以告主人也此賓乃主人戒宿而來故不出請事

主人迎出門左西面再拜賓荅拜

荅拜不言再可知也凡荅再拜而不言其數者皆放此

主人揖贊者與賓揖先入

注曰與賓揖先入道之贊者隨賓

繼公謂揖贊者尊正賓也

每曲揖

每曲揖謂大門之内廟門之外賓主於凡所行曲折之處則相揖也周左宗廟尊卑同之主人迎賓入門右西面而立賓入門左東面乃折而北又折而東又折而南與主人相鄉而前乃東行入闈門主人入門右賓入門左接西塾東面而立主人折而東又折而北又折而西與賓相緝而前乃北行入禰廟也凡主人以賓入而有每曲揖者惟將入廟之禮然其餘則否

至于廟門揖入三揖

揖入主人揖而先入門右西面也賓入門左
贊者皆入門左東面北上主人乃與賓三揖
也三揖者於入門左右之位揖參分庭一在
南揖參分庭一在北揖凡經言揖入三揖者
放此

至于階三讓

讓擾主人言也主人三讓而客三辭旣則主
人先升一等而賓從之凡讓升之法賓主敵
則主人先讓而先升主人尊亦然若客尊則
客先讓而先升也惟天子之使則不讓

主人升立于序端西面賓西序東面

注曰序端東序頭

繼公謂主人立于序端北當序也賓在西序負序也主人不立于東序者辟子之坐且不參冠禮也賓不言升省文

右迎賓

贊者盥于洗西升立于房中西面南上盥音管

江曰立于房中迎其事也

朱子曰贊者西面則負東墉而在將冠者之東矣

繼公謂盥者重冠禮故將執事而自絜清也盥于洗西者以洗西無篚故得辟正賓而盥於此也不然則否升升自西階也不言者可知也房中南上賓位也特牲饋食內賓東面

于西墉下亦南上是也
主人之贊者筵于東序少北西面
注曰筵布席也東序主人位也適子冠於阼
少北辟主人
繼公謂主人之贊者私臣也此席南上
將冠者出房南面
注曰南面立于房外之西待賓命
贊者奠纚笄櫛于筵南端
注曰贊者賓之贊冠者也奠停也
疏曰不言節物及篋簞者皆來可知也又凡
言人之贊者即加主人之字今此不言故知
是賓之贊冠者也

纚[illegible]諸西盥[illegible]之[illegible][illegible][illegible]端以將冠者升

降[illegible]下也

賓揖將冠者將冠者即筵坐贊者坐櫛設纚

疏曰此二事皆勞役之事故贊者為之

[illegible]云謂揖者欲其即筵以揖見意也下文凡

贊者多類此贊者坐櫛設纚宜於筵後為之

不言者可知也

賓降主人降

主人降以賓為己事而降則不敢安於上而

從之也後放此凡賓主從降之義皆然其異

者則別見之主人降亦立于阼階東當東序

西面

賓辭主人對

注曰辭對之辭未聞

繼公謂辭者謂主人無事不必降也蓋於階

前辭之主人少進既則復位

賓盥卒壹揖壹讓升主人升復初位

賓盥當於洗南北面也一揖揖賓進也一讓

禮宜殺於初也升亦主人先而賓從之惟云

主人復初位所以見賓之不然

賓筵前坐正纚興降西階一等執冠者升一等

東面授賓冠如字

注曰正纚者將加冠宜親之冠緇布冠也

繼公謂士階三等堂不與焉此降階一等蓋

升堂爲二等也東面授賓則賓西面受之止

授冠時亦以匴既則以匴退矣

賓右手執項左手執前進容乃祝坐如初乃冠

興復位贊者卒(祝之又反下同)

注曰進容者行翔而前鶬焉至則立祝坐如

初坐筵前復位西序東面卒謂設缺項結纓

也

疏曰項謂冠後翔謂行而張拱(也)鶬與蹌同

繼公謂右手執項以冠時進右(手)便也容者

示之以威儀

冠者興賓揖之適房服玄端爵韠出房南面

服玄端爵韠亦贊者爲之出房南面亦待賓

命也不言帶與屨可知也下皆放此

賓揖之即筵坐櫛設笄賓盥正纚如初降二等受皮弁右執項左執前進祝加之如初復位贊者卒紘

注曰如初爲不見者言也卒紘謂繫屬之

繼公謂笄皮弁笄也設笄于於弁之前則此笄之度其短與不言去冠去纚及設纚可知也卒紘謂終其設紘之事也其設之也先繫一端於笄之左端繞頤下而上復繫一端於笄之右端所以固弁也

興賓揖之適房服素積素韠容出房南面

上不見皮弁之衣故此亦不言之皆省文也

容與進容之意同再加祝〻辭曰敬爾威儀此
言容出房見其奉賓戒也
賓降三等受爵弁加之服纁裳韎韐其他如加
皮弁之儀
注曰降三等下至地
繼公謂受爵弁降三等者以其最尊故就而
受之雜記言禭者受服之節云受爵弁服於
門內霤皮弁服於中庭朝服於階玄端於堂
亦尊者遠而卑者近其義似與此所受冠弁
之差相類不言純衣亦文省衽謂賓揖之即
筵而下凡所不見者也云如皮弁之儀者以
有設笄容出卒紘之事惟與再加者同也

徹皮弁冠櫛筵入于房冠如字

注曰徹者主人之贊者為之

繼公謂再加去冠三加去皮弁亦置于篋此所徹者篋與櫛之簞也不言缺纓笄紘與冠弁同處可知賔贊者徹篋簞主人贊者徹筵

右冠三加

筵于户西南面

注曰筵主人之贊者户西室户西

繼公謂户西即户牖閒也後皆放此户西客位也筵於此者以其成人尊之不因冠位者遠辟主人也著代之義惟於冠時見之此席東上

贊者洗于房中側酌醴加柶覆之面葉

注曰面前也葉柶大端古文葉爲擖

繼公謂洗洗觶也房中有洗在北堂士昏禮詳之酌醴蓋西面也云側明無佐之酌者面葉葉鄉外也覆之面葉爲冠者祭時當覆手執柶也凡贊者酌醴皆側也特於此見之

賓揖冠者就筵筵西南面賓受醴于戶東加柶面枋筵前北面枋音柄

注曰戶東室戶東今文枋爲柄

繼公謂贊者出房西面賓由西序往故受醴于室戶東與主人受醴之處異矣言面枋見其詞受也非所與行禮者而詞受辟君禮也

固加栖矣乃言之者見其更爲之也筵前北面欲其受於席也

冠者筵西拜受觶賔東面答拜

注曰筵西拜南面拜也賔還荅拜於西序之位

繼公謂受觶于筵前乃復位醴用觶亦以其質也東面荅拜别於荅孤子孤子之冠行主人禮賔則北面荅拜于西階上

薦脯醢

注曰贊冠者也薦進也

繼公謂不言於席前可知也薦脯醢脯在西

冠者即筵坐左執觶右祭脯醢以栖祭醴三

注曰祭於脯醢之豆間必祭者示有所先也
疏曰祭醴三者如昬禮始扱一祭又扱再祭
也注云有所先即先世之造此食者也
繼公謂祭脯醢以脯祭擩醢而祭之古人飲
食於其重者則有祭禮旣祭不言右執觶者
可知也
興筵末坐啐醴建柶興降筵坐奠觶拜執觶興
賓荅拜冠者奠觶于薦東啐七内反
注曰啐嘗也其拜皆如初
繼公謂筵末席之西端也亦以柶兼諸觶乃
坐啐醴建猶立也云建者上葉下枋與扱時
異又以明其已入于觶則不復執之也降筵

坐於筵西也不卒爵故既啐則拜其意與拜既爵者同冠者升筵乃奠觶不卒爵而奠之者此禮不主於飲也于薦東者堂上自奠其觶者之節也籩豆而云薦者上經云薦脯醢故因其事而名之省文耳後皆放此

右醴

降筵北面坐取脯降自西階適東壁北面見于母見賢遍反

取脯亦右取而左奉之必取脯者見其受賜也執脯見于母因有脯而為之且明其禮成也云適東壁而見之則是時母位在此與

母拜受子拜送母又拜

母於其子乃俠拜者重冠禮也子拜送亦再
拜此拜非主於受送也亦因有脯而言之耳
凡婦人與丈夫爲禮其禮重者則俠拜

右見于母

賓降直西序東面主人降復初位直音值
但云直西序則當南於階初位阼階東直東
序之位

冠者立于西階東南面賓字之冠者對
注曰對辭未聞
繼公謂賓當少進乃字之

右字

賓出主人送于廟門外

賓出而贊者不從以其當與冠者爲禮也

請醴賓賓禮辭許賓就次

注曰醴賓者謝其勤勞也次門外更衣處也以帷幕簟席爲之

繼公謂請者有白於人而恭孫之辭也醴亦謂以醴飲之也請醴之辭則士昬記有之此禮雖與彼異辭宜略同醴賓之禮壹獻有俎有幣似饗矣乃曰醴者亦因用醴而名之

右賓出就次

冠者見于兄弟兄弟再拜冠者荅拜見贊者西面拜亦如之見並賢遍反下入見見母見下見於並同

注曰見贊者西面拜則見兄弟東面拜

疏曰亦如之者言贊者先拜而冠者荅之
繼公謂兄弟與贊者皆先拜之亦重冠禮也
兄弟位在洗東贊者位在西方亦西當西序
贊者爲禮竟則亦出而就次此時兄弟之在
廟者冠者皆見之乃不見父者以難爲禮也
蓋此時冠者於凡所見者皆不先拜而荅拜
乃其禮當然爾父至尊也是禮有不可行故
闕之且父爲冠主雖不見之亦無嫌也不見
賓者賓旣醴之則交拜矣是亦見也若復行
禮則幾於褻

入見姑姊如見母

注曰入入寢門也如見母者亦北面姑與姊

亦俠拜也

繼公謂見姑姊于寢未詳其處不見妹者未成人則不與爲禮也古者男女皆年二十乃冠笄其說見喪服

右見兄弟贊者姑姊

乃易服服玄冠玄端爵韠奠贄見于君遂以贄見於鄉大夫鄉先生冠如字贄音至

注曰贄雉也

疏曰鄉先生即鄉飲酒所謂先生

繼公謂此玄端更言玄冠者別於鄉之緇布冠也奠贄見于君謂執贄至下奠贄再拜稽首也見於君亦玄端而不朝服者以其未仕

也所見者亦玄端見之鄉大夫鄉之異爵者
也或曰鄉大夫即主治一鄉者未知孰是先
生德齒俱尊者也士相見禮曰士見於大夫
終辭其贄於其入也一拜其辱見於先生之
禮亦宜如之

右見君見鄉大夫鄉先生

乃醴賓以一獻之禮

注曰此醴賓泲其醴內則曰飲重醴稻醴清
糟黍醴清糟粱醴清糟凡醴事質者用糟文
者用清

繼公謂醴賓之時贊者皆與贊冠者爲介與
鄉飲酒相類則是壹獻之禮賓介而下皆然

也共獻及酢酬亦畧如鄉飲酒之儀與

主人酬賓束帛儷皮儷音麗

注曰飲賓客而從之以財貨曰酬所以申暢厚意也凡物十曰束束帛十端也儷兩也皮鹿皮

繼公謂醴之而有俎又酬以皮帛重謝之也此酬賓之禮當行於賓受獻之後未卒爵之前猶食禮既受侑幣乃卒食也

贊者皆與贊冠者為介與音預

言此於酬賓之後者明酬幣惟用於正賓也贊者亦兼贊冠者而言介副也以副於正賓鄉之飲酒之禮有賓有介有衆賓此亦冠

爲介其餘爲衆賓也衆賓之位亦在堂鄉飲
酒禮賓席于戶牖間介席于西序衆賓之席
繼賓而西
賓出主人送于外門外再拜歸賓俎
注曰一獻之禮有薦有俎其牲未聞使人歸
諸賓家也古者與人飲食必歸其盛者所以
厚禮之
右醴賓
此禮用醴蓋因醴子用醴而爲之
若不醴子而醮則此禮亦因之而
用酒與用酒則爲饗也
若不醴則醮用酒醮子召反

此醮與醴大意畧用惟用酒而儀物繁爲異
上旣見醴禮矣此復言不醴則醮者蓋冠禮
之始惟醴而已然少近於質故後世聖人又
爲此醮禮與之並行焉言若者文質在人用
之惟所欲耳

尊于房戶之間兩甒有禁玄酒在西加勺南枋

注曰房戶間者房西室戶東也禁承尊之器
也玄酒新水也雖今不用猶設之不忘古也
在西上也

繼公謂此醮而設酒甒與醴而設醴甒者其
節同亦於陳服之後爲之兩甒一酒一玄酒
也玄酒在西尊西上也尊西上者以冠者之

位在其西故順之他篇不見者其義皆放此
加勺加於二尊之上而覆之也玄尊亦加勺
者不以無用待之也南枋爲酌者北面覆手
執之便也少牢饋食禮曰主人北面酌酒

洗有篚在西南順

注曰洗庭洗篚陳於洗西南順北爲上也順
從也

繼公謂醮而設洗之節亦與醴同惟有篚爲
異此見其異者耳篚以盛爵也不醴則服北
無甒又無篚惟有三加之豆籩也下篚之爵
三

始加醮用脯醢賓降取爵于篚辭降如初卒洗

升酌

注曰一升曰爵辭降如初如將冠時降盥辭

主人降也

朱子曰始加二字乃疊見前始加緇布冠一

章之禮醮用脯醢乃題下事其實賓荅拜後

乃薦之也賓升時冠者猶在出房南面之位

繼公謂贊者筵于户西賓乃降也用爵醮禮

文也卒洗亦當壹揖壹讓乃升

冠者拜受賓荅拜如初

注曰賓升揖冠者就筵乃酌冠者南面拜受

賓授爵東面荅拜如醴禮也於賓荅拜贊者

則亦薦之凡薦出自東房

繼公謂初醴時之儀也言如初所以見其先有醴後有醮

冠者升筵坐左執爵右祭脯醢祭酒興筵末坐啐酒降筵拜賓荅拜冠者奠爵于薦東立于筵西

注曰冠者立俟賓命賓揖之則就東序之筵

徹薦爵筵尊不徹

注曰徹薦與爵者辟後加也不徹筵尊三加可相因由便也

繼公謂徹之亦贊冠者也每醮禮畢必徹薦爵者所以新後醮之禮若不相因然徹薦爵蓋入于房

加皮弁如初儀再醮攝酒其他皆如初

注曰攝猶整也整酒謂撓之

朱子曰此如初儀者如前再加一章之儀也下條放此再醮攝酒其他皆如初言唯攝酒異於始醮其他皆如之也

繼公謂攝酒亦示新之之意

加爵弁如初儀三醮有乾肉折俎嚌之其他如初乾音干折之設反嚌才計反

注曰乾肉牲體之脯也如今涼州烏翅矣

朱子曰初儀見上三醮唯攝酒及有乾肉折俎嚌之爲異其他皆如始醮也

繼公謂乾肉折俎猶言乾肉俎也俎盛牲體

之折者故名曰折俎設之於脯醢之南士虞禮曰有乾肉折俎二尹縮祭半尹此乾肉亦縮俎而左朐右末其所嚌即祭半尹者也亦振祭乃嚌之唯言嚌省文耳物至齒謂之嚌知其味謂之嘗

北面取脯見于母

著此者見其與醴同也下放此

右醮禮

若殺則特豚載合升離肺實于鼎設扃鼏扃古螢反鼏眉狄反

注曰特一也合升合左右胖升於鼎也離割也離肺小而長午割之不提心扃鼎扛所以

舉之者也鼏覆之

繼公謂載衍文士喪禮曰特豚四鬄去蹄兩胉脊此其合升之體數也肺離之者使絶之而爲祭也旣祭則嚌之故又名嚌肺其與脊同舉者則謂之舉肺鼎設扃是亦舉之也孤子則舉鼎陳于門外此不陳惟俟時而入錯于阼階前也是篇始言醴次言醮後言殺聖人制禮愈變則愈盛此亦可見其尚文之意也鼏見公食大夫禮

始醮如初

朱子曰初謂前章之始醮也

再醮兩豆葵菹嬴醢兩籩栗脯菹莊魚反嬴力禾反

注曰蠃蜿蝓今文蠃爲蝸
繼公謂此見其異於上者爾是禮愈文敬於此即加其籩豆以起三醮之禮且示禮隆有漸也兩豆兩籩之位若以有俎之禮言之則醢在菹東栗在菹西脯在栗南也此薦雖不與三醮有俎者相因而位則亦放之與又籩豆有加則祭之之儀亦與祭脯醢者略異蠃未詳

三醮攝酒如再醮加俎嚌之皆如初嚌肺

注曰攝酒如再醮則再醮亦攝之矣

朱子曰初謂上章之始醮也嚌肺者釋上嚌之爲肺也上章之俎無肺而此有肺故又特

言之而不嫌於複出凡言之法多此類
繼公謂攝酒如再醮此與不殺之禮互言也
加俎者謂於籩豆之外又加豚俎也設之當
菹醢之南三加後者彌尊故三醮而後者愈
盛禮宜相稱也嚌之謂絕祭嚌之不言祭者
亦文省肺之嚌者必祭祭者不必嚌也皆如
初謂此再醮三醮之所不見者皆如不殺始
醮之禮也云嚌肺者又明其所嚌之異於不
殺者也不殺則祭用乾肉而嚌之

卒醮取籩脯以降如初

籩脯謂其在籩者也言此以別於所祭者耳
三醮亦兩豆兩籩如再醮而又加俎焉一俎

而兩豆兩籩變於常禮亦盛之

右殺牲而醮

若孤子則父兄戒宿

父伯父叔父也兄親兄也無則疏者亦可孤子雖尊於家然未冠則不可與成人爲禮於外故戒宿賓客則諸父若兄爲之惟言父兄戒宿則筮日筮賓爲期之事皆將冠者自主之可知

冠之日主人紒而迎賓拜揖讓立于序端皆如冠主禮於阼

必云紒者嫌與父在者異也冠主將冠者親父也孤子未冠而於此乃行成人之禮者無

父則得伸其尊也諸父若兄不主其事者家無二主也必主于序端者因冠主之位也禮謂賓與冠者行禮也蓋指三加與醴之類而言行禮皆於阼亦見其異於父在者以其爲主人故也然則若醴若醮皆因冠席爲之與

凡拜北面于阼階上賓亦北面于西階上荅拜

此賓主相拜之正位也凡拜謂主人於醴若醮時拜受之類也

若殺則舉鼎陳于門外直東塾北面直音值

注曰孤子尊得伸禮盛之父在有鼎不陳於門外

繼公謂殺謂醮而殺牲也直東塾當其南也

鼏陳於此亦俟時而入錯之凡鼎既升乃舉而別陳之者正禮也是禮爲主人而設故得如禮大夫士陳鼎於門外皆北面惟喪奠乃西面耳國君陳鼎南面天子未聞

右孤子冠

若庶子則冠于房外南面遂醮焉

注曰房外謂尊東也不於阼非代也不醮於客位成而不尊

繼公謂言遂者見其因冠席也冠醮同處可以不必別布席經惟言冠而遂醮略無異文則是三加三醮皆與上文適子之禮同惟以冠醮在房外爲異若不醮而醴其位亦如之

經不言醴者蓋見其文者耳此言庶子指父
在者也父在而冠宜別於適父沒[redacted]其禮同
矣凡冠者於廟

右庶子冠

冠者母不在則使人受脯于西階下
言於此者見以上冠者之禮同也母不在者
或已沒或疾病或見出皆是也授人脯正禮
也此正禮乃後言之者以母在者為主也授
人脯之禮男子則於階下婦人則於門外云

右母不出

戒賓曰某有子某將加布於其首願吾子之教

注曰吾子相親之辭子男子之美稱
疏曰上某主人名下某子之名布緇布冠也
教之者以加冠行禮爲教之也
繼公謂冠禮三加乃惟云命者取其始加而
質者言之謙也又以士昏禮例之此以下所
載諸辭皆當爲記文乃在經後記前亦未詳
賓對曰某不敏恐不能共事以病吾子敢辭共音恭
不能共事則冠禮不成故云病吾子病猶辱
也
主人曰某猶願吾子之終教之也賓對曰吾子
重有命某敢不從重直用反

重再也

宿曰某將加布於某之首吾子將莅之敢宿賓

對曰某敢不夙興

上賓而下其宿之之辭皆同但以主人之親宿與否別之耳莅臨也

始加祝曰令月吉日始加元服

注曰令吉皆善也元首也

朱子曰諸辭皆當以古音讀之其韻乃叶

棄爾幼志順爾成德壽考惟祺介爾景福

注曰祺祥也介景皆大也因冠而戒且勸之女如是則有壽考之祥大女之大福也

朱子曰順古與愼通用

繼公謂棄爾幼志戒之也慎爾成德勉之也
言先去幼志而後能慎成德也幼志即傳所
謂童心成德成人之德

再加曰吉月令辰乃申爾服

注曰辰子丑也申重也

敬爾威儀淑慎爾德眉壽萬年永受胡福

注曰胡猶遐也遠也

繼公謂有威而可畏謂之威有儀而可象謂
之儀德者得也行道而有得於心之謂德者
内也威儀者外也學者固當以德爲先威儀
爲後然不重其外亦未必能保其中之所有
者也故此先言敬威儀乃後言慎德淑善也

眉壽豪眉也人年老者必有豪眉秀出者
三加曰以歲之正以月之令咸加爾服
注曰咸皆也皆加女之三服謂緇布冠皮弁
爵弁也
繼公謂歲之正謂當冠之年也古者男子二
十而冠歲言正而月言令言吉則周禮冠無
常月又可見矣
兄弟具在以成厥德
厥者指兄弟而言能成兄弟之德則正身齊
家之事也以此勉之其所以責成人之道也
深矣
黃耇無疆受天之慶耇音苟

注曰黃黃髮也耇凍梨也 徵也彊竟
醴辭曰甘醴惟厚嘉薦令芳
注曰嘉善也善薦謂脯醢芷 香也
繼公謂醴謂以醴飲冠者也言厚見其來涕
拜受祭之以定爾祥承天之休壽考不忘
注曰休美也不忘長有令名
繼公謂言拜受祭之亦教之也然則賓釋此
辭其在筵前北面冠者未拜之時與壽考不
忘者謂至於壽考而人不能忘之也此蓋古
人祝頌之常語詩亦多用之
醮辭曰旨酒既清嘉薦亶時亶丁但反
注曰旨美也亶誠也

繼公謂進此醮辭當與醴辭之節同亶時謂誠得成熟之時也

始加元服兄弟具來孝友時格永乃保之

注曰善父母爲孝善兄弟爲友時是也格至也永長也保安也行此乃能保之

繼公謂具俱也保守而有之也言女方加元服而兄弟皆來者蓋女孝友之德有以感格之也然自今以後當常常保守此德而勿失之美而復戒之也一加則一醮故每醮之辭輙見加冠之序以明其各有所爲而不嫌與祝辭同也經於醮禮始加無異文於再加三加皆云如初儀乃見醮禮則是醮者亦祝明

矣禮文故以多儀爲貴

再醮曰旨酒既湑嘉薦伊脯湑思呂反

注曰湑清也伊惟也

繼公謂獨言脯者欲協音耳亦但舉其一者言也凡一籩一豆則先脯後醢醮辭蓋爲不殺者而作故其言如此若殺則[illegible]加乃因用之而不改者以其亦有脯也

乃申爾服禮儀有序祭此嘉爵承天之祜

序謂始加再加之次第祜福也

三醮曰旨酒令芳籩豆有楚

注曰楚陳列之貌

咸加爾服肴升折俎承天之慶受福無[illegible]

肴謂乾肉若豚也詩曰爾殽伊脯
字辭曰禮儀既備令月吉日昭告爾字爰字
嘉髦士攸宜宜之于假假音嘏
注曰昭明也爰於也孔甚也髦俊也攸所也
于猶爲也
繼公謂假通典作嘏今從之髦士古之德
之稱言髦士乃與嘉字相宜若宜之則字
矣嘏福也
受保之曰伯某甫仲叔季唯其所當
注曰伯仲叔季長幼之稱甫是丈夫
孔子爲尼甫周大夫有嘉甫宋大夫
是其類甫字或作父

李微之曰伯某甫仲叔季惟所當[illegible]

仲山甫之類

繼公謂永受保之謂孚也伊叔云王[illegible]

謂其第若當在仲則云仲某甫也[illegible]

記冠義始冠緇布之冠也大古冠布齋[illegible]

其緌也孔子曰吾未之聞也冠而敝之

古亂反冠而同大音泰齊側皆反緌如誰反

注曰大古唐虞以上緌纓飾未之聞[illegible]

蓋亦無飾重古始冠冠其齊冠

疏曰凡言記者皆是記經不備及[illegible]

之言云冠義者記冠中之義

繼公謂大古冠布謂未知作冠之上[illegible]

布爲之初無吉凶之異至齊則緇之
無事時也是大古惟有白布緇布
世冠制既與大古異則古冠廢矣以
或亦用之如始冠緇布冠之類是也
孔子曰吾未之聞者謂大古之時一
未聞其緌也緌者以纓之餘長爲
有之纓足以固冠則已矣知爲飾
所古冠亦宜存古意若緌之則
緇布冠續緌諸侯之冠也此
者與冠謂始加之後也故
可則不復用可知既不緌
爲飾乎

適子冠於阼以著代也（適丁歷反冠古亂反下並同）

著明也著代明其代父也

醮於客位加有成也

冠禮或醴或醮此記惟言醮亦見當時尚文之意加猶尚也尊也有成謂有成人之道也尊其有成故以客禮待之

三加彌尊諭其志也

凡人之志皆欲自卑而尊敬三加之禮其最尊者在後蓋諭其志而然也諭謂深曉之彌益也

冠而字之敬其名也

注曰名者質所受於父母冠成人益文故敬

之也

委貌周道也章甫殷道也毋追夏后氏之道也毋追舊音牟堆

注曰其制之異同未之聞

繼公謂此言三代之冠各不同也道猶制也

三冠之名義未聞

周弁殷冔夏收冔况甫反

注曰其制之異同亦未聞

繼公謂弁爵弁也冔收與弁同稱是亦弁之類也其名義亦未聞

三王共皮弁素積

三[illegible][illegible]之[illegible][illegible]其制若[illegible][illegible]得[illegible][illegible][illegible]記言

以[illegible]尊[illegible]之下者故今卑者以類相從然後

言同若耶蓋文法宜然

無大夫冠禮而有其昏禮古者五十而后爵何

大夫冠禮之有

注田五十乃爵重官人也大夫或時改取有

昏禮是也

繼公謂無大夫冠禮而有其昏禮據、經而

言也其下二句所以釋無大夫冠禮之意也

古者謂始有冠禮之時也五十而爵者以其

年艾德盛乃可服官政也後世雖未必五十

而后爵然亦不至於未冠而爲大夫故作記

之時去古雖遠而猶不別立大夫冠禮也

諸侯之有冠禮夏之末造也

造作也下文云繼世以立諸侯象賢也則是公侯父死子繼其來久矣或有幼而嗣位者是雖未冠而其爵固已爲諸侯矣則及其冠也不容不與士冠禮異此所以至夏末而始作公侯之冠禮也然夏初以前未有 禮者其義則未聞

天子之元子猶士也天下無生而貴者也

注曰元子世子也

繼公謂元子長子也天子之元子其冠時猶士而用士禮以其未即位則無爵故也夫有爵而自異於士是生而貴也舉天子之元子

以見其餘

繼世以立諸侯象賢也以官爵人德之殺也死而謚今也古者生無爵死無謚殺色界反謚時志反

朱子曰此於冠義無所當疑錯簡也蓋老子不尚賢貴因任之意言上古之時各推其賢者奉以為君沒則復奉其子以繼之其後遂以為諸侯然其子之立也但象似其而已非故擇賢而立之也至於中古乃在上者擇人任官而為之爵等此則德之衰殺不及上古之時矣又至於周而有謚法則生而有爵者死又加謚此則又其殺也上古民自立君故生無爵中古未有謚法故雖有爵而無謚

又以申言古今之變也

繼公謂古惟謂上古也記之意蓋謂以官爵人已不如古死而有謚則愈不如古矣故曰古者生無爵死無謚

儀禮卷第一

儀禮卷第二

敖繼公集說

士昏禮第二

注曰娶妻之禮以昏爲期因以名之曰入三
商爲昏於五禮屬嘉禮
繼公謂此篇主言士之適子娶妻之禮娶必
以昏者取其近夜也

昏禮

此不言士者辟下達之文也

下達納采用鴈

此謂自天子下達於庶人納采皆用鴈也經
惟有士昏禮故因以下達之文見之也以此

推之則餘禮之用鴈者皆當下達惟納徵之禮或異耳媒妁傳言女家已許乃敢納其采女之禮采者取也用鴈者先儒謂取其不再偶義恐或然春秋傳曰鄭徐吾犯之妹美公孫黑使強委禽焉是大夫納采亦用鴈也此其徵矣

主人筵于戶西西上右几

注曰主人女父也筵爲神布席也有几筵者以其廟受宜依神也席有首尾

疏曰公食記言席卷自末是席有首尾

繼公謂主人筵于戶西謂主人之家布席于廟之室戶西也筵之者有司也乃云主人者

對使者立文也覲禮云天子設斧依于户牖之間其語意與此相類下文放此几漆几也右几席南面几在席西端也席西上右几變於生人也神位於室則居主位於堂則居客位几受禮於廟而不於户牖之間行禮者必設神位於客位示有所尊且敬其事也士用漆几亦神人同是時主人立於阼階　而擯者亦玄端負東塾下禮放此

使者玄端至使色吏反

使者壻父之家臣奉壻父之命而爲使者也此士之家臣也乃服玄端以行禮則玄端亦不獨爲士之正服矣至謂至于門外

擯者出請事入告

此亦賓之將命者入告擯者告主人乃出請事也其辭蓋曰某也使某請事凡賓非主人之所戒速而來者則有請事之禮擯者請事賓執鴈納采擯者乃入告凡請事者西面入告者東面大夫士之禮也

主人如賓服迎於門外再拜賓不答拜

門大門拜迎之禮主於使者爲不答拜者使事未致不敢以私禮雜之也

揖入

與賓揖先入也揖入之後亦每曲揖不並[illegible]者此與上篇皆士禮其同可知下文放此

至于廟門揖入三揖至于階三讓主人以賓升西面賓升西階當阿東面致命主人阼階上北面再拜

主人以賓升謂主人先升而賓從之也西階之下似有脫字致命謂致其主人之辭也阿未詳

授于楹間南面授音受

此文承主人之下則授宜作受受者南面則授者北面矣爲人使而授于堂乃不南面者辟君使於大夫之禮也授受于楹間敵也使者雖賤於主人然主人士也其爵畀未足以自別故使者無降等之嫌而得與主人於楹

間相授用敵者禮也主人拜受而賓不拜送
以其非已物也此與上文不答拜之意異凡
爲使之禮皆放此

賓降出主人降授老鴈

出出廟門老室老大夫士之貴臣授鴈於階
下既則進立於中庭

右納采

擯者出請

請請事也下文放此

賓執鴈請問名主人許賓入授如初禮

注曰問名者將歸卜其吉凶
繼公謂問名問女之名也擯者入告主人許

乃出告賓而賓入也初禮三揖以下之儀也
此雖俟於中庭亦有三揖與聘禮同

右問名

擯者出請賓告事畢入告出請醴賓

醴與醴子之醴同凡自敵以下其使之行重禮者事畢則醴之所以見殷勤也擯者請醴賓亦以其降等也若敵者則主人自之

賓禮辭許主人徹几改筵東上側尊甒醴于房中徹直列反

注曰徹几改筵者鄉爲神今爲人側尊亦言無玄酒側尊於房中亦有篚有籩豆如冠禮之設

繼公謂改筵者易他筵而布之也

主人迎賓于廟門外揖讓如初升主人北面再拜賓西階上北面答拜

疏曰初納采時也主人再拜拜至也

繼公謂復迎之禮更端也拜至者將與賓行禮先爲此以發之也主人拜至賓答拜禮爲己也凡爲使者之禮類此者皆可以意推之

主人拂几授校拜送賓以几辟北面設于坐左之西階上答拜 校下孝反 辟音避

注曰拂拭也拭几者尊賓新之辟逡巡

疏曰拂几亦外拂几三也凡授几横受之及其設之皆旋几從執乃於坐南設之

繼公謂几者所以安體賓雖不隱几主人猶
進之崇優厚也拂几者新之且爲恭也凡拂
几以袂几校未詳以有司徹執几之法推之
則校者其謂左廉與云以几辟者嫌辟時或
釋几也凡自敵以下其於拜者皆辟經不盡
見之也左之在席上之東也設几於左便其
右也授几於筵前西面拜送亦於阼階上北
面設几之法有司徹備之矣

贊者酌醴加角柶面葉出于房

注曰贊者亦洗酌加角柶覆之如冠禮矣出
房南面待主人迎受

主人受醴面枋筵前西北面賓拜受醴復位主

人阼階上拜送

西北面以賓在西階上不可背之也醴子醴婦皆北面者以其立於席西也賓拜亦於西階上復位俟旣薦乃升席於賓之拜也主人少退主人拜送賓亦如之

贊者薦脯醢賓卽筵坐左執觶祭脯醢以柶祭醴三西階上北面坐啐醴建柶興坐奠觶遂拜主人答拜

祭不言右可知也後文類此者皆同

賓卽筵奠于薦左降筵北面坐取脯主人辭

注曰取脯者尊主人之賜也

繼公謂卽筵奠觶者以取脯當北面禮貴相

變也主人辭者蓋見賓珍已之物而取之則
以不腆辭之
賓降授人脯出主人送于門外再拜
注曰人謂使者從者授於階下西面
繼公謂門者外門也
右醴賓
納吉用鴈如納采禮
注曰歸卜得吉兆復使使者往告昏姻之事
於是定
繼公謂如納采禮兼醴賓而言也下禮放此
右納吉
納徵玄纁束帛儷皮如納吉禮

注曰徵成也執束帛以致命兩皮爲庭實繼公謂納吉則成昏矣故於納吉之後復納其成昏之禮六禮惟此最重故特用皮帛而不用鴈也玄纁合而爲兩束帛玄纁各五端也周官曰凡嫁子取妻入幣純帛無過五兩云純則玄而不纁也與此異用束帛儷皮則當至廟門王人揖先入賓乃執束帛而庭實先入設也如是則納吉禮不足以蒙之乃云如者以其異者可得而見也下言如納徵禮類此

右納徵

請期用鴈主人辭賓許告期如納徵禮

注曰主人辭者陽倡陰和期日宜由夫家來
也夫家卜之得吉日乃使使者往辭即告之
繼公謂壻家既得吉日乃不敢直以告女家
而必請之者示聽命於女家之意尊之也許
告期即記所謂其敢不告期者也

右請期

期初昏陳三鼎于寢門外東方北面北上其實
特豚合升去蹄舉肺脊二祭肺二魚十有四腊
一純髀不升皆飪設扃鼏去起呂反髀步米反飪而甚反
注曰期取妻之日寢壻之室也北面北上鄉
內相隨也去蹄蹄甲不用為不絜清也舉肺
脊者食時所先舉也每皆二者夫婦各一耳

凡魚之正十五而鼎減一爲十四者欲其敵偶也純全也合升左右胖曰純髀不升者近竅賤也飪孰也今文扃作鉉

䟽曰命士以上父子異宮皆自別有寢也

繼公謂初昏謂日方入之時東方直東塾少南也陳鼎東方大夫士之禮也北面北上使其入設亦臣禮之異者也其實鼎實也合升者用豚之法宜然也去蹄者指兩肩兩髀而言士喪禮曰四鬄去蹄是也舉肺脊者所舉之肺脊也此二者先飯則舉之每飯則啗之脊正脊也祭肺切肺也他肺亦祭此乃直以祭名之者以其惟主於祭而已無他用也故

又謂之肺祭凡食而有牲俎者皆有祭肺不言四鬄兩胉者士喪禮無有成文故此略之士禮腊用一胖此一純乃用左右胖者亦異昏禮也特牲記曰腊如牲骨然則此腊之體骨亦略放於豚惟去髀爲異去髀則用肫也設爲鼏鼏在上也腊所用之物未詳少牢禮云用麋

設洗於阼階東南

設洗之節詳於前篇故此略之

饌于房中醓醬二豆菹醢四豆兼巾之黍稷四敦皆蓋饌士戀反醓呼西反敦音對下並同

注曰醓醬者以醓和醬兼巾之者六豆共巾

也爲禦塵蓋爲尚温周禮曰食齊視春時

繼公謂此饌蓋順其設之先後也然則豆數皆二以並而醯醬二豆其在南與菹醢葵菹蝸醢也蓋以會

大羹湆在爨大音泰湆音泣爨七亂反

注曰爨竈也周禮曰羹齊視夏時今文湆皆作汁

繼公謂大羹上牲之肉汁也以其重於他牲故曰大云大羹復云湆者嫌羹當用肉也此上牲謂豚爨亨豚之竈也不言鑊者可知也

尊于室中北墉下有禁玄酒在西綌冪加勺皆南枋冪眉狄反

注曰綌麤葛冪覆尊巾
繼公謂士虞禮曰尊于室中北墉下當户此東西之節宜如之尊不言其器如上篇可知以巾覆物謂之冪

尊于房户之東無玄酒篚在南實四爵合巹巹音謹

注曰合巹破匏也四爵兩巹凡六爲夫婦各三酳
繼公謂無玄酒則惟一尊而已無玄酒用一尊且不尊于房户之間又不冪皆逺下尊者也篚實爵巹主酳夫婦也乃設於此者非常禮因有尊而爲之耳凡設此篚于堂者必在

尊南鄉飲酒禮曰設篚于禁南東肆巹云合

者謂合而實之也

右陳器饌

主人爵弁纁裳緇袘從者畢玄端乘墨車從車

二乘執燭前馬袘以豉反從才用反二乘繩證反

注曰主人壻也爵弁玄冕之次大夫以上親

迎冕服袘謂緣也從者有司也乘貳車從行

者也畢猶皆也士而乘墨車攝盛也燭燋也

執燭前馬使徒役持炬火居前炤道燭用蒸

繼公謂此禮據壻家而言故以壻爲主人爵

弁者以親迎當用上服也此言緇袘不言衣

帶韠與前篇互見也從者謂在車及執燭者

也從者棧車也從車二乘與乘車而三士之車數於此可見墨車加黑色而漆之棧車不加黑色漆之而已按注云攝盛謂乘大夫車也巾車職曰大夫乘墨車

婦車亦如之有裧裧昌占反

注曰亦如之者車同等士妻之車夫家共之大夫以上嫁女則自以車送之

繼公謂如之者如從者畢玄端而下之儀也有裧者婦人重自蔽且以别於男子之車也裧亦以布爲之在上曰裧在下曰裳帷此帷有裧而已其形制則未聞喪時婦車裧用疏布

至于門外

注曰婦家大門之外

主人筵于户西西上右几

注曰主人女父也

繼公謂此主於女家而言故復以女父爲主人凡經文之類此者以意求之

女次純衣纁袡立于房中南面純如字袡如占反

注曰次首飾也周禮追師掌爲副編次

繼公謂次之形制亦未詳袡者裳連於衣而異其色之稱此緇衣而纁裳故曰纁袡也婦人衣裳異色者惟此時耳嫁時特服此衣者亦所以重之喪大記曰婦人復不以袡然則

婦人之嫁者用紺亦不獨士妻也立于房中亦當户純衣説見前篇

姆纚笄宵衣在其右姆音茂

注曰纚亦廣充幅長六尺姆在女右當詔以禮

繼公謂姆女師也此笄象笄也長尺二寸少牢饋食禮主婦被緆衣特牲饋食禮主婦纚笄宵衣以是差之則宵衣次於褖衣矣亦用布為之但其所以異於褖者則未之聞

女從者畢袗玄纚笄被纈黼在其後從才用反被皮義反纈若迥反黼音甫

注曰女從者謂娣姪也

繼公謂玄者玄衣也其亦宵衣與顈絅同玉藻曰禪爲絅蓋指衣而言考工記曰白與黑謂之黼顈黼者以黼爲禪衣而被之於玄衣之上亦猶婦之加景然也昏禮尚飾故用顈黼不登車乃被之者遠別於婦也被顈黼則玄衣不見矣必言袗玄者以其正也在其後蓋東上

主人玄端迎于門外西面再拜賓東面答拜

賓壻也亦擯者出請入告乃出迎之此時賓爵弁服而主人玄端不嫌於服異者主人不正與賓爲禮特迎而道之入廟耳拜之者迎賓之禮也

主人揖入賓執鴈從至于廟門揖入三揖
階三讓主人升西面賓升北面奠鴈再拜稽首
降出婦從降自西階主人不降送稽音啓
注曰賓升奠鴈拜主人不答明主爲授女耳
主人不降送禮不參
繼公謂賓於外門外即執鴈别於幣也凡幣
爲禮者至廟門乃執之北面奠鴈以女在房
也稽首頭下至手也拜時兩手至地左手在
上若稽首則以頭加於左手之上再拜稽首
者始拜則但拜而已於其卒拜則因而遂稽
首焉書曰拜手稽首是也此禮之重者而爲
之壹昏禮之始也昏義曰再拜奠鴈蓋受之

於父母是亦一義也降出謂出外門俟上經云至于門外是婦車亦在大門外也按注云授女者謂奠鴈以授女也云禮不參者據凡行禮者言也此壻迎女而女從之是壻女二人爲禮矣故主人不參之

壻御婦車授綏姆辭不受壻悉計反

注曰壻御者親而下之綏所以引升車者僕人之禮必授人綏

繼公謂曲禮曰凡僕人之禮必授人綏若僕者降等則受不然則否此壻爲御故如僕之禮而授綏然非降等者也故姆辭不受於姆之辭也壻乃至綏既則女自取之以升

婦乘以几姆加景乃驅御者代（乘繩證反）

注曰加景以爲行道禦塵令衣鮮明也景亦明也驅行也行輪三周御者乃代壻

疏曰乘以几者謂登車時也景莙以襌縠爲之

繼公謂此乘升車之稱也乘以几尊之曲禮曰尸乘必以几亦此意也衣名以景者取其鮮明之意詩云衣錦褧衣裳錦褧裳然則此景之制亦連衣裳爲之與其他上衣同矣姆爲加之是姆亦與女同車也已登車乃加景則未下車其脫之與女從者脫穎黼蓋於下車之後

壻乘其車先俟于門外

注曰壻車在大門外乘之先者道之也門外壻家大門外

繼公謂御者旣代止車以俟壻乘其車先然後從之

右親迎

婦至主人揖婦以入及寢門揖入升自西階媵布席于奧夫入于室即席婦尊西南面媵御沃盥交（媵以讀汲）

注曰升自西階道婦入也媵送也謂女從者也

李微之曰御壻家之女侍也

繼公謂奥室中西墉下少南也布席東面北上宜變於神席也夫婦既升而並俟于堂媵既布席乃入也即席立于席上也婦立于尊西則尊亦當户明矣交者御沃媵盥媵沃御盥也居室之始即行此禮相下相親之義也此盥蓋於北洗

右夫婦入室

贊者徹尊冪徹直列反下並同

事已至也

者盥出除冪舉鼎入陳于阼階南西面北上

盥北面盥於南洗也冪當作鼏除鼏者右人也除鼏而后舉鼎吉禮也陳鼎於内而當階

士禮也既陳鼎則右人抽扃委于鼎北而西面于鼎東以俟少牢禮陳鼎南於洗西其與士禮異者當東序耳

匕俎從設匕必履反

匕所以出鼎實也俎所以載也執匕俎者從鼎入而設於其鼎之西也設謂設俎也旣設俎則各加匕於其鼎東枋遂退此三匕三俎從設則是有司三人各兼執一匕一俎與

北面載執而俟

注曰執俎而立俟豆先設

繼公謂北面載者左人也右人則西面匕此載以俎承物之稱士喪禮載兩髀于

兩端兩肩亞兩胉亞脊脅在於中皆進柢
魚左首進鬐三列腊進柢此魚十有四
二列也載腊如豚惟無肺耳俟俟時而升
匕者逆退復位于門東北面西上
匕者乃右人以匕出鼎實者也以匕出鼎而
謂之匕亦因其所用者稱之逆退則匕下鼎
者在先匕上鼎者在後也言復位見其初位
在此門東北面西上私臣之位也此亦因之
而見之耳特牲饋食記曰私臣門東北面西
上逆退者由便也亦便其復位也凡逆退而
復位者其義皆然
贊者設醬于席前葅醢在其北俎入設于豆東

魚次腊特于俎北

注曰豆菹醢

繼公謂菹醢在醬北南上也則見魚腊則此俎云者指豚俎也經蓋因文以見特俎之位也當豚俎北端而云特者明不與豚俎爲列亦横設之凡俎數奇故於其下著特設之

贊設黍于醬東稷在其東設湆于醬南

黍在豚南稷在魚南湆不言其器在豆可知少牢禮曰進二豆湆

設對醬于東

注曰對醬婦醬也

繼公謂下文云設黍于腊北而此醬宜在黍

東則於特俎爲東北也

葅醢在其南北上

二豆在醬南俱當特俎之東也

設黍于腊北其西稷

腊北即醬西也必云腊北者所以見對饌東西南北之節也稷在黍西則在腊之西北而遥當壻醢之北矣惟於設黍云腊北可見特俎亦横設之也

設湆于醬北

此豆敦之位其左右皆與壻饌同惟南北爲異

御對布席

對席婦席也經於婦之菹醓云北上則此對席南上矣凡設豆於生人之席前者其所上率與席之所上相變此禮於少牢下篇見之未設而布壻席已設乃布婦席示尊卑之義也媵布夫席御布婦席見其事之之意也此於壻席爲少北不正相鄉特取其一東一西故云對耳對醬之類亦然

贊啓會卻于敦南對敦于北會如字

注曰啓發也會合也謂敦蓋也

繼公謂卻仰也對敦于北謂啓婦敦之會則卻于敦北也其南北之會各當其湇之東西

贊告具揖婦即對筵皆坐皆祭祭薦黍稷肺

注曰贊者西面告饌具也

繼公謂贊揖婦使即席者以主此禮故不祭薦黍稷肺釋上所謂祭者此也祭薦以涪擩于醢而祭也祭黍稷取於其敦而祭之肺祭肺也亦皆祭于豆祭

贊爾黍授肺脊皆食以湆醬皆祭舉食舉也

注曰爾近也近之置席上便其食也皆食食黍也以用也

繼公謂古文邇爾通惟爾黍者夫婦各有二敦故但取其尊者而食之凡爾敦者皆右之於席上經特於少牢禮見之授肺脊兼舉而授之也皆受以右手惟飯時則左執之也贊

授夫於饌南西面婦則於饌北東面皆訝受之皆食謂一飯也以湆醬皆謂咂之未食舉故用此安食耳舉謂肺脊以其先食舉之因名之曰舉．祭謂振祭嚌之一飯乃祭舉異於饋食禮也食舉謂啗之再飯三飯則皆食舉不復以湆醬矣

三飯卒食飯扶晚反

三飯而卒食其遂下饋食之禮與士之饋食九飯而止飯猶食也或言食或言飯隨文便耳不言贊者受肺脊文省

右食

贊洗爵酌醑主人主人拜受贊戶內北面荅拜

酳婦亦如之皆祭酳以刃反

注曰酳酌内尊

繼公謂洗爵洗于庭也酳之言繼也繼也其字從酉蓋既食之而復繼之以酒故因以爲名取其酒食相續之意也其禮如是所以見殷勤也此拜受者皆在席户内户内之西也

祭謂祭酒凡酳皆坐受爵

賛以肝從皆振祭嚌肝皆實于菹豆

注曰肝肝炙也

繼公謂以肝從謂以肝俎從於酒而進之二肝葢共俎而進本賛則縮執之振祭者執而振動之以爲祭也此亦以肝擩于鹽乃振祭

肝從之法少牢饋食禮備之矣

卒爵皆拜贊荅拜受爵

卒爵而拜拜其飲巳之賜也贊荅拜亦一拜也受爵出奠于篚乃復洗他爵以升

再醮如初無從

初者初醮時洗爵以下之儀也無從見其異於初耳

三醮用巹亦如之

至是乃用巹者昏禮將終示以合體相親之意也亦如之者亦如初而無從也食後進酒至於再三猶云醮者同牢之禮[illegible]而此酒則皆贊進之故皆謂之醮少

食之後進酒於尸者惟主人言酳主婦賓長則亦曰酳而曰獻以食禮非二人主之故也由是觀之是以見其立言之意矣

賛洗爵酌于戶外尊入戶西北面奠爵拜皆荅拜坐祭卒爵拜皆荅拜與

注曰賛酌者自酢也

繼公謂三酳乃自酢變於常禮也自酢之禮代人酢已耳洗爵者象其爲已洗也奠爵拜者象受也夫婦皆答拜則象同酢之也故主人不必親酌凡此時夫婦室中之拜皆順其東西面與謂夫婦也上戶字疑衍下云賛酌外尊則可見矣

右酳

主人出婦復位

注曰復尊西南面之位

繼公謂主人出爲將説服于房也婦但當説服于室故不出惟變位而已

乃徹于房中如設于室尊否

注曰徹室中之饌設于房中爲媵御餕之徹尊不設有外尊也

繼公謂徹之者亦贊也如設于室謂其饌與席之位也亦皆東西相鄉

主人説服于房媵受婦説服于室御受姆授巾

説並吐活反下同

注曰巾所以自絜清

繼公謂說服皆謂去上服也于房于室男女宜異處亦重褻也記云毋施衿結帨是婦自有帨巾也今旣說服御亦併受此物故姆還以他巾授之

御衽于奧媵衽良席在東皆有枕北止衽而甚反

注曰婦人稱夫曰良孟子曰將見良人之所之止足也古文止作趾

繼公謂卧席謂之衽此衽云者謂設衽也亦猶布筵而謂之筵矣夫東婦西者變於坐席也

主人入親說婦之纓

注曰入者從房還入室也婦人許嫁笄而醴之因著纓明有繫也蓋以五采爲之其制未聞

疏曰纓有二曲禮云女子許嫁纓示有從人之端也即此說纓之纓也內則云男女未冠笄者總角衿纓此幼時纓也皆與男子冠纓異故云其制未聞

繼公謂主人親說之者明此纓爲已而繫也亦示親之

燭出

注曰昏禮畢將卧息

媵餕主人之餘御餕婦餘贊酌外尊酳之餕音俊

食人之餘曰餕餘謂其所嘗食者也媵御各
餕夫婦之餘者見其惠之及之也此餕之位
媵當東面而長者在南御當西面而長者在
北略如少牢饋食餕者之位也不洗而酌略
賤也此酳之儀惟拜受拜送而已不拜既爵

外尊房户東之尊

媵侍于户外呼則聞

注曰爲尊者有所徵求今文侍作待

繼公謂媵雖婦之從者然自婦至之後凡主
人有事皆媵爲之此侍于户外乃不使御而
使媵者亦主於夫也呼則聞釋所以侍于户
外之意也今文侍作待其義亦通若然則昏

禮既畢其就內寢與

右昏禮成

夙興婦沐浴纚笄宵衣以俟見見賢遍反下同

注曰夙昏明日之晨

繼公謂士妻之纚笄宵衣猶士之玄冠玄端也內則言子事父母服玄端又云婦事舅姑如事父母則宵衣者亦士妻事舅姑之常服耳婦之始嫁即以此服見而不爲之加者昏禮不主於舅姑也俟見者質明乃見此時俟於己之寢

質明贊見婦于舅姑席于阼舅即席席于房外南面姑即席

注曰房外房户外之西

繼公謂見者通言於舅姑使得見也舅姑夫之父母也阼席亦西面舅姑即席亦立于席也凡設席其在東者則西面其在西者則東面南北放此經或不見之者以其可知也

婦執笲棗栗自門入升自西階進拜奠于席笲音煩

注曰笲竹器其形蓋如今之筥䈥蘆矣奠之者舅尊不敢授也

繼公謂笲棗栗二物同一器也聘禮曰卷幣實于笲然則笲之制蓋亦隋方如篋矣門舅姑寢門也必云自門入者嫌婦人出入當由

闈門也進乃拜則拜處近於席不當階矣不
言東面者可知也始執笲用二手及拜時則
惟右手執之凡婦人之拜以左掌據地故右
手執物而可以拜也内則曰凡女拜尚右手
舅坐撫之興荅拜婦還又拜
注曰還又拜者還於先拜處拜
繼公謂撫之示受也興而後拜敬也婦還者
婦於筵前少立俟舅卒拜而后還也又拜者
俠拜也
降階受笲腶脩升進北面拜奠于席姑坐舉以
興拜授人腶丁亂反
注曰腶脩擣肉之脯人有司姑執笲以起荅

婦拜授有司徹之舅則宰徹之

繼公謂婦於舅並用棗栗而執於門外於姑惟用腶脩而受於階下皆輕重之差也進北面拜者旣入堂深東行當席乃北面而拜也奠于席亦不敢授也棗栗腶脩所以爲贄也乃皆奠之而不敢授者凡相見之禮尊卑不敵則奠之亦示親授也此不撫之者不敢同於舅也舉以興乃拜旣拜乃授人則拜時亦不釋笲矣

右婦見舅姑

贊醴婦

贊爲舅姑醴婦也舅姑必醴之者荅其行禮

於己也婦見醴乃成爲婦舅不自醴之者於其始至宜示以尊卑之禮也是時舅姑皆立于席

席于户牖間

注曰室户西牖東南面位

疏曰醴子醴婦醴賓客皆於此尊之故也

側尊甒醴于房中

亦有籩豆在其北惟云側尊文省

婦疑立于席西疑舊魚乞反

是時已東西立疑字未詳

贊者酌醴加柶面枋出房席前北面婦東面拜受贊西階上北面拜送婦又拜

疏曰東面拜者以舅姑在東宜鄉之拜也

繼公謂婦於贊乃俠拜者重其爲舅姑醴己也婦又拜蓋執觶拜也其下二拜亦然

薦脯醢

亦贊薦之

婦升席左執觶右祭脯醢以柶祭醴三降席東面坐啐醴建柶興拜贊荅拜婦又拜奠于薦東北面坐取脯降出授人于門外

注曰奠于薦東升席奠之人謂婦氏人

繼公謂拜皆執觶拜也門寢門也授人於外變於男子之禮

右醴婦

舅姑入于室

已禮畢也

婦盥饋

於既授脯即反而行饋禮也以食食人謂之饋適婦之禮在養舅姑故即行饋禮以見其意

特豚合升側載無魚腊無稷竝南上其他如取女禮取七住反

注曰側載者右胖載之舅俎左胖載之姑俎異尊卑女謂婦也如取婦禮同牢時

疏曰自側載以下南上以上與取女異周人吉禮尚右故知右胖載之舅俎左胖載之姑

俎以異尊卑也

繼公謂二俎載之乃云側者以無魚腊也南上之文主於葅醢蓋特舉此以見舅姑之皆東面且明席之北上也席北上則舅在北姑在南矣姑不别席於北方者辟婦之位也其他謂爾黍以至卒食也此特豚合升而載之二俎則是每俎皆有肩髀胳脊與其他豚解而載於一俎者畧異矣士喪禮言豚解之法兩肩兩髀兩胎與脊共有七段也

婦贊成祭

此祭謂祭薦黍稷肺也凡贊祭必授祭而此云成者其爲之祭而不授與

卒食一酳無從

卒食亦三飯而止也此禮每節皆殺於同牢之禮俎則無魚腊敦則無稷至是又惟一酳以其一酳故無肝從是皆其禮之當然也婦之酳也當洗於北堂而酌于室中北墉下之尊酳舅於席前之南姑於席前之北皆西面其拜亦在户西北面也舅姑亦皆荅拜于其席

席于北墉下

此席當在尊西而東上

婦徹設席前如初西上

此所設者皆如饋之設但易處則所上之面

位不同之耳

婦餕舅辭易醬

注曰婦餕者即席將餕也

繼公謂舅辭者見婦即席將餕己餘故辭之

婦不言對不敢與尊者爲禮也下經云婦餕

姑之饌則是從舅命矣易醬易姑醬也蓋御

爲之

婦餕姑之饌御贊祭豆黍肺舉肺脊

豆祭亦贊之則是此三祭亦皆不授之而直

爲之祭矣祭肺亦祭切肺也舉肺脊其姑之

所已舉者與亦御者舉以授之

乃食卒

食謂食黍也亦以湆醬祭舉食舉三飯而卒
食也
姑酳之婦拜受姑拜送坐祭卒爵姑受奠之
注曰奠之奠于篚
繼公謂婦拜于席南面姑亦拜于西墉下東
面之位也卒爵而姑受亦不拜既爵矣餕禮
經
婦徹于房中媵御餕
注曰媵餕舅餘御餕姑餘也
繼公謂此與上經徹下皆不云設未詳其設
之當略如同牢禮
姑酳之雖無娣媵先

繼公謂乃奠菜亦題下事也必三月乃奠菜者三月一時天氣變故以之為節也

席于廟奧東面右几席于北方南面

注曰北方墉下

疏曰生時見舅姑舅姑別席異面是今亦別席異面象生也

繼公謂右几見席南上也凡設几例在席之上端舅席東面而南上姑席南面其西上與生人室中之席東面者北上南面者東上鬼神則變之生時見舅姑舅不用几此有之者異其神也姑席無几几主於尊者也是亦質明行事

祝盥婦盥于門外婦執笲菜祝帥婦以入祝告稱婦之姓曰某氏來婦敢奠嘉菜于皇舅某子注曰帥道也入入室也來婦言來爲婦嘉美也皇君也言君者尊之菜蓋用菫

繼公謂執笲菜亦於門外廟見用笲菜異於生時之贄也云帥婦以入是婦亦升自西階也此時婦入室西面祝在左而爲之告也某氏者高國之女則曰姜氏季孟之女則曰姬氏皇者尊大之之稱某子者其謚也猶言文子武子矣此蓋指其爲大夫者也假設言之以著其廟見之禮與爲士者同耳

婦拜扱地坐奠菜于几東席上還又拜如初

合反

婦拜拜于其位也扱地未詳奠菜于几東席上則是几前猶有餘席亦可見設几之節矣還又拜亦反於故位復拜也此又拜者接神禮然也其例見於聘禮及特牲少牢饋食禮

婦降堂取笲菜入祝曰某氏來婦敢告于皇姑某氏奠菜于席如初禮

注曰降堂階上也於姑言敢告舅尊于姑

繼公謂取猶受也降堂取笲菜以其行禮於室也在堂則降階在室則降堂遠近之差禮亦宜然入入而北面也祝亦在左告之如初禮拜而奠于席上之右還又拜也

婦出祝闔牖户

疏曰先牖後户者先闔牖後闔户也

繼公謂婦出户則老釋辭請醴之而婦入于房矣

老醴婦于房中南面如舅姑醴婦之禮

婦旣廟見而老醴之象舅姑生時使贊醴婦之禮蓋達神意也不于堂辟尊者在之處也上云贊醴婦此云如舅姑見上贊者爲代舅姑醴之也房中行禮則老其西面拜與婦見醴乃成爲婦若廟見舅姑之偏没者恐無此禮

壻饗婦送者丈夫婦人如舅姑饗禮

疏曰舅姑没故壻兼饗丈夫婦人

繼公謂壻饗丈夫婦人亦當異日而皆酬之以束帛也此禮之節宜在始嫁之時因言廟見而及之故其文在此非謂行之於老醴婦之後也

右舅姑已没之禮

記士昏禮凡行事必用昏昕受諸禰廟昕音欣禰乃禮反

注曰用昕使者用昏壻也

疏曰用昕謂納采問名納吉納徵請期五者皆用昕即詩所謂旭日始旦也昏親迎時也

繼公謂禰廟父廟也廟受重其事也經凡言

士禮多主於一廟者一廟則祖禰皆在焉惟云禰主於禰也蓋祖尊而禰親受昏禮宜於親者

辭無不腆無辱腆他典反

腆善也言當善其辭又不可以辱命也

贄不用死

注曰贄鴈也

繼公謂此文在皮帛之前則是指納采之類言也夫贄云者親奉其物以相見之稱也納吉之類禮雖用鴈然遣使為之固不可謂之贄以贄為言記者過也且不用死之云似長語古人非昏禮而用鴈豈有用死者乎

[illegible]束帛也

[illegible]謂制制爲衣裘也然則他禮之用皮帛

[illegible]有不可制者乎亦但長語矣

[illegible]必用鮮

惟云腊必用鮮是魚用蘼矣一腊而用鮮亦

異昏禮也

魚用鮒必殽全 鮒音附

注曰殽全者不餒敗不剥傷

繼公謂他時魚或用鱄此則惟許用鮒云必

殽全語亦似過他禮用魚豈有不殽全者乎

女子許嫁筓而醴之稱字

注曰許嫁已受納徵禮也筓女之禮猶冠男也女賓執其禮

繼公謂此禮當於房中行之醴之亦謂以醴飲之也字若伯姬仲氏之類矣女子之筓有二節一則成人之筓一則許嫁之筓其醴之而婦人執其禮竝同惟以稱字與否爲異周易屯六二之辭曰女子貞不字十年乃字言許嫁乃字也然則未許嫁而筓者不字明矣

古者女子成人乃許嫁

祖廟未毀敎于公宮三月若祖廟已毀則敎于宗室

注曰嫁女必就尊者教之教之者女師也
廟女所出之祖也公君也教以婦德婦言
容婦功宗室大宗之家
李微之曰此言公族之爲士者也若祖廟
毁而教于宗室然則異姓者亦教于宗子
家與
繼公謂此據士族之貴者言也祖女所自
之君也毁壞也傳曰壞廟之道易檐可也
塗可也禮國君五廟太祖之廟不毁其餘
君若過高祖則毁其廟而遷之未毁者以
猶在今君四親廟之中也其與君共太祖
若太祖去今君五世廟雖不毁其禮亦與

毀者同祖廟未毀而教於公宮統於祖也

廟既毀而教於宗室統於宗也凡別子之

亦皆三世若四世而毀

問名主人受鴈還西面對賓受命乃降

問名之儀主人以賓升西面賓升自西階

面問名主人阼階上北面再拜進受鴈于

間還於阼階上西面賓亦還於西階上東

主人對賓受命乃俱降也

祭醴始扱壹祭又扱再祭

疏曰始扱壹祭及又扱則分爲兩祭是爲

醴三也

繼公謂始扱一祭又扱則再祭示隆殺也

掇而可以再祭則栖薦如句矣

賓右取脯左奉之乃歸執以反命奉芳勇反

疏曰右手取脯左手兼奉之以降授從者

西階下乃歸

繼公謂以疏説攷之則記文似不備也右

脯左奉之不游手也執以反命謂至于壻

之門外乃受之以反命也此記在問名下

徵上則是但據納采問名之賓而言耳蓋

文惟見此醴賓之禮故也若納吉納徵請

之賓反其禮亦如之可知

納徵執皮攝之內文兼執足左首隨入西上

分庭一在南攝之涉反下同

注曰兼執足者左手執前兩足右手執後足隨入不並行也

疏曰毛在內故云內文

繼公謂先儒讀攝爲摺則訓疊也今人屈而疊之謂之摺古之遺言與執皮攝之者屈其皮疊而執之也內文兼執足攝之之也文獸毛之文也內文者事未至也左首西上也云隨入者以其並設嫌亦並行也上綂於賓也參分庭一在南者參分庭深所立之處當其參分之一故二分在北在南也此設皮之位亦當在西方

賓致命釋外足見文主人受幣士受皮者

出于後自左受遂坐攝皮逆退適東壁見賢遍反

注曰賔致命主人受幣庭實所用爲節

䟽曰經云釋外足見文者人以足鄉上執之足遠身爲外釋之則文見也注意謂賔升堂致命則庭中執皮者釋外足主人堂上受幣則主人之士於堂下受皮是庭實所用爲節

繼公謂釋外足見文所謂張皮也見文者事已至也皮以文爲美故當授受之節宜示之他時則否士謂主人之私臣非指有爵者也自東自門東而來也士之私臣其位在門東北面後與左皆據執皮者言也受者居客之左便其先執前乃執後也聘禮曰賔出當之

坐攝之逆退在東者先退由便也此記與聘

禮互見當參攷

父醴女而俟迎者母南面于房外迎魚敬反

注曰女既次純衣父醴之于房中南面蓋母

薦焉重昏禮也女奠爵于薦東立于位而俟

壻壻至父出母出南面于房外示親授壻

疏曰舅姑共饗婦而姑薦故知父醴女亦母

薦

繼公謂特牲饋食禮主人致爵于主婦西面

荅拜此父醴女于房中位宜如之其儀則略

與賓醴婦之禮同

女出于母左父西面戒之必有正焉若衣若笄

母戒諸西階上不降
注曰必有正焉者以託戒使勿忘
纚公謂是時父立于阼階上女出於母左[illegible]
説之東面受戒父乃正其衣或正其笄而戒
之且女之衣笄固自正矣今乃復正之者欲
其以此爲識耳女既就父則母東面于西階
上俟女至而戒之以女當降自西階也[illegible]不
降送尊也孟子曰女子之嫁也母命之往送
之門戒之或此禮至後世而變與
婦乘以几從者二人坐持几相對乘繩證反從才用反
注曰持几者重慎之
婦入寢門贊者徹尊冪酌玄酒三屬于尊[illegible]

水于堂下階間如勺屬音燭

注曰屬注也玄酒貴新昏禮又貴新故事三

乃取之

[illegible]公謂玄酒清水也玄水色與酒並設故亦

以[illegible]一二云酌則以勺也棄餘水者不欲入

加勺兼指二尊而言

[illegible]舅答拜宰徹笄

[illegible]衣者婦見舅姑以飾為[illegible]

則[illegible]

[illegible]之飾也此文主於[illegible]

人笄亦如之舅既荅拜

婦席薦饌于房

注曰醴婦饗婦之席薦也

繼公謂亦如冠禮席在南籩豆在北也

饗婦姑薦焉

注曰舅姑共饗婦舅獻爵姑薦脯醢

婦洗在北堂直室東隅篚在東北面盥直音値

注曰洗在北堂所謂北洗北堂房中半以北洗南北直室東隅東西直房户與隅間

疏曰房無北壁故得北堂之名房與室相連爲之而無北壁是以得設洗直室東隅

繼公謂室之東隅有二云在北堂故無嫌於南篚盛爵觶爲婦酢姑酬也庭中設洗水在

洗東篚在洗西此篚在洗東則水在洗西矣盥爲將洗爵以酢舅也無嫌於不洗故惟以盥見之此洗内洗也亦曰北洗凡其設之與盥者之位皆如此記主爲婦禮發之故惟云婦洗　按注云東西直房户與隅間言直二者之間也亦意之之辭未必有據

婦酢舅更爵自薦酢音昨

凡卑者受尊者獻則不敢酢此婦乃酢舅者饗婦則婦如賓也更爵男子不承婦人爵也自薦者爲姑親薦已故不敢使人薦舅行禮欲其稱也

不敢辭洗舅降則辟于　不敢拜洗辟音避

此謂舅將獻婦之時也舅降謂降洗也婦辟于房者旣不從降又不敢安於堂上故宜辟也從降而辭洗升堂而拜洗丈夫於獻者之禮也若婦人之於丈夫則無之以是禮不可得而行故也記者於此乃有不敢辭洗拜洗之說則是謂婦人於舅可以辭洗而不敢辭可以拜洗而不敢拜與亦似異於禮意矣

凡婦人相饗無降

注曰姑饗婦人送者于房無降者以北洗篚在上

繼公謂此謂姑饗婦人送者與舅沒而姑特饗婦者也故以凡言之言婦人相饗無降明

男女相饗則有降者如上記所謂舅降是也
婦入三月然後祭行
入入夫之室也祭行謂夫家之祭方行也婦入三月然後可以入廟故夫家必至是乃舉其常祭欲令婦得助祭而成婦之義也凡舅姑之存若没其禮皆然
庶婦則使人醮之婦不饋
注曰庶婦庶子之婦也使人醮之亦有脯醢不饋者共養統於適也
繼公謂使人醮之則不必贊矣是時舅席于阼姑席于房外當於受適婦之見之禮則醮之之位其亦在戶牖間與此儀物亦皆與醴

同惟以用酒爲異故不取尚文之義而輕於
醴也婦不饋則舅姑亦不饗之矣此以上專
記事以下專記辭不欲其相亂也

昏辭曰吾子有惠貺室某也

注曰昏辭告擯者請事之辭吾子謂女父也
貺賜也室猶妻也子謂公治長可妻也某壻
名

疏曰壻家舊已有辭女家見許故今得言貺
室也

繼公謂有惠有貺室某之惠也

某有先人之禮使某也請納采

注曰某壻父名也某也使者名也

繼公謂云先人之禮言其前世行之已久

對曰某之子惷愚又弗能教吾子命之某不敢辭惷失容反

注曰對曰者擯者出納賓之辭某女父名也吾子謂使者

繼公謂惷愚謂不敏也女之性既不敏已又弗能教之言其不足采也命謂納采

致命曰敢納采

疏曰此使者升堂致命於主人之辭

繼公謂此不言對則是主人惟拜而已

問名曰某既受命將加諸卜敢請女爲誰氏

注曰某使者名也

疏曰此賔升堂致命之辭也

繼公謂命謂巳受其納采之禮也加諸卜謂指女名以問卜也氏謂女之伯仲也戴嬀爲仲氏亦其一耳問名而云誰氏不敢褻之敬也此亦使者告擯者請事之辭

對曰吾子有命且以備數而擇之某不敢辭

命謂問女名也備數而擇之若曰不專采巳女然謙也此擯者傳主人許之辭也賔致命於堂宜亦曰敢請女爲誰氏主人則以女名對之

醴曰子爲事故至於某之室某有先人之禮請醴從者爲于僞反從才用反

注曰言從者謙不敢斥也
繼公謂醴請醴賓也
對曰某既得將事矣敢辭
此言己之事畢不敢復溷主人也將行
先人之禮敢固以請
注曰主人辭
繼公謂凡請與辭自再以後皆謂之固
某辭不得命敢不從也
注曰賓辭也不得命者不得許已之命
繼公謂此皆擯者傳賓主之辭即經所謂請
醴賓賓禮辭許者也
納吉曰吾子有貺命某加諸卜占曰吉使某也

敢告

注曰既命謂許以女名也某壻父也

對曰某之子不教唯恐弗堪子有吉我與在某

不敢辭與音預

弗堪謂不能盡婦道也與如與開之之與與

在謂己亦在吉中也取婦嫁女之家吉凶共

之此亦擯者傳賓主之辭也賓致命亦宜曰

某敢納吉

納徵曰吾子有嘉命貺室某也某有先人之禮

儷皮束帛使某也請納徵致命曰某敢納徵

疏曰吾子有嘉命以下至請納徵是門外鄉

擯者辭也致命曰某敢納徵是升堂致命辭

也

繼公謂納采之屬使者皆不言行禮之物此乃言儷皮束帛者以其盛於他禮故顯之致命之辭宜在敢不承命之後蓋因而遂記之耳其次則見於納采

對曰吾子順先典貺其重禮某不敢辭敢不承命

先典即彼所謂先人之禮也納徵於六禮爲盛故曰重禮此亦擯者傳主人辭也主人於堂亦惟拜命而已無辭

請期曰吾子有賜命某旣申受命矣惟是三族之不虞使某也請吉日

注曰虞度也不億度謂卒有死喪
繼公謂既申受命謂鄉者重受女家之命今亦宜然言此者欲女家以日告之也族有親者之稱三族謂從父從祖從曾祖之親也從父之親齊衰大功也從祖之親小功也從曾祖之親緦麻也喪服不止於此但舉三者言之耳有凶服則廢嘉禮故欲及今之吉也或曰三族謂父母妻之族

對曰某既前受命矣唯命是聽

注曰前受命者申前事也
繼公謂言前此皆受壻家之命今則亦惟命是聽也

曰某命某聽命于吾子
注曰曰某壻父名也
對曰某固唯命是聽曰某使某受命吾子不許
某敢不告期曰某日
曰某日堂上致命之辭也其上則皆擯者所
傳者也經云請期用鴈主人辭賓許告期云
許告期則是在門外之時但許告之而未告
也
對曰某敢不敬須
此乃主人堂上受命時語也須待也
凡使者歸反命曰某既得將事矣敢以禮告
禮即女家所受納采問名之類是也使者既

釋此辭乃以禮告記不見之者以其辭答[illegible]

故不備載之省文爾

三人曰聞命矣

命謂使者之言也

父醮子

注曰子壻也醮之禮如冠醮與其異者於寢

爾

繼公謂醮之者重昏禮也亦毋薦焉不醴者

變於遣女之禮

命之曰往迎爾相承我宗事（迎魚敬反 相息亮反）

注曰相助也宗事宗廟之事

繼公謂相謂内助宗事未詳

勗帥以敬先妣之嗣若則有常勗許玉反

注曰勗勉也若猶女也

繼公謂此言夫婦之間不可不敬然夫倡則婦從故汝當勉帥之以敬謂以身先之也彼能敬則盡婦道而可以嗣續我先妣之事矣旣又戒之使常敬也父命之亦當在筵前北面之時

子曰諾唯恐弗堪不敢忘命

堪任也注唯恐不任帥以敬之事蓋謙恭之辭

子旣對乃拜受觶

賓至擯者請對曰吾子命某以茲初昏使某將請承命對曰某固敬具以須

注曰賓壻也命其壻父名茲此也將行也使其行昏禮來迎

繼公謂壻家告期而賓乃云吾子命之者不敢自專若受命於婦家然也然期日自壻家出而婦家許之雖以爲婦家之命亦可也將未詳

父送女命之曰戒之敬之夙夜毋違命

此即正衣若笄時之語也夙夜舉一日之始終而言耳命謂舅姑與夫之命

母施衿結帨曰勉之敬之夙夜無違宮事衿其鴆反帨舒銳反

此即送于西階上時之語也施衿結帨亦欲

其以此爲識耳宫猶家也無違宫事者謂凡宫中之事不可違尊者之命也婦人無外事故惟以是戒之帨佩巾衿未詳

庶母及門内施鞶申之以父母之命命之曰敬恭聽宗爾父母之言夙夜無愆視諸衿鞶鞶步干反

注曰庶母父之妾也鞶鞶囊也男鞶革女鞶絲宗尊也愆過也諸之也

繼公謂門内廟門内也庶母位在下故送之及門内施鞶與施衿意同申之以父母之命命之庶母賤不敢有所戒惟舉尊者之言以重告之使敬從之也曰敬恭聽宗爾父母之言指此時而言也夙夜無愆視諸衿鞶指異

[illegible]

[illegible]人能之而[illegible]無懲也[illegible]代其識[illegible]之語[illegible]

擊足矣[illegible]及於衿者不[illegible]專以己之所[illegible]

為言亦敬也

婚殳綏姆辭曰未教不足與ㄙ為禮也

言未教蓋謙辭

宗子無父母命之親皆沒己躬命之

注曰命之命使者毋命之在ㄨ春秋紀裂繻來

逆女是也躬猶親也親命之ㄈ則宋公使公孫

壽來納幣是也言宗子無父是有有父者禮

七十老而傳八十齊喪之事不及若是者子

代其父爲宗子其取也父命之
繼公謂宗子大宗子也親皆没已自命之雖有諸父諸兄不稱之者宗子尊不統於族人也此見無父而毋命使者之禮則是父没而母存亦不可親迎矣

支子則稱其宗

支子謂宗子之族人也此指其無父母與親兄者而言宗亦大宗子也稱其宗子命使者宗子尊也言稱其宗則非宗子自命之矣文弟稱其兄亦然此支子皆其喪服傳所云云不同

弟稱其兄

弟謂凡無父母而有親兄者也兄雖非宗子
猶稱之也有兄則不稱宗子者尚親也
若不親迎則婦入三月然後壻見曰某以得爲
外昏姻請覿迎魚敬反見賢遍反下並同覿音狄
不親迎謂使人迎之此指無父者也記曰父
醮子而命之迎昏義曰子承命以迎是親迎
者必受父之命也若無父則子無所承命故
其禮不可行壻見見於婦之父也親迎之時
主人迎壻以入母立于房外壻奠鴈而降是
亦見婦之父母矣若不親迎則壻須別見故
於此時爲之必俟三月者婦無舅姑者三月
而廟見故此壻之行禮於婦家亦以之爲節

也下文云某之子未得濯概於祭祀然則此
在廟見之後祭行之前乎昏姻者壻婦兩家
相於之通稱覿者卑見尊之辭
主人對曰某以得爲外昏姻之數
言此者明己當往見也主人妻父也
某之子未得濯概於祭祀是以未敢見概古代反
言此者明己所以未往見也外舅不必先見
壻此蓋謙辭濯洗也概拭也濯概於祭祀謂
祭祀則濯概祭器也此非主婦之事乃言某
之子亦謙辭也其意蓋以爲女未與祭則未
成爲婦故云然
今吾子辱請吾子之就宮某將走見

言此者不敢當壻之先見己也辱謂自己辱
而來宮猶家也
對曰某以非他故不足以辱命請終賜見
曰命謂將走見之言
公謂前已言云得爲外昏姻故此但云非
其不欲重言之耳
某得以爲外昏姻之故不敢固辭敢不從
此所謂禮辭也得爲昏姻則異於賓客所以
敢固辭也先辭其見所後不辭其贄所以
於賓客凡賓主之辭皆擯者傳之得以宜從
上文作以得又此云之故上云之數辭有一
缺

主人出門左西面壻入門東面奠贄再拜出
注曰出門出内門入門入大門出内門不出
大門者異於賓客也壻見於寢奠贄者壻有
子道不敢授也贄雉也
疏曰公謂主人出門左西面則近於門矣[illegible]
於見賓客之位蓋親之也壻入門亦入[illegible]
也文似脫一左字壻於主人長幼不敢[illegible]
當者然後與贄而不授恐主人先拜[illegible]
[illegible]序也東面奠贄象其東面西授[illegible]
[illegible]面必北面授贄其始也或先一奠
[illegible]賓[illegible]端
[illegible]受

受謂主人欲親受之也壻既出擯者東面取贄以出西面于門東其辭蓋曰某也使某請受

壻禮辭許受贄入

壻東面辭既許則進訝受其贄入立于寢門外之右東面鄉主人也

主人再拜受壻再拜送出

主人拜于位進訝受于門中皆西面壻復位東面拜送

見主婦主婦闔扉立于其内扉音非

主婦主人之妻也扉門扇也雙言之則謂之門單言之則謂之扉門上似脱一東字闔東

扉立于其內示內外之限也不言西面可知
擯者出請入告主婦乃位于此然後壻入必
出乃入者禮更端不敢由便也主婦此時亦

纚笄宵衣

壻立于門外東面主婦一拜壻荅拜主婦又拜

壻出

主婦與壻行禮乃俠拜者重始見也

主人請醴及揖讓入醴以一獻之禮主婦薦奠

酬無幣及音乃

及當作乃字之誤也於壻之出主人送于門
外因請醴之壻亦禮辭許主人乃與之揖而
入也入謂入大門與寢門也入寢門則三揖

至于階三讓升記大昕言之且醴之亦謝其辱也醴之而一獻親之也主婦薦示夫婦共此禮也奠酬壻奠主婦酬觶於薦東也必云無幣者嫌其如士冠醴賓一獻之爲也士之飲賓不必用幣其或用幣有爲爲之耳此禮略如舅姑饗婦之禮而無俎其他異者則以意求之

壻出主人送再拜

壻奠酬即出送謂送於外門外

正誤

酬以束帛

鄭本作束錦注曰古文錦皆爲帛繼公按聘禮使介行禮用錦不用帛者辟主國君之幣也此無所辟不當用錦宜從古文皆作帛

外昏姻之故

鄭本無外字注曰古文曰外昏姻繼公按上云外昏姻此不宜異當從古文

腊一純

鄭本純作肫注曰肫或作純純則是當時或本有作肫者也按少牢饋食禮云腊一純者二然則此亦當作純明矣今以或本爲正改肫

作絶